中国社会科学院创新工程学术出版资助项目

包容性增长与结构转型：
新兴经济体的政策选择

李毅 毛日昇 徐奇渊 等著

中国社会科学出版社

图书在版编目（CIP）数据

包容性增长与结构转型：新兴经济体的政策选择/李毅等著.—北京：中国社会科学出版社，2016.8
ISBN 978-7-5161-8590-2

Ⅰ.①包… Ⅱ.①李… Ⅲ.①中国经济—经济发展—研究 Ⅳ.①F124

中国版本图书馆 CIP 数据核字（2016）第 165213 号

出 版 人	赵剑英
责任编辑	王 茵
特约编辑	马 明
责任校对	郝阳洋
责任印制	王 超

出　　版	中国社会科学出版社
社　　址	北京鼓楼西大街甲 158 号
邮　　编	100720
网　　址	http://www.csspw.cn
发 行 部	010-84083685
门 市 部	010-84029450
经　　销	新华书店及其他书店
印　　刷	北京君升印刷有限公司
装　　订	廊坊市广阳区广增装订厂
版　　次	2016 年 8 月第 1 版
印　　次	2016 年 8 月第 1 次印刷
开　　本	710×1000　1/16
印　　张	23
字　　数	306 千字
定　　价	86.00 元

凡购买中国社会科学出版社图书，如有质量问题请与本社营销中心联系调换
电话：010-84083683
版权所有　侵权必究

目 录

第一章 问题的提出、理论综述与研究的整体框架 …………… (1)

   第一节 问题的提出与本项研究所使用的理论方法和整体研究
         框架 ……………………………………………………… (1)

   第二节 包容性增长与结构转型问题研究综述…………………… (6)

第二章 世界经济增长重心转移与结构调整 ……………………… (24)

   第一节 世界经济结构调整的背景 ……………………………… (26)

   第二节 世界经济结构调整的主要进展 ………………………… (34)

   第三节 影响结构转型的因素分析 ……………………………… (49)

   第四节 世界经济结构调整对世界经济政治格局和发展趋势的
         影响………………………………………………………… (53)

   第五节 本章小结 ………………………………………………… (66)

第三章 新兴经济体与发达经济体的关系及中国的角色研究 ……… (74)

   第一节 新兴经济体和发达经济体在世界经济格局中的地位
         变化………………………………………………………… (74)

   第二节 新兴经济体在中期面临的挑战及其风险点 …………… (78)

   第三节 新兴经济体与发达经济体长期趋势脱钩:中国将发挥关键
         作用并受益 ……………………………………………… (91)

第四章　贸易结构的变化与制造业产业升级 ………………… (108)
　第一节　中国与其他APEC成员经济体贸易竞争力的国际比较
　　　　　——基于贸易数量角度的分析 ………………………… (109)
　第二节　中国与主要经济体出口产品质量的国际比较分析…… (145)
　第三节　德国和意大利制造业发展对中国制造业转型升级的
　　　　　启示 ………………………………………………………… (176)

第五章　就业市场再配置：教育、劳动力转移与收入分配 ……… (196)
　第一节　中国就业市场再配置效应的分析：基于劳动力需求
　　　　　角度的分析 ……………………………………………… (196)
　第二节　劳动力转移与劳动力市场分割：基于劳动力供给角度的
　　　　　分析 ………………………………………………………… (211)
　第三节　劳动力技能结构与教育供给 ………………………… (231)

第六章　资源环境、气候变化与新兴经济体的低碳转型 ………… (255)
　第一节　新兴经济体的资源禀赋、发展道路选择与环境
　　　　　成本 ………………………………………………………… (259)
　第二节　通向可持续发展的国际低碳行动及影响：基于金砖国
　　　　　家的实证分析 ……………………………………………… (269)
　第三节　新兴经济体实现经济可持续低碳发展的战略及
　　　　　路径 ………………………………………………………… (283)
　第四节　渐进式向低碳模式过渡：对中国的启示 ……………… (294)

第七章　中国与新兴经济体国家的金融合作 ……………………… (307)
　第一节　与金砖国家的金融合作：中国对外金融战略视角 …… (309)
　第二节　中国与金砖国家在开发性金融领域的合作 …………… (322)

第三节　推动亚投行建设、增强多边发展融资体系的
　　　　包容性 …………………………………………………（332）
第四节　亚投行的发展融资理念的一个案例分析：尼泊尔的
　　　　生姜产业发展 …………………………………………（338）

第八章　解决结构转型问题的发展经济学意义及其政策选择 ……（344）
第一节　新兴经济体国家解决结构转型问题的发展经济学
　　　　意义 ………………………………………………………（344）
第二节　中国经济结构转型的政策选择 ……………………………（346）

后记 ………………………………………………………………………（359）

第 一 章

问题的提出、理论综述与研究的整体框架

结构转型与经济的可持续发展,这是包括中国在内的新兴经济体当前所面对的重大理论与现实课题。同时,鉴于新兴经济体在国际经济发展中的位置,在经济全球化的意义上说,这也是世界经济整体发展所必须解决的重要问题。因此,本项研究的出发点,是中国及世界经济发展的问题意识。

◇◇ 第一节 问题的提出与本项研究所使用的理论方法和整体研究框架

新兴经济体的发展是当今世界经济发展格局中的一个焦点话题。因为拥有巨大发展潜力并且是国际经济格局中的上升力量,新兴经济体曾作为世界经济增长最快的地域,而被称为世界经济发展的引擎。例如在2008年全球金融危机爆发后,发达经济体接连遭受危机的冲击和欧洲主权债务危机的影响,失业率高企、消费疲软、增长乏力。而金融体系并未受到根本性损伤的新兴经济体,只是由于受到危机下的外部需求急剧下跌的影响出现了经济下滑。在采取刺激措施后实现了强劲增长。根据国际货币基金组织的统计数据,在2010年的全球经济反弹中,与发达经

济体3.1%的增速相比，包括新兴经济体在内的发展中国家经济增速为7.3%。此间，中国、印度、俄罗斯三国对全球经济增长的贡献甚至超过了50%，其他新兴经济体也有不俗的表现。因此当时人们普遍认为，在发达经济体饱受金融危机困扰之际，新兴经济体正在成为"世界经济稳定的来源"。但是，随着全球性危机的进一步蔓延，其对新兴经济体的深刻影响日益显现出来，国际上出现了对新兴经济体的质疑之声。尽管这类国家经济增长速度的放慢并不改变其发展上升的趋势，但其在目前阶段面临的发展困境是需要认真加以对待的。例如外资撤退、本币贬值、还债压力陡增，尤其是外部市场的萎缩和内部市场的开拓能力不足、经济增长迅速减缓，使其因粗放式发展而积存的结构性问题凸显。它们在多数国家集中地表现为能源短缺和不可再生资源的大量消耗，产品的附加价值低和国内需求不足，污染严重和环境恶化，区域发展的严重不平衡和贫富差距的扩大，致使增长的成果不能普惠大众。于是，面临着新兴经济体迫切需要解决的结构性问题，包容性增长的概念进入人们的视线，对它的研究受到了人们更多的关注。[1]人们之所以关注这个问题，关注这类国家的发展，是因为新兴经济体的发展状况如何，不仅关系到占世界人口半数以上的这些国家自身国民福利的增加，而且关系到世界经济这趟时代列车整体的运行态势。

根据相关学者和机构的已有研究，包容性增长的基本要义为"经济增长，权利获得，机会平等，福利普惠"，[2] 本质上就是一个实现发展

---

[1] 最早的包容性增长概念出自2004年林毅夫的一篇论文（Justin Yifu Lin, 2004），随后在印度政府2006年制定的"十一五"规划中也使用了这个概念。2007年、2009年，亚洲发展银行和世界银行等组织对包容性增长问题进行了研究。

[2] "依此逻辑，包容性增长就是要在革除权利贫困和社会排斥、倡导和保证机会平等的经济增长过程中，民众的福利得以持续改善和增进，民众的实质性自由得以保障和扩展。"（杨英杰等，2014：第7—8页）

和如何发展的问题。伴随着这些新兴国家的经济增长和其经济发展的阶段性变化，其经济转型是一个必然到来的过程，即新兴经济体的经济由先前的粗放式发展向集约式发展转变，由以往注重经济量的增长向注重质的提高转变。而从各主要新兴经济体的实际情况来看，虽然后危机时期发达经济体经济恢复的疲软造成的世界市场需求不足，使支撑新兴经济体增长的外贸活动严重受挫，但影响其实现经济转型的主要制约因素，还是其内部存在的结构性问题所导致的增长瓶颈。危机以来的世界经济形势和新兴经济体国家的起落性发展状况表明，这种认识是符合历史事实的。那么，如何能够有效地解决这种结构性问题，顺利地消除发展的瓶颈？关于这个问题的讨论，自2008年世界性危机发生以来，已在世界范围内进行了多年。但与美国等一些发达国家对危机进行结构性问题反思并迅速作出明确应对情形不同，新兴经济体国家对转型的认识却显得不那么清晰，结构性问题对经济发展的拖累则显得越发沉重。问题究竟出在哪里？新兴经济体国家目前所处的发展阶段以及当前它在世界经济发展中所处的位置，给了我们一个与发达工业国家近距离比较的可能，进而促使（启发）我们从发展中大国的视角，来探讨新兴经济体结构性问题解决可能有的有效途径。也就是说，问题的复杂性需要深入的比较和不同国情下的细节研究。由于中国作为一个迅速崛起的发展中国家，尤其是发展中大国，是新兴经济体中最具代表性的国家，因此，我们的研究将把如何推进经济结构的转型作为实现包容性增长的重点，在世界经济发展的大背景下，以致力于解决棘手的结构性问题的中国为主要研究对象。在深入调研的基础上，通过理论研究和实证研究相结合的途径，探讨新兴经济体在推进经济结构转型、实现包容性增长过程中应当进行的政策选择。因为，有效地推进中国的结构性问题的解决，为实现中华民族的伟大复兴奠定一个坚实的基础，正是本项研究的终极目的。

为此，本研究将从中国等新兴经济体转型所面临的问题意识出发，运用宏观与微观经济分析、计量经济学，以及经济史检验等方法，力求在复杂的国际政治背景下和全球技术、经济、社会发展的深刻变化中，研究和揭示结构转型与可持续发展方面的理论性和规律性认识，注重思想性成果的同时，在战略的高度上探索解决新兴经济体发展瓶颈的途径；注重对结构转型所涉及主要问题的细节和发生过程的研究，为最重要的新兴经济体——中国的经济转型和结构调整提出有效的政策选择和实现协调性发展的可行思路。与上述目标相联系，本项目的研究按照如下框架展开：在对包容性增长与经济转型的已有研究进行简要梳理的前提下，我们将以对世界经济结构调整与包括新兴经济体在内的世界主要类型国家结构转型的整体状况分析为开端，研究和分析新兴经济体与发达经济体的关系以及中国在其中的角色。尤其集中研究以下几个相互联系，且中国等新兴经济体国家普遍存在的主要结构性问题，即研究其贸易结构的变化与制造业产业升级；就业市场再配置：教育、劳动力转移与收入分配；资源环境、气候变化与经济结构的转型。由于新兴经济体国家解决其经济转型中的结构性问题，是在当今经济全球化的条件下进行的，而在现有的国际经济秩序不利于发展中国家发展的情况下，急需新兴经济体国家共同应对，因此本研究将通过研究中国与新兴经济体的金融合作，来探讨合作对于新兴经济体国家实现经济结构转型的作用。力求通过对上述问题的深度理论探索，尤其是对新兴经济体国家主要结构性问题的微观考察与深入研究，能够在结论部分提出我们对解决这些问题的发展经济学认识，以及战略层次上的政策选择。（见图1—1研究思路与整体框架）

第一章 问题的提出、理论综述与研究的整体框架

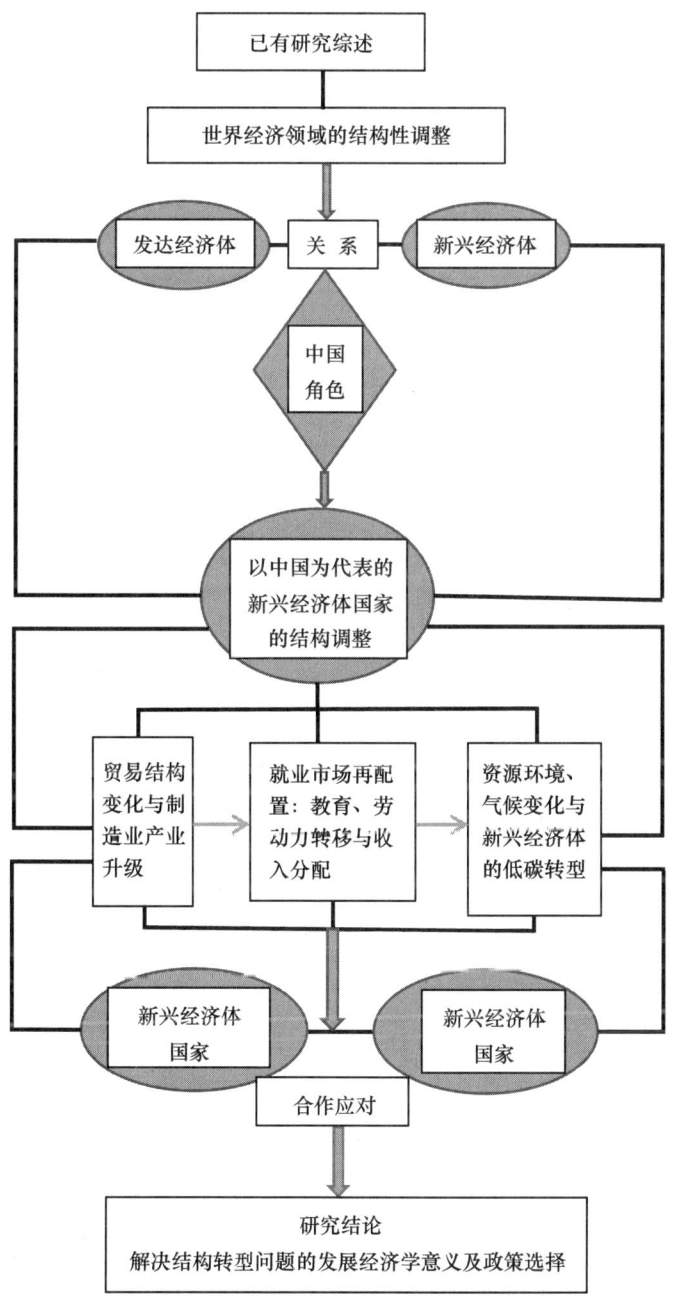

图1—1 研究思路与整体框架

◇◇ 第二节　包容性增长与结构转型问题研究综述

2009—2010年，中国政府两次在亚太经合组织会议上提出包容性增长，这一概念强调在经济发展的过程中解决发展过程中的社会问题，让经济全球化和经济发展成果惠及所有人群，在可持续发展中实现经济社会协调发展。相较于之前的经济增长概念，包容性增长更加强调突破增长的概念、实现发展的结果，更多地关注经济增长中带来的贫困陷阱、分配不均、社会流动性差等问题，这需要更好的制度设计，也需要更健康的经济发展方式和合理的产业结构。近年来，随着经济的迅速增长，中国在发展早期所依赖的劳动密集型生产的成本越来越高，由于生产附加值没有得到有效提升，企业的利润空间越来越小。产业如何从劳动密集型向资本密集型转型，并进一步向知识技术密集型升级，并以此为契机逐步实现包容性增长，具有重要的研究价值和现实指导意义。因此，这里将主要从中国的视角和发展经济学的研究线索对包容性增长与结构转型问题的研究进行简要的分析与回溯。

一　关于结构转型的理论探讨

第二次世界大战之后，大批亚洲和非洲的前殖民地纷纷独立，由于"大萧条"的冲击，许多发达国家仍处于低谷，而苏联则成功实现工业化。应该采取怎样的经济政策来发展经济，成为当时国际经济学界的热门话题。Lewis（1955）提出"二元经济"概念，将整个经济区分为农业部门和工业部门。农业部门存在大量剩余劳动力，劳动者处于隐性失业状态，且市场出清的工资水平低于维持生存所必需的最低工资水平。工业部

第一章　问题的提出、理论综述与研究的整体框架

门按照边际生产率雇用劳动力并支付工资。当资本积累或技术进步导致工业部门的劳动力需求曲线不断向右移动后，两需求曲线的交点达到生存工资以上时，剩余劳动力被吸收完毕，此时称为"刘易斯拐点"。这一时期，研究经济增长的理论包括 Harrod-Domar 模型（Harrod，1939；Domar，1946）、Solow 模型（Solow，1956）、Nurkse 的"平衡增长"理论（Nurkse，1953）、Rosenstein-Rodan 的"大推动"理论（Rosenstein-Rodan，1943）、Chenery 的"两缺口模型"（Chenery and Bruno，1962；Chenery and Strout，1965）等。研究者强调资本积累的作用，并认为由于市场包含内在不可克服的缺陷，政府必须在调整经济结构的过程中起到强有力的推动作用，协调各种资源配置，强力推动工业化进程，在大机器工业部门建立公有制企业、促进资本积累、通过进口替代政策缓和外汇紧张状况等。根据对资本依赖程度的不同，研究者主张由发展中国家政府主导，推动经济结构从劳动密集型的农业生产向资本密集型的工业生产过渡。Leibenstein（1957）提出"临界最小努力"理论，认为在发展中国家经济增长中，收入水平和投资有助于收入进一步增长，而人口增长速度会抵消人均资本积累，所以发展中国家必须保证投资率足以使国民收入的增长超过人口的增长，从而使人均收入水平得到明显的提高，即以临界最小努力使国民经济打破低收入稳定均衡，获得长期的持续增长。Rostow（1960）的经济成长阶段论将经济发展区分为若干阶段，从传统社会到起飞阶段的第一必要条件就是生产性投资率的提高。从政策实践来看，许多在第二次世界大战后摆脱了殖民主义统治的发展中国家此时国家主义情绪高涨。它们主张在政府高度保护下进行进口替代的工业发展战略，在经济管理体制上强化了国家对经济的干预，着力发展关键产业部门，推动资本密集的重工业优先发展。采取的措施包括以价格控制、利率优惠等方法对重工业部门进行大量的保护补贴，降低这些企业的投资和运营成本，建立行业垄断和准入规则，确保资源的调配。由于扭曲了资源配置、供求关系和价格，缺乏有效

的激励机制，这些政策实践事实上多以失败告终，造成的经济后果是大规模国有化运动抑制了私人经济的积极性，政府的高度保护政策削弱了农业的发展，工业也因此缺乏强劲的出口能力，中间货品和资本货物大量输入引起国际收支产生巨额逆差，导致外汇短缺、外债激增，而庞大的政府机构由于侵占了大量的财政收入且管理能力下降，以致出现了社会动荡。这些例子在拉丁美洲、非洲、东欧和亚洲各国中屡见不鲜。

20世纪70年代的滞胀、80年代的拉美债务危机和社会主义计划经济体制的转轨动摇了凯恩斯主义宏观经济学的地位，驳斥了政府财政和货币政策对经济发展起主导作用的信条。研究者认为，强行推动资本密集的重工业优先发展，违背了发展中国家在其所处阶段要素禀赋结构的比较优势。从"华盛顿共识"开始，研究者逐渐转向自由市场政策导向。在理论研究方面，发展经济学摒弃了用线性模型解释经济增长，不再通过跨国回归实证研究来识别经济增长决定性要素。研究者认为，资本和劳动力的匹配情况是一个从较低向较高水平逐步提升的过程，这个过程不能通过政府的外在干预来跳跃性地推进，政策干预产生的匹配结果不具有可持续性。初级发展水平国家的要素禀赋优势是劳动力或自然资源相对丰富，而劣势是资本相对稀缺；因此政府应该利用禀赋优势发展经济而非人为推动工业化进程。一些亚洲国家和地区此时通过引进外资等方法，充分利用了劳动力价格低廉的优势，并及时实现了从进口替代战略向出口导向战略的转变，从而实现了工业化，经济发展取得了成功。这一时期，新古典经济学逐渐发展了较为成熟的思想体系和分析工具，并在经验上获得了亚洲新兴工业化国家经济发展成功的支持，逐渐取代发展经济学理论的地位，成为政策分析的基础。此后的很长时期里，发展经济学放弃了对于国家发展战略的空洞探讨，不再致力于发展自己特有的理论和模型，而是大量采用新古典经济学的方法和理论来分析发展问题，分析内容从高度宏观逐步向微观转变，以"家族"和企业的微观行为为基本对象，通过微观计量的

第一章　问题的提出、理论综述与研究的整体框架

技术评估和分析具体发展政策的影响，例如扶贫、教育、医疗、信贷、农业技术推广等。一些经济学家指出，发展经济学的研究逐步领域狭窄、一般意义缺乏，对扶贫、促进结构变迁和经济持续增长缺乏启示。

20世纪80年代末到90年代初，"华盛顿共识"及其一系列经济自由化、私有化的政策在推动经济增长和创造就业方面的效果并不理想。超过3/4的中等收入经济体没能实现进一步发展，一直在中等收入水平徘徊；其中一些经济体甚至无法保持中等收入水平，变得更加贫穷。随着发展中国家与发达国家差距的不断拉大，经济达到一定发展阶段后如何实现持续增长的问题，得到了理论界的广泛讨论。研究者提出"中等收入陷阱"的概念（Gill and Kharas, 2007），认为在经济发展的早期，劳动力供给具有无限弹性，但这一优势无法在后续的经济发展阶段持续。随着富余劳动力的消失，产业雇佣工人的机会成本得到提升，企业争夺员工并带来工资上涨，这就制约了劳动密集型产业的发展，于是曾经引领经济增长的出口产业会出现下滑甚至趋于消失，其最后结果就是经济发展水平的长期停滞。罗默等人提出了内生经济增长模型，他们将人力资本和技术水平列为影响经济增长的重要因素，此时原本以数量衡量的劳动力要素可以通过技术水平的提高而不断得到深化。他们指出，发展中国家为了实现长期的经济增长，需要建立使新设计或创意能产生和使用的机制，这就要求政府政策的制定必须重视教育发展和科技投入、激励和保护创新（Romer, 1986, 1990; Lucas, 1988; Grossman and Helpman, 1991; Aghion and Howitt, 1992）。与新古典理论相比，内生经济增长模型突出了知识投资的重要性。在政策实践中，一些国家在中等收入阶段通过有效提升产业价值链，进入正在不断扩大的、以知识和创新为基础的产品和服务市场，包括日本、韩国、新加坡、中国香港、中国台湾等，它们从原本落后的农业经济沿着产业阶梯进行了迅速的产业升级，成功实现了从中等收入到高收入行列的转变。20世纪80年代开始，中国、越南和毛里求斯等内向的、

国家管制的经济体逐步渐进地向市场经济过渡，也获得了持续快速的经济增长。然而它们所取得的进步目前仍体现在农业经济向工业经济的转型阶段，在进入工业化之后，逐渐让人力资本、技术这些要素发挥经济增长的作用，是这些国家跨越中等收入阶段寻求向高收入阶段迈进的重要路径，这些要素在经济增长中的外在表现就是产业结构的调整。

二 发展中国家产业转型与其面临的要素市场问题

理论上，一个国家最优的产业结构应当由其要素禀赋结构的比较优势决定。市场有效反映经济增长中各要素的实际价格，将影响资本、劳动、技术等的配比，从而界定了相应的生产方式和产业结构。一个经济体的禀赋及其结构（定义为自然资源、劳动力、人力资本和物质资本的相对丰裕程度）在每一个特定的发展水平是给定的，并随着发展水平不同而不同，经济体的最优产业结构会发生动态变化。然而，问题是经济体的产业结构会否在市场的推动、价格信号的引导下自发不断变化。从多数中等收入陷阱的存在现实来看，产业结构不会自发向最优调整。一个重要的原因是，在这些中等收入国家，随着剩余劳动力被逐步吸收，劳动力使用和能源消耗的成本都在持续上涨，要素相对价格发生了变化，发展中国家的劳动力比较优势逐渐消失了。与此同时，发达国家长时间占据着知识密集型、资本密集型产业的优势，而发展中国家的企业如何在其中找到一席之地，发掘自身新的比较优势，就成为发展中国家确定适合自己的最优产业结构的最为关键的问题。

很大程度上，市场没有通过价格引导使产业结构自发升级的一个重要原因是生产要素的市场没有有效发挥作用。这里的问题分为两个层面，其一是发展中国家本身的市场并不完善；其二是"技术"要素的特点决定的市场失灵。在市场不完善方面，以金融市场为例，中国的银行贷款利率长期低于民间贷款利率，企业面临的实际融资成本较低，这扭曲了资本与其他生产要素之间的相对价格，其结果是一方面资本密集型生产方式被过度使用，另一方面投入成本决定了生产过程不会对资本的边际产出率提出高要求，宏观经济中实际达成的产业结构必然偏离最优产业结构。克服这一困难的政策措施应该是减少制度性干预，鼓励竞争，重新激发市场活力。在技术市场失灵方面，产业多样化和产业升级本质上是一个改变"技术"要素在生产过程中的配置、实现更优生产的过程，先驱企业会为市场创造公共知识。这种外部性难以避免。后发国家在经济迅速发展的初期，将技术引进生产几乎都是利用这种外部性、通过学习和模仿发达国家来完成，相对成本较低。然而随着资本积累、发展水平逐渐提高，生产所需要依赖的核心技术越来越难以拿到，而且，创新和研发活动作为技术的初始生产过程，具有成本高、风险性大、外部性难以完全内化收益的特点。新技术带来的产品的更新换代和服务质量的提高，事实上是一个市场开拓的过程，没有既定的价格标准可循。且新产品和服务进入市场后很难排除其他企业的学习和模仿。甚至只有通过广泛传播和使用，才能实现这些技术产品的更大价值。鼓励技术的"生产"环节，需要政府在市场中努力补偿外部性的影响，最大限度地支持技术的"生产"，并由政府设计合宜的制度支付新技术给社会带来的外化收益。一般而言，技术的生产主要有两个途径——国家主导的大型项目的技术研发和企业个体的研发活动。国家主导的项目缺乏对市场进行追踪关注激励机制，从而可能缺乏对市场需求的有效判断。这种特点决定了国家主导的研发项目应该着重关注那些基础性的、外部性强的研究，致力于提供具有公共物品属性的知识和方法。以日本的经验来看，20世纪50年代开始，日本大量引进科学技术，同时大幅增加科研经费投入，注重技术的实际经济效果，注重技术的推广和消化，这些做法对于日本发展节能型技术和知识密集型产业起到了至关重要的作用。企业个体对市场信号捕捉更加灵敏，它们的研发活动更加专注和有市场效率。企业研发的制约条件在于它们容易受到成本门槛、不确定性和外部性的影响。制定适宜的金融政策、保险政策、保护知识产权、激励创新活动、降低信息传递和交易成本，鼓励新技术的传播和推广，创造基础环境利用市场力量来推动企业研发行为，都应作为政府的职责。

降低技术要素的"生产成本"，一个重要方面是人才的培养。市场力量驱动的技术的生产主要通过企业研发来实现，这些研发活动往往以能够在相对短的时期内给企业带来经济利益的技术为核心，向外围发散。这种研发活动对人才的需求也因此以企业所需要的技能、专业为内容，以企业潜在利润能够覆盖的成本为界限。这种内化收益和成本约束的限制决定了一定水平的基础教育无法通过企业研发来有效完成。一个创新型环境的实现主要以人的平均素质为基础，它能够提供具有潜在创新能力的技术型人才，也能够提供适应技术升级后生产需要的产业工人。然而对人的培养投入期较长且有很强的外部性，具有公共产品的属性。从东亚发达经济体的经验来看，基础教育的投入主要由政府来完成，并且政府在不断地延长基础教育的年限、增加其投入（胡卫、高桂芳，2009）。1965年，韩国就已经普及了初等教育，并且逐渐将高中阶段教育、学龄前教育纳入义务教育内容，1970—1989年韩国小学生的人均实际开支增加了335%。从学生参加认知技能测试的成绩来看，韩国学生比其他发展中国家学生的成绩要好，近年来，甚至好于高收入国家的学生。这些教育上的优势对劳动力素质的提高产生了重要影响。在由政府提供的基础教育之外，政府鼓励了职业教育和在职培训的大力发展，有效引导企业参与，将技能培养与生产环节相结合。相较于普通教育，与生产过程更为密切结合的职业教育有很高的社会收益，它不仅使培训人本人受益，而且具有辐射效应，使与其一同工作的其他工人的生产力也有机会得以提高。世界银行的研究报告显示，韩国造船业中对焊工的厂内培训的社会收益率为28%，在马来西亚企业和就业前培训创造的社会收益率是20%（世界银行，1995）。

第一章 问题的提出、理论综述与研究的整体框架 | 13

三 政府主导产业转型升级的方式选择

从国际比较来看,几个成功进行了产业转型升级的国家都在一定程度上依靠了政府主导的产业政策。20世纪60年代开始,日本政府将钢铁、一般机械制造、电气机械制造、化学工业、汽车制造等确定为战略产业,这些重化工业在十年间得到政府的大力支持,70年代已经达到了工业总产值的90%以上,这一时期重化工业的发展为日本之后的经济转型奠定了重要的基础。70年代后期,发展重化工业所带来的环境污染和当时两次发生的石油危机使日本饱受困扰,不得不进行新的产业结构调整。在重化工业的基础上,日本集中发展节能型技术和知识密集型产业,将战略产业调整为微电子、机械电子装置、光学机械、生物工程、新材料等产业,这些产业至今在国际市场上仍颇具竞争力。1985年日元升值后,贸易摩擦加剧,生产成本上升,日本政府将战略产业进一步收窄,重点发展创造性的知识密集型制造业和现代服务业,银行、保险、房产中介、零售(百货)、客运、通信等行业迅速扩张,对经济总量的贡献率在以后30年的时间里稳步提升,也有效地创造了就业岗位。政府的产业政策为日本发达国家的地位奠定了基础。20世纪80年代,"亚洲四小龙"地区开始面临货币升值、工资上涨、土地成本提高等问题,先后提出科技升级和工业多元化发展战略,重点发展创造性的知识密集型制造业和现代服务业,将纺织、成衣和轻型机械工业等劳动密集型产业以直接投资的方式逐渐向海外转移(胡卫、高桂芳,2009)。韩国明确提出效仿日本产业发展的战略,一方面逐渐倚重重化工业,组建了大型贸易公司并对产业结构进行指导;另一方面系统地、有计划地进口原料和中间产品,经加工产生增值后再出口国外。中国台湾在1979年开始决定将经济发展转向耗能和污染较少的高附加值产业,20世纪80年代中期政府迅速通过引进外商投资、增加公共投资等方式促进产业升级、提高产品附加值。1989年，政府出台《促进产业升级条例草案》，明确发展通信、资讯等十大技术知识密集型新兴产业（史晋川、郎金焕，2012）。事实表明，日本的人均GDP从1000美元左右增长到10000美元左右用了15年左右（1966—1981年），韩国用了18年左右（1977—1995年），中国台湾用了16年左右（1976—1992年）。经济高速发展的时期伴随了政府对产业政策的强力指导，也在同一时期，这些地区从劳动密集型向资本和技术密集型经济成功转型（世界银行，1995）。

在推动产业升级过程中，政府采取的手段包括经济手段例如选择性贷款、投资优惠和免税、公共投资等，也包括非经济手段例如特定行业的进入限制等。这些政策干扰了原有的市场信号，可能引发资源配置低效、寻租、腐败等问题。主要的原因有两方面：其一，政府对产业结构的干预很难单纯出于对经济效率的判断，它可能会同时不断地对要素或产品价格进行调控和补贴以降低转型成本（林毅夫，2010）；其二，政府事实上也不具备对经济效率进行准确判断和进行最优产业结构设计的能力，在政策实施的市场效果不理想时政府通过新的政策对已有政策"打补丁"，导致调整成本越来越高。以韩国推动重化工业的发展为例，20世纪70年代之后，韩国政府通过各种财政金融手段投向重化工业产业的改革资金占总预算的5%。大量税收收入损失掉了，而信贷受到挤占的行业不得不到场外证券市场去借款。20世纪80年代，政府支持的重化工业项目经历了生产能力过剩和财政困境。机械、造船、海外建筑业及船运业等先后陷入困境，商业银行贷款积累的坏账增长迅速，相应的银行盈利情况严重恶化，坏账比一度达到10%。政府在补贴整顿企业的同时补贴坏账增多的银行，并允许这些银行经营有吸引力的金融服务项目。1980—1981年国际性萧条期间，由于借债比例过高及过多集中在美国市场，韩国政府同时受到高利率及产品销售疲软的冲击，而紧随企业倒闭的就是银行。对此，政府迅速采取了大幅降低存贷款实际利率的措施，这实际上将资产大量由存款户（主要是家庭）转到借款户（主要是企业），实际存款利率在1980年降低到-9.2%。此后，宏观经济保持在了一个稳定的发展阶段，出口取得了快速增长。与许多未能纠正失败政策的不太成功的国家相比，韩国根据对宏观经济稳定和出口增长的影响，务实地选择和制定了其政策。但这个不断试错的过程再一次证明了市场力量和企业主体选择应成为产业转型升级的动力和实现机制。与此相对，中国早在20世纪80年代就被认定存在纺织业、汽车业、家用电器等产业的产能过剩问题。近年来，中国的产能过剩行业包括钢铁、纺织、电解铝、煤化工、水泥等。造成这一现状的原因是多方面的，但政府过度补贴、价格调控等政策在其中的责任不容推卸，且这些问题仍没有得到有效纠正。

在生产方式的选择上，政府主导与企业自发选择之间的显著差别在于政府在资源调配上"一路开绿灯"的能力和对宏观信息的前瞻和全局性掌握。前者显然存在干扰市场效率的弊端，后者却能够为市场力量发挥作用服务。回顾东亚地区几个经济体成功转型的产业政策，政府在确定战略行业的过程中事实上充分判断了自身廉价劳动力优势逐步殆尽的趋势和自身在国际市场上的位置，这种判断具有宏观性和前瞻性。与此相比，企业主和潜在企业主对市场的观察和判断可能会存在碎片化和短视的特点，且企业和行业间很难协调，他们很可能只有在面对劳动力价格逐渐上涨的现实时才能察觉利润空间被逐步挤压从而做出滞后反应（叶振宇、叶素云，2010；孔伟杰，2012）。企业在这一过程中优胜劣汰，被称为市场力量的创造性破坏，然而这一过程带来的失业、社会不稳定等转型成本不容忽视。准确的宏观信息、行业现状和前景预测是市场所需要的公共产品，它能够帮助作为市场决策主体的企业反应更加迅速，降低转型成本。对于这些信息的提供可以在政府的支持下通过搭建信息平台来实现，且这些信息不应只来自政府的基础性研究，也需要来自企业的反馈。企业和政府在这一过程中需要更加密切地沟通和合作，这将更好地服务市场的自发转型升级过程。回顾东亚成功进行产业转型升级的经济体，其资本密集型、技术密集型产业的成功崛起可能得益于政府产业政策中两种因素的作用，一是由政策主导制度环境给其带来了某种形式的"垄断"空间；二是充分利用了政府对宏观形势的分析和对市场前景的判断（胡卫、高桂芳，2009；史晋川、郎金焕，2012）。如果政府的产业政策不是以直接干预为手段，而是通过搭建真实的、具有前瞻性的信息平台的形式，借助市场力量来完成，产业的转型升级将以企业主导的形式实现，同时制度垄断因素造成的效率损失得以克服。政府提供公共信息的过程是帮助企业主动求解的过程。

四 如何在产业结构转型升级的过程中实现包容性增长

很多研究表明，近年来，许多国家在经济迅速增长的同时伴随着收入不平等现象的持续加剧，全球有3.2亿—4.4亿人长期处于贫困状态。这逐渐引起了学术界和政策机构对这些发展中伴随问题的关注。世界银行、亚洲发展银行等国际多边发展机构一直致力于推动经济的增长和解决经济增长过程中的贫困、不平等等社会问题，它们采用的概念包括共享式增长、公平和发展、可持续发展等（世界银行，2006，2008；ADB，2007）。2007年，亚洲开发银行组织了以"新亚太地区的包容性增长与贫困减除"为主题的国际研讨会，达成增长必须具备包容性、可持续性以及更为民众所认同的共识。2008年，亚洲开发银行将包容性增长、环境的可持续增长和区域一体化确定为其长期战略框架的三大支柱。同年，世界银行出具了《2008年增长报告：可持续增长和包容性发展的战略》，强调了包容性增长的重要性（杜志雄等，2010）。2009—2010年，中国时任国家主席胡锦涛两次在亚太经合组织会议上强调要实现包容性增长。其要义在于在经济增长的过程中倡导和保证机会公平，使增长成果能广泛惠及所有民众的发展理念和理论体系，在经济增长的同时，强调福利普惠。魏婕、任保平（2011）采用基于隶属度的模糊综合评价方法对中国1978—2009年经济增长的包容性进行考察和测度，考察的指标包括对增长前提条件的包容（包括生存权利、教育公平、医疗公平、经济安全）、对增长过程中要素的包容（包括创新、劳动者、企业）、对增长结果的包容（包括民生民富、经济可持续性和幸福）三个方面，发现中国过去30多年对增长前提条件的包容程度在改革开放后缓慢上升，90年代中期达到峰值，随后逐渐下降，反映出进入21世纪以后中国的资源配置不均衡，垄断分割严重，社会阶层流动性差；对增长过程要素的包容程度略有下降，处于不甚包容的状态，中小企业的创新能力不强，与国有企业大型企业相比，生存环境较差，工资收入占比呈现下降趋势，劳动者的处境并不理想；对结果的包容程度缓慢上升，但只达到了基本包容的状态，这与教育、医疗、住房等方面给民众带来的生活压力有很大关系，也与中国过去依靠能源消耗和廉价劳动力、缺乏创新和可持续性的增长方式有关。综合而言，中国经济虽然取得了多年的高速增长，但增长对各方面的包容程度并没有出现显著提高，大众参与经济发展和分享经济发展成果方面的障碍仍然存在，并未真正意义上实现经济社会可持续协调的发展。

包容性增长概念的政策启示，包括培训和提升人力资本，保障发展机会的公平；增强制度设计与政策制定，保障发展环境的公平；以及建立完善的社会保障体系，为发展和增长兜底。其中第一方面对人力资源的开发，以及对教育、医疗、就业等机会的获得，与发展中国家跨越中等收入陷阱的产业政策实际上是高度匹配的。人力资源的开发，可以促使人们参与经济发展和改善自身生存发展条件，对推动经济持续发展具有基础性的重要意义。经济增长可以促进劳动力价值提高，创造大量新的就业机会，促进工资增长，提升人力资本和技术创新能力。这些政策旨在通过高速和可持续的经济增长以创造就业和其他发展机会，促进社会公平和增长的共享性（Ali and Zhuang，2007；Felipe，2007；唐钧，2010）。与此同时，包容性增长是一种开放性增长，支持国际合作，主张互惠互利（马晓河，2010）。这些政策与改善市场环境、增强市场活力、提高人力资本投资、保障机会均等转型政策在根本上是一致的。

五 中国产业转型升级的背景和讨论

在全球化不断加深的今天，参与世界复杂多样的分工是发展中国家克服不利条件的机遇，借此可以建立起符合自身比较优势的产业，从而加速经济增长，不断缩小与发达国家之间的差距。中国在过去的三十多年里经济得到了迅速增长，已经成为世界最大的出口国家和第二大经济体。农民工总量已经达到2.74亿人，这些大量从农村转移出来的劳动力是大规模劳动密集型制成品出口的主要优势来源。投资导向型的基础设施建设和出口导向的工业化进程只能在一个现代经济发展的早期阶段发挥重要作用，这样的策略随着发展阶段的提高将逐步受到掣肘。

中国的产业转型升级问题面临的要素方面的约束有三个。第一，劳动力要素的供给将逐渐减少，这在经济增长过程中成为硬约束。中国正在经历人口红利消失、即将面临严重的人口老龄化，"刘易斯拐点"基本达到，农村剩余劳动力、低技能劳动力几近枯竭。根据预测，中国的劳动力总量从2015年左右开始下降，开始时只是缓慢下降，从21世纪20年代后期下降速度会逐渐加快。到2050年中国的劳动力数量将比峰值2015年时减少15%以上。2007年的全国性调查分析显示，16—30岁的农村劳动者中80%以上从事非农业活动，通常是外出打工（Park et al.，2011），目前仍然留在农村的劳动力向城镇迁移的潜力非常有限。最乐观地估计，中国的农村剩余劳动力会在2030年之前完全耗尽。从用工成本来看，近年来中国城镇平均工资水平增长很快,低技能劳动者的工资增长尤为迅速,实际工资水平在2001—2010年翻了一番(Cai et al.,2011)。生产率与不断增长的工资之间的差距正在收窄。

第二,资本要素配置受到的制度干预非常显著,这一点必须通过金融体系的改革释放市场活力。目前我国政府对资本进行干预的方式包括行政管理、价格管制、政府担保或隐性担保、信贷指标、金融机构国有控股、制定监管政策等。这些做法与日本、韩国等在产业转型升级中对资本的调配有相似性。然而,政府干预使得资本价格和激励机制受到扭曲。小微企业在资本获取方面受到限制,从而没有得以有效发展。金融机构从所有制到服务形式上都呈现出单一化特点。国有金融机构的商业目的性差,缺乏有效的激励机制,产品设计缺乏对市场需求的敏感性和适应性,在资本配置方面容易受到政府干预。非国有金融机构和银行之外的各类金融机构都不能得到有效发展甚至缺失。当前的金融体系和制度设计难以满足一个成熟的经济体和生产方式对资本的多元化需求(车大伟,2011)。

第三,技能要素的供给后劲不足。中国正在经历严重的技能劳动力短缺,2.53亿农民工中,70%未受到任何培训,在劳动力总数中,中国的大学毕业生仅占10%左右,而这一比例在韩国、日本、美国均超过了40%。由于劳动力技能水平平均较低,2005—2010年,劳动生产率的增速减缓,有生产率增长停滞迹象(Cai and Wang,2011)。在研发活动方面,中国的科技论文和专利的研究质量和商业化应用程度很低,对生产率增长的影响很小,根据已有情况估算,即使将研发支出提高到GDP的一个显著水平,生产率的增长也非常有限。有研究表明,中国的资本—产出比不断上升,资本支出收益率在不断递减,通过资本注入而实现经济增长的空间在快速减小(Kuijs,2010)。技术追赶和创新对于中国提升生产能力至关重要。

要素供给方面的约束决定了中国劳动密集型产业很快会失去生存空

间。生产成本决定的制成品价格在国际市场上缺乏竞争力，利润空间会迅速下降。靠简单扩大生产规模不能支持经济的持续增长，从以生产要素投入为主的传统增长模式转变为以技术进步和生产效率的提高为基础的经济增长方式是必然趋势。然而对于发展资本密集型、知识密集型产业而言，中国的智力支持包括技能型人才储备和研发活动都后劲不足，并且政府在创新和研发活动方面的激励制度并不明确。政府应着力建立制度环境鼓励创新和技术研发，增强基础性研究的投入，重视技术的推广；加强基础教育的提供，促进职业教育和在职教育的发展，提高教育质量和对人才需求的适应性，以使人力资本的积累更加符合市场需求。与此同时，政府在引导企业进行产业转型升级的过程中，应减少制度性约束对市场资源配置的干预，特别是对资本配置的干预，通过提供宏观信息、行业现状和前景分析，加强公共信息的传播，加强与企业之间的沟通，更好地服务市场的自发转型升级过程。

本章主要参考文献：

1. 杨英杰等：《包容性增长与中国经济发展方式转变》，中共中央党校出版社2014年版。

2. 车大伟：《金融管制体制产生的内生机制及其影响》，《经济研究》2011年第S2期。

3. 杜志雄、肖卫东、詹琳：《包容性增长理论的脉络、要义与政策内涵》，《中国农村经济》2010年第11期。

4. 胡卫、高桂芳：《日本、韩国发展战略转变的经验与启示》，《亚太经济》2009年第3期。

5. 孔伟杰：《制造业企业转型升级影响因素研究——基于浙江省制造业企业大样本问卷调查的实证研究》，《管理世界》2012年第9期。

6. 林毅夫：《新结构经济学——重构发展经济学的框架》，《经济学（季刊）》2011年第1期。

7. 马晓河：《迈过"中等收入陷阱"的需求结构演变与产业结构调整》，《宏观经济研究》2010 年第 11 期。

8. 史晋川、郎金焕：《跨越"中等收入陷阱"——来自东亚的启示》，《浙江社会科学》2012 年第 10 期。

9. 世界银行：《东亚奇迹——经济增长与公共政策》，中国财政经济出版社 1995 年版。

10. 世界银行：《2006 年世界发展报告：公平与发展》，清华大学出版社 2006 年版。

11. 世界银行：《增长报告：可持续增长和包容性发展的战略》，中国金融出版社 2008 年版。

12. 唐钧：《参与和共享的发展才有意义》，《人民日报》2010 年 10 月 14 日。

13. 魏婕、任保平：《中国经济增长包容性的测度：1978—2009》，《中国工业经济》2011 年第 12 期。

14. 亚洲开发银行：《以共享式增长促进社会和谐》，中国计划出版社 2007 年版。

15. 杨莉、胡春、王国斌：《论日本创新型国家发展模式》，《日本问题研究》2009 年第 1 期。

16. 叶振宇、叶素云：《要素价格与中国制造业技术效率》，《中国工业经济》2010 年第 11 期。

17. ADB, "Eminent Persons Group Report", *Asian Development Bank*, Manila, 2007.

18. Aghion, P., and Howitt, P., "A Model of Growth through Creative Destruction", *Econometrica*, Vol. 60, No. 2, 1992.

19. Ali, I., and Zhuang, "Inclusive Growth toward a Prosperous Asia: Policy Implications", ERD Working Paper, No. 97, Economic and Research Department, Asian Development Bank, Manila, 2007.

20. Cai Fang, Yang Du, and Meiyan Wang, "Labor Market Institutions and Social Protection Mechanism", Background Paper for China 2030, Institute of Population and Labor Economics, China Academy of Social Sciences, Beijing, 2011.

21. Chenery, H. B., and A. M. Strout, "Foreign Assistance and Economic Development", *American Economic Review*, Vol. 56, No. 4, 1966.

22. Chenery, H. B. , and M. Bruno, "Development Alternatives in an Open Economy: The Case of Israel", *Economic Journal*, Vol. 72, No. 285, 1962.

23. Domar, Evsey, "Capital Expansion, Rate of Growth, and Employment", *Econometrica*, Vol. 14, No. 2, 1946.

24. Felipe, J. , "Macroeconomic Implications of Inclusive Growth", mimeo, *Asian Development Bank*, Manila, 2007.

25. Gill, I. , and Kharas, H. , "An East Asian Renaissance : Ideas for Economic Growth", Washington, D. C. : World Bank, https: //openknowledge. worldbank. org/handle/10986/6798, 2007.

26. Grossman, G. , and E. Helpman, *Innovation and Growth in the Global Economy*, Cambridge, MA: MIT Press, 1991.

27. Harrod, Roy F. , "An Essay in Dynamic Theory", *The Economic Journal*, Vol. 49, No. 193, 1939.

28. Kuijs, Louis, "China Through 2020: A Macroeconomic Scenario", World Bank China Research Working Paper 9, Beijing: World Bank, 2010.

29. Leibenstein, Harvey, *Economic Backwardness and Economic Growth*, N. Y. : John Wiley & Sons, 1957.

30. Lewis, W. A. , *The Theory of Economic Growth*, London, George Allen & Unwin, 1955.

31. Lin, J. , "Development Strategy, Viability and Economic Convergence", *Economic Development and Cultural Change*, Vol. 53, No. 2, 2003.

32. Lucas, R. , "On the Mechanics of Economic Development", *Journal of Monetary Economics*, Vol. 22, 1988.

33. Nurkse, Ragnar, *Problems of Capital Formation in Underdeveloped Countries*, Oxford: Oxford University Press, 1953.

34. Park, A. , J. Giles. , F. Cai, and Y. Du, "Labor Scarcity, Labor Regulation, and Prospects for China's Labor Markets", Paper based on paper titled "The Chinese Labor Market: Prospects and Challenges", prepared by Albert Park for the Conference on the State of the Chinese Economy: Implications for China and the World, US-China Institute, University of

Southern California, February 25 – 26, 2011.

35. Romer, P., "Endogenous Technological Change", *Journal of Political Economy*, Vol. 98, No. 5, 1990.

36. Romer, P. M., "Increasing Returns and Long Run Growth", *Journal of Political Economy*, Vol. 94, No. 5, 1986.

37. Rosenstein-Rodan, P. N., "Problems of Industrialization of Eastern and Southeastern Europe", *Economic Journal*, Vol. 53, 1943.

38. Rostow, W. W., "The Five Stages of Growth-A Summary", *The Stages of Economic Growth: A Non-Communist Manifesto*, Cambridge: Cambridge University Press, 1960.

39. Solow, Robert M., "A Contribution to the Theory of Economic Growth", *The Quarterly Journal of Economics*, Vol. 70, No. 1, 1956.

40. The World Bank and Development Research Center of the State Council, China 2030: Building a Modern, Harmonious, and Creative Society, 2013, http://siteresources.worldbank.org/EASTASIAPACIFICEXT/Resources/226300 – 1363837020207/china2030_final.pdf.

（本章由李毅、宋锦执笔）

第二章

世界经济增长重心转移与结构调整

由于新兴经济体的经济结构转型是在国际政治经济运行的大背景下进行的,所以我们的研究将从世界经济增长重心的转移与结构调整的整体情况分析开始。

新兴经济体目前还没有统一的定义。在最广泛的意义上,除了发达国家,所有的发展中国家都是新兴经济体。新兴经济体大致上包含的就是那些2008年人均国民收入在11906美元以下的国家或地区。有的把"金砖四国"(中国、印度、俄罗斯、巴西)作为新兴经济体。伯南克在第六届欧洲中央银行会议的讲话中,引用的发达经济体包括澳大利亚、加拿大、欧元区、日本、瑞典、瑞士、英国和美国。而新兴经济体包括阿根廷、巴西、智利、中国、哥伦比亚、中国香港、印度、印度尼西亚、以色列、马来西亚、墨西哥、菲律宾、俄罗斯、沙特阿拉伯、新加坡、韩国、中国台湾、泰国和委内瑞拉。IMF把所有国家分为两类:发达经济体及新兴和发展中经济体。本书中的新兴经济体指的是IMF国家分类中的新兴和发展中经济体[有关新兴经济体的界定的讨论参见张宇燕和田丰(2011)]。

2008年爆发的全球金融危机引起了世界经济增长重心的重大变化。金融危机后,新兴经济体与发达经济体呈现双速复苏。新兴经济体率先走出衰退,而发达经济体增长乏力。金融危机使得发达国家意识到自身的问题,因此,为保持自身的国际政治经济地位,它们率先揭开了新一轮经济结构调整的大幕。金融危机使得新兴经济体不仅成为世界经济增长的领头羊,而且也成为世界经济的主导力量。然而,从2012年开始,以金砖国家为代表的新兴经济体增速大幅减缓。研究表明,尽管有外部需求不振,以及世界经济的周期性因素的存在,新兴经济体内部的结构性因素对近期的经济放缓具有重要的解释力。因此,越来越多的新兴经济体国家意识到,只有在增长模式和政策等方面进行深刻的结构性调整才能化解所面临的各种挑战,才能真正承担起"世界经济稳定新引擎"的重任,并实现可持续发展。所以,世界经济结构转型是在世界经济增长重心转移背景下进行的一次全面的、深刻的调整。

结构转型是指经济资源和行为从低生产率向高生产率行为和部门的重新分配(Dabla-Norris et al.,2013)。结构转型是经济发展过程中重要的特征事实之一(Kuznets,1957,1973),也是当前世界经济面临的主要问题。本质上,所有的可持续增长都是由结构转型支撑的。尽管贸易条件的改善和资本的突然流入会导致经济增长速度陡增。但是,除非有新的工业的出现,以及劳动力从传统工业向现代工业转移,否则经济增长就会逐渐消失,导致增长不可持续。发达国家的经验表明,产量和劳动力会首先从农业转移到制造业,然后在发展的后期,从制造业转移到服务业(Kuznets,1966;Maddison,1989)。

为突出结构转型的重要意义,本章首先对世界经济结构调整的背景进行描述。其次,我们阐述世界主要经济体结构转型的主要进展。再次,我们分析了影响结构转型的因素。然后,我们分析结构转型对世界经济政治格局的可能影响。最后得出我们的认识。

第一节　世界经济结构调整的背景[①]

长期以来，发达国家占据着世界经济增长重心的地位，是世界经济无可争议的主导力量。无论是从经济总量还是人均实际 GDP 的增长率上，发达经济体都遥遥领先。1990—2000 年，发达经济体按照购买力平价计算的 GDP 占全球 GDP 的平均比重高达 65%，发达经济体对全球人均实际 GDP 增长的贡献高达 82.6%。但是，2008 年爆发的全球性金融危机引发了世界经济增长重心的重大变化。金融危机使得新兴经济体不仅成为世界经济增长的"领头羊"，而且也成为世界经济的主导力量。危机从美国爆发后，迅速向世界各地扩散和蔓延，欧洲和日本受其影响，经济表现也黯然失色。在美国金融危机和世界经济衰退双重压力下，世界经济版图产生了巨大的变化。发展中国家率先走出衰退并成为世界经济复苏的主要推动力量，世界经济增长的重心开始出现从发达经济体向新兴经济体转移的趋向。金融危机为新兴经济体重构国际政治经济新秩序提供了难得的历史机遇。但是，新兴经济体也面临着内部结构调整和外部需求下降的双重挑战，如何应对挑战，充分利用历史机遇，真正承担起"世界经济稳定新引擎"的重任，并实现可持续发展，是新兴经济体面临的现实问题。

一　全球经济"双速复苏"，金砖国家表现出众

从经济复苏速度来看，自金融危机爆发以来，全球经济经历了发达经济体与新兴经济体的"双速复苏"的局面（见表 2—1）。发达经济体增长

[①] 本部分主要参考李万峰、于换军《世界经济增长重心转移与新兴经济体面临的选择》，《学习论坛》2013 年第 12 期。

乏力，新兴经济体增长强劲。根据国际货币基金组织的《世界经济展望》的统计，2009年全球经济增速为-0.009%，其中发达经济体为-3.4%，新兴和发展中经济体增长3.1%。2010年全球经济反弹增速达5.4%，新兴和发展中经济体增长7.4%，增速为发达经济体3.1%的两倍多。2011年新兴和发展中经济体增长6.2%，增速为发达经济体1.7%的近4倍。2012年新兴和发展中经济体增长5.2%，而发达经济体仅为1.2%。2013年的数据表明，尽管新兴经济体经济增长速度有所放缓，但是发达国家和它们之间的增速还是有很大的差距。作为一个整体，金砖国家经济恢复不错，不过，其彼此之间在恢复的力度上还是有很大的不同。从表2—2可以看出，中国和印度表现最好，而俄罗斯、巴西和南非的表现则可圈可点。中国在2009年的增速高达9.2%，印度也有8.5%的增长。到了2010年，中国和印度更是双双超过了10%的增长。巴西、俄罗斯和南非在2009年都为负增长，但随后都恢复了正增长。2012年，金砖国家的经济增长率全部出现下滑，且下滑幅度较大。2013年，印度和巴西经济增长率有所提高，中国保持不变，俄罗斯和南非经济增速再次放缓。

表2—1　　　　　　　　全球GDP增长率　　　　　　　　单位:%

经济体	2009年	2010年	2011年	2012年	2013年
发达经济体	3.4	3.1	1.7	1.2	1.4
新兴经济体	3.1	7.4	6.2	5.2	5.0
全球	-0.009	5.4	4.2	3.4	3.4

资料来源：IMF《世界经济展望》，2015年4月。

表2—2　　　　　金砖国家GDP增长率（不变价格）　　　　　单位:%

国别	2009年	2010年	2011年	2012年	2013年
中国	9.2	10.4	9.3	7.8	7.8
印度	8.5	10.3	6.6	5.1	6.9

续表

国别	2009 年	2010 年	2011 年	2012 年	2013 年
巴西	-0.2	7.6	3.9	1.8	2.7
俄罗斯	-7.8	4.5	4.3	3.4	1.3
南非	-1.5	3.0	3.2	2.2	1.5

资料来源：IMF《世界经济展望》，2015 年 4 月。

从人均实际 GDP 增长率来看，从 1990 年到 2011 年，新兴经济体的平均增长率也高于发达经济体。如图 2—1 所示，除了 1998 年和 1999 年之外，新兴经济体的人均实际 GDP 增长率都高于发达经济体。在 2009 年，发达经济体人均实际 GDP 增长率为 -4.5%，而新兴经济体为 1%。到了 2010 年，新兴经济体经济恢复迅速，达到 6.2% 的高水平，发达国家也有恢复，实现了 2.3% 的增长，但是远没有达到新兴经济体的水平。而 2011 年，新兴经济体的增长率达到 4.8%，而发达经济体只有 0.8%。

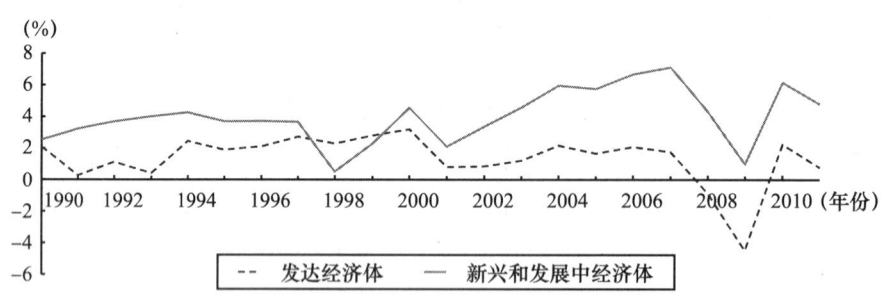

图 2—1 人均实际 GDP 增长率

资料来源：IMF《世界经济展望》，2013 年 4 月。

二 新兴经济体占世界 GDP 的比重接近发达经济体

从表 2—3 可以看出，按购买力平价计算，2009 年全球 GDP 约为

82.7万亿美元,其中新兴经济体GDP为43.4万亿美元,在全球经济总量中占比达到52.5%,2011年全球GDP约为93.6万亿美元,其中新兴经济体为51万亿美元,GDP占比进一步上升,达到54.5%。而在1990—2000年,发达经济体GDP平均占比高达65%。到了2011年,这一比例降至45.5%。而到了2013年,新兴经济体GDP为57.9万亿美元,占全球GDP比重进一步提高到56.2%。

表2—3　　　　　　GDP总量（ppp）（不变价格）　　　　单位:万亿美元

经济体	2009年	2010年	2011年	2012年	2013年
全球	82.7	88.2	93.6	98.2	103
发达经济体	39.3	41	42.5	43.8	45.1
新兴经济体	43.4	47.2	51	54.4	57.9

资料来源:IMF《世界经济展望》,2015年4月。

三　新兴经济体成为世界经济增长主要来源

新兴经济体重要性的上升从它们对世界GDP增长的贡献看得更明显。从增长的贡献来看（见图2—2）,1990—2000年,发达经济体对全球人均实际GDP增长的贡献高达82.6%,但是金融危机发生后,形势发生了逆转。例如2010年和2011年,新兴和发展中经济体对全球经济增长的贡献分别高达69%和80%。

通过以上经济恢复速度、占全球GDP的比重以及对世界经济增长的贡献三个方面的分析,我们可以看到,新兴经济体不仅成为世界经济增长的主导力量,而且在世界经济格局中的地位迅速上升,这与以前的世界经济格局大不相同。

新兴经济体之所以有这样的良好表现,可能有以下几个方面的原因。

一是稳健的宏观经济政策。在过去的10年间,新兴经济体都通过严

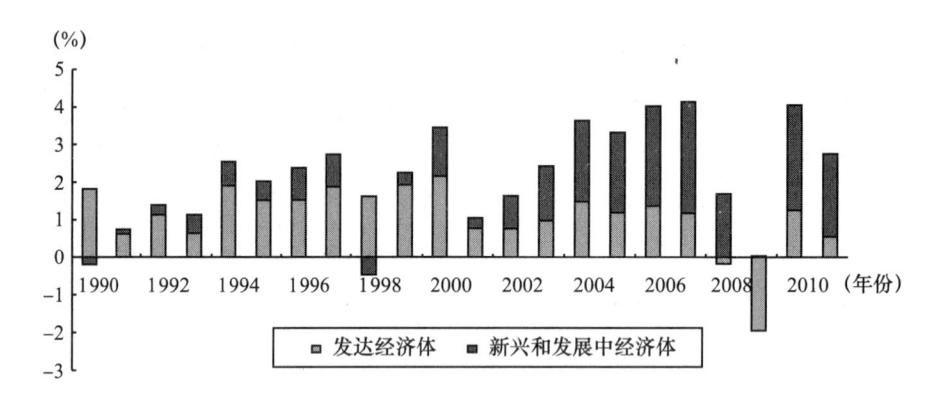

图 2—2　对世界人均实际 GDP 增长的贡献

资料来源：IMF《世界经济展望》。

格的财政和货币政策控制住了通货膨胀，同时，低财政赤字和公债负担使得新兴经济体应对危机的政策空间较大。而主权债务危机进一步压缩了发达经济体刺激经济增长的政策空间。表 2—4 表明，2010 年全球平均财政赤字占当年 GDP 的比重为 -6.0%，其中发达经济体为 -7.8%，新兴和发展中经济体为 -3.1%。2014 年，全球政府债务占 GDP 的 79.8%，其中发达经济体的政府债务约占 GDP 的 104.6%，而新兴和发展中经济体的政府债务约占 GDP 的 41.2%。

表 2—4　　　　　　　财政赤字和政府债务 GDP 占比　　　　　　　单位:%

项目	年份	全球	发达	新兴
财政赤字	2009	-7.4	-9.0	-4.6
	2010	-6.0	-7.8	-3.1
	2011	-4.5	-6.6	-1.7
	2012	-4.3	-5.9	-2.1
政府债务	2008—2012	65.7—81.1	81.3—110.2	33.5—35.2
	2014	79.8	104.6	41.2

资料来源：IMF, *Fiscal Monitor*, 2015 年 4 月。

二是外汇储备的巨大缓冲。亚洲金融危机之后,新兴经济体积累了大量的外汇储备,一方面是出口导向的结果,另一方面是作为应对危机的保险形式。从表2—5可以看出,到2011年年底,新兴经济体积累了大约6.8万亿美元的外汇储备,是发达国家外汇储备的两倍。2012年的数据表明,全球外汇储备进一步增长,新兴经济体外汇储备达到7.3万亿美元的水平。这些外汇储备对投资的突然逆转有巨大的缓冲作用,保证了金融市场不会有大的波动。当然巨额的外汇储备也有保值增值方面的压力。

表2—5　　　　　　　　　　外汇储备情况　　　　　　　　单位:万亿美元

年份	全球	发达	新兴
2000	1.9	1.2	0.7
2001	2.0	1.2	0.8
2002	2.4	1.4	1.0
2003	3.0	1.8	1.3
2004	3.7	2.1	1.7
2005	4.3	2.1	2.2
2006	5.3	2.3	3.0
2007	6.7	2.4	4.3
2008	7.3	2.5	4.9
2009	8.2	2.8	5.4
2010	9.3	3.1	6.2
2011	10.2	3.4	6.8
2012	11.0	3.7	7.3

资料来源:IMF"COFER"数据库,2015年。

三是新兴经济体之间的巨大贸易和资金往来。过去十几年来,尽管经济全球化和贸易自由化有了很大的发展,但是新兴和发展中经济体之间的贸易发展不足。在最近五年间,情况开始发生了变化,新兴和发展中经济体之间的贸易发展开始提速。据2015年巴西发展、工业和外贸部数据显示，在金砖国家中，出口对GDP的贡献率（2013年数据），南非为64.2%、印度为53.3%，俄罗斯为50.9%，中国为50.2%，巴西为27.6%。① 例如，2010年"金砖四国"对低收入国家的出口已经达到了发达国家对低收入国家出口总额的50%。这是因为新兴经济体经济的强劲增长对彼此的商品和资源增加了需求。这种新兴经济体之间的贸易流动也因此带来了它们之间相应的资金流动。由新兴和发展中经济体的发展势头来看，未来新兴和发展中经济体之间的贸易发展还有很大的空间。

四是新兴经济体与发达经济体经济周期的脱钩。尽管在工业化国家和新兴市场国家内部经济周期有趋同的趋势，但是两个组别间，尽管有全球化的作用，却出现了经济周期的脱钩。随着新兴经济体经济实力和地位的上升，新兴经济体之间的贸易和资金往来得到强化，使新兴经济体已有自己的经济周期，这个经济周期与发达经济体的经济周期已经有很大的不同。所以，新兴经济体和发达经济体经济周期的脱钩使它们能迅速恢复增长。

五是人均收入的上升和迅速增长的中产阶级。在未来的20年中，在中国、印度和俄罗斯的中产阶级的年度增长率将分别达到9.4%、5.8%和2.4%。人均收入的上升和一个不断扩大的中产阶级扩大了新兴经济体国内市场的规模，使新兴经济体可以从规模经济而不是从外贸来获得更多的收益，这使新兴经济体对外贸水平的下降变得不甚敏感。

四 世界经济的近况

目前，世界经济增长已由危机之后的"双速增长"态势向最近两年的低速增长收敛。经济危机爆发后，以中国为代表的新兴经济体依靠强力的

---

① 中华人民共和国商务部：《巴西联邦政府推出国家出口计划》，2015年7月2日，http://finance.sina.com.cn/roll/20150702/035622568261.shtml。

财政政策刺激，以基础设施的巨额投资拉动对国际大宗商品的巨大需求，驱动新兴经济体经济快速增长，而以欧盟为代表的发达经济体则因主权债务危机总体陷入衰退，此时，世界经济呈现双速增长态势。但伴随着最近两年的经济结构调整，以美国为代表的发达经济体逐渐摆脱了衰退，国民重拾投资和消费信心，实体经济也发生了一些积极变化，经济呈现小幅复苏的态势。与此同时，新兴经济体则因全球经济增速放缓和自身经济结构优化、调整，经济增长率呈现下行态势，增速明显回落。即便如此，全球经济增长重心由发达经济体向新兴经济体转移、新兴经济体相对力量上升态势并未根本逆转。在危机爆发前的2004—2008年，发达经济体对世界经济增长的贡献率为44%，而新兴经济体则为56%，前者已落后于后者。在危机爆发后的2008—2012年，两者的比值竟然变成了13∶87。① 虽然受全球经济持续低迷的拖累，就最近两年而言，新兴经济体的经济增长也有所放慢，尤其是新兴经济体大国——中国，经济增速大幅放缓，持续徘徊在7%—7.5%，但显然，新兴经济体经济增速虽然相比自身有所放缓，但在国际上仍处于较高水平，仍然明显高于发达经济体。同样值得一提的是新兴经济体国家——印度，在最近两年，其经济增速逐渐加快，国际货币基金组织（IMF）发布的《世界经济展望》报告书中甚至将印度2015年的经济增速展望从年初的6.3%大幅上调至7.5%。这意味着印度经济增速有望在未来的一两年赶超中国。目前，新兴经济体中的"金砖五国"人口已占全球的40%，人均GDP也超过世界20%，2014年金砖国家GDP总额超过了美国，金砖国家在世界上的地位不断提高，在世界具有举足轻重的影响力。另外，金砖国家都加入了中国倡导的亚投行，掌握其中近50%的注资比例和投票权，在世界金融领域的影响力进一步增强。经合组织（OECD）在2013年发布的远期经济展望报告——《展望2060：远期

---

① 刘世锦等：《金融危机后世界经济格局调整与变化趋势》，2014年2月19日，新民网，http://finance.ifeng.com/a/20140219/11697344_0.shtml。

增长的全球视野》中称，未来50年世界经济格局将发生巨变，新兴经济体经济总量将赶超欧美，甚至超过OECD成员国之和。汇丰银行的研究报告也指出，2013年至2050年，新兴经济体对世界经济增长的贡献将是发达经济体的两倍，到2050年，新兴经济体经济总量将超过发达经济体。根据IMF 2016年4月的《世界经济展望》数据，发展和新兴经济体按购买力平价计算的GDP早在2008年就超过了发达经济体，占比为51.1%。

新兴经济体经济实力的提升也对世界经济和政治的权力再分配起着极大的推动作用。美国等发达经济体普遍面临金融危机和经济发展停滞，而新兴经济体的地位和实力却在不断上升，使得新兴经济体在国际事务中的影响力不断加强，按购买力平价计算，2014年新兴经济体和发展中国家的经济总量首次超过发达经济体，国际经济力量对比发生深刻变化。目前，金砖五国经济总量约占世界总量的1/4，过去十年对全球经济增长的贡献率超50%，外汇储备比例达到40%以上。但在当前金融格局中，金砖国家所拥有的地位和经济实力难以匹配。在世界银行中，金砖五国的投票权总和都难以抗衡美国一国的投票权。同样，在国际货币基金组织中，金砖五国的表决权也远远低于美、英、法等发达国家。20国集团（G20）等国际合作对话机制的出现有力地推动了世界政治经济旧格局的变革。而发达经济体为了应对国际政治经济地位的下降的局面，开始加紧对战略性新兴产业重新布局，努力寻求未来经济发展的制高点，新一轮世界经济结构调整由此展开。

◇◇ 第二节　世界经济结构调整的主要进展

一　发达经济体的结构转型

2008年的全球经济危机以比较极端的形式折射出世界各国尤其是发

达经济体在经济发展模式、经济结构、金融和财政等重要领域长期严重存在的问题。首先，就经济发展模式而言，在危机发生前，发达经济体的经济发展模式偏重于以消费刺激经济增长。国民崇尚过度消费以致个人、家庭大量透支，过度消费的结果必然导致这些国家较低的储蓄率和过度借贷。当经济出现危机后，许多个人、家庭无以还贷，生活随即陷于困境，甚至处于破产边缘。其次，就经济结构而言，忽视了制造业的发展。在危机发生前，发达经济体长期以来崇尚高工资、高消费，工资长期刚性增长。尤其是自金融化浪潮以来，过度追求高附加值的服务业特别是金融业发展，严重忽视工业生产领域中传统处于优势地位的制造业（该领域可吸纳较多的就业人员）发展，当经济发生危机后，因忽视制造业发展而导致失业人口大量增加，劳动力供给结构与市场需求结构脱节严重。再次，就金融领域而言，在危机发生前，发达经济体在金融领域存在严重的"高杠杆化"金融衍生品交易，在某些领域已严重脱离了实体经济的发展，忽视了金融衍生品交易风险。当危机发生后，金融衍生品交易放大了金融风险，加大了危机的危害程度，因此，发达经济体深受其害，深刻认识到金融衍生品交易的风险，迫切需要加大对本国金融领域的"去杠杆化"。最后，就财政领域而言，发达经济体政府深受财政赤字问题困扰，这些国家的政府财政普遍面临较为严重的高赤字率和高债务率，这与它们长期奉行的高福利政策密切相关。此次金融危机的发生，发达经济体财政的高赤字和高负债是很重要的原因，同时这也是阻滞这些国家经济复苏的主要障碍。因为，对于这些国家而言，如若试图保持财政收支平衡，开源节流，就必然会压缩财政支出和（或）增加税收，而一旦压缩政府支出和（或）增加税收，就削减了社会总需求，容易使失业人群增加，还导致福利降低。这就会导致人民抗议、罢工和社会对抗，从而引发社会持续动荡不安。在社会动荡的大环境下，经济形势必然不稳定，经济政策容易出现反复，经济复苏和发展将无从谈起。如希腊政治持续动荡，经济形势很不稳定，就是一个典型代表。

当金融危机发生后，发达经济体国家迫切需要从发展模式、经济结构、金融和财政等诸多方面调整经济发展结构，力求摆脱经济危机，尽快复苏经济。因此，在深刻反思问题的基础上，发达经济体国家领先于新兴经济体率先进入结构调整，目前，结构调整已全面展开。以下是主要发达经济体的结构调整情况。

（一）美国：从"去工业化"到"再工业化"

从历史上看，美国制造业曾长期在全球市场上占据绝对优势。20世纪后期，信息时代的到来，使得劳动力成本高企，这促成了全球经济的再分工。美国进入了"去工业化"的时期，金融业突飞猛进，而制造业却蜂拥外迁。从20世纪50年代末期至80年代末的30年间，美国制造业增加值占GDP的比重不断下降，从当初的30%左右降至2010年的不足15%，即使是上百年来让美国人骄傲的汽车制造业，也面临着破产的现实威胁。美国制造业的全球霸主地位也在2010年让位给中国。2010年，中国制造业增加值占世界的19.8%，取代了美国自1890年以来120年的世界第一工业大国地位。

奥巴马政府执政之后，竭力寻找引领美国经济走出困境的突破口，最终把"再工业化"作为经济结构调整的核心，力图重振本土工业，寻找能够支撑未来经济增长的高端产业，通过产业升级化解高成本压力，推动美国经济走出低谷。从长远来看，其目标则是以"再工业化"作为抢占世界高端制造业的战略跳板，巩固并长期维持其世界第一经济超级大国地位。为此，2010年8月，美国政府提出了《制造业促进法案》。该法案包括大规模投资清洁能源、道路交通改善、宽带服务等，总投资达170亿美元，旨在帮助制造业重拾竞争力。美国全国制造商协会预计，这一法案将使美国制造业产值增加46亿美元，创造或支持7万个就业岗位，并有助于实现奥巴马提出的美国出口五年内翻一番的目标。2011年2月，美国发布了《美国创新战略：确保我们的经济增长和繁荣》，深入阐述了未来一个时期美国创新突破的方向和重点，把先进制造业、生物技术、空间技术和清洁能源等视为优先发展的领域。2010年2月至2012年9月，制造业已为美国创造了53万个就业岗位，实现连续31个月增长，创过近25年以来最佳表现，其中多为高新尖端技术就业机会。奥巴马还自豪地宣布："卡特彼勒公司正在把工作机会从日本迁回美国；福特正在把就业机会从墨西哥转回美国；今年，苹果也将在美国本土重新开始生产Mac电脑。"（《经济日报》2013年4月17日）2014年6月，白宫国家经济委员会发布的一份报告说，"金融危机结束以来，美国制造业产出增加了30%。同时，2010年以来，制造业创造了64.6万个就业岗位，为1990年以来的最快增速"。美国一系列制造业支持政策在一定程度上吸引了金融资本与产业资本的回流。一方面，美国吸引的对外直接投资已经逐年复苏，FDI净流入从2009年的1537.88亿美元的最低点，逐渐震荡回升至2013年的近3000亿美元，净流入水平已经逐渐接近危机前的水平。另一方面，跨国企业逐渐从国外回迁至美国本土。2007年以来，美国回迁的企业已经达到286家。回迁企业以制造业企业为主，不乏英特尔、福特汽车、康明斯等全球著名企业。仅2014年加入制造业回流浪潮的企业就有93家。同时，美国回流倡议组织的统计分析表明，从2010年1月到2014年11月30日，美国制造业就业增加了75万人。

  从一般层面来看，奥巴马政府是在大力扶持本国的制造业复苏，吸引美国制造业从国外回归。然而，从长远来看，"再工业化"已上升为美国政府为整体经济复苏确立的一项重大国家战略。而这项战略的目标是要在世界经济领域掀起一场制造业"战略大反攻"。这项战略的实质是要推动美国制造业脱胎换骨，从而催生一种新的生产方式，掀起类似于信息革命的第四次工业革命。综上，美国不仅出台了国家战略以推动"再工业化"，而且在不少方面已捷足先登，加上现有的多种优势，其"再工业化"进程极有可能诱发第四次工业革命，值得世界各国密切关注。

（二）欧盟：聪慧（智能）增长、可持续增长、包容性增长战略

2009年开始的主权债务危机不但使欧盟经济深陷泥潭，而且使欧盟的威信和国际地位受到前所未有的挑战。为应对危机，欧盟于2010年6月17日在夏季首脑会议上通过了《欧盟2020战略》（*Europe 2020*），旨在加强各成员国间经济政策的协调，在应对气候变化的同时促进经济增长，扩大就业。该战略是经历"里斯本战略"10年探索和国际金融危机后提出的欧盟未来10年发展规划。该战略提出了欧盟关于未来经济增长方式的三大核心目标：一是"聪慧增长"，即实现以知识和创新为基础的智能型经济增长。相对美国、韩国和日本以至于中国，欧盟研发投入力度较低［据英国《自然》杂志网站2014年1月10日报道，中国首次在一项衡量创新能力的关键指标——研发资金占GDP比重上超过了欧洲。文章援引经合组织（OECD）本月公布的数据称，2012年，中国将其GDP的1.98%投入研发当中，超过了欧盟28国1.96%的总体比例。这些数字表明，中国的科研投入与1998年时相比增长了3倍，而欧洲则几乎没有增长］[1]，面临创新能力落后、竞争力弱化威胁。研发支出不足必然导致创新能力不强，从而使得欧盟综合竞争力下降，因此，欧盟计划在未来的十年内，大幅提高研发投入，尤其是积极鼓励对私营企业进行投资，扭转在高速宽带网络方面的落后状况，充分挖掘数字经济的潜力，使欧盟的数字经济得到强劲增长。二是可续性增长，即实现资源效率型、绿色低碳发展和强化竞争力为内容的经济增长。欧盟在"绿色经济"、环保产业、引领世界绿色潮流的概念、发展模式以及技术创新等方面均走在世界前列，在节能减排、"绿色经济"的标准化制定管理和全球治理经验方面有着强大的优势。欧盟可利用科技优势开发高效节能技术、清洁高效能源，保持在

---

[1] 《中国创新研发资金投入占GDP比首超欧洲》，2014年1月11日，人民网，http://news.jschina.com.cn/system/2014/01/11/019932747.shtml。

"绿色低碳"技术市场上的领先技术,从而新增更多就业岗位。三是包容性增长,即实现经济、社会和地区聚合的高就业增长,使所有地区和人群都能享受到经济增长成果。

围绕上述三大目标,欧盟还提出了五大量化指标:(1)增加研发投入,把研发支出在欧盟国内生产总值(GDP)中所占比例由目前的1.9%提高到3%;(2)将18—24岁人口的失学率从14.1%降至10%以下,将30—34岁人口中受过高等教育的比例从33.5%提高到40%以上;(3)将温室气体排放在1990年基础上削减20%,将可再生能源比例提高至20%,将能效提高20%;(4)争取将20—64岁年龄段人群的就业率从现在的69%提高到75%,提高妇女、年长者的就业率,更好地吸纳移民加入欧盟的劳动力市场;(5)根据各成员国贫困标准将欧盟贫困总人口削减25%,到2020年共减少贫困人口2000万人。

欧盟委员会在2013年7月10日还公布了一项总额达220亿欧元的科技创新计划,该计划名为"联合技术计划",实施时间为2014—2020年,以加大产业技术研发力度,提高欧盟的产业竞争力。该计划将重点研发新型抗生素等创新型医药技术、低排放航空器、生物能源技术、燃料电池特别是氢燃料电池、先进的电子元器件和系统技术等。[1] 2012年10月10日,欧盟委员会发布了名为《 个强大的欧盟工业有利于增长和经济复苏》(*A Stronger European Industry for Growth and Economic Recovery*)的工业政策沟通版报告[2],确立了欧盟工业的核心地位,提出通过"增强型工业革命"扭转欧盟工业比重下降趋势,到2020年将工业在欧盟GDP中的占比从目前的16%提高至20%。明确了促进新技术和创新投资的六大产业,

---

[1] 姜岩:《欧盟投资220亿欧元研发产业技术》,2013年7月11日,新华社,http://www.cnstock.com/v_news/sns_hw/201307/2652224.htm。

[2] 王德生:《欧盟发布新工业政策》,2013年7月29日,2015竞争情报上海论坛,http://www.istis.sh.cn/list/list.asp?id=7935。

主要涉及清洁生产的先进制造技术、关键使能技术（key enabling technologies，指一项或一系列应用面广、具有多学科特性，为完成任务、实现目标的技术。包括微纳米电子技术、先进材料、工业生物技术、光子技术、纳米技术和先进制造系统等）、基因产品、可持续产业政策及原材料、清洁车辆、智能电网等。总体来看，欧盟提出的战略带有较强的务实性，致力于解决危机中遇到的实际问题及长远发展过程中民众所关心的问题。

总体而言，由于金融危机的持续和危害性远远超出了2010年的预期，《欧盟2020战略》目标中期实施进展并不理想。目前来看，尽管欧盟到2020年实现研发投入占GDP 3%的目标已经不可能实现，但欧盟各国部长并不打算重新设定目标。《欧盟2020战略》规划的六大技术领域至今仍未取得显著进展，是否能引领新的技术革命仍未可知。其提出的就业目标也很难实现。2010年欧盟就业率为68.5%，2012年下降至68.4%，与75%的目标还相差6.6个百分点，也就是说，还需要创造1600万人次的就业岗位才能达到这个目标。欧盟成员国之间经济、社会发展水平有所差距，近年来在很多方面差距有所加大。《欧盟2020战略》提出，到2020年欧盟贫困人口较2008年削减2000万人。然而，2012年欧盟贫困人口较2008年增长660万人。目前，欧盟要在2020年实现预期目标，需要削减贫困人口2660万人。《欧盟2020战略》提出，到2020年青少年辍学率低于10%，成年人接受高等教育比例不低于40%。2009年欧盟青少年辍学率从14.2%下降至2012年的12.7%，同时30—34岁成年人接受高等教育比例从32.1%上升至35.7%。

（三）日本：再兴战略（SANFENG）

日本政府于2013年6月14日正式出台以《日本再兴战略》为名的经济增长战略和中长期经济财政运营指引，制订了日本产业再兴计划、战略市场创造计划、国际拓展战略三项计划。其中，日本产业再兴计划是基础，根据该计划，日本政府将设定五年期的"紧急结构改革期"和三年期的"集中投资促进期"。具体举措包括：制定"产业竞争力强化法"，改革雇佣制度促进劳动力流动，设立吸引国内外企业投资的"国家战略特区"，向民间企业开放机场等公共设施运营权，改革大学教育以培养全球化人才，等等。主要目标有：第一，通过扩大民间投资，加快企业的新陈代谢，加速企业设备的新旧更替，从而从源头上增强技术创新；第二，不断拓宽行政设限，创造积极向新事业前进的机制；第三，遏制过度竞争，恢复制造业在全球的竞争力并快速提高其收益能力。"日本再兴战略"以产业振兴、刺激民间投资、放宽行政管制、扩大贸易自由化为主要支柱。为达此目标，日本国会通过了《国家战略特别区法》。该法规定，将实行"雇佣自由化"作为放宽限制、进行制度改革的突破口，创造在世界上最容易进行商业活动的环境，通过在东京等大都市创设"国家战略特区"，以吸引外资和国外人才、加强产业竞争力，力争将日本打造成与纽约、伦敦齐名的世界经济中枢。2013年10月15日，日本政府又通过了《产业竞争力强化法》，力图通过减税等优惠措施刺激企业设备投资，消化过剩产能，激活经济以创造需求。新战略还提出在2015年度之前，将民间设备投资在2012年度的63万亿日元的基础上增长10%，达到2008年国际金融危机冲击之前的水平（近70万亿日元），至2020年实现国外企业对日直接投资额翻番的35万亿日元，将设备出口扩大至30万亿日元的目标。①

战略市场创造计划包含发展延长国民"健康寿命"的医疗健康及看护产业；实现清洁、经济的能源供应与需求；建设安全、便利且经济的新一代基础设施和农业等领域。

国际拓展战略则通过积极拓展世界市场以及扩大对内直接投资等措施，将世界的人才、物力、资金吸引到日本，把世界的经济增长纳入事业

---

① 《"安倍经济学"是一锅大杂烩》，2014年2月28日，新华网，http://news.xinhuanet.com/2014-02/28/c_119547421.htm。

范围。具体方式包括签订跨太平洋伙伴关系协定（TPP）、拓展海外市场和促进创意产业在海外的发展等。

2014年6月28日，日本政府再次出台《日本再兴战略》（修订版），通过了新一轮增长战略和经济财政运营及改革的基本方针。该战略对《日本再兴战略》与日本经济未来走向内容进行了细化和补充。主要包括四部分内容：强化营利能力；创造更多劳动力就业岗位；培育带动经济增长和地区经济发展的新型产业；搞活地区经济，进行地区经济结构改革。在新一轮增长战略中主要涉及下调企业所得税和打破"岩盘管制"（非常强有力的管制）。该文件强调要对企业所得税制、农业、就业和医疗等"堡垒"领域进行改革，提出了近百项政策。降低企业所得税的目的是为企业减负，促进企业设备投资，同时也为了吸引外国投资家向日本投资设厂。

综上可知，美、欧、日三大发达经济体在经济危机后的新一轮经济结构调整过程中，既有相似的战略、对策，又因具体国情的差异而有所不同，但相似的做法要明显多于它们之间的不同。这就说明发达经济体在此次全球经济结构大调整中，总体趋势大体一致：第一，以再工业化为核心；第二，以绿色发展、可持续发展、智能发展、包容性发展为经济增长的基本方向；第三，以高新产业为龙头，结合新能源技术以及最新互联网技术为主要特征；第四，以成文的法案或计划的形式明确未来调整的重点和方向。

二 新兴经济体的经济结构调整与增长模式转型

在过去的几十年里，新兴经济体在出口导向模式的带动下，依赖廉价的劳动力、广袤的土地、丰富的资源和能源等，向世界提供了大量低附加值的产品，因此，经济得以快速增长，以至于创造了以中国、印度为代表的亚洲经济发展奇迹，这在很大程度上受益于世界经济的全球化和全球产业转移。而在当前世界经济复苏依然存在很大不确定的大背景下,新兴经济体经济增长开始逐渐放缓,原有的经济发展动力有所减弱。尤其是2012年以来,一度被视为引领全球经济发展的新兴经济体正逐步让位于昔日陷入泥潭的发达经济体。据全球最大的对冲基金——桥水联合基金(Bridgewater Associates LP)2013年的研究显示,自2007年年中以来,包括日本、美国、欧盟在内的发达经济体对全球经济增长贡献超过了74万亿美元。这一数字远超曾经以金砖国家(BRICS)身份风靡一时的中国、巴西、印度等新兴经济体。桥水联合基金认为,曾经风光无限的新兴经济体如今问题缠身,无力维持近年来较高的经济增速。同样,2013年9月,国际货币基金组织为20国集团领导人制作了一份简报。在简报中也指出,新兴经济体已经不再是全球经济的活力引擎,预计全球经济发展的动力将主要来自发达经济体,而关键的几个新兴经济体经济增速都有所放缓。可见,以金砖国家为代表的新兴经济体正面临自全球性金融危机以来最大的发展困境。

目前,新兴经济体面临困局,一方面是因为这些国家前期改革释放的制度红利(如土地、人口、资源、能源等)逐步衰减,因此,发展模式亟须转变,面临着国内经济结构性改革的强大压力;另一方面是因为在美国和欧洲等发达经济体的金融政策影响下,新兴经济体面临资本外流、货币贬值等金融风险,具体表现在汇率、国际收支平衡、金融脆弱性等指标的明显恶化。例如:美联储发出退出量化宽松政策信号之后,全球金融市场波动性急剧上升,风险资产惨遭抛售,新兴经济体遭受了极为沉重的打击。印度、巴西汇率大幅波动,印度卢比、巴西雷亚尔兑美元名义汇率贬值幅度大幅上升。也就是说,新兴经济体不仅面临短期的外部持续性冲击,更将面临长期内生的结构性转型压力。因此,对新兴经济体来说,只有通过结构性改革创造新的经济增长点,才能继续推动经济的可持续增长。在危机面前,越来越多的新兴经济体深刻意识到,只有在增长模式选择和政策取向等方面进行深刻的结构性调整和改革才能化解自身所面临的各种挑战。打铁还需自身硬，新兴经济体要想加快结构调整、提升自身竞争力，就必须克服和解决自身经济结构内在的缺陷、弱点，包括要降低过度依赖出口、压缩过剩产能、降低能耗。同时，也要减少经常项目的赤字，经济结构的调整还要包括增加教育的投资、提高人才素质、增加基础设施投资、鼓励技术创新等方面①。新兴经济体政府应充分借鉴国际经验，并根据本国的实践，积极调整产业结构，加快经济增长方式的转变。新兴经济体的结构性改革涉及经济增长模式调整和经济结构的调整、收入分配政策的调整及社会保障体系的完善、人口政策的调整、财政税收和金融政策的调整等，结构性改革的最终目的是提高生产率，谋求更公平可持续的增长。

面对全球政治经济结构调整的历史机遇，新兴经济体如何克服不利的挑战，充分利用历史机遇呢？

（一）加快产业结构调整，推动经济增长模式转型

2008年经济危机以前，以中国、印度为代表的新兴经济体主要依赖传统的出口导向型经济发展模式，实现了经济的快速增长，但在国际金融危机爆发后，世界经济格局发生了根本性的变化。一方面，以美国、欧盟为代表的发达经济体陷入了主权债务泥潭，使得国际市场产品需求极度萎缩；另一方面，发达经济体自身开始转变经济增长模式，扭转传统的负债消费、虚拟经济增长模式，纷纷推出振兴经济战略，开始实行"再工业化"，刺激国内经济复苏，力图摆脱危机的影响，不但要在传统制造业等行业夺回丢失的世界市场，而且贸易保护主义抬头。上述因素综合导致新兴经济体不得不进行深刻的经济改革，一方面，对外出口不畅需要大量转内销；另一方面，还要面临多年累积下来的产能过剩问题和人力成本快速

---

① 徐洪才：《发达国家经济向好 新兴经济体需加快结构调整》，2013年9月6日，中国广播网，http://news.163.com/13/0906/09/98316SAV00014JB5.html。

攀升的现实。新兴经济体既要对付经济增长下行风险，还要面临本国经济增长方式转变的巨大难题。

由于全球经济"再平衡"的压力以及发达国家主权债务危机短期内难以解除，所以，依赖发达经济体需求的增长模式已经不能适应新兴经济体的发展需要了。新兴经济体应将其发展重点从外向型增长转向内需、外需平衡发展的更稳定的经济增长模式，以应对不断变化的世界经济局势。增长模式的改变将是新兴经济体面临的最为重要的挑战，也是这些经济体能否成功崛起的关键。新兴经济体政府要在本国实践的基础上，充分借鉴国际和历史经验，积极调整产业结构，加快经济增长方式的转变。要探索创新型工业发展方式，走新型工业化道路。通过循环经济，提升制造业技术水平，改造传统制造业，走出一条科技含量高、资源消耗低、环境污染少的新型工业化道路，实现工业经济长期可持续增长。首先，全球经济重心从发达经济体向新兴经济体转移，不但会导致全球制造业布局的重构，也必然会引发对新产品和新技术的需求。为应对这种需求，新兴经济体要大力发展以新能源、新材料、信息技术为代表的高新技术产业。其次，要积极发展服务业，创造更多就业机会。发展服务业是提高人均收入、减小收入差距、实施内需拉动经济增长最为重要的环节。服务业的稳定增长可以增加就业，从而提高人们的收入水平，只有服务业发展了，居民才会有收入和消费。最后，要继续增加农业投入，用现代科技不断提高农业和食品加工业的劳动生产率，提高农业产出。随着经济重心转移到人口众多的新兴经济体，以及人均收入水平的不断提高，人们有能力消费更多的食品和购买更有营养的食品，对农产品和食品的需求会有大幅的增长。

（二）加大研发投入，用现代科技引领产业结构的转型升级

创新离不开政府的支持和企业的巨大研发投入。要利用高新技术来改造传统产业，形成符合自身资源优势的现代产业体系，就必须加大研发投入。作为新兴经济体的国家，要想从一个劳动密集型经济体，逐步转型为高科技、资本密集型经济体，现在又要努力打造知识密集型、创新驱动型经济体；那么，研发和创新必然要成为这些国家经济发展战略的基石。就研发投入而言，新兴经济体——中国走在了前列。德国《经济新闻报》2014年11月16日刊文指出，2014年中国研究和开发的投入将首次超越欧盟28个成员国（2014年中国的研发总投入预计将达3110亿美元，欧盟28个成员国约2920亿美元）。2019年，中国还有望超越目前领先的科技大国美国。文章认为早在2012年，中国在研发方面的投入几乎与欧盟持平，当年中国投入2570亿美元，欧盟是2820亿美元。事实上，中国从2008年到2012年间，研发投入翻了一番。相反，欧盟和美国2008年之后研发投入几乎没有增加。就研发投入占GDP的比例而言，2012年，中国为2.0%，虽然仍落后于德国（3.0%）、法国（2.3%）、荷兰（2.2%），但已超过欧盟的许多国家，如英国（1.7%）、西班牙和意大利（均为1.3%）。中国设定的目标是到2020年使这一比例达到2.5%。高研发投入也产生好的成果，中国2012年专利申请数量超过德国，仅次于美国和日本。英国《金融时报》2015年6月撰文指出，中国的总研发支出在2011年超过了日本，文章援引美国科技集团Battelle的观点认为，到2018年，中国将超过欧洲各国的研发支出总和，而到2022年，研发支出在绝对数字上将超过美国。根据欧洲专利局的统计，2014年欧洲申请的27.4万项新专利中，美国、日本和中国共占53%。但中国增速最快，同比上升18%后跃居第4位。

（三）改革收入分配和健全社会保障制度，增强居民消费能力

新兴经济体要实现消费成为拉动经济增长重要力量，最主要的是要增强居民消费能力。为此，首先，需要改革收入分配制度，全面调整国民收入分配格局，提高劳动收入在国民收入中的比例。在劳动收入在国民收入中的比重没有显著上升的情况下，居民的消费能力不会有大的上升，扩大内需的战略就难以持续；其次，大力提高广大中低收入人群收入，降低收

入差距。从"金砖五国"的情况来看，中国 2012 年的基尼系数是 0.474，印度 2005 年的基尼系数为 0.334，巴西 2009 年的基尼系数为 0.547，俄罗斯 2009 年的基尼系数为 0.401。其中除了印度外，其他三国的基尼系数已经超过 0.4 的国际警戒线。由于富人的边际消费倾向远远低于穷人，缩小收入差距可以促进消费能力的增长。

大多数新兴经济体的社会养老金体系和医疗体系尚不健全，政府在养老、医疗等方面投入偏少，个人需要依靠储蓄来预防未来不可预测的风险，如大的疾病等，因而压缩现期的消费。为了扩大内需，新兴经济体需要立即构建可行的社会养老金和医疗体系，改善贫困人群社会保障，从而提高居民的即期消费能力和预期消费能力。新兴经济体投资和出口对经济增长的贡献率一直很高，而消费则相对不足。如果出口和投资规模过大，会带来一系列的负面作用。以政府大力投资拉动经济增长，不但要付出资源和环境的沉重代价，而且还会使政府债务增加，必须终结以往的高投入、高能耗、高污染、高负债发展模式。以积极鼓励出口拉动经济增长，虽然会通过巨额的贸易顺差，带来巨额的外汇储备，但因新兴经济体国际汇率制度不完善，央行需要用大量的本币来买外汇，也就是进行大量基础货币的投放，因此，很可能会导致这些国家国内通货膨胀。另外，由于贸易伙伴国处于逆差，很容易引起贸易摩擦和反倾销、反补贴调查，最终影响新兴经济体外部商品市场环境。因此，要想经济持续稳定增长，必须增加消费在"三驾马车"中的份额，尤其是在金融危机爆发后，这种出口导向型经济增长模式遭遇了极大的发展困境，因此，新兴经济体需要大力刺激消费，通过扩大内需来拉动经济增长。而新兴经济体国民消费能力的提高有赖于这些国家具有健全的社会保障制度和合理的收入分配制度。

（四）建立经济金融调控框架，确保宏观经济环境稳定

宏观经济环境的稳定是其他政策发挥效用的首要条件。因而，新兴市场国家需要严肃财政纪律，保持货币政策传导机制，建立强大的外部缓冲，实施良好的宏观金融政策。新兴市场国家还必须不断改善本国的金融机构，深化金融体制改革，加快金融市场发展和改革步伐，以便制定和实施更好的政策。金砖五国中，中国的金融部门规模最大。中国的金融体系主要由商业银行主导，而巴西、印度以及俄罗斯主要由股市主导，尤其是俄罗斯这种现象更为明显。与发达国家相比，五国的私债市场都不发达。尽管近年来金砖五国金融发展取得了巨大的进步，但是还需要强化制度环境、扩展资本市场、改进银行效率，并拓宽个人和企业的金融服务渠道。新兴经济体还面临大量中长期结构性问题，宏观调控的难度会进一步加大。新兴市场国家在加快改善金融机构和推进资本市场发展的同时，还要注意加强对国际金融市场风险的监控和防范。

（五）加快推进城镇化，着力扩大内需

多数新兴经济体都处在城镇化的过程中，城镇化可以降低城乡收入差距，扩大居民消费需求。城镇化可以作为新兴经济体扩大内需、应对外部需求下降、促进经济增长的重要途径。麦肯锡全球研究院（MGI）2012年6月的报告称，预计到2025年，全球收入可观的城市居民会再增10亿人，从而成为各种商品和服务的消费生力军。这些人群中有6亿人左右将生活在新兴市场国家中心区域的约440个城市，而这些新兴市场国家中心带来的GDP增长，可能占2010—2015年全球GDP增长的近一半。世界银行的数据显示，金砖五国中巴西和俄罗斯的城镇化率超过了70%。巴西2012年的城镇化率为85%，俄罗斯为74%。而中国2012年城镇化率为52%，印度仅为32%。中国和印度两个人口大国与发达国家平均80%以上的城镇化率还有很大的差距。

对中国而言，其城镇化发展水平属于滞后型。中国城镇化滞后于工业化进程，众多的农村人口依靠收益偏低的农业，难以大幅度提高居民收入，导致购买力严重不足，影响着中国居民整体消费能力的提高。2009年中央经济工作会议提出："要以扩大内需特别居民消费需求为重点，以

稳步推进城镇化为依托，优化产业结构，努力使经济结构调整取得明显进展。"中共十八大报告提出工业化、信息化、城镇化和农业现代化是全面建设小康社会的载体。并提出"必须以改善需求结构、优化产业结构、促进区域协调发展、推进城镇化为重点，着力解决制约经济持续健康发展的重大结构性问题"。这突出了城镇化对扩大内需、实现经济可持续发展的战略意义，城镇化已成为现阶段扩大内需的重要途径。将扩大内需和城镇化的进程紧密结合起来，就可以实现经济发展和扩大内需的良性互动，实现经济的可持续发展。

（六）积极应对外部需求下降，统筹外需内需发展

由于发达经济体经济复苏乏力，并且实施了一系列产业保护政策，新兴经济体面临着恶劣的外部经济环境，出口增长率大幅下降。我们认为，在积极应对外贸萎缩的同时，要积极扩大内部消费，做到内需外需统筹发展。一方面，制定应急预案，在外需不确定因素增加的情况下，用足财政政策，以扩大内需，弥补因世界经济放缓和发达经济体需求下降对出口可能造成的冲击。另一方面，把保持出口稳定增长作为当前的重点任务。稳定外贸外资政策，降低行政成本，紧密跟踪世界经济形势，积极扩大新兴经济体之间的贸易往来，防止出口大幅下滑。

◇◇ 第三节 影响结构转型的因素分析

在这一部分，我们将尝试使用关于结构转型的研究文献对结构转型作一说明。在20世纪六七十年代有关发展的文献中，研究的中心问题就是结构转型在经济发展中的重要性（Kuznets，1957，1966，1971；Chenery，1960，1975）。1961年，尼古拉斯·卡尔多（Nicolas Kaldor）提出了六个"典型事实"，包括人均资本以稳定的速度不断增长，资本产出比保持稳定，资本和劳动在国民收入中的份额保持稳定等（Kaldor，1961）。大量增长模型试图解释与"Kaldor事实"相一致的现象，也就是在平衡增长路径上，增长率、资本产出比等均为常数（Kaldor，1961；Denison，1974；Homer和Sylla，1991；Barro和Salai Martin，2004）。然而，多数国家在发展过程中却出现了不平衡的产业间增长（结构转型）。经济发展的历史表明，发达国家的结构转型具有类似的路径：农业部门在经济中的比例逐渐下降，工业部门在经济中的比例先上升后下降，服务业的比例会逐渐上升（Pandit和Casette，1989；Mokyr，1993；Acemoglu，2009）。这种产业间的不平衡增长却与Kaldor事实不相一致，因此，传统的平衡增长理论难以很好地解释这种现象。这使研究结构转型的不平衡增长模型得以发展。

一 结构转型的需求和供给因素

不平衡增长模型的研究大致可以划分为两类：一类是从需求的角度，分析与偏好相关的原因；另一类是从供给的角度，分析与技术相关的原因。需求因素认为是恩格尔法则发挥了作用，导致了经济结构的变化，即随着家庭收入的增加，用于农业产品（食品）上的支出比例会不断下降（Echevarria，1997，2000）。Kongsamut等（2001）拓展了恩格尔法则，认为随着家庭收入的增加，不仅用于农产品的支出比例会不断下降，而且用于服务业的开支会不断上升。

供给因素则认为不同产业技术进步率的差异或者与资本深化相对应的要素比例差异导致了不同产业的增长差异（Ngai和Pissarides，2006；Duarte和Restuccia，2010）。最早从技术因素方面研究结构转型的是Baumol（1967），他认为不同产业间技术进步率的差异是导致产业间不平衡增长的原因。Baumol等（1985）的经验证据表明，制造业和服务业存在明显的技术进步差异，从而从供给面证实了产业间的不平衡增长。

二 其他因素对结构转型的影响

Acemoglu 和 Guerrieri（2008）的增长模型认为，不同产业资本深化过程中的要素密集度存在差异，从而导致了产业结构的变化。Buera 和 Kaboski（2012b）解释了要素在不同部门间的动态分配，制造业的规模技术以及产出在国内外的流动。

最近的几次理论研究结合了这几种机制的因素来解释结构转型。例如，Buera 和 Kaboski（2012a，2012b）的模型强调在服务业中增加人力资本或技术密集的作用来解释在发展过程中工业和服务业的增长模式。贸易开放和相关的部门间不同的生产率增长速度也被证明对于结构转型具有重要意义（Matsuyama，2008）。Lee 和 Wolpin（2006）开发了一个两部门模型，测度与部门劳动力重新分配的相关成本并评估劳动力需求变化（如产生于部门的生产力和相对价格的变化）和劳动力供给因素（如人口特征变化、生育能力和受教育程度）对结构转型的相对重要性。

三 结构转型的国际比较

Nickell 等（2008）检验了相对价格、科技和要素禀赋（资本、可耕土地）在推动 OECD 国家生产结构改变中的作用。他们发现，与德国和日本相比，美国和英国 GDP 中制造业份额下降得更快，这很大程度上归因于全要素生产率模式与制造业和非制造业商品相对价格的改变。而德国和日本全要素生产率变化在很大程度上解释了制造业和非制造业商品的相对价格。此外，他们发现男性的低教育程度与农业产出的高份额相关。

Syrquin（1986）分析了拉丁美洲国家的增长和结构转型。Gollin 等（2007）、Laitner（2000）、Murphy 等（1989）、Rogerson（2008）和 El-hadj

M. Bah（2011）研究了发达国家和发展中国家的结构转型路径。

Norris 等（2013）使用 1970—2010 年 168 个国家的面板数据，描述了世界结构转型的事实并利用行业实际价值增加值实证检验了转型的决定因素。分析发现，在地区内部和地区间行业份额差距很大，在同样发展水平的国家间同样如此。使用线性和分区回归方法，作者发现行业份额的跨国差异很大一部分可被国家特征所解释，比如人均实际 GDP、人口结构以及人口规模。他们还发现政策和制度变量，比如产品市场改革、贸易开放、人力和物质资本，以及金融提高了基本模型对国家间行业份额差别的解释力。

四 金融抑制和结构转型

王勋和 Anders Johansson（2013）认为，出于发展经济和政治的考虑，政府（尤其是发展中国家）一般倾向于通过优先发展资本密集型的工业部门（制造业）实现经济增长。而外汇和资金稀缺却是困扰发展中国家经济发展的主要问题。一方面，为确立和发展工业体系，政府需要通过抑制服务业（尤其是金融业）的发展，将有限的金融资源分配到工业部门以支持其发展。另一方面，随着一国对外贸易开放的不断深入，作为贸易品部门的制造业产品的需求不断增加，制造业就有了扩张的需求。此外，为了吸引国外的资金和技术，政府往往对流入制造业的外商直接投资（FDI）给予各种优惠待遇，比如资金、税收、土地等方面的优惠。因此，政府自然地有激励采取金融抑制的政策，通过抑制服务业（尤其是金融业）的发展，将有限的金融资源分配给制造业，从而实现吸引外资和促进经济增长的目的。扭曲性的政策，尤其是产业扭曲政策同样会对经济结构转型产生显著的影响。在扭曲性的政策中，金融抑制是影响结构转型和产业间不平衡增长的重要因素之一。随着经济的增长，经济资源会从工业部门不断流入服务业部门，从而使得服务业的比重不断上升。而偏好工业发展的政府可以采取金融抑制政策来保护和促进工业部门的发展，这反过来抑制了服务业的发展，从而造成服务业的占比偏低，导致国内产业结构失衡。王勋和 Anders Johansson（2013）收集了 58 个国家 1981—2005 年的面板数据，研究了金融抑制对产业结构变化的影响。他们发现金融抑制程度越高，经济中服务业的占比越低。他们针对发达国家和发展中国家分别检验了这种关系。他们发现无论是发达国家还是发展中国家，金融抑制和服务业的占比都是负相关关系。但是，这种反向关系在发展中国家更为显著。他们认为通过金融抑制，实施限制服务业的发展而促进制造业发展的政策，会在短期内实现经济快速增长的效果。然而，长期来看，这种产业结构失衡会影响经济结构稳定，增加结构性风险，最终会损害经济效率，阻碍经济增长。Huang 和 Wang（2011）发现金融抑制在经济发展的初期对经济的净影响是正面的，而在 2000 年之后，净影响变为负面的。类似的，金融发展的水平在经济发展的早期可能是重要的，但是在经济发展的后期，可能速度是重要的。比如发达国家金融发展水平高，但是速度慢，所以经济增长速度也慢。发展中国家金融发展速度比较慢，但是水平在逐渐提高，其经济增长也可以较快。也就是水平提升的边际效益很大。

◇◇ 第四节 世界经济结构调整对世界经济政治格局和发展趋势的影响

2008 年国际经济危机爆发后，全球经济进入动荡时期，世界经济进入大调整、大变革和大转型的时代。在欧洲国家主权债务危机产生后，国际经济环境的不稳定性、不确定性增强，无论发达国家还是新兴市场国家都受到较大影响。为了摆脱危机，无论是发达经济体还是新兴经济体都结合本国国情，推出了一系列产业振兴计划和战略，然而，历史经验表明，一次大的危机爆发后，各个国家经济结构的调整不可能一帆风顺，需要一个过程来适应新的经济常态，因此，结构性改革和增长方式转型均需要经历一个曲折的过程。就目前来看，主要经济体经济增长出现分化态势，美国经济复苏较为明显，呈现温和增长的态势；欧洲经济因主权债务危机的深刻影响，仍未完全摆脱危机之困，经济还在缓慢复苏过程中，尤其是希腊债务危机的阴影至今仍困扰着欧盟，尚未有完善的解决之策；日本经济还未摆脱失速状态，经济增长较为乏力。由此可知，发达国家的结构调整仍存在一些不确定性和不稳定性，原因有二：一是发达经济体对一些新兴产业的战略规划与实体经济发展现状之间仍存在着一定的脱节，这些新兴产业的发展前景还未明确。二是发达经济体"再工业化"的转型成本比预想的要高。在危机爆发前，一些发达国家经济虚拟化发展，脱离了实体经济，许多技术工人流失，使得制造业人才匮乏，因此，制造业科技创新成果转化难度加大，无形中增加了"再工业化"转型成本。而新兴经济体迫于全球经济萎缩、出口滞销的压力，积极通过加快推进改革，调整自身经济结构，扩大内需、压缩过剩产能，以实现经济稳定发展。然而，尽管他们主动改革的动力很强，但在缺乏适应本地经济发展的新产业支撑下，仅靠国家宏观经济政策调整和所谓的创新支持，在面临保增长和调结构的取舍问题上，将受到地方政府保护主义思想的激烈抵触，其改革的难度可想而知。

一 发达经济体继续保持在高新产业的优势地位，但相对实力下降

之所以如此，是因为发达经济体本身在环保、制造业等方面就具备传统科技优势基础，有利于培育新兴产业的创新能力，并且，在本轮经济结

构调整过程中，发达经济体又是先于新兴经济体进行革新，因此，发达经济体必将在新兴产业方面拥有竞争优势，在未来的发展中占据主导地位。而新兴经济体虽然具有后发优势，具备巨大的市场发展潜力，又有发展的动力驱使，但毫无疑问，从总体上看，在未来的新兴产业竞争中，仍会处于相对劣势的地位。

二 全球价值链将重构，制造业开始重新布局

国际经济危机爆发后，欧美日等发达经济体在深刻反思其过度负债消费以及追求经济虚拟化发展模式的基础上，结合本国国情，纷纷推出"再工业化"战略，发达经济体将凭借传统上在制造业的历史积淀，利用高新科技优势不断提高竞争力，从而占据全球制造业的高端，以保证其在未来较长时期内仍保持强大的相对竞争优势，力求进一步扩大在这些高端领域的市场份额。因此，就高端制造业而言，发达经济体针对新兴经济体的产业转移和技术转让条件将越来越苛刻，缺乏主动性。与此同时，新兴经济体则利用后发优势，通过经济结构的调整、升级、改造，提升产业发展水平，同时积极利用本次危机对发达经济体制造业的冲击，通过对外直接投资，采取兼并、重组、入股等方式，渗入发达经济体制造业内部，从而延伸、扩展、提升本国制造业产业链，以求突破传统国际产业分工对其自身发展空间的约束。全球价值链重构不仅推动了国际市场竞争，而且也促进了国际产业分工深化以及区域利益融合。

价值链重构将使得市场竞争加剧，于是，各制造业大国纷纷加入、发起新的自由贸易区谈判，力求充分发挥自身在区域内产业的比较优势，从而寻求稳定和长期的市场。美国发起主导了"跨太平洋伙伴关系协定"（Trans-Pacific Partnership Agreement，简称TPP），东盟十国也推出了"区域全面经济伙伴关系"（Regional Com-prehensive Economic

Partnership，简称 RCEP），中韩、中澳先后签署了自贸区协定等，纷纷致力于消除内部贸易壁垒、创造和完善自由的投资环境、扩大服务贸易，还将涉及知识产权保护、竞争政策等多领域，这些自贸区将对亚太地区经济一体化格局产生重大影响。另外，还有酝酿中的美欧自贸区、日欧自贸区等，可能在发达经济体之间形成紧密联系，制约发展中国家的市场拓展。因此，不久的将来，全球制造业产业链可能会有所缩短，并且高端制造业产业链很可能集中于大型跨国公司母国的少数国家内。这不仅有利于减少制造业的交易成本，而且有利于降低其所遭遇的风险。

三 全球化步伐加速与各国保护主义政策的矛盾开始凸显

为了应对国际经济危机，共渡难关，发达经济体与新兴经济体及时搭建了 G20 平台，从而协调各国摆脱危机的政策，在随后采取了相应的措施，对于摆脱全球经济危机、迈向逐步复苏发挥了重要的作用，伴随着互联网技术的迅猛发展，经济全球化发展态势日益显现。但是，在全球经济缓慢增长的大环境下，工业化国家和新兴经济体都面临着巨大压力，贸易和投资保护主义的风险正在增加。无论是发达经济体还是新兴经济体均出于自身利益的考量，开始摒弃全球合作、协调的宏观经济政策，不愿进一步采取政策的协调和沟通，以致贸易、投资领域内的保护主义在全球范围内日益显露，各国的贸易争端加剧，尤其是在发达经济体与新兴经济体之间。比如，在危机爆发之初，美国、欧盟和日本为了摆脱危机，纷纷采取大规模的量化宽松货币政策以求刺激本国经济复苏。这对当时缓解本国经济危机确实发挥了重要作用，但一国长期实施量化宽松政策，尤其是美国连续多次采取此政策，使得流动性在世界范围内泛滥，大宗商品价格暴涨，全球通胀压力开始不断攀升，资本市场和外汇市场波动明显加剧。这不仅对新兴经济体，而且对全球宏观经济稳定都产生了巨大影响。与此同时，发达经济体基于自身利益，积极倡导通过各类自由贸易区谈判来推行本国的经济政策，力图重新分割国际市场。同时，发达经济体还通过推行"再工业化"来发挥自身优势，而新兴经济体采取的经济政策是经济结构调整升级、扩大内需，也就是说，更多的是依赖自身的政策调整来维持经济增长，双方的沟通协调动力明显不足。因此，发达经济体和新兴经济体之间的矛盾开始进一步凸显，经济联系也无法同危机爆发前同日而语。

金融危机爆发后不久，部分国家就开始出现主权债务危机，国内外经济形势、社会形势趋于恶化，市场竞争更加激烈，因此，贸易保护主义行为更加明显。从传统贸易救济措施来看，最近几年，尤为突出的就是反倾销、反补贴、保障措施等频繁使用，滥用贸易救济措施，以贸易救济措施之名行贸易保护主义之实。以中国遭遇贸易摩擦的总体情况为例，据商务部统计，2014年，共有22个国家和地区对中国出口产品发起贸易救济调查97起。其中，反倾销61起，反补贴14起，保障措施22起，涉案金额104.9亿美元。此外，中国产品还遭受美国337调查12起，欧盟发起的反规避调查和反吸收调查各1起。

从中国遭遇贸易摩擦情况来看，总体而言，当前，贸易保护主义主要表现出以下特点：一是贸易保护主义有所升温。2014年，世界经济弱势复苏，贸易保护主义升温。一些贸易大国强化贸易救济调查措施，加大对国内产业保护力度，针对中国的调查数量依然较多。二是高科技产品成为摩擦的新热点。中国输出光伏产品、风力发电机组、手机等高科技产品先后遭到贸易救济调查。例如，美国、加拿大、澳大利亚都对中国光伏产品发起"双反"调查。三是影响产业范围很广。五金矿产、化工、机电、轻工、纺织、医药保健、食品土畜类产品遭受调查案件分别为38起、23起、17起、13起、3起、2起和1起，其中，涉及钢铁和钢铁类产品案件是最多的，有27起，涉案金额23.2亿美元①。

四 世界经济将向"科技智能化、网络数字化、绿色低碳化"发展

国际经济危机爆发后，发达经济体积极倡导"再工业化"战略，依托传统科研能力，积极发挥科研创新能力，新兴高科技工业正在形成，如机器人、3D打印以及数字化工厂开始出现。英国经济学家保罗·麦基里认为，以互联网、新材料和新能源为基础，以"数字化智能制造"为核心的第三次工业革命即将到来。发达经济体在上述领域已形成新的竞争优势，这也深刻影响到未来全球经济格局。

（一）实体经济的发展日益重要

发达的实体经济是一个国家经济稳定发展的根基，也是面对危机冲击岿然不动的关键。2008年国际金融危机爆发的一个重要原因，就是在危机爆发前，发达经济体过度注重虚拟经济，而轻视实体经济的发展，以致世界经济与产业结构的整体趋于失衡。国际金融危机爆发以来，发达经济体纷纷提出"再工业化"等战略，国家经济政策的侧重点再次转移到制造业尤其是高端制造业上，力求在继续巩固与强化传统产业方面既有优势的同时，在新兴技术产业的竞争中抢占制高点。经济危机后，为了重振本土工业，美国将"再工业化"作为重塑竞争优势的重要战略。推出了大力发展新兴产业、鼓励科技创新、支持中小企业发展等政策和措施。美国先后发布《制造业促进法案》和"先进制造伙伴计划""先进制造业国家战略计划"等，2012年年初，美国总统奥巴马发表国情咨文，强调为了让美国经济"基业长青"，美国需要重振制造业，并表示将调整税收政

---

① 《国际贸易保护主义抬头　去年对华贸易救济调查达97起》，2015年1月30日，人民网，http://finance.people.com.cn/n/2015/0130/c1004-26477097.html。

策，鼓励企业家把制造业工作岗位带回美国。通过一系列政策引导，美国制造业已显露出复苏迹象。欧盟成员国也在危机后对实体经济与虚拟经济之间的关系进行重新审视，因此，制造业的地位再次受到重视，多个成员国提出要"再工业化"。从欧盟层面和多个成员国的官方文件来看，欧洲的"再工业化"绝不是简单地依靠政府力量增加制造业比重，而是着重于加强制造业的竞争力。既要继续巩固与强化传统产业及优势产业在技术、质量、品牌、绿色低碳等多方面的既有优势，还要努力在新兴技术产业的竞争中抢占制高点。英国在重振实体经济时，特别重视提升制造业的竞争力，采取多项措施扶持"先进工程"（Advanced Engineering）的发展，这包括航空、汽车及其他各类高技术含量的产业。2009年，该国就启动了"先进工程国际市场营销战略"，帮助制造企业在国际的推广，吸引国外资金到英国投资以提升英国制造业的附加值。2011年，英国投资4500万英镑支持九个创新制造中心建设。正是国际竞争力的增强，使得英国的工业产出和制造业产出增长以及市场更加全球化，英国经济才渐趋稳健。法国提出工业占欧盟工业附加值的比重，从2010年的13%增至2015年的15%。

新兴经济体也不甘示弱。2014年9月印度发布"印度制造"战略，计划在2030年前，每年创造1200万个新工作岗位，并将印度打造成制造业和出口大国。主要目标是瞄准与利用印度巨大的人口数量优势来发展出口导向的劳动密集型产业，希望利用后发优势和低成本优势成为工业强国。巴西政府2015年6月10日推出总标的额达2000亿雷亚尔（约650亿美元）的基础设施项目特许经营计划，新推出的包括公路、港口、铁路等基础设施特许经营项目，这成为巴西经济将获得振兴的风向标。在新公布的振兴方案中，巴西政府将提供总值达660亿雷亚尔，连接港口与内陆大豆农民的道路经营特许权，以及860亿雷亚尔的铁路经营特许权、370亿雷亚尔的港口经营特许权与90亿雷亚尔的机场经营特许权。将有力推动巴西 20 个州、130 个市的经济发展。巴西国家发展银行将为项目提供 60%—90% 的融资支持,并在贷款利率和还款期限上给予优惠①。韩国政府 2009 年年初就制定了《新增长动力规划及发展战略》,力求绿色产业、文化产业、医疗产业及 IT 技术与传统制造业的融合,进而提高产业附加值,并将绿色技术、尖端产业融合、高附加值服务三大领域共 17 项新兴产业确定为新增长动力。印度尼西亚政府也十分重视新兴产业的孵化、培育和扶持,力求以创新来引领科技的突破,其中包括创意经济、绿色能源和再生能源、汽车、有色金属和棕榈油等产业。同时,在相关项目审批、资源配置、银行贷款、税收管理、出口扶持等领域坚持政策优先、优惠,以扶持传统产业的结构调整和技术改造。墨西哥、越南等国也在承接产业转移方面展开激烈争夺。

(二) 新工业革命正在孵化中

互联网技术和工业、制造业技术更加紧密地结合,带来的变化和影响极其深远,这被有些人称为新的工业革命。目前,无论是德国提出的"工业 4.0"战略、中国提出的"中国制造 2025",还是美国提出的"工业互联网"都是在这种思想引导下的具体实践。它的深远影响主要体现在以下几个方面:一是传统制造业的生产方式将会发生重大改变,因此,生产效率也会随之相应大幅提高;二是新的模式、新的业态将会出现,例如制造业服务化可能成为未来制造业的发展方向和趋势;三是不同国家间的竞争力可能会随之改变。伴随着信息技术的迅猛发展,物联网、大数据、工业机器人、3D 打印以及生物医学工程、纳米材料、节能环保等技术创新将极大地刺激传统产业进行升级改造,新兴产业的兴起将推进制造业智能化、数字化、网络化、服务化、绿色化发展。德国学术界和产业界认为,未来 10 年,基于信息物理系统 (Cyber-Physical System, CPS) 的智能化,

---

① 中华人民共和国商务部:《巴西大举推出基础设施项目特许经营计划》,2015 年 6 月 16 日, http://finance.sina.com.cn/roll/20150616/042222440760.shtml。

将使人类步入以智能制造为主导的第四次工业革命。产品全生命周期和全制造流程的数字化以及基于信息通信技术的模块集成，将形成一个高度灵活、个性化、数字化的产品与服务的生产模式。因此，2013年年初，德国推出了"工业4.0"战略，旨在通过智能制造，在新的工业革命中力拔头筹。同样，美国也提出要发展先进的信息技术生态系统，并通过人工智能、机器人以及数字化制造重塑制造业竞争力。2014年，欧盟启动了"火花"计划，预计到2020年投入28亿欧元用于研发全球最大的民用机器人项目，涉及制造业、农业、医疗、交通运输等各个领域，以增强欧洲工业竞争力，确保在全球的领先地位。"火花"的寓意是，希望该计划像火花一样点燃欧洲经济，使欧洲经济充满活力、持续发展。欧盟委员会称，这是目前全球最大的民用机器人研发计划，有望为欧洲创造24万个就业岗位，预计将有200多家公司、1.2万研发人员参与该计划，该计划的实施为增强欧洲工业竞争力插上了新翅膀。

作为新兴经济体的中国也于2015年5月18日发布了《中国制造2025》规划，即中国版"工业4.0计划"，这也是中国实施制造强国战略的第一个十年行动纲领。根据该规划，中国将在2020年形成15家左右制造业创新中心，在2025年力争形成40家左右制造业创新中心。《中国制造2025》提出了中国重点突破的十大领域是新一代信息通信技术产业、高档数控机床和机器人、航空航天装备、海洋工程装备及高技术船舶、先进轨道交通装备、节能与新能源汽车、电力装备、新材料、生物医药及高性能医疗器械、农业机械装备。这是中国第一次从国家战略层面描绘建设制造强国的宏伟蓝图，确立了发展世界制造业强国的战略目标，同时提出了"三步走"战略目标和九大战略任务重点。

（三）新能源的开发利用将扮演重要角色

世界上对页岩气资源的研究和勘探开发最早始于美国。依靠其成熟的开发生产技术以及完善的管网设施，美国的页岩气成本仅仅略高于常规气，这使得美国成为世界上唯一实现页岩气大规模商业性开采的国家。美国之所以在页岩气开采方面居于世界领先地位，主要有以下几方面原因：第一，美国的页岩气主要由中小企业进行开发，它们不断进行技术改造，提高管理水平并持续创新科技，从而大大降低了开发成本，这是美国页岩气能够成功商业化开采的关键所在；第二，美国土地私有化，土地的所有者也拥有该地段能源的开采权，因此，相比起大型企业而言，中小企业更愿意与土地所有者进行谈判；第三，美国发达的银行体系和投资方式让中小企业的资金来源没有后顾之忧；第四，美国现有的管道系统也让页岩气、页岩油开发企业的天然气运输免去了许多额外的基础设施成本。综合来看，以上四点优势其他国家暂时均不具备，因此，美国将继续在页岩气、页岩油开采方面保持世界领先地位。上述优势使得美国风险投资和私募股权投资大举进入页岩气风险勘探市场，使美国的页岩气产量快速增长。根据美国能源信息署（EIA）的统计，2000—2013年，美国页岩气年产量由117.96亿立方米上升至3025亿立方米。2000年，美国页岩气产量仅占天然气总量的1.7%，2007年，上升到10%，而2014年这一数据已攀升至44%。以美国页岩气革命为代表的能源革命引发的全球油气领域新突破已经开始在全球范围内发酵，并对国际原油价格和天然气价格形成了巨大的压力，正在改变全球能源供给格局。页岩气革命使美国成为能源出口大国，其页岩气革命带来的变化正在给世界原油、天然气和煤炭供求及运输带来巨大变革。页岩气、页岩油开采技术的突破与大规模应用，给美国带来了能源价格"洼地"、制造业复兴等诸多好处，未来几年内美国的制造业很可能会利用天然气价格低廉的优势重整旗鼓。同时，这也对国际能源格局构成冲击，为美国全球战略布局提供了巨大空间。

长期以来，能源问题一直是影响全球政治经济格局的重要因素，如今，美国页岩气、页岩油的成功开发正在改变这种格局。全球页岩气、页岩油资源的开发利用将使全球能源供给格局向多元化发展，并引发了全球石油市场供需失衡。如此就会在某种程度上大大抑制全球能源价格的攀升。果不其然，2014年上半年，伊拉克局势动荡曾将国际油价推高至每桶110美元上方；而进入7月以后，形势却急转直下，国际油价一路下行，至2015年1月布伦特原油结算价已暴跌至每桶47.43美元。当然，这一次全球油价下跌是多方面原因促成的。比如：全球需求疲软、石油严重供大于求、美元坚挺、节油技术普及和石油替代加速，北极、巴西近海的大型油田将进入开发等诸多原因。但不可否认的是美国非常规油气革命是造成本轮油价持续下行的主要原因。这种状况也正悄然使得俄罗斯、伊朗、沙特阿拉伯、委内瑞拉、尼日利亚等传统产油大国经济受到较大冲击。其中，对俄罗斯的影响相当巨大，20世纪80年代后期的油价低迷是导致苏联经济崩溃、民族分裂、国家解体的很重要的因素。近年来，俄罗斯经济过度依赖能源出口的现状一直没有多大改观，原油出口一直是俄罗斯的经济支柱。在全球经济发展减速的大背景下，原油价格出现持续下跌，对俄罗斯政治、经济带来灾难性影响，直接威胁到俄罗斯在国际政治角力中的实力。石油价格的大幅下挫最终导致上述国家在国际能源的定价权以及国际事务中的话语权明显下降。

当然，油价下跌对全球经济发展而言，一方面减少了经济发展必要的成本，大大降低了支出；但另一方面，对转变经济结构的国家而言，许多国家在油价高企时积极研发高科技新能源，刺激了新能源产业的发展，如果国际油价持续低迷，可能使得各国对新能源产业的支持、开发、利用延后。

五 全球治理格局正在发生变化

2008年世界金融危机爆发后，西方七国集团和国际组织在处理金融危机的时候已经显得力不从心，迫切需要新兴经济体和发展中经济体的支持来实现世界经济的再平衡。尽管新兴和发展中经济体为世界经济的复苏做出了突出贡献，但是旧的国际经济机构和组织并没有反映这种变化。在IMF、世界银行和20国集团等国际机构和组织中，新兴经济体代表权不足的问题比较突出。以IMF为例，目前，IMF拥有187个成员，虽然其中153个成员属于新兴和发展中经济体，但该组织的领导权和决策权却牢牢控制在几个发达国家手中，新兴经济体并未获得与其地位相称的代表权。在世界银行，同样也存在新兴经济体代表性严重不足的问题，新兴经济体代表的份额落后于西方七国集团等发达经济体。在20国集团中，尽管发展中经济体占了半壁江山，但是在很多议题上，发达经济体内部往往先进行协商，对外采取相对一致的立场和政策，这就使得新兴经济体在G20协商机制中同样处于不利地位。尽管IMF和世界银行的投票权份额已经进行了改革，发达国家的份额有所下降，新兴和发展中经济体的份额有所上升，但是新兴和发展中经济体持有的投票权和自身的经济地位还很不相称。新兴和发展中经济体应该协调立场，共同推动公平的国际政治经济新秩序的建立。

对新兴和发展中经济体国家来说，现行的国际政治经济秩序是不公平的。这种不公平抑制和约束了它们发挥与自身实力相符的影响力。这种不公平不仅体现在新兴和发展中经济体在国际货币金融和贸易体系中的受支配地位，而且还体现在新兴和发展中经济体在全球治理机制中的权利与义务的不对等。在最近爆发的全球经济危机中，虽然新兴和发展中经济体深受发达经济体需求下降的拖累，经济受到很大的影响，自身也面临着艰巨的经济结构调整重任，但是，新兴经济体国家的迅速复苏和经济增长为全球经济复苏做出了巨大贡献。当前，世界经济增长重心的变迁给新兴经济体带来了前所未有的机遇和挑战。一方面，新兴经济体经济实力的增强，使得它们在全球事务中的地位不断提高。因此，它们强烈呼吁对旧的国际经济机构和组织进行改革以反映这些变化。另一方面，发生在发达经济体的金融危机和主权债务危机导致发达国家在国际金融体系中的地位遭到明显削弱。发达国家也迫切需要新兴经济体的合作和支持来获得世界经济的再平衡，之所以如此，是因为新兴经济体中产阶级队伍的迅速扩大不但有力地提高了国内的消费需求，而且，如前所述，新型经济体拥有相对健康的财政金融体系，有助于发达经济体应对未来国际金融市场的波动。发达经济体对新兴经济体的这种诉求为新兴经济体推动构建新的全球治理结构提供了难得的历史契机。因此，这使得新兴经济体成为全球"再平衡"的主要推动者。

但毋庸置疑的是，虽然新兴经济体近年来在经济增长方面表现突出，但是其仍然面临内部和外部的严峻挑战。2008年爆发的全球金融危机，使得发达国家经济出现衰退，复苏步伐不一致且乏力，这种外部经济环境恶化也导致新兴经济体的经济复苏受到很大限制，普遍面临出口萎缩、经济增速放缓等问题。另外，还有一些发达国家由于自身受金融危机的冲击较大，开始采取诸多措施加大对国内产业的保护，贸易保护和投资壁垒出现逐步增加的势头，这进一步恶化了新兴经济体的外部经济环境。

新兴经济体的经济社会总体发展水平和发达经济体相比，还有很大的差距。从人均收入水平来看，根据国际货币基金组织的数据（见表2—6），在金融危机爆发的2008年，七国集团（G7）各国人均名义GDP都在3.5万美元以上，其中美国达到4.69万美元，而新兴经济体包括金砖国家的人均名义GDP都在1万美元以下（除了俄罗斯）。中国的人均名义GDP为3404美元，而另一个人口大国印度仅为1102美元。到了2012年，七国集团（G7）平均人均名义GDP达到4.3万美元，而金砖五国为8280美元，和发达国家相比，仍然差距巨大。由于发达国家主权债务危机短期内难以解除，而且全球经济再平衡的压力使得新兴和发展中经济体的外部环境难以好转。另外，新型经济体的工业化进程对资源的需求是前所未有的，这使得全球资源价格有上涨的压力。此外，由于新兴经济体的发展前景看好,新兴经济体成为热钱套利的主要目标。而且,新兴经济体还面临诸如中等收入陷阱、人口老龄化等问题。如何应对好挑战,更好地利用机遇是摆在新兴经济体面前的现实问题。

表2—6　　七国集团和金砖五国人均名义GDP(2008—2012)　　单位:美元

国别		2008年	2009年	2010年	2011年	2012年
七国集团	美国	46901	45461	46811	48328	49922
	日本	37865	39321	42917	46108	46736
	德国	44334	40393	40513	44111	41513
	法国	45789	42048	40956	44034	41141
	英国	43493	35493	36418	38759	38589
	意大利	38883	35251	34126	36227	33115
	加拿大	46370	40651	47424	51716	52232
金砖五国	中国	3404	3740	4423	5434	6076
	印度	1102	1072	1356	1523	1492
	巴西	8616	8395	10992	12677	12079
	俄罗斯	11631	8568	10674	13335	14247
	南非	5591	5766	7265	7951	7507

资料来源:IMF《世界经济展望》,2013年4月。

◇◇　第五节　本章小结

2008年爆发的全球金融危机引起了世界经济增长重心的重大变化,给世界政治、经济格局带来了重大影响。金融危机爆发后,新兴经济体与发达经济体呈现双速复苏。但因新兴经济体率先走出衰退,而发达经济体增长乏力,使得新兴经济体不仅成为世界经济增长的领头羊,而且也成为世界经济的主导力量。

金融危机的爆发使得发达经济体意识到自身的问题，深刻反思危机前的过度负债和过度虚拟化的经济增长模式的危害性，为保持自身的国际政治经济地位，它们率先开启了新一轮经济结构调整的大幕。美国发起了"再工业化"战略、欧盟提出了"聪慧（智能）增长、可持续增长、包容性增长战略"、日本推出了"再兴"战略、德国打造了"工业制造4.0"版本等一系列经济振兴计划。上述发达经济体在经济危机后的新一轮经济结构调整过程中，既有相似的战略、对策，又因具体国情的差异而有所不同，但总体而言，发达经济体在此次全球经济结构大调整中，总体趋势大体一致，它们以再工业化为核心，以绿色低碳发展、可持续发展、智能发展、包容性发展为经济增长的基本方向，以高新产业为龙头，结合新能源技术以及互联网智能技术为主要特征，辅之以成文的法案或计划的形式，通过顶层设计，从国家层面上明确了未来调整的重点和方向。

而与此同时，2012年以来，关键的几个新兴经济体经济增速都有所放缓。一度被视为引领全球经济发展的新兴经济体似乎逐步让位于昔日陷入泥潭的发达经济体。在危机面前，越来越多的新兴经济体意识到，打铁还需自身硬，只有在增长模式和政策等方面进行深刻的结构性变革，才能化解后危机时代所面临的各种挑战，才能真正承担起"世界经济稳定新引擎"的重任，并实现自身经济的可持续增长。挑战与机遇并存，面对全球政治经济结构调整的历史机遇，新兴经济体如何克服不利的挑战，充分利用历史机遇呢？这就需要新兴经济体加快结构调整、提升自身竞争力，着力克服和解决自身经济结构内在的缺陷、弱点。包括经济增长方式由粗放式增长向精细化、质量化增长转变；加快推进城镇化，着力扩大内需，由出口导向型增长模式向内需拉动增长模式转变；通过大力压缩过剩产能、降低能耗使得经济绿色增长，促使经济提质增效；大力改革收入分配制度，健全社会保障制度，以求增强居民消费能力；建立经济金融调控框架，从而确保宏观经济环境稳定；积极应对外部需求下降，统筹外需内需发展。同时，经济结构的调整，也要减少经常项目的赤字，还要包括增加教育的投资、提高人才素质、增加基础设施投资、鼓励技术创新等方面。另外，积极参与全球治理和国际机构改革，推动建立国际政治经济新秩序也不可或缺。新兴经济体的代表国家——中国、印度、巴西等国都推出了一系列调整经济结构、转变经济增长方式的战略与规划。

综上可知，当前世界经济结构转型是在世界经济增长重心转移背景下的发达经济体与新兴经济体均进行的一次全面的、深刻的调整。

然而，历史经验表明，一次大的危机爆发后，各个国家经济结构的调整不可能一帆风顺，需要一个过程来适应新的经济常态，因此，结构性改革和增长方式转型均需要经历一个曲折的过程。就目前来看，主要经济体经济增长出现分化态势，美国经济复苏较为明显，呈现温和增长的态势；欧洲经济因主权债务危机的深刻影响，仍未完全摆脱危机之困，经济还在缓慢复苏过程中；日本经济还未摆脱失速状态，经济增长较为乏力。由此可知，发达国家的结构调整仍存在一些不确定性和不稳定性。新兴经济体虽然主动改革的动力很强，但在缺乏适应经济发展的新产业支撑下，仅靠国家宏观经济政策调整和所谓的创新支持，在面临保增长和调结构的取舍问题上同样困难重重。

但尽管如此，经过最近几年经济结构的调整、恢复，全球经济再平衡已取得一定进展，世界经济结构调整的势头已不可阻挡。从历史经验看，重大的危机往往会激发新一轮科技革命。就目前来看，新技术、新产业呈现加快孕育的态势，一些新迹象、新趋势逐渐开始对世界经济格局产生广泛而深远的影响。主要表现在：发达经济体将充分利用传统工业优势，继续保持在高新产业的优势地位，但同新兴经济体相比，相对实力会有所下降；全球价值链将重构，无论是发达经济体还是新兴经济体的制造业均开始重新布局；经济的全球化步伐加速，各国保护主义政策开始抬头，尤其是发达经济体与新兴经济体之间的矛盾开始凸显；基于经济结构的转型与升级、经济增长模式的转变，世界经济将向"科技智能化、网络数字化、绿色低碳化"发展；为应对经济危机，发达经济体以及国际重要的金融经济组织在处理金融危机的时候已经显得力不从心，迫切需要新兴经济体和发展中经济体的支持来实现世界经济的再平衡，这使得全球政治、经济治理格局发生了变化。

因此，虽然世界经济格局还在经历迅速的变化，未来仍有很多不确定因素，但新兴经济体未来在推动和引领世界经济增长方面将担负主要责任。新兴经济体会进一步提升和加强其在世界经济中的地位，将会继续作为世界经济增长的引擎和世界经济的稳定源。对于新兴经济体来说，在当前的形势下，采取适当及时的经济政策，努力转变经济增长模式，扩大内需，保持内需外需的平衡发展，积极参与全球治理和国际机构改革，推动建立国际政治经济新秩序是新兴经济体巩固现有政治经济地位和实现可持续发展的关键。

本章主要参考文献：

1. 张宇燕、田丰：《新兴经济体的界定及其在世界经济格局中的地位》，《国际经济评论》2010年第4期。

2. 王勋、Anders Johansson：《金融抑制与经济结构转型》，《经济研究》2013年第1期。

3. 朱民：《世界经济结构的深刻变化和新兴经济的新挑战》，《国际金融研究》2011年第10期。

4. 林毅夫：《从西潮到东风：我在世行四年对世界重大经济问题的思考和见解》，中信出版社2012年版。

5. 国家统计局：《中国统计年鉴（2008）》，中国统计出版社2009年版。

6. 李万峰、于换军：《世界经济增长重心转移与新兴经济体面临的选择》，《学习论坛》2013年第12期。

7. 中华人民共和国商务部：《巴西联邦政府推出国家出口计划》，2015年7月2

日，http：//finance. sina. com. cn/roll/20150702/035622568261. shtml。

8. 李正信：《"再工业化"美国的战略选择》，《经济日报》2013年4月17日。

9. 《中国创新研发资金投入占 GDP 比首超欧洲》，2014年1月11日，人民网，http：//news. jschina. com. cn/system/2014/01/11/019932747. shtml。

10. 姜岩：《欧盟投资220亿欧元研发产业技术》，2013年7月11日，新华社，http：//www. cnstock. com/v_ news/sns_ hw/201307/2652224. htm。

11. 王德生：《欧盟发布新工业政策》，2013年7月29日，http：//www. istis. sh. cn/list/list. asp? id = 7935。

12. 《"安倍经济学"是一锅大杂烩》，2014年2月28日，新华网，http：//news. xinhuanet. com/2014 - 02/28/c_ 119547421. htm。

13. 徐洪才：《发达国家经济向好　新兴经济体需加快结构调整》，2013年9月6日，中国广播网，http：//news. 163. com/13/0906/09/98316SAV00014JB5. html。

14. 刘世锦等：《金融危机后世界经济格局调整与变化趋势》，2014年2月19日，新民网，http：//finance. ifeng. com/a/20140219/11697344_ 0. shtml。

15. 《国际贸易保护主义抬头　去年对华贸易救济调查达97起》，2015年1月30日，人民网，http：//finance. people. com. cn/n/2015/0130/c1004 - 26477097. html。

16. 中华人民共和国商务部：《巴西大举推出基础设施项目特许经营计划》，2015年6月16日，http：//finance. sina. com. cn/roll/20150616/042222440760. shtml。

17. Acemoglu, D., *Introduction to Modern Economic Growth*, New Jersey：Princeton University Press, 2009, pp. 693 - 771.

18. Acemoglu, D., and V. Guerrieri, "Capital Deepening and Nonbalanced Economic Growth", *Journal of Political Economy*, Vol. 116, 2008, pp. 467 - 498.

19. Barro, R., and X. Salai Martin, *Economic Growth*, Cambridge, MA：MIT Press, 2004.

20. Baumol, W. J., "Macroeconomies of Unbalanced Growth：The Anatomy of Urban Crisis", *The American Economic Review*, Vol. 57, No. 3, Jun. 1967, pp. 415 - 426.

21. Baumol, W. J., S. A. B. Blaekman, and E. N. Wolff, "Unbalanced Growth Revisited：Asymptotic Stagnancy and New Evidence", *American Economic Review*, Vol. 75, 1985, pp. 806 - 817.

22. Buera, Francisco J. , and Joseph P. Kaboski, "The Rise of theService Economy", *American Economic Review*, Vol. 102, Issue 6, 2012a, pp. 2540 – 2569.

23. Buera, Francisco J. , and Joseph P. Kaboski, "Scale and the Origins of Structural Change", *Journal of Economic Theory*, Vol. 147, Issue 2, 2012b, pp. 684 – 712.

24. Chenery, H. B. , "Patterns of Industrial Growth", *American Economic Review*, Vol. 50, No. 4, 1960, pp. 624 – 654.

25. Chenery, H. B. , "The Structuralist Approach to Development Policy", *American Economic Review*, Vol. 65, No. 2, 1975, pp. 310 – 316.

26. Dabla-Norris, Era, Thomas, Alun H. , García-Verdú, Rodrigo, and Chen, Yingyuan, "Benchmarking Structural Transformation Across the World", IMF Working Paper No. 13/176, Available at SSRN: http：//ssrn. com/abstract = 2317693, July 2013.

27. Denison, Edward F. , " Accounting for United States Economic Growth, 1929 – 1969", Washington, D. C. : Brookings Lust Press. 1974.

28. Duarte, Margarida, and Diego Restuccia , "The Role of the Structural Transformation in Aggregate Productivity", *Quarterly Journal of Economics*, Vol. 125, No. 1, February 2010, pp. 129 – 173.

29. Echevarria, C. , " Changes in Sectoral Composition Associated with Economic Growth", *International Economic Review*, Vol. 38, No. 2, 1997, pp. 431 – 452.

30. Echevarria, Cristina, "Nonhomothetic Preferences and Growth", *Journal of International Trade and Economic Development*, Vol. 9, No. 2, June 2000, pp. 151 – 172.

31. El-hadj M. Bah, "Structural Transformation Paths Across Countries", *Emerging Markets Finance & Trade*, Vol. 47, Supplement 2, 2011, pp. 5 – 19.

32. Gollin, D. , S. L. Parente, and R. Rogerson, "The Food Problem and the Evolution of International Income Levels", *Journal of Monetary Economics*, Vol. 54, No. 4, 2007, pp. 1230 – 1255.

33. Homer, S. , and R. Sylla, "*A History of Interest Rates, New Brunswick*", N. J. : Rutgers University Press, 1991.

34. Huang, Y. P. , and X. Wang, "Does Financial Repression Inhibit or Facilitate Economic Growth? A Case Study of Chinese Reform Experience", *Oxford Bulletin of Economics*

and Statistics, 73, 6, 2011, pp. 833 – 855.

35. Kaldor, N., "Capital Accumulation and Economic Growth", in Lutz, F. A., and D. C. Hague, (eds), *The Theory of Capital: Proceedings of a Conference of the International Economic Association*, London: Macmillan, 1961.

36. Kongsamut, P., S. Rebelo, and D. Xie, "Beyond Balanced Growth", *Review of Economic Studies*, Vol. 68, 2001, pp. 869 – 882.

37. Kuznets, S., "Quantitative Aspects of the Economic Growth of Nations: II. Industrial Distribution of National Product and Labor Force", *Economic Development and Cultural Change*, Vol. 5, No. 4 (suppl.), 1957, pp. 1 – 112.

38. Kuznets, Simon, *Modern Economic Growth: Rate, Structure, and Spread*, New Haven, Connecticut, 1966.

39. Kuznets, Simon, *Economic Growth of Nations*, Cambridge: Harvard University Press, 1971.

40. Kuznets, S., "Modem Economic Growth: Findings and Reflections", *American Economic Review*, Vol. 63, 1973, pp. 247 – 258.

41. Laitner, J., "Structural Change and Economic Growth", *Review of Economic Studies*, Vol. 67, No. 3, 2000, pp. 545 – 561.

42. Lee, Donghoon, and Kenneth I. Wolpin, "Intersectoral Labor Mobility and the Growth of the Service Sector", *Econometrica*, Vol. 74, Issue 1, 2006, pp. 1 – 46.

43. Luis Cubeddu, Alex Culiuc, Ghada Fayad, Yuan Gao, Kal, Sounta, and Zhongxia Zhang, "Emerging Markets in Transition: Growth Prospects and Challenges", IMF, Staff discussion note, June 2014.

44. Maddison, A. "The World Economy in the 20th Century", Paris: Development Centre of the ECD, 1989.

45. Matsuyama, Kiminori, "Structural Change", in *The New Palgrave Dictionary of Economics*, Second Edition, Steven N. Durlauf and Lawrence E. Blume, editors, New York, N. Y.: Palgrave Macmillan, 2008.

46. Mokyr, J., Introduction, in Mokyr, J. (ed.), *The British Industrial Revolution*, Boulder, Colorado: Westview Press, 1993, pp. 1 – 129.

47. Murphy, K. M., A. Shleifer, and R. W. Vishny, "Industrialization and the Big Push", *Journal of Political Economy*, Vol. 97, No. 5, 1989, pp. 1003 – 1026.

48. Ngai, R., and C. Pissarides, "Structural Change in a Multisector Model of Growth", Manuscript, London School of Economics, 2006.

49. Nickell, Stephen, Stephen Redding, and Joanna Swaffield, "The Uneven Pace of Deiudustrialisation in the OECD", *The World Economy*, Vol. 31, Issue. 9, 2008, pp. 1154 – 1184.

50. Norris, Eva Dabla, Alun H. Thomas, Rodrigo Garcia-Verdu, Yingyuan Chen, "Benchmarking Stvuctural Transformation Across the World", IMF Working Paper, 2013, wp13/176.

51. Pandit, K., and E. Casetti, "The Shifting Pattern of Sectoral Labor Allocation during the Development: Developed Versus Developing Countries", *Annals of the Association of American Geographers*, Vol. 79, 1989, pp. 329 – 344.

52. Rogerson, R., "Structural Transformation and the Deterioration of European Labor Market outcomes", *Journal of Political Economy*, Vol. 166, No. 2, 2008, pp. 235 – 259.

53. Syrquin, M., "Growth and Structural Change in Latin America Since 1960: A Comparative analysis", *Economic Development and Cultural Change*, Vol. 34, No. 3, 1986, pp. 443 – 454.

（本章由于换军执笔）

第三章

新兴经济体与发达经济体的关系及中国的角色研究

进入21世纪以来,新兴经济体与发达经济体增长趋势的脱钩,是以国际收支失衡加剧为背景的,因此难以持续。危机之后,欧洲和日本的复苏疲弱、美国的再工业化,以及以TPP/TTIP为代表的世界贸易规则重塑,都使得过去的这种趋势脱钩模式更加难以为继。而目前,中国的国内经济改革、对外走出去的战略,将在需求端为其他新兴经济体提供新的大市场机会,在供给端通过直接投资改善其他新兴经济体的潜在增速水平。因此,中国将有望在新兴经济体与发达经济体的良性趋势脱钩中扮演关键的历史性角色。而这种脱钩的实现,将使得国内经济改革,与外部经济环境的塑造进一步深度契合,为中国的包容性发展提供具体的实现机制,为中国在战略机遇期的内、外经济政策提供统一的战略框架。在此过程中,中国的经济实力,将向更为具体的经济影响力转变,进而提升国际经济规则的局部甚至全局的制定、协调能力,并从中获得实际利益。

◇◇ 第一节 新兴经济体和发达经济体在世界经济格局中的地位变化

进入21世纪以来,新兴经济体在世界经济增长中起到了越来越重要

第三章　新兴经济体与发达经济体的关系及中国的角色研究 | 75

的作用。新兴经济体和发展中国家，尤其是前者，已经成为推动世界经济增长最为重要的动力。按照购买力平价计算，2004年新兴经济体和发展中国家的经济总量占世界经济的比重为42.8%，而在2014年，这一比例估计已经达到57.0%[①]。

事实上，新兴经济体和发展中国家对世界经济增长的拉动作用，在2001年就超过了发达经济体，并且这种状态一直保持到了2014年（见图3—1）。在2008年金融危机期间，新兴经济体和发展中国家对全球经济增长的贡献达到了顶峰，当年拉动世界经济增长了1.5个百分点，而同期发达经济体则拉动世界经济下滑了1.8个百分点，两者差距达到了创纪录的3.3个百分点。在之后的多年中，这一差距在2个百分点附近波动。新兴经济体和发展中国家已经稳定地成为世界经济增长的最主要拉动力量。

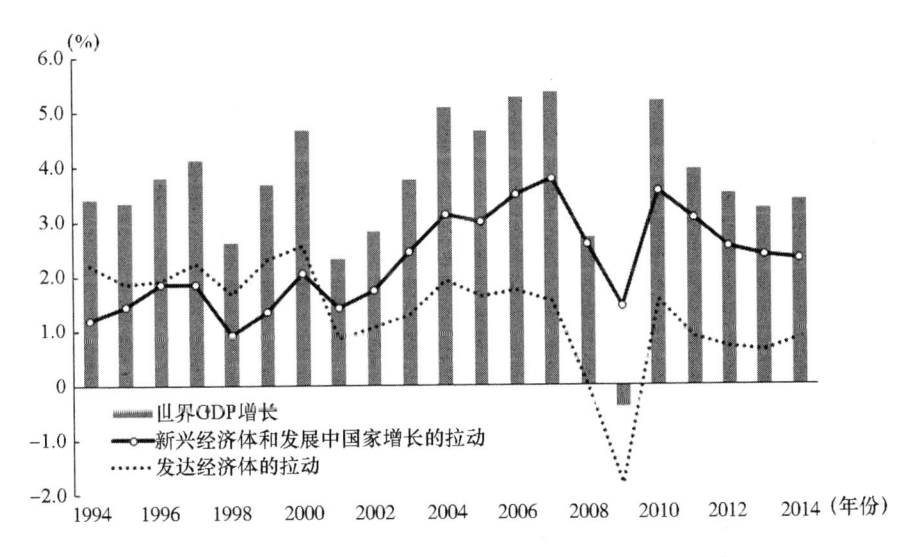

图3—1　世界经济增速及其构成变化：1994—2014年
资料来源：国际货币基金组织（2014）。

[①] 除特别指出外，本章数据均来自IMF《国际金融统计年鉴》（IFS）2014年光盘版。

如果对2004年至2014年的世界GDP构成进行分析（见图3—2），可以发现：欧盟、美国、其他发达国家的比重分别下降了6.6个、4.9个、2.7个百分点；而与之相对应的此消彼长发生在中国、印度和其他新兴经济体，三者占世界GDP的比重在同期分别上升了9.1个、2.7个、2.4个百分点。可见，世界经济总量格局的变化，于发达经济体而言，主要是由于欧盟、美国的占比萎缩；而从新兴经济体和发展中国家的角度来看，中国经济占比提高是最为重要的改变因素，而除了中国之外的其他所有新兴经济体和发展中国家占比提高幅度仅为5.1个百分点。与此同时，发达经济体在世界经济中的占比，已经从2004年的57.2%下降至2014年的43%；而新兴经济体和发展中国家的占比，则相应地从42.8%上升到了57.0%。与2004年相比，两类经济体在2014年世界经济中的占比，其位置关系发生了对调。可以说，如果不考虑结构因素的话，2004年发达经济体在世界经济总量中的位置有多么重要，那么2014年新兴经济体和发展中国家在世界经济总量中就有相同的重要地位。

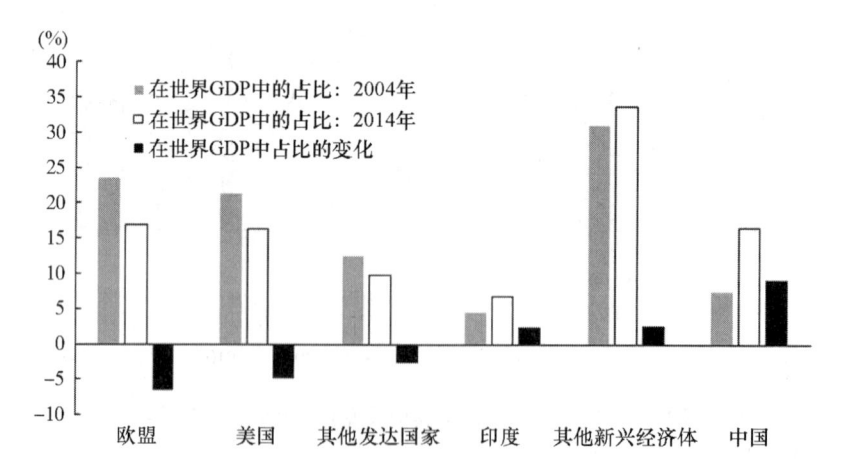

图3—2 世界GDP构成的变化（PPP口径）：2014年与2004年相比
资料来源：国际货币基金组织（2014）以及作者的计算。

不过，在2009年世界经济增速反弹之后，两类经济体的增速差距逐渐缩小（见图3—1）。尤其是2013年以来，一些新兴市场体结构性问题日益突出，同时外部环境风向转变，新兴经济体的增长表现开始出现分化，其经济增长动力也陆续遭到了质疑。"金砖国家褪色""脆弱五国"等概念开始受到关注。在2014年，预估两大类经济体的增速差距将进一步缩小，这不但归因于新兴经济体和发展中国家增速的持续下滑，而且同时归因于发达经济体总体增速的回升。

不过，自2014年以来，尽管新兴经济体的增长稳中走弱，但是年初的悲观市场预期并没有成为现实。一方面，这是由于一系列潜在的风险点，例如美联储的QE缩减，实际上以不同于预期的方式或力度在演进；另一方面，这是由于新兴经济体自身采取了一些宏观经济的应对举措。

但是我们也要注意到，由于新兴经济体的结构具有很强异质性，因此同一个外部冲击，可能会在各个新兴经济体之间带来不对称的冲击。例如，大宗商品价格下降，将会使俄罗斯和沙特阿拉伯等出口资源的经济体贸易条件恶化，外汇收入减少、财政压力上升，并对其整体经济造成负面冲击；而与此同时，中国和韩国等依赖进口资源的经济体，在总体上将可以获得相对低价的进口，企业盈利状况将获得改善，而且由于大宗商品价格的下降，这些经济体的货币当局也将获得更大的政策空间。

本章将对新兴经济体展开分析，在此之前，我们需要进一步对新兴经济体的范围进行界定。在此我们使用张宇燕和田丰（2010）的界定，将新兴经济体11国作为观察对象，这个国家名单包括阿根廷、巴西、中国、印度、印度尼西亚、韩国、墨西哥、俄罗斯、沙特阿拉伯、南非和土耳其。本章第二节对新兴经济体的分析，将依照这个范围铺开。

◇◇ 第二节 新兴经济体在中期面临的
挑战及其风险点

从中期来看，新兴经济体不仅面临着内部政策空间的制约，而且还面临着发达经济体经济形势变化带来的需求冲击、大宗商品价格冲击，以及国际资本流动带来的冲击。本节将结合这些内、外环境，分析新兴经济体在中期面临的现实挑战及其风险点。

一 新兴经济体在中期面临的三大外部冲击

从中期来看，新兴经济体将面临以下三个方面的外部冲击：美联储QE缩减和退出、发达经济体需求回暖以及国际大宗商品价格整体走弱。

首先，美国经济复苏势头强劲，美联储QE缩减和退出步伐可期，国际资本流动将面临变数。

从最近20年的数据来看，目前美国制造业采购经理人指数（PMI）持续处于高度景气水平。2014年美国秋季制造业PMI指数，仅次于2004年中期和2011年年初的高位水平，甚至高于1999年后期水平。此外，美国非制造业PMI指数也在持续复苏中，目前已经攀升至危机以来的最高水平，大致相当于2007年后期的水平。将美国制造业、非制造业PMI进行加权，得到综合PMI指数，可以发现，2014年秋季的综合PMI指数，达到近十年中次高点水平，仅次于2004年中期的表现。从就业指标来看，美国失业率从2009年接近10%的水平，成功地下降到了2014年第2季度接近6%的水平；与此同时，非农就业岗位空缺数量也已升至近十年来的最高点（470万个）。

从上述各项指标来看，美国经济复苏势头强劲。根据 IMF 的预测，美国经济在 2015—2017 年还将继续保持 3% 左右的增速。而根据费尔德斯坦（Martin Feldstein）、《美国总统经济报告》从供给面的测算，预测 2010—2019 年美国经济潜在增速为 2.6%，2011—2022 年为 2.5%。

随着美联储稳定增长和就业的压力下降，稳定通胀任务的重要性上升，可以预计未来 QE 缩减和退出时机日益临近。2014 年 8 月 20 日美联储公布的 7 月联邦公开市场委员会（FOMC）会议纪要、8 月 22 日美联储主席耶伦在杰克逊霍尔的演讲内容，以及 9 月 16—17 日的 FOMC 结果，均透露美国将稳步退出非常规的量化宽松政策，实现货币政策的正常化，而且进入加息周期后的紧缩步伐可能快于预期。市场预期美国的三个月期利率，将从目前的接近零利率状态，提高到 2017 年的 3% 左右。这也正是市场对 退出 QE 做出预期的一种反应。强势美元及其背后的美联储加息预期，将会增强美元资产的吸引力，从而导致新兴市场国家普遍面临短期资本外流的局面，在一定条件下甚至可能诱发金融危机。

其次，发达国家总需求将出现不同程度的复苏或企稳，新兴经济体的外部需求环境将进一步改善。如前所述，作为全球贸易中的最大进口国，美国经济的强劲复苏将对其他国家的经济起到一定的拉动作用。

在欧洲方面，尽管存在经济复苏乏力、乌克兰危机、欧—俄相互制裁升级乃至通货紧缩等负面因素，欧洲经济仍然有望在短期和中期内逐渐回归平稳增长态势。这是因为，一方面，欧洲央行正在从质量型的超常规货币政策转向数量型的超常规货币政策，从而提升长期投资者的信心。在 2015 年 1 月的量化宽松政策出台之前，欧元区经济增速在 2015 年的主流预期值为 1%—1.3%；而量化宽松政策出台后，2015 年增速预期已提升至 1.3%—1.8%；另一方面，欧元已经出现和预期将要发生的贬值也将刺激其出口的增长。因此，欧元区经济有望在两三年内实现 1% 左右的年度经济增长。虽然这样的增速无法掩盖其局部地区（比如法国和意大利）

将出现的问题，但是却足以使其在整体上保持较为稳定的金融市场运转。可见，欧元区经济作为新兴经济体的重要出口市场，在中期内也将是一个中性偏正面的需求因素。

2014年的日本经济以4月1日消费税上调为分界点，呈现出了前高后低的变化。不过，在第3季度私人消费的恢复性增长、政府消费的稳定都对稳定经济增长发挥了作用，生产方面的景气指标达到了半年来的高位，表明第一轮消费税上调（从5%调至8%）的冲击已经在很大程度上被消化。按照预定计划，日本将在2015年第二次上调消费税（上调至10%），其必然也会再次对经济产生冲击。但是，安倍内阁对第二次上调消费税的时机选择仍然非常谨慎，同时也会采取其他措施来稳定这种可预期的冲击。从目前日本劳动力市场的就业情况来看，日本已经基本实现了充分就业。预计在未来三年内，日本经济增速将维持在0.5%—1%的水平。

总体上，可以预计发达国家整体经济将逐步复苏，其进口需求也将对各个新兴经济体的增长起到不同程度的拉动作用。

最后，由于供给面的显著改善、需求面的增长放缓以及货币因素，国际大宗商品价格在近几年内将处于弱势。

2013年以来，农产品、原油和金属三类大宗商品的价格先后呈现出了颓势。以原油价格为例，正是由于下述原因共同导致了价格下跌，而且其低价徘徊还将在中期内得以延续。

其一，供给面有了显著的改善。由于美国的页岩气、页岩油开采技术取得了突破性进展，近年来其油、气开采量迅猛增长。按目前的趋势，2014年美国的油、气开采量约比2007年上升56%。相应地，美国能源的对外依赖度也从2007年的32%下降到了2014年低于13%的水平。甚至在不远的将来，美国还有望实现"能源独立"。其二，从需求面来看，中国国内房地产投资的放缓、过剩产能的淘汰，以及增长模式的转变，都使得中国对能源等大宗商品的消费增速放缓。因此，世界上两个最大经济体,在原油的供给、需求层面都有重大的调整。这种供求力量的变化,将导致原油以及其他相关大宗商品价格出现弱势。由于上述两个方面因素的持续存在,这种价格走弱还将在中期内持续。除此之外,前面提到的美联储QE的退出,以及由此带来美元在中期内的走强,也会使得大宗商品的美元价格出现下调。

二 三大冲击对新兴经济体可能造成的影响

美联储QE退出、发达经济体需求总体回暖和国际大宗商品价格进一步走弱,这三大冲击将通过不同机制对各个新兴经济体产生不对称的冲击效果。

首先,美联储的QE缩减及退出,将通过国际资本流动在方向、数量上的变化,对新兴经济体产生冲击,但新兴经济体各国面临的资本外流潜在压力并不相同(见图3—3)。根据IMF(2014)的数据,我们计算各国国际投资净头寸占GDP的比例,以此作为观察指标,可以将E11新兴经济体分为三类:第一类,沙特阿拉伯和中国,两者的国际投资头寸具有净债权,而且净债权占GDP比例较高,两者分别为96%、21%。因此,这两个国家所面临资本外流冲击带来的负面冲击相对较小。尤其是中国,其资本项目仍处于有限管理的状态下。

第二类国家是阿根廷、俄罗斯、韩国和南非。这类国家,其国际投资头寸净债权或净负债的相对规模较小(GDP占比均在正负10%的区间内),因此,这些国家受到国际资本流动的直接影响也将是相对较为有限的。

而第三类国家,包括印度、巴西、墨西哥、印度尼西亚和土耳其,其净债务占GDP比例分别为:18%、34%、38%、45%、47%。因此,美联储QE退出、缩减所引发的国际资本流动方向改变可能对这类国家产生比较明显的冲击。

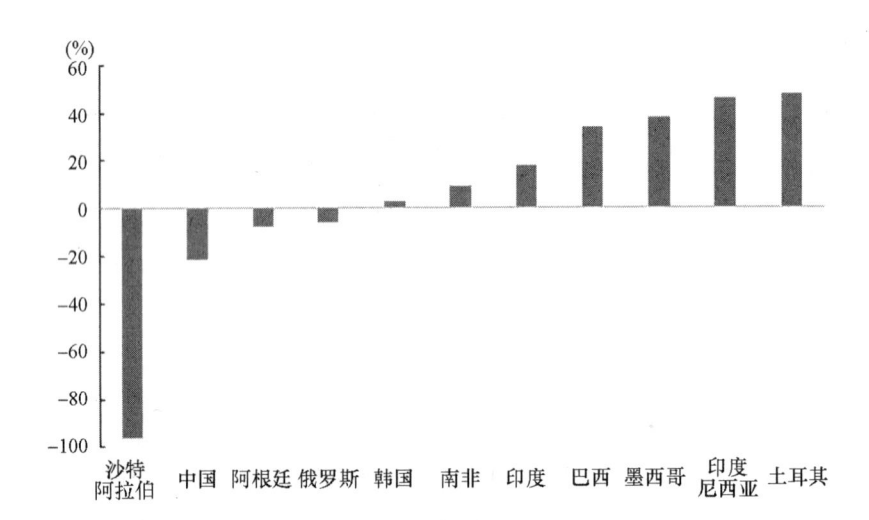

图3—3　新兴经济体的潜在资本外流压力：国际投资头寸净负债占 GDP 比例

说明：沙特阿拉伯、土耳其为 2012 年 12 月数据，印度、印度尼西亚为 2014 年 3 月数据，其他国家均为 2013 年 12 月数据。

资料来源：国际货币基金组织（2014）及作者的计算。

其次，发达国家经济的需求整体回暖，将在更大程度上有利于出口导向型的新兴经济体，而对于那些出口并不重要的新兴经济体，其正面影响则较小。

计算 E11 国家的出口依存度可以发现（见图3—4）：沙特阿拉伯、韩国、墨西哥、俄罗斯、南非、中国、印度尼西亚七国的出口依存度都在20% 以上，则发达经济体的需求将对这些国家的出口，进而对其经济具有较大的正向带动作用。而其他一些国家，如土耳其、印度、阿根廷、巴西，其出口依存度则相对较低，都在 20% 以下，其中巴西仅略高于 10%。不过，沙特阿拉伯、俄罗斯、南非等对大宗商品出口具有较高依赖度的国家，还要结合大宗商品的价格因素进行分析，其形势并不像这里单一角度所分析得那么乐观。

最后，大宗商品价格的进一步走弱，作为进口国的新兴经济体将受

第三章 新兴经济体与发达经济体的关系及中国的角色研究

益,而对大宗商品出口依赖程度较高的经济体则将受到负面冲击。我们根据大宗商品净出口的 GDP 占比,对 11 个主要的新兴经济体也进行了观察(见图 3—5)。

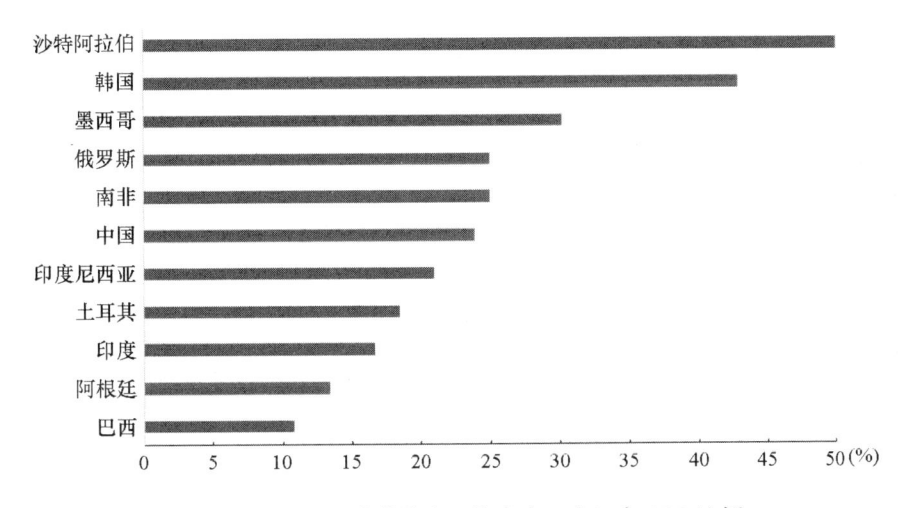

图 3—4 新兴经济体的出口依存度:出口占 GDP 比例
资料来源:各国统计部门及作者的计算。根据各国 2014 年可得数据计算。

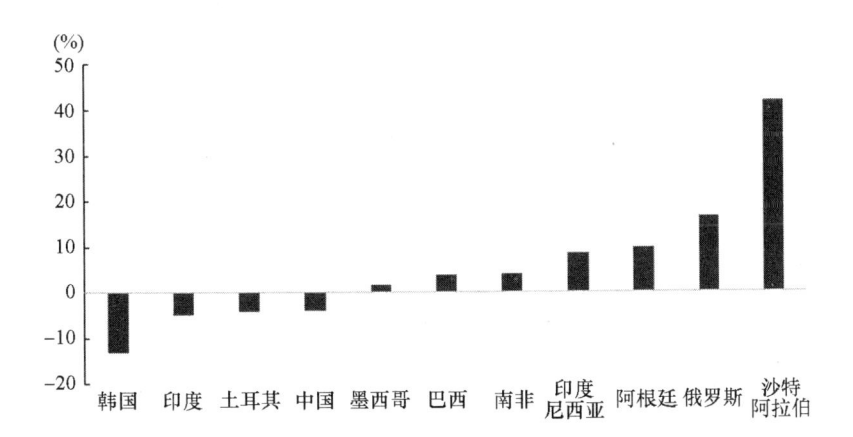

图 3—5 新兴经济体的大宗商品出口依赖程度:大宗商品净出口占 GDP 比例
资料来源:各国统计部门及作者的计算。根据各国 2013 年全年数据计算。

其中，韩国、印度、土耳其、中国将在不同程度上受益于大宗商品价格走弱。墨西哥的大宗商品净出口GDP占比极低（1.6%），因此这一冲击对其影响较为中性。而对于巴西、南非、印度尼西亚、阿根廷、俄罗斯、沙特阿拉伯来说，这一冲击的影响将依次放大。其中，俄罗斯、沙特阿拉伯的大宗商品净出口依存度分别达16.6%和41.8%。因此，对于这些较为依赖大宗商品出口的国家而言，大宗商品价格下跌，将部分地抵消发达国家需求整体回暖带来的正面影响。结合前面的分析，这些国家大宗商品的出口甚至可能出现量价齐跌的严峻局面。

表3—1 新兴经济体面临三大冲击的潜在影响及其经济的自我稳定性

	相对正面	相对中性	相对负面
美联储QE退出冲击	沙特阿拉伯、中国	阿根廷、俄罗斯、韩国、南非	印度、巴西、墨西哥、印度尼西亚、土耳其
发达经济体需求回暖	沙特阿拉伯、韩国、墨西哥、俄罗斯、南非、中国、印度尼西亚	—	土耳其、印度、阿根廷、巴西
大宗商品价格走弱	韩国、印度、土耳其、中国	墨西哥	巴西、南非、印度尼西亚、阿根廷、俄罗斯、沙特阿拉伯

上述三个角度的分析，可以总结在表3—1当中：对于三大冲击和新兴经济体的自我稳定性，我们可以根据表3—1的分类进行综合评分。其中，由于发达经济体需求虽然回暖，但总体程度较弱，因此相对正面、中性、负面分别计分为0.5分、0分、-0.5分。而其他两个冲击的相对正面、中性、负面分别计分为1分、0分、-1分。对11国的3项评分进行加总，结果显示（见图3—6）：

中国、韩国的分值分别为2.5分、1.5分，这两国面对上述三大冲击时，形势相对乐观。具体来说，中国面临的潜在资本外流压力小，属于典

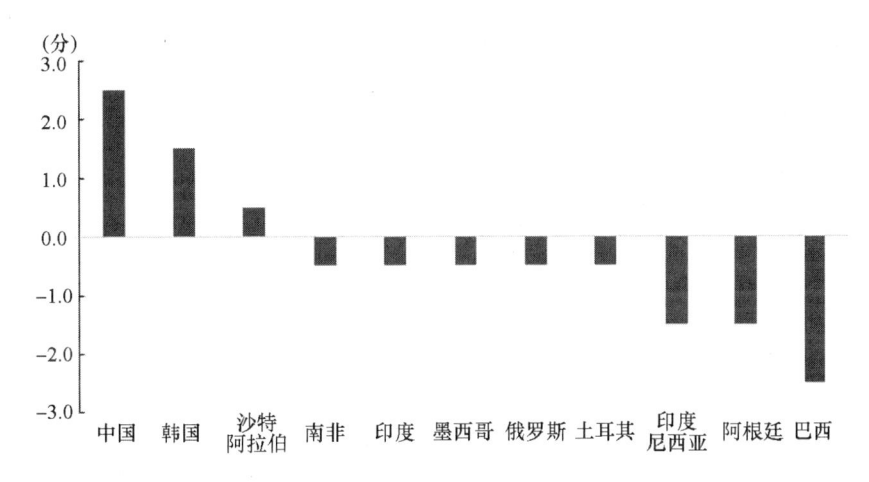

第三章 新兴经济体与发达经济体的关系及中国的角色研究

图3—6 各国在中期内面临外部冲击的相对风险评分

型的大宗商品进口国，而且发达国家的需求回暖还将带动中国的出口。韩国的情况类似，不过韩国面临的潜在资本外流压力稍大，因此评分略逊于中国。

对于沙特阿拉伯、南非、印度、墨西哥、俄罗斯、土耳其而言，上述外部冲击的影响有正也有负，总体来说其受到的冲击是相对较为中性的。比如南非的出口带动作用较大，同时又比较依赖大宗商品出口；沙特阿拉伯拥有大量的对外净债权，不必担忧资本外流，而且出口将受益于发达经济体的复苏，但是石油价格的下跌又将使其贸易条件恶化等。

但是俄罗斯的情况，并没有如图3—6看起来这么乐观：从净债务/GDP比例来看，俄罗斯面临的资本外流压力较小，但是俄罗斯受到了美国、欧洲甚至日本的制裁，这使俄罗斯实际上无法得益于发达经济体的需求复苏，甚至还将在出口环节面临负面影响。同时，由于大宗商品价格的进一步走弱，俄罗斯也将遭受较大负面冲击。可见，俄罗斯实际打分应为－1.5分，与印度、阿根廷、巴西一起位列最后一类国家，其面临的负面冲击相当大。

巴西和阿根廷面临的风险也很大，两者面临的风险也大体相似。大宗商品价格下跌均会对其产生负面冲击，而发达国家的需求回暖对两个经济体的正向作用均非常有限；此外，巴西还面临较大的资本外流压力。

三 新兴经济体的自我稳定性及其政策空间

除了前述三大外部冲击之外，还需要观察新兴经济体自身经济增长的稳定性及其政策应对空间。相对于发达经济体，新兴经济体的增长通常具有更大的波动性。从过去10年的历史来看，经济增长相对较为稳定的国家依次是印度尼西亚、韩国、南非、中国，其中印度尼西亚的增速标准差为0.71，其他三国略高于2；而印度、巴西、墨西哥的波动性则较大，三国经济增速的标准差均接近3的水平；最后，沙特阿拉伯、阿根廷、俄罗斯、土耳其的经济增速波动性最大，标准差为4.3—5.1①（见图3—7）。这表明，从历史经验上来看，第一类是自我稳定性评价正面的经济体，而第三类是我们将其经济稳定性评价为负的经济体。面临同样的外部冲击，可以预期，第三类经济体的增速将面临更大的波动。

从自我稳定性来看，需要对图3—6的信息进行修正。例如，印度尼西亚面临的外部冲击虽然打分为 -1.5分，但是由于印度尼西亚对外部经济的依赖度极低，其经济自我稳定性很强。因此，预计印度尼西亚面临的外部冲击所造成的后果并不严重。而相反，土耳其的外部冲击打分为 -0.5分；但是，由于土耳其经济的自我稳定性最差，极易受到外部冲击影响；而且，其潜在的资本外流压力大；发达国家需求回暖对其带动作用有限。作为一个大宗商品的净进口国，大宗商品的价格下跌将是其面临唯一的正面冲击。因此，土耳其所面临的外部

---

① 沙特阿拉伯没有最近10年的数据，只有最近4年的数据。因此为了对沙特阿拉伯进行分析，对这11国近4年的季度增长情况进行分析，沙特阿拉伯的经济波动性处于第3位。所以将沙特阿拉伯也列入增长波动最大的一组中。

风险也值得密切关注。

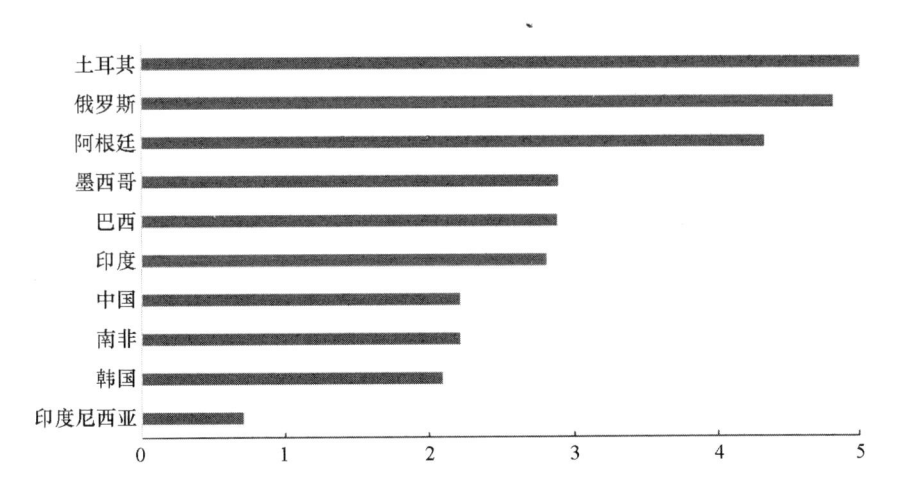

图3—7 新兴经济体各国增长波动性：GDP增速的标准差

资料来源：各国统计部门及作者的计算。根据2004年9月至2014年9月的季度数据计算。沙特阿拉伯的时间序列过短，与其他国家不存在可比性，因此在图中没有给出。

除了外部因素之外，宏观经济政策所关注的国内目标主要是通货膨胀率、失业率与经济增长率。一般情况下后两者具有一致性，因此，我们将目标简化为两个：通货膨胀率和失业率。图3—8描绘了11个主要新兴经济体的情况，代表通胀率和失业率平均水平的水平线、垂直线将11个新兴经济体分成了四类。

第一类国家是巴西、墨西哥、沙特阿拉伯、中国、韩国，这些国家通胀率、失业率都处于平均水平以下，表明这类国家的国内风险相对较小。而且，在这些国家当中，沙特阿拉伯的财政情况非常安全，韩国、中国、墨西哥的债务GDP占比也相对低；但是巴西的债务负担率为57%，所以，尽管巴西目前的国内经济形势勉强稳定，但财政政策的空间不大，而且巴西的通胀率也是第一组国家中最高的（6.2%），另外考虑到巴西面临较大的资金外流压力，所以其宽松的货币政策将面临较大压力。可见，第一类国家的国内风险相对小,除了巴西之外的国家,都有较大的财政、货币政策空间。

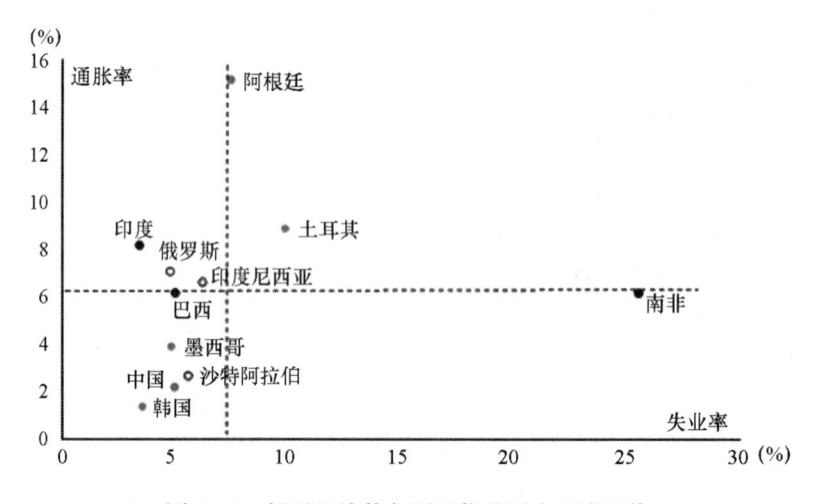

图3—8 新兴经济体各国面临的国内经济形势

说明:黑色点,代表债务/GDP比例相对偏高的国家(大于40%),如巴西、南非、印度。灰色点,代表这一比例处于相对较低区间的国家(30%—40%)。白色点,代表债务/GDP比例非常安全的国家(30%以下),例如沙特阿拉伯、俄罗斯、印度尼西亚。水平、垂直的虚线分别代表通胀率、失业率的平均水平。

资料来源:IMF(2014)最新可得数据。

第二类国家是南非,通胀率为6.2%,接近平均水平,但失业率为25.5%,大大高于一般水平。同样,由于通胀率水平也接近平均值,南非的货币政策空间不大;而且债务负担率水平为46%,财政政策的使用能否解决目前的高失业率问题,也存在很大疑问。可见,南非国内所面临的经济问题,可能是单纯的总需求管理政策所无法解决的,需要对经济结构进行较大的调整。在外部冲击下,这样的财政、货币政策局面,其应对空间也是非常有限的。

第三类国家是印度尼西亚、俄罗斯、印度,这类国家的失业率相对可控，都在平均水平以下；但其通胀率较高，为6.6%—8.2%。这类国家在实施宽松货币政策时，会面临较大压力。而在财政政策方面，印度的债务负担率较高，因此，印度财政政策空间也较为有限；俄罗斯、印度尼西亚的财政政策空间则较大。

第四类国家是阿根廷、土耳其，这两个国家的失业率、通胀率同时都高于平均水平。其中，两国失业率分别为7.5%、9.9%；通胀率分别为15.1%、8.9%。因此，两国货币政策扩张的空间都不大，不过，两个国家的财政健康状况尚可，财政政策具有一定的政策腾挪空间。

综上可以发现：相对而言，货币政策、财政政策空间同时较大的经济体有墨西哥、沙特阿拉伯、中国、韩国；两种政策中具有一定政策空间的是俄罗斯、印度尼西亚、南非；在两种政策上都缺乏政策空间的国家有巴西、印度、阿根廷、土耳其（见表3—2）。因此，面对同样的负面外部冲击，三类国家应对冲击的能力是依次下降的，第一类国家最有可能对外部负面冲击做出有效的反应。

表3—2　　　　　**新兴经济体各国的财政、货币政策空间**

		扩张货币政策的空间	
		较大	较小
扩张财政政策的空间	较大	墨西哥、沙特阿拉伯、中国、韩国	俄罗斯、印度尼西亚
	较小	南非	巴西、印度、阿根廷、土耳其

四　在外部冲击下新兴经济体将分化为三个群组

综合前文的分析，我们可以发现：主要的新兴经济体11国，其面临外部冲击的风险与内部政策空间具有以下几种组合的情形（见表3—3）。

第一类是中国和韩国。外部冲击总体对其是相对有利的，例如发达经济体外部需求的回暖、潜在资金流出的压力减小、大宗商品价格的下跌；

而且与此同时，两个经济体本身的稳定性较强，其财政、货币政策都存在较大的空间来应对可能发生的冲击。

第二类是墨西哥、沙特阿拉伯，南非、印度尼西亚，印度。这些国家同时受到来自外部的正面、负面冲击，预计综合结果接近中性。不过相比较而言，墨西哥、沙特阿拉伯的财政、货币政策空间较大，其应对意外事件的能力较强；而南非、印度尼西亚则只在两个政策中的一个方面具有一定政策空间，因此，其应对意外事件的能力较为有限；最后，对于印度来说，如果发生意外事件的冲击，其比较缺乏应对的政策工具。

第三类是俄罗斯，巴西、阿根廷、土耳其。这些国家面临的外部冲击相对较为负面，这些国家不同程度地面临资本外流、大宗商品价格下跌等问题，而且发达经济体的复苏对其中一些经济体的拉动作用还较小，再考虑到这些经济体的波动性较大，以及其内在政策空间的承受力较小。其中俄罗斯在财政政策上有一定空间，但货币政策缺乏空间，而且在西方制裁之下政策空间显得更为局促；其他三个国家在财政、货币政策两个方面都缺乏扩张的余地。上述四个国家，最有可能面临最重的外部冲击，而且还缺乏应对的政策空间，值得跟踪和关注。

表3—3　　新兴经济体各国的外部冲击风险、内部政策空间组合情况

		内部政策空间		
		较大空间	有一定空间	缺乏空间
外部冲击的风险	相对正面	中国、韩国	—	—
	相对中性	墨西哥、沙特阿拉伯	南非、印度尼西亚	印度
	相对负面	—	俄罗斯	巴西、阿根廷、土耳其

说明：外部冲击风险的归类，主要参考图3—6的打分及其分析。在此基础上，还参考了图3—7的自我稳定性分析，将11国的自我稳定性的情况也分为正面（+1）、中性（0）、负面（-1）进行打分，然后加入图3—6当中，得到外部冲击风险的调整值，其结果较图3—6分类有一些变化，主要是印度尼西亚、土耳其调整较大。相关说明，参见本章第四部分的分析。

第三章 新兴经济体与发达经济体的关系及中国的角色研究

◇◇ 第三节 新兴经济体与发达经济体长期趋势脱钩：中国将发挥关键作用并受益

一 新兴经济体与发达经济体长期趋势脱钩对中国的意义

进入21世纪以来，新兴经济体与发达经济体的经济脱钩成为广受关注的话题。2006年1月，英国《经济学人》杂志使用购买力平价的测算[①]表明，2005年新兴经济体占全球产出的比例，首次超过50%。2012年10月，IMF副总裁朱民在中国世界经济学会的发言中指出：当年新兴经济体和低收入国家占全球GDP的比重超过50%，这是人类历史上世界经济重心的巨大变化；而且现在可以预见的是，未来新兴经济体及发展中国家在全球贸易中的比重还在不断地上升，未来5年新兴经济体对全球增长的贡献在2/3左右（朱民，2012）。

但是，一方面，过去新兴经济体经济增长的优异表现，是否意味着新兴经济体已经撑起了全球经济增长的半边天，实现了与发达国家的真正脱钩？这种脱钩是趋势意义上的，还是波动意义上的？脱钩的内在机理是怎样的，进而这一脱钩是否能够持续？本节第一部分将对这些问题进行讨论。

另一方面，从未来7年的战略机遇期[②]来看，发达经济体的发展趋势、经济战略对新兴经济体的增长意味着什么？在这种背景下，中国的内

[①] "Emerging Economies: Climbing Back", *The Economist*, Jan. 19, 2006, www.economist.com/node/5420756.

[②] 战略机遇期是2002年党的十六大提出的，是指"21世纪头20年，对我国来说，是一个必须紧紧抓住并且可以大有作为的重要战略机遇期"。按照战略机遇期的时间界定，中国已经度过了11年的战略机遇期，还剩余7年战略机遇期。

部改革、外部开放战略，在新兴经济体与发达经济体的脱钩过程中将发挥何种作用？本节第三、第四部分将分别对这两个问题进行回答。

从中国外部环境视角来看，新兴经济体①与发达经济体的趋势脱钩，将是进入 21 世纪以来中国面临的战略机遇期内，国际经济环境的重大变化之一。这种变化本身对世界经济大格局的重要性，不言而喻。但这种变化，对正处于战略机遇期的中国来说，意味着什么？

首先，中国的内部经济结构改革将与国际外部环境的塑造深度契合。国内经济结构的改革、调整，对外开放政策的进一步推进，例如扩大内需、鼓励对外直接投资、过剩产能的部分向外转移、人民币国际化、组建金砖发展银行等措施，都将有助于新兴经济体与中国经济进行实体经济挂钩，以及金融市场的挂钩，同时也有助于其同发达经济体的相应脱钩。这将使得国内经济改革，与外部经济环境的塑造进一步深度契合，为中国的包容性发展提供具体的实现机制，为中国在战略机遇期的内、外经济政策提供一个统一的战略框架。

其次，这将有利于中国改变外部经济环境中的不利因素，并顺势创造有利的外部经济条件。包括中国在内的新兴经济体与发达经济体，在实体经济、金融部门的双重脱钩，将有助于打破"斯蒂格里茨怪圈"②的魔咒，使中国成为新兴经济体趋势脱钩驻锚对象的同时，也有助于中国进一步多元化出口市场，改变不利的国际投资头寸分布状况，提高中国在国际分工体系中的局部甚至全局地位。

---

① 为了从国际外部环境角度来讨论新兴经济体脱钩的意义，将新兴经济体的范围界定为：除了中国之外的新兴经济体。之后，除非特别说明，本章使用的新兴经济体口径，均为不包括中国的情况。

② "斯蒂格利茨怪圈"，是指在国际资金循环中出现了新兴市场国家以资金支援发达国家（如许多东亚国家持有巨额外汇储备）的得不偿失的资本流动怪圈（Capital Doubtful Recycling）。其表现为新兴市场国家在以较高的成本从发达国家引进了过剩资本后，又以购买美国国债和证券投资等低收益形式把借来的资本倒流回去。

最后，基于国际经济格局的转变，以及中国在其中可望扮演的关键角色，中国将更有可能、更为充分地将已有的经济实力和影响力兑现为现实的国家利益。在深化内部改革，进一步发展对外开放的过程中，中国将帮助新兴经济体实现与发达经济体在一定程度上的脱钩，同时帮助新兴经济体在更大程度上与中国经济挂钩。在此过程中，中国的经济实力，将向更为具体的经济影响力转变，进而提升国际经济规则的局部甚至全局的制定、协调能力，并使规则为我所用、对我有利。

二 定义趋势脱钩

在全球金融危机爆发之前，人们常常使用"脱钩"一词形容新兴市场国家和发达国家之间的关系，其内在含义是新兴市场国家在经历了多年的快速发展之后，国内的经济结构和制度体系都已经趋于成熟，再加之自然资源、人力资源禀赋和后发优势，使得新兴市场国家的经济增长已经不再需要依赖发达经济体。

上述关于脱钩现象的描述实质上讨论的是发达国家和新兴市场国家在增长趋势意义上的脱钩，也是本章关注的脱钩。但是，在现实的经济学讨论中，人们讨论的脱钩多是波动意义上的脱钩，关注的是发达国家和新兴市场国家在波动意义上的关联性[1]，或者是不加区分地关注经济增长（同时包含趋势和波动）的关联性[2]。研究的基本结论分歧较小，新兴市场国家无法与发达国家实现波动意义上的脱钩，这主要是因为发达国家仍在金融市场上占据绝对主导地位，新兴市场国家无法避免这一冲击，金融危机

---

[1] 例如：Rose, Andrew, "Business Cycles Become Less Synchronised Over Time: Bebunking 'Decoupling'", *VOX*, August 1, 2009.

[2] 例如：IMF, "Dancing Together? Spillovers, Common Shocks, and the Role of Financial and Trade Linkages", *World Economic Outlook*, Chapter 3, October 2013.

会加强这一影响（Levy 等，2012）。为了避免与波动意义上的脱钩进行混淆，我们采用趋势脱钩这一措辞与之进行区分。

将趋势脱钩单独进行讨论有以下几个优点：第一，趋势脱钩更贴近新兴市场国家中长期的增长目标，良性的脱钩应当来自国内经济治理和政治制度的完善，这将带来经济潜在增长水平的提高，这是一个趋势意义上而非周期意义上的变动；第二，当前的国际货币体系及国际金融市场决定了短期之内波动意义上的脱钩难以实现，限于这一脱钩的讨论对于新兴市场国家的长期增长帮助不大；第三，贸易和长期投资在新兴市场国家的迅速发展以及中国的崛起，使得在实体经济层面对趋势脱钩进行讨论变得更加迫切。据此，我们给出趋势脱钩的定义。

趋势脱钩（De-trending）：指一个经济体（或一类国家群体）与另一个经济体（或另一类国家群体）的经济增长趋势（或加权经济增长趋势）的差异。这一差异越大表明二者的趋势脱钩幅度越高，而差异越小则表明二者的趋势挂钩幅度越高。

三 过去的趋势脱钩难以长期持续

根据对趋势脱钩的定义，我们可以计算出新兴市场国家与发达国家的脱钩趋势（见图3—9）。图3—9中的走势线代表的是新兴市场国家和发达国家经济增长趋势的差值[①]，数值越高表示新兴市场国家的经济增速相对于发达国家越快，即趋势脱钩水平越高，而数值越低则意味着新兴市场国家与发达国家经济增长出现趋势性挂钩。从图3—9中可以看出，2000—2007年，这一数值持续上升，新兴市场国家和发达国家出现了持

[①] 具体的，我们采用国际货币基金组织公布新兴市场国家加权经济增长率和发达国家加权经济增长率作为原始数据，在此基础上，利用HP滤波求得趋势，再用新兴市场国家的经济增长趋势减去发达国家的经济增长趋势得到趋势脱钩数据。

续的趋势脱钩现象。

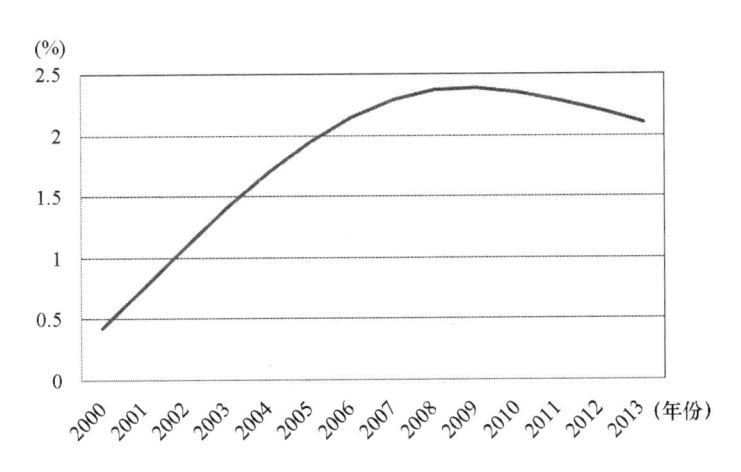

图3—9 新兴市场国家与发达国家的趋势脱钩幅度

脱钩一词缊含了人们对新兴市场国家增长的良好期望，希望借由新兴市场国家与发达国家的脱钩，促进新兴市场国家的良性增长，避免发达国家的经济问题对新兴市场国家产生较大的负面影响。但是，无情的现实粉碎了新兴市场国家的脱钩现象。2008年全球金融危机的爆发从全球最大的发达国家美国开始，随后债务危机在欧元区蔓延，如果按照脱钩逻辑，危机主要发生在发达国家中，新兴市场国家应当能够做到"一枝独秀"。但是现实的情况却是新兴市场国家的经济增长也遭受重创。此前的研究表明，发达国家和新兴市场国家在危机期间波动意义上脱钩出现了迅速下降，取而代之的是高度的相关性。[①] 而从我们趋势脱钩的分析来看，趋势脱钩在2008年时戛然而止，2010年之后经济增速之差出现了21世纪以来的首次收窄，新兴市场和发达国家再度出现了趋势挂钩的现象。

这使我们回头重新思考曾在2000—2007年出现的趋势脱钩现象。我

---

① IMF, "Dancing Together? Spillovers, Common Shocks, and the Role of Financial and Trade Linkages", *World Economic Outlook*, Chapter 3, October 2013.

们认为，这一趋势脱钩仅仅是表象，在实质上反映的是新兴市场国家和发达国家更加紧密的挂钩关系。

全球经济进入21世纪后出现了"大缓和"（Great Moderation），主要发达国家经济增长平稳，并无严重的通货膨胀，国内消费普遍强劲。这客观上为新兴市场国家提供了旺盛的外部需求。从经济增长的意义来看，新兴市场国家在此时作为全球可贸易品的提供者，积极融入全球贸易链。外部需求的旺盛不仅带来了本国出口的增加，促进了经济增长，也带来了国内可贸易品部门的迅速发展，带动了国内投资的迅速上升。与此同时，贸易品部门的迅速发展也带来了本国可贸易品部门全要素生产率的上升，促进了经济的快速增长。由此可见，发达国家旺盛的外部需求通过多个渠道对新兴市场的发展起到推动作用。而从发达国家的市场来看，旺盛的需求使得国内消费成为经济增长的主要推动力，但是部分消费的来源地是新兴市场国家，因此，对发达国家经济增长的促进效果有限。

正是基于贸易关系对发达国家和新兴市场国家经济增长的非对称效应，我们观察到新兴市场国家经济增长与发达国家经济增长的趋势脱钩，但脱钩背后蕴藏的实质上是挂钩，是二者之间日趋紧密的经贸联系。因此，这一脱钩本身是脆弱的、不可持续的。如果说在发达国家经济向好的时候，旺盛的需求能够带来促进新兴市场国家经济体发展的乘数效应，那么当发达国家经济出现问题的时候，这一需求的锐减就将成倍地给新兴市场经济体带来负面的效应，对新兴市场国家的出口和投资都产生显著的不利影响。在这样一个新兴市场国家和发达国家的关联模式下，无论是脱钩还是挂钩，对于新兴市场国家而言都是被动的，其实质都体现的是与发达国家的趋势挂钩过程。

在研究趋势脱钩问题时，不应被忽视的是中国在其中的影响力。图3—10反映了中国与发达国家的趋势脱钩程度。它体现了中国经济增速和发达国家经济增速的差异。整体而言，中国与发达国家的趋势脱钩和其他新兴市场与发达国家的趋势脱钩是一致的：危机前，趋势脱钩幅度上升；危机后，趋势脱钩幅度下降。但是，中国"既普通又特殊"，对于中国趋势脱钩的分析应当从两个视角来看：一个视角是中国作为新兴市场国家的普通一员，过去与发达国家大量贸易顺差推动的趋势脱钩不可持续，这一趋势脱钩模式与其他新兴市场国家一样，已经瓦解；另一个视角是中国作为一个大型开放经济体对全球经济的特殊影响力，从这一视角来看，中国对新兴市场国家和发达国家潜在趋势脱钩具有积极影响。

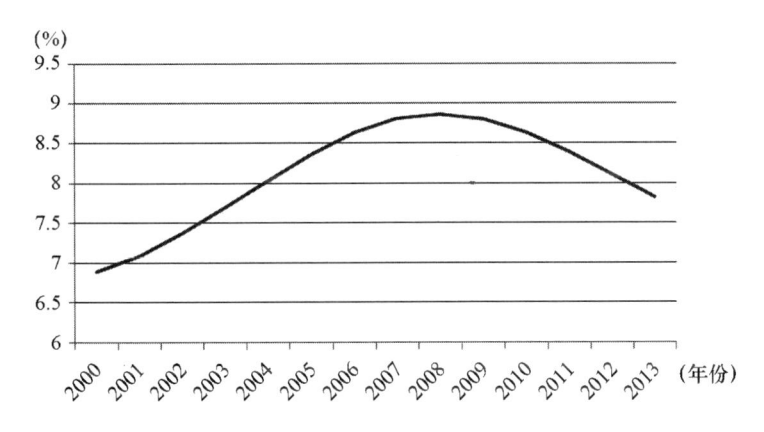

图3—10 中国与发达国家的趋势脱钩幅度

中国作为新兴市场国家的普通一员，危机前的趋势脱钩模式同样不可持续。除了前文提及的发达国家内需不可持续之外，中国的结构性失衡问题也逐渐暴露出来。在2007年时，中国的经常账户顺差占GDP的比重达到了创纪录的10%。而从产业结构来看，中国过去的经济增长以可贸易品部门的发展为主，国内以服务业为代表的不可贸易品部门发展相对落后，根据最新的2009年数据，中国服务业就业比重仅为34.1%，而发达国家这一水平普遍在70%以上，与中国同等收入水平的国家的服务业占比也高于50%。这些客观存在的问题都使得中国有必要转变其出口导向型的发展战略。全球金融危机的爆发，使得这个转型被迫迅速发生，在这个过程中,中国的出口部门受到沉重打击,出口年度增速迅速由两位数滑向个位数。也正是因为如此,中国与发达国家出现了经济增长趋势上的再度挂钩。但是中国的存在有其特殊性,中国已是最大的新兴市场国家,经济规模占新兴市场国家总规模的近1/3。[①] 相对于其他新兴市场国家而言,中国与发达国家的相对趋势脱钩水平较高,比较图3—9和图3—10可知,其他新兴市场国家与发达国家的趋势脱钩幅度和中国相比有接近7个百分点的差异,危机之后也是如此,即便中国的脱钩幅度在危机之后略有下降,但仍远高于其他新兴市场国家,这意味着,中国的脱钩对新兴市场国家与发达的趋势脱钩有非常显著的贡献,中国仍将作为带动新兴市场国家与发达国家趋势脱钩的主要力量。如若此后中国与发达国家进一步实现趋势上的脱钩,那么这一影响将更加明显。更进一步的,中国作为开放型大国对新兴市场国家的影响力同样在上升。图3—11描绘了中国和其他新兴市场国家的趋势脱钩关系,在危机之前,二者的关系变动非常小,但是在

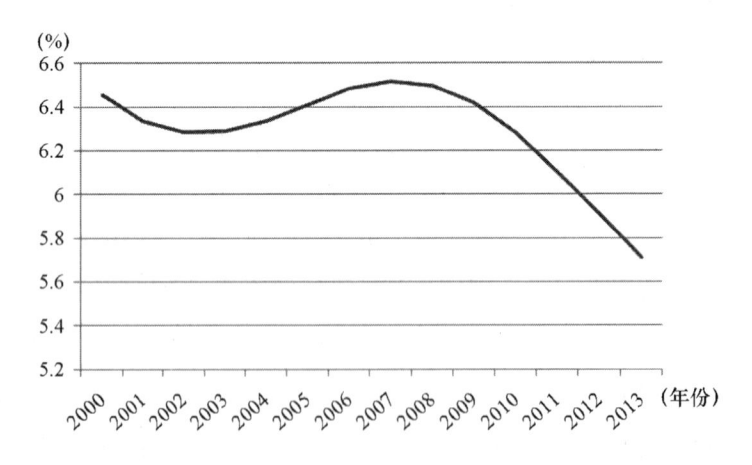

图3—11 新兴市场国家与中国的脱钩幅度

---

① 本数据为依据国际货币基金组织《世界经济展望》(WEO) 2013年10月数据库,中国2013年依照购买力平价计算的规模占比。

危机之后出现了下降的趋势,这意味着新兴市场经济体在危机之后已经开始与中国进行趋势上的挂钩。在制定对外发展战略时,这一趋势应当引起我们的足够重视。

四 发达国家无法帮助新兴经济体可持续脱钩

上一节的分析表明,此前新兴市场国家同发达国家之间趋势脱钩实质上有赖于发达国家相对稳定的外部需求,危机之后,这一外部需求迅速下降,因而使趋势脱钩也变得不可持续。新兴市场国家和发达国家是否能够回到此前的脱钩状态,新兴经济体的经济增长再度成为带动全球经济增长的引擎,成为下一步外部经济环境走势判断的一个很重要的内容。

我们对于这一问题的看法是否定的,原因有二:第一,发达国家在未来很长一段时间都将面临去杠杆的问题,从目前的情况来看,复苏的根基尚不牢固,强劲内需恐难再现;第二,发达国家难以容忍此前大规模的贸易赤字再度出现,开始通过订立新的贸易规则改变现有贸易格局,希望通过贸易促进经济增长,在这个过程中,新兴市场被排除在外,固有的低成本竞争优势将被削弱。

(一) 发达经济体正在经历复苏,但正面溢出效应相当有限

从整体来看,发达经济体的各部门普遍积累了大规模的债务问题,因此,在后危机时代,由于背负着去杠杆压力的包袱,发达经济体的复苏之路将充满崎岖。其中,欧洲、日本的去杠杆化成效并不明显;而美国的实体经济复苏虽然较好,但其再工业化、重振制造业的战略,势将对已有的进口贸易形成部分替代。

从欧洲的情况来看,金融危机之后,欧洲国家着力推进成员国的财政巩固,结果是政府债务余额占 GDP 比例总体有所下降,但紧缩的财政加剧了经济形势的恶化,这导致私人部门的债务负担比例进一步明显上升,

并使得各部门加总的债务负担更为沉重；私人杠杆率的恶化还导致了私人部门投资、消费需求的疲弱。在此背景下，2013年下半年以来，伴随着Carmen M. Reinhart和Kenneth S. Rogoff对政府债务的研究遭到质疑①，欧洲主要国家之间，对于是否继续严格执行财政巩固也出现了争论和动摇，其间，短期内适度宽松财政政策、长期中进行财政巩固的声音占据了上风。但由于欧洲国家政府债务已经普遍处于相当高的水平，再加上劳动力市场缺乏弹性，税收、福利体系改革面临困难等基本原因，欧洲国家的经济复苏势头仍面临诸多结构性的制约因素。

日本的情况似乎稍好，自2012年末以来，"安倍经济学"在货币、汇率、金融市场领域初见成效，实体经济增速也明显回升。但是，日本的债务问题更为严重，2012年第2季度末，日本各部门的总债务占GDP比例为506%，其中政府部门的债务占GDP比例为230%。虽然日本债务大部分为国内居民之间的负债，同时日本还拥有全世界最大规模的海外净资产；但是，研究表明2020年前后日本的净储蓄将消失。这意味着2020年前后，日本的国民净储蓄将无法支持国债负担的上升，实际上，如果考虑到国债负担是以一定速度上升的，则这个临界时点会明显早于2020年。基于这方面的考虑，安倍经济学也将积极推动财政巩固，尤其是在2015年之前，将消费税率由现行的5%提高到10%，在2014年，这一比率即将提升至8%。

另外，由于"3·11大地震"之后，原先占全部能源13%的核电无法

---

① Reinhart与Rogoff于2010年在《美国经济评论》上发表的论文，研究了国际经验后指出：一旦一国政府债务占GDP比率超过90%，则该国中位数经济增长率将会下降1个百分点。这篇文章产生了较大影响，甚至被认为，为欧债危机爆发后IMF与德、法等国要求南欧国家实施财政巩固政策提供了理论依据。而在2013年，另外几位美国经济学家发现，Reinhart与Rogoff的论文在数据计算过程中存在操作失误，在样本选择过程中存在主观偏差，其加权方法也令人质疑。但随后，Reinhart和Rogoff对质疑进行了两次回应和反击。

使用，导致日本对能源进口的依赖更为严重，因此货币宽松导致的贬值，使得能源进口成本上升，从而对日本经济形成了负向的供给冲击，因此货币宽松对日本实体经济的拉动也要大打折扣。再加上预期财政巩固政策效果的反向抵消，货币政策效果将再次缩水。在推行结构改革面临重重阻力的背景下，日本经济的复苏从中期来看仍不容乐观。

美国的实体经济复苏势头虽然良好，但其再工业化、重振制造业的战略，势将对已有的进口贸易形成部分替代。2009年11月，美国政府提出了再工业化战略。美国再工业化战略是对全球制造业产业布局的重构，其中涉及了低端制造业从中国的转移以进一步降低成本，引导中端制造业的发展和回流以夯实美国实体经济基础，促进高端制造业的创新和创造以支撑美国未来经济增长（李丹，2013）。再加上近年来美国页岩气革命带来的能源成本优势，美国再工业化战略，将在其国内、外市场上，对新兴经济体的出口竞争力形成一定的替代压力。其中，美国工业生产能力对国外进口商品的替代将是最为直接的影响。

（二）发达国家致力于改变贸易格局

此前，新兴市场国家的大规模顺差对应的是发达国家的大规模逆差，这是脱钩得以实现的基础。但是危机之后，发达国家已经决意改变其在贸易领域所处的地位，提升本国竞争力，扭转赤字局面。危机之后，发达国家开始重新制定贸易领域的游戏规则，以美国的举措最为显著。在金融危机爆发之后的2008年，美国正式宣布加入TPP谈判，而在此前的很长一段时间内，美国在国际贸易政策领域都鲜有实质作为。在TPP谈判的目标中，美国非常明确地表示，TPP是美国制定新贸易规则的范本，反映了美国对国际贸易的重视，并希望TPP能够成为美国改善贸易失衡的重要规则与手段，让贸易对促进美国经济增长和就业发挥更加重要的作用（国会文件）。除此之外，美国和欧盟也决意开展TTIP谈判，欧盟将这项谈判可能带来的潜在收益作为欧洲复新的一个重要契机。至此，TPP和TTIP以及它们背后所代表的新型贸易规则，已经将主要发达经济体美、欧、日悉数囊括。不同于以往的是，这些贸易谈判都具有高规格的特征，所涉及的领域也不仅仅是传统的货物贸易领域，还包含服务贸易和投资，对于一国经济体的内部运行状况也多有要求，例如对透明度、竞争中性、知识产权、环境保护等规则的要求。

发达国家主导的新型贸易规则具有高质量、高标准的特征，这也使得大部分新兴市场国家在短期内难以加入其中，即便加入，也需要付出较高的代价。从目前的情况来看，G20中所包含的主要新兴市场国家大多都没有加入新贸易规则的谈判，客观而言，新贸易规则中的诸多内容对于新兴市场国家来说是难以实现的。

在过去，新兴市场国家是WTO规则的受益者，但是自从多哈回合陷入停滞之后，WTO就逐渐被各种双边和多边的区域贸易规则所架空。尽管在2013年12月刚刚结束的WTO部长级峰会上，达成了首个全球自由贸易协定，但是WTO要想恢复到原来的影响力，还有很长的路要走。

在这种情况下，发达国家通过订立高质量的贸易协定，实质上是尽可能多地提高自身的贸易竞争力，而暂时没有参与新型贸易协定谈判的新兴市场国家，本国的贸易就将受到负面影响。对于新兴市场国家来说，面临的第一个问题就是贸易转移效应，订立了新型贸易协定的国家，由于本区内的贸易壁垒将非常低，目标是去除所有产品的关税，因而会更加倾向于选择与已经缔约的国家进行贸易往来，新兴市场国家由于在增加值链中处于相对低端的位置，产品的可替代性较强，可能会丧失较多的市场份额。第二个问题与第一个问题相类似，除了最终产品之外，新兴市场国家还出口较多的原材料，但是新型贸易协定中的"原产地规则"对利用来源于非协定成员国的原材料生产出的产品在享受优惠关税时存在限制，因此，原材料的出口也会受到限制。第三个问题则是新兴市场国家在新规则面前并没有优势，譬如提高环境、劳工标准，保护知识产权等要求都会使得新兴市场国家的成本进一步上升,与发达国家已经率先实现上述标准不同,新兴市场国家还有很长的路要走,在这个过程中,新兴市场国家的竞争力会被进一步削减。

发达国家通过制定新贸易规则提升竞争力,新兴市场国家到目前为止并没有行之有效的应对之道,要回到此前的贸易顺差十分困难,因而,新兴市场国家依赖此前的方式恢复与发达国家的趋势脱钩已几乎不可能。

五 中国可能为其他新兴经济体的良性脱钩提供条件

从良性长期趋势脱钩来看,中国可能为其他新兴经济体提供的有利条件包括两个方面:首先,从需求端来看,中国内部消费需求的挖掘,将为新兴经济体提供更大的最终品销售市场,从而在一定程度上,抵消发达国家经济疲弱带来的负面影响;其次,从供给端来看,中国的对外直接投资蓬勃发展,尤其是对其他新兴经济体的直接投资迅速上升,也将从供给面改善其他新兴经济体的增长潜力。

具体来说,从需求端来看,中国正在推进的改革,将健全社会福利体系、缩小收入差距、提高劳动收入在国民收入分配中的占比等,这些因素都将有助于激发国内的消费需求,促进国内消费市场规模的扩大。一方面,这有利于改变目前中国经济过度依赖于投资、出口驱动的模式,使经济增长的结构更为协调,从而也更为具有可持续性;另一方面,在其他主要经济体消费市场萎靡的情况下,这也将为世界再创造出一个巨大的、活跃的最终产品消费市场。如果中国的 GDP 总量为 50 万亿元人民币,即使不考虑经济增长,消费在 GDP 中的比重每提高一个百分点,则消费市场规模将上升 5000 亿元人民币,约合 830 亿美元。IMF 最近的研究表明,2011 年和 2012 年,中国是世界上消费市场增长最快的国家,而且在 2013

年,很可能还是如此。① 因此,对于其他新兴经济体的出口目标来说,正在日益崛起的中国消费市场,将在很大程度上对发达经济体疲弱的最终消费市场起到替代作用。

此外,从三个角度来看,中国因素将改善新兴经济体的供给能力,从而提高其潜在经济增速。

第一,中国的对外直接投资规模在迅速上升。2012年中国对外直接投资的流量创下历史新高,达到772亿美元,排名世界第三。其占全球ODI流量的比率在近年来也迅速上升,由2003年的0.5%上升至2012年的6.0%(李国学等,2013)。随着中国不断放宽企业对外直接投资的审核限制,以及各种鼓励措施的出台,中国对外直接投资规模还将继续上升。

第二,新兴经济体的开发建设存在巨大资金需求缺口。以基础设施投资为例,新兴经济体的需求普遍旺盛。这方面需求主要来自经济发展和转型过程中,尤其是城市化过程中所伴随的建设需求,另外也部分源于中国基础设施投资在经济赶超过程中所体现出的示范效应。以金砖国家为例,印度在基础设施投资方面就有巨大的潜在需求;巴西、南非的城市化水平虽然相对较高,但快速发展同样产生了大量的基础设施投资需求。俄罗斯则由于石油出口方向的变化,对管道建设等能源相关基础设施的需求增长非常快。但是,新兴经济体进行开发建设的资金需求,还远未获得满足。像亚洲开发银行这样现有的区域机制安排,甚至包括世界银行等国际多边机制安排,都远远无法满足新兴经济体日益上升的投资、融资需求。

第三,新一届政府强调国内产业结构升级,在过剩产能处理策略中也提到"转移一部分",与此同时,推动企业走出去的措施也在陆续出台。

---

① Steven Barnett,"China: Fastest Growing Consumer Market in the World",作者为国际货币基金组织亚太地区主管。http://blog-imfdirect.imf.org/2013/12/02/china-fastest-growing-consumer-market-in-the-world/,本文于2013年12月2日刊于IMF网站。

第三章 新兴经济体与发达经济体的关系及中国的角色研究 | **105**

这些措施，使中国对外直接投资与其他新兴经济体更加紧密地联系了起来。此外，随着中国的工业园区模式、经济特区模式等发展模式的输出，尤其是中国在资金、技术、人才等方面对新兴经济体国家基础设施工程的协力开发建设，都将有利于其他新兴经济体改善经济的供给能力。

六　中国将推动新兴经济体与发达国家实现脱钩

我们在本书中的讨论表明，新兴市场国家难以实现像危机前一样与发达国家的趋势脱钩，因为此前新兴市场国家积累大量顺差而发达国家积累大量逆差的格局已经难以重现。在图3—12（a）中反映的是当前新兴市场与发达国家的脱钩机制，目前来看这一情况是不可持续的。这种脱钩的本质来自新兴市场国家和发达国家的"恐怖均衡"，它是脆弱的。

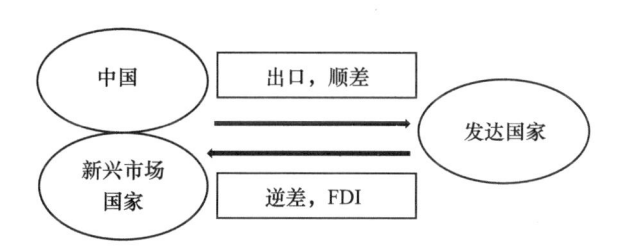

图3—12（a）　金融危机前新兴市场国家与发达国家的脱钩机制

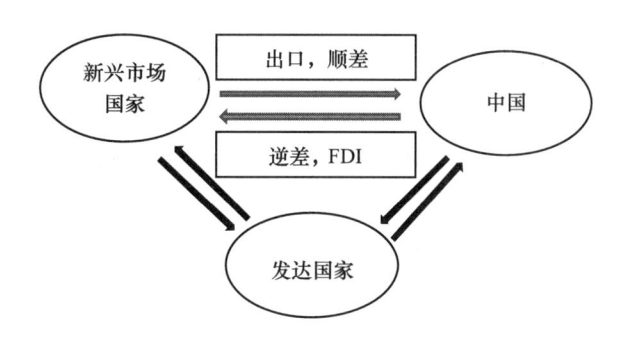

图3—12（b）　中国在新兴市场国家与发达国家脱钩中扮演更重要角色的情形

中国能够在新兴市场国家与发达国家的脱钩中扮演更加重要的角色。事实上，危机之后新兴市场国家已经开始了这种自发的选择。中国的经济规模和增长前景决定了中国有能力成长为全球经济体中的重心之一，这是在图3—12（b）所描绘出的情形。中国作为新兴市场国家中普通而特殊的一员，能够为新兴市场国家与发达国家脱钩提供新的动力。一方面，中国国内市场前景广阔，能够作为新兴市场国家外需的重要来源；另一方面，中国国内积累了大量储蓄，可以将其有效转化为投资，特别是国际投资，因此，中国又可以作为新兴市场国家获得直接投资的重要来源。原来的新兴市场国家和发达国家的双向环流情形可以转变为一个三边的环流情形，中国在一定程度上承担此前发达国家的角色，在此基础上，帮助新兴市场国家实现与发达国家经济的脱钩。

本章主要参考文献：

1. 曹永福：《美国经济：复苏渐趋巩固，失衡有所回归》，《全球宏观季度报告：2012年第1季度》，中国社会科学院世界经济与政治研究所外部经济环境监测报告，2012年4月。

2. 李丹：《美国再工业化战略对我国制造业的多层级影响与对策》，《国际经贸探索》2013年第6期。

3. 李国学、王永中、张明：《2013年第1季度中国对外投资报告》，中国社会科学院世界经济与政治研究所国际投资研究室国际投资研究系列（IIS）讨论稿，2013年3月18日。

4. 刘仕国：《欧版量宽政策对世界经济的影响将利大于弊》，中国社会科学院世界经济与政治研究所CEEM（世界经济预测与政策模拟实验室）讨论稿，2015年1月26日

5. 张明：《强势美元对全球经济影响几何？》，《人民日报》2015年2月4日第22版。

6. 张宇燕、田丰：《新兴经济体的界定及其在世界经济格局中的地位》，《国际经

济评论》2010 年第 4 期。

7. 朱民：《变化中的世界》，2012 年中国世界经济学会演讲会，2012 年 10 月 18 日。

8. Feldstein, Martin, "U. S. Growth in the Decade Ahead", *NBER Working Paper*, No. 15685, 2010.

9. IMF, *International Financial Statistics*, data base online, 2014.

10. Levy Yeyati, Eduardo, and Tomas Williams, "Emerging Economies in the 2000s: Real Decoupling and Financial Recoupling", *Journal of International Money and Finance*, 31.8, 2012, pp. 2102 – 2126.

11. The White House, "Economic Report of The President", *United States Government Printing Office*, Washington, 2012.

（本章由徐奇渊、杨盼盼执笔）

第 四 章

贸易结构的变化与制造业产业升级

从本章开始,我们将进入以中国为代表的新兴经济体经济结构转型主要问题的分析。由于制造业是新兴经济体尤其是中国解决结构性问题、实现包容性增长,进而实现由经济大国向经济强国转变的重要产业基础,因此,我们将其作为经济结构转型的关键环节,在国际比较视角下,对中国贸易结构的变化与制造业的产业升级进行深入的实证研究。

过去30多年来,中国对外贸易经历了极为迅速的发展,凭借巨大的市场潜力和丰富的劳动力生产要素,中国成为跨国投资转移最为重要的东道国,从20世纪90年代开始累计吸引的非金融类跨国直接投资超过150000亿美元,而进入中国的跨国投资企业70%以上都集中于制造行业,并且主要从事出口导向特征十分明显的加工贸易,因此大量的跨国产业转移不仅显著地带动了中国制造业产出和贸易规模持续攀升,同时促使中国的制造业成功融入了全球产业链生产体系,对中国经济发展和产业结构升级起到了巨大的推动作用。中国目前已经成为世界第一制造业和货物贸易大国,但长期以来中国的制造业发展和制成品贸易竞争力优势总体上仍然没有摆脱依赖低成本以及低价格的现状,在国际产业链分工格局中仍然处于较低的位置。随着中国劳动力生产成本的快速上升以及资源生态环境的约束逐步增强,依赖低成本低价格竞争的发展模式变得越来越不可持续,增强自主创新能力,改造升级传统制造业,发展战略性新兴制造业成为当前中国制造业转型升级最为重要的研究课题，为了明确中国制造业贸易结构变化和制造业产业升级状况，该部分主要从三个方面对中国制造业贸易和结构转型问题进行国际比较分析：首先，基于中国与其他APEC经济体在制造业的生产网络分工发展较为成熟，产业链分工趋势较为明显，同时基于传统贸易数据和贸易增加值数据评估了中国与其他18个APEC经济体在制造业领域的贸易竞争力、贸易依赖度以及贸易互补性状况，同时对制造业贸易的增加值构成进行了分解比较，主要从国际比较的角度分析中国与其他主要经济体制造业的优势以及升级变化状况；其次，考虑到单纯基于贸易进出口数据来评估制造业的竞争力很大程度上只能反映一国贸易的专业化程度，并不能反映出一国制造业技术含量和产品质量的升级变化趋势，因此本章第二节同时基于多维度信息测度了中国与主要经济体出口产品质量的分布和变化状况；最后，德国和意大利都是世界重要的制造业大国，并且分别是高端制造业和劳动密集型制造业的典型代表，近年来两国在制造业发展和产业升级方面开始逐步拉开差距，通过对比分析两国制造业的发展特征以及制造业升级差距持续扩大的原因，可以对中国制造业的转型和升级提供有益的政策建议和措施。

第一节 中国与其他APEC成员经济体贸易竞争力的国际比较
——基于贸易数量角度的分析

对中国制造业贸易专业化竞争力的测度研究主要包括三部分：第一部分主要依据中国和其他APEC成员经济体传统的多边贸易数据，测度各成员国的贸易比较优势、专业化竞争力水平、贸易的互补依赖程度以及竞争性，从总体上认识APEC成员经济体之间的经贸关系特征及其发展趋势；

由于全球价值链分工趋势日趋深入和明显，这一点在亚太经济合作组织中体现得尤其明显，由于贸易产品可能循环往复地进入一国进行加工和价值增值，因此单纯依赖传统的加总贸易数据显然无法准确地反映 APEC 经济体的比较优势、国际竞争力、分工地位以及参与国际分工的水平，因此第二部分主要基于 OECD_TiVA 贸易增加值数据库，将中国和其他 APEC 成员经济体的贸易总额总体上分解为国内增加值和国外增加值两部分，而出口的国内增加值进一步分解为国内直接增加值、国内间接增加值、国内进口后再出口的增加值，通过对比成员国制造业总出口增加值的构成比重，可以从总体上明确不同成员经济体参与国际分工的深度和特征。同时，基于投入产出分析方法同样可以具体计算得到各国全球价值链参与程度指标以及参与国际分工的具体阶段和位置指标，通过对比 APEC 成员经济体上述指标可以进一步明确其参与国际分工的地位。为了对比基于贸易增加值数据和基于传统加总贸易数据对贸易竞争力指标计算的差异性，第二部分同样基于贸易增加值数据重新计算了相关的贸易竞争力指标。基于第一部分和第二部分的计算结果，第三部分对于中国和其他 APEC 成员经济体制造业发展状况和趋势进行了具体的分析和总结。

该部分的定量计算相关数据全部来自 OECD 贸易统计数据库和 OECD_TiVA 贸易增加值数据库，基于投入产出分析方法计算的贸易增加值数据库提供了 1995 年、2000 年、2005 年、2008 年、2009 年共 5 年的相关贸易数据；为了对比分析，这里基于传统方法计算指标同样选取了各经济体在制造业上五年的相关加总贸易数据。尽管基于 OECD 贸易增加值数据库计算相关的贸易指标存在时间跨度较短且时间间隔较大不连续的缺陷，但由于本课题的研究重点是从区域生产网络角度刻画和描述 APEC 成员经济体总体的经贸关系特征，并且 OECD 贸易数据库提供了 19 个 APEC 成员经济体的全部相关贸易数据，具有较好的代表性。

一 基于传统贸易统计数据的考察

我们首先基于传统的贸易统计数据来定量分析 APEC 成员在制造业上的经贸关系,这里主要通过测度 APEC 成员经济体的贸易竞争力以及贸易关联度指标来刻画 APEC 成员的竞争优势以及相互之间的依赖度及竞争性。与多数已有的相关研究文献一样,这里贸易竞争力的测度主要选取了四个指标进行定量测度:贸易专业化竞争力指数(TSC)、显示性比较优势指数(RCA)、相对贸易优势指数(RTA)、净出口显示性比较优势指数(NRCA)。而贸易关联度指标主要选取了两个指标进行测度:贸易结合度(强度)指数(TI)、贸易互补性指数(TCI)。

(一) 贸易测度指数的定义及描述

1. 贸易竞争力指数(TC)

贸易专业化竞争力指数,即 TC(Trade Competitiveness)指数,是对国际竞争力分析时比较常用的测度指标之一,它表示一国进出口贸易的差额占进出口贸易总额的比重,即 TC 指数 =(出口额 - 进口额)/(出口额 + 进口额)。该指标作为贸易总额的一个相对值,剔除了经济膨胀、通货膨胀等宏观因素方面波动的影响,即无论进出口的绝对量是多少,该指标均在 -1 和 1 之间。其值越接近于 0 表示竞争力越接近于平均水平;该指数为 -1 时表示该产业只进口不出口,越接近于 -1 表示竞争力越薄弱;该指数为 1 时表示该产业只出口不进口,越接近于 1 则表示竞争力越大。显然,该指数只是基于一国自身的进出口数量的相对值来测度竞争力水平,并没有考虑一国进出口与其他国家进出口的相对变化水平,较为简单直观但不够全面。

2. 出口显示性比较优势指数(RCAX)

经济学家巴拉萨(Balassa)于 1965 年提出了显示性比较优势指数

(Revealed Comparative Advantage Index，简称 RCA 指数)。它是衡量一国产品或产业在国际市场的竞争力的最具说服力的指标。它旨在定量地描述一个国家内各个产业（产品组）相对出口的表现。通过 RCA 指数可以判定一国的哪些产业更具出口竞争力，从而揭示一国在国际贸易中的比较优势。所谓出口显示性比较优势指数是指一个国家某种商品出口额占其出口总值的份额与世界出口总额中该类商品出口额所占份额的比率，用公式表示为：

$$RCAX_{ijt} = \frac{\dfrac{x_{ijt}}{\sum_j x_{ijt}}}{\dfrac{\sum_i x_{ijt}}{\sum_i \sum_j x_{ijt}}} \qquad (4-1)$$

其中，i 表示国家或经济体，j 表示行业，t 表示时间，x 表示出口额。显示性比较优势指数也有它的局限性：当一个产业的产业内贸易盛行时，以显示性比较优势指数所衡量的该经济体和产业的比较优势不具有客观性，更不能用来预测一个贸易发展的模式。另外，RCA 指数忽视了进口的影响作用。

3. 相对贸易优势指数（RTA）

由于出口显示性比较优势指数只从出口的角度考察了一国出口产品的竞争力水平，而没有考虑进口贸易的影响作用。相对贸易优势指数（又称为显示性竞争优势指数，由 Vollratlh 于 1988 年提出）同时基于出口显示性比较优势指数和进口显示性比较优势指数来测度，公式表示为：

$$RTA_{ijt} = RCAX_{ijt} - RCAM_{ijt} \qquad (4-2)$$

进口显示性比较优势指数表示为：

$$RCAM_{ijt} = \frac{\dfrac{m_{ijt}}{\sum_j m_{ijt}}}{\dfrac{\sum_i m_{ijt}}{\sum_i \sum_j m_{ijt}}} \qquad (4-3)$$

显然相对贸易优势指数同时考虑了一国出口和进口的相对竞争力水平，能够更为全面地评估贸易的相对竞争力水平。该指数大于0表示一国产业具有显示性竞争优势，反之亦然。

4. 净出口显示性比较优势指数（NRCA）

为了反映进口对出口竞争力的影响，1989年，贝拉·巴拉萨又提出了一个改进的显示性比较优势指数，即用一国某一产业出口在总出口中的比例与该国该产业进口在总进口中的比例之差来表示该产业的贸易竞争优势，这一指数称为净出口显示性比较优势指数（NRCA），用公式表示为：

$$NRCA_{ijt} = \frac{x_{ijt}}{\sum_j x_{ijt}} - \frac{m_{ijt}}{\sum_j m_{ijt}} \tag{4—4}$$

净出口显示性比较优势指数值大于0表示存在竞争优势，指数值小于0表示存在竞争劣势，指数值等于0表示贸易自我平衡。净出口显示性比较优势指数剔除了产业内贸易或分工的影响，反映了进口和出口两个方面的影响，因此用该指数判断产业国际竞争力要比其他指数更能真实反映进出口情况。该指数值越高，国际竞争力越强；该指数值越低，国际竞争力越弱。如果考虑贸易壁垒的影响，这种比较优势与真实的比较优势可能存在一定的差距。

5. 贸易结合度指数（TI）

贸易结合度指数又称为贸易强度指数（TI），是由经济学家布朗（A. J. Brown，1947）提出的，后经过小岛清等人（1958）的研究得到了完善，并明确了其统计学和经济学上的意义。贸易结合度是一个比较综合性的指标，用来衡量两国在贸易方面的相互依存度。贸易结合度是指一国对某一贸易伙伴国的出口占该国出口总额的比重，与该贸易伙伴国进口总额占世界进口总额的比重之比。其数值越大，表明两国在贸易方面的联系越紧密。贸易结合度的计算公式如下：

$$TI_{ijt} = \frac{\dfrac{x_{ijt}}{x_{it}}}{\dfrac{m_{jt}}{m_{wt}}} \qquad (4\text{—}5)$$

其中，i 表示出口国，j 表示进口国，w 表示世界各国；x_{ijt} 为 i 国对 j 国的出口，x_{it} 代表 i 国的出口总额，而 $\dfrac{x_{ijt}}{x_{it}}$ 表示 i 国对 j 国的出口占 i 国的出口总额的比率；m_{jt} 为 j 国的进口总额，m_{wt} 为世界进口总额，$\dfrac{m_{jt}}{m_{wt}}$ 表示 j 国的进口总额占世界进口总额的比率，它实际代表 j 国的进口能力。公式（4—5）表示，与 j 国的进口总额占世界进口总额的比率相比，i 国对 j 国的出口占 i 国的出口总额的比率究竟多大。如果 $TI_{ijt} > 1$，说明 i 国和 j 国在贸易上存在着密切的关系；如果 $TI_{ijt} < 1$，则说明 i 国和 j 国在贸易上关系较为疏远。

6. 贸易互补性指数（TCC）

贸易互补性指数用来测度两国的贸易互补程度，反映两国出口和进口的结构性差异和相互需求程度，和已有的大多数研究文献一样，这里主要采用于津平（2003）提出的贸易互补性指数来测度 APEC 成员经济体之间的贸易互补程度，具体的计算公式表示为：

$$TCC_{ijkt} = RCAX_{ikt} \times RCAM_{jkt} \qquad (4\text{—}6)$$

TCC_{ijkt} 表示 i 国和 j 国在 k 行业的互补性指数，用 i 国在 k 行业的出口显示性比较优势指数和 j 国在 k 行业的进口显示性比较优势指数的乘积来表示；通过加权平均的方式可以得到两国贸易的总体互补性指数，即：

$$TCC_{ijt} = \sum_{k} \left[(RCAX_{ikt} \times RCAM_{jkt}) \times \frac{w_k}{W} \right] \qquad (4\text{—}7)$$

w_k 表示 i 国和 j 国在 k 行业的双边贸易总额，W 表示两国总体的双边贸易总额。贸易互补性指数大于 1 表示两国的贸易总体具有较强的互补性，指数越大双边贸易的互补性越强，互补性指数小于 1 表示两国的贸易总体互补

第四章 贸易结构的变化与制造业产业升级

性较弱。

（二）APEC 成员经济体贸易竞争力分析

1. 贸易专业化竞争力水平分析

$$TST_{it} = \sum_{t=1995}^{2009} W_{it} \left(\frac{X_{it} - M_{it}}{X_{it} + M_{it}} \right) \qquad (4—8)$$

W_{it} 表示各国在产业 i 历年进出口总额占全部时期的在产业 i 的进出口比重，作为加权平均的权重，X_{it}、M_{it} 分别表示各国在 i 行业的出口额和进口额。

图 4—1 给出了 19 个 APEC 成员经济体的贸易专业化竞争力指数，为了从总体上比较各经济体的贸易竞争力指数，我们将历年计算的结果进行了加权平均。图 4—1 的计算结果显示：在制造业部门，贸易专业化竞争力水平较高的经济体分布较为分散，19 个成员经济体中只有两个经济体的贸易专业竞争力指数为负值，分别为中国香港和美国，显然美国是世界制造业大国和强国，贸易专业化竞争力指数为负值与过去 20 多年来美国制造业大量向外转移存在密切关系，制造业进口规模总体上大于出口规模。而制造业贸易专业化竞争力指数较高的经济体除了俄罗斯、日本等传统的制造业强国之外，还包括文莱、泰国、菲律宾、印度尼西亚等东南亚新兴经济体，尽管这些国家发展制造业并不具有良好的基础，但通过吸引大量的跨国投资转移，积极推行出口导向型经济发展战略，其制造业的出口专业化水平得到了快速的提升。中国、韩国、中国台湾作为世界主要的制造业生产基地，其出口专业化竞争力水平尽管处于较高水平，但仍然低于俄罗斯、日本，甚至低于文莱、泰国、新西兰等国家，原因在于中国、韩国、中国台湾的制造业贸易模式具有典型的加工贸易模式，价值链分工特征比较突出，在大量出口制成品的同时，需要进口大量的中间产品，因此单纯从净出口来看比较优势并不突出。

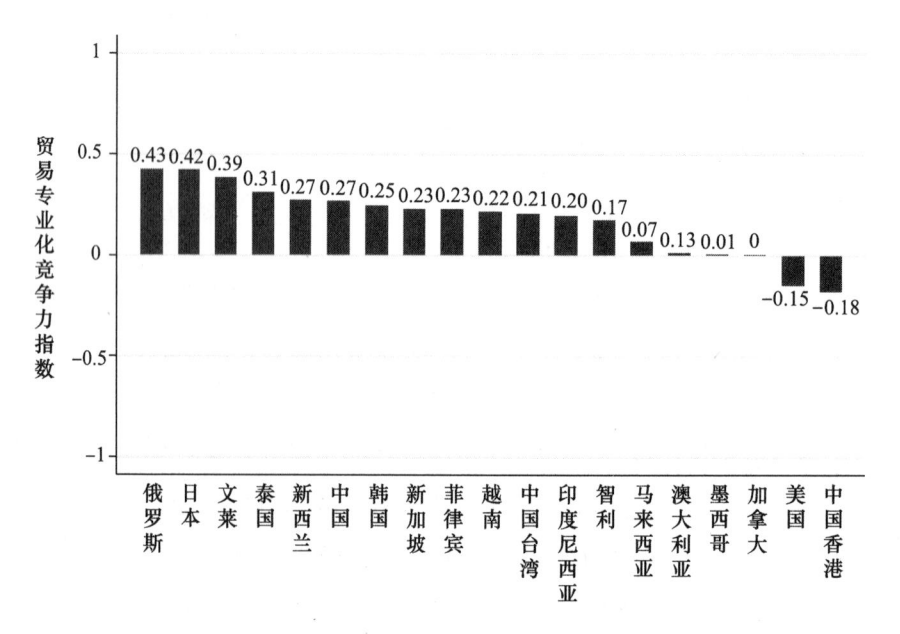

图 4—1　制造业贸易专业化竞争力指数国际比较

（1995—2009 年，按贸易加权平均计算）

国家/地区及数值（从左到右）：俄罗斯 0.43、日本 0.42、文莱 0.39、泰国 0.31、新西兰 0.27、中国 0.27、韩国 0.25、新加坡 0.23、菲律宾 0.23、越南 0.22、中国台湾 0.21、印度尼西亚 0.20、智利 0.17、马来西亚 0.07、澳大利亚 0.13、墨西哥 0.01、加拿大 0、美国 −0.15、中国香港 −0.18

2. 出口显示性比较优势指数（RCAX）

出口显示性比较优势指数是指一个国家某种商品出口额占其出口总值的份额与世界出口总额中该类商品出口额所占份额的比率，用公式表示为：

$$RCAX_{ijt} = \sum_{t=1995}^{2009} W_{it} \frac{\dfrac{x_{ijt}}{\sum_j x_{ijt}}}{\dfrac{\sum_i x_{ijt}}{\sum_i \sum_j x_{ijt}}} \tag{4—9}$$

其中，i 表示国家或经济体，j 表示行业，t 表示时间，x 表示出口额。W 表示各国历年在产业 i 的出口比重占全部时期产业 i 出口的比重。

与贸易专业化竞争力指数不同，出口显示性比较优势指数通过测度一国某部门的出口与世界该部门出口比值的相对之比来揭示一国出口的相对比较优势水平，被广泛用来评估出口的比较优势变化情况。图4—2给出了基于出口显示性比较优势指数计算的APEC成员经济体在制造业的出口显示性比较优势变化状况。这里同样将历年计算的结果按照贸易加权的方式进行了处理，从总体上反映不同经济体在不同部门的出口显示性比较优势水平。

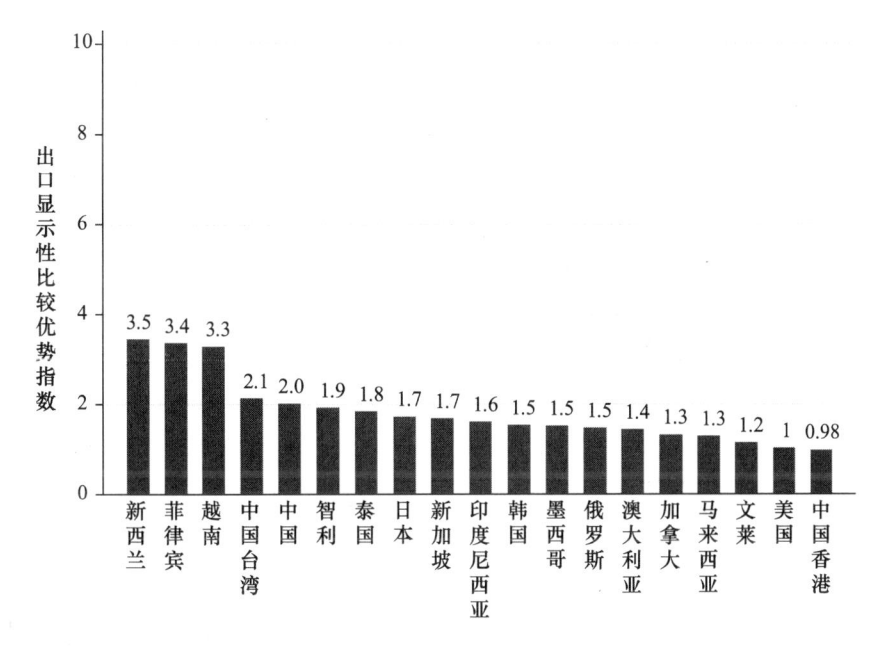

图4—2 制造业出口显示性比较优势指数国际比较

（1995—2009年，按贸易加权平均计算）

在制造业部门，出口显示性比较优势指数的计算结果显示，除了中国香港之外，其他APEC成员经济体的出口显示性比较优势指数均大于1，其中新西兰、菲律宾、越南的出口显示性比较优势指数均大于3，表明上述国家制造业的出口具有明显的比较优势特征，中国台湾、中国的出口显示性比较优势指数也大于2，属于具有较强比较优势的经济体。与贸易专业化竞争力指数计算结果对比，出口显示性比较优势指数计算的结果总体上并没有发生较大的变化,但显示不同经济体出口优势的排序出现了较大的变化,俄罗斯的出口相对优势采用RCAX指数计算并不突出。总体来看,相关的指数计算结果仍然表明由于跨国产业转移效应的存在,东南亚新兴经济体的出口显示性比较优势指数要高于日本和美国等传统的制造业大国和强国。

3. 相对贸易优势指数

相对贸易优势指数,又称为显示性竞争优势指数,同时基于出口显示性比较优势指数和进口显示性比较优势指数来测度一个贸易的相对竞争力水平,公式表示为:

$$RTA_{ijt} = \sum_{t=1995}^{2009} W_{xit} RCAX_{ijt} - \sum_{t=1995}^{2009} W_{mit} RCAM_{ijt} \quad (4—10)$$

$$RCAM_{ijt} = \frac{\dfrac{m_{ijt}}{\sum_j m_{ijt}}}{\dfrac{\sum_i m_{ijt}}{\sum_i \sum_j m_{ijt}}} \quad (4—11)$$

W_{xit}表示各经济体历年在产业i的出口占全部时期产业i的出口比重;W_{mit}表示各经济体历年在产业i的进口占全部时期产业i的进口比重。

显然相对贸易优势指数同时考虑了一国出口和进口的相对竞争力水平,能够更为全面地评估贸易的相对竞争力水平。该指数大于0表示一国产业具有显示性竞争优势,反之亦然。

出口显示性比较优势指数只是从出口的角度测度经济体的出口比较优势,忽视了进口对贸易竞争力的影响作用。相对贸易优势指数(又称为显示性竞争优势指数)同时考虑了出口和进口的显示性比较优势特征,能够更为全面地评估一国的贸易竞争力水平。图4—3给出了计算得到的APEC成员经济体的相对贸易优势指数结果。

在制造业部门,在考虑了各经济的进口显示性比较优势指数之后,采

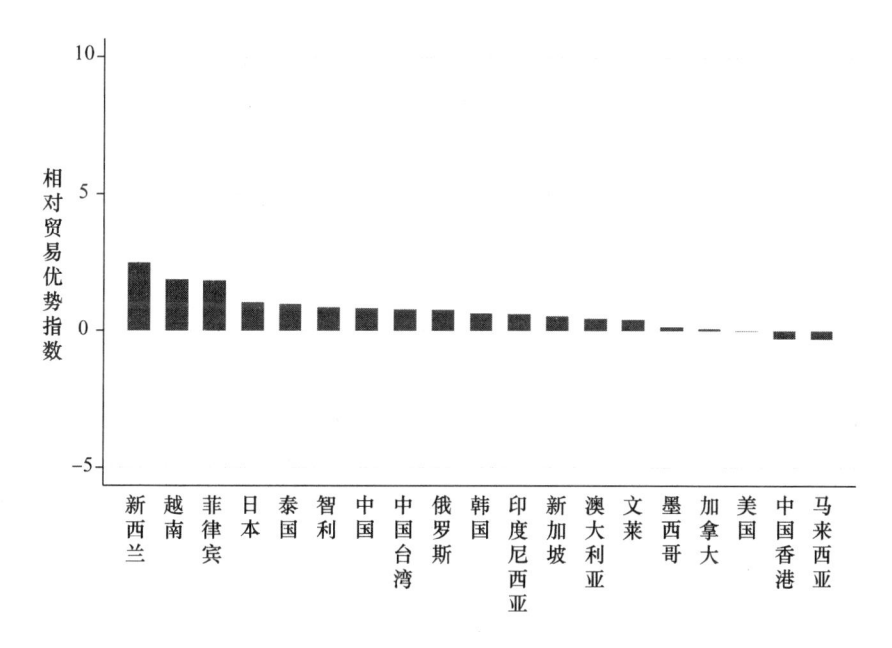

第四章 贸易结构的变化与制造业产业升级 119

图4—3 制造业相对贸易优势指数国际比较

（1995—2009年，按贸易加权平均值）

用相对贸易优势指数计算的结果与采用出口显示性比较优势指数和贸易专业化竞争力指数计算的结果总体上一致。新西兰、越南、菲律宾仍然属于显示性竞争力水平最高的国家，而美国、中国香港的相对贸易优势指数仍然处于较低的水平；马来西亚的相对位置变化较为明显，其显示性竞争力指数显著低于0，处于19个APEC成员经济体的末端，表明其贸易模式具有显著的加工贸易特征，出口的增长与进口的增长具高度相关性，并且对进口的依赖程度较高。

4. 净出口显示性比较优势指数

用一国某一产业出口在总出口中的比例与该国该产业进口在总进口中的比例之差来表示该产业的贸易竞争优势，这一指数称为净出口显示性比较优势指数（NRCA），用公式表示为：

$$NRCA_{ijt} = \sum_{t=1995}^{2009} W_{it} \left(\frac{x_{ijt}}{\sum_j x_{ijt}} - \frac{m_{ijt}}{\sum_j m_{ijt}} \right) \qquad (4—12)$$

W_{it} 表示各国历年在产业 i 的进出口额占全部时期产业 i 进出口总额的比重。

净出口显示性比较优势指数值大于 0 表示存在竞争优势，指数值小于 0 表示存在竞争劣势，指数值等于 0 表示贸易自我平衡。该指数值越高，国际竞争力越强；该指数值越低，国际竞争力越弱。如果考虑贸易壁垒的影响，这种比较优势与真实的比较优势之间可能存在一定的差距。

净出口显示性比较优势指数同样通过出口和进口的相对变化值来测度一国的贸易竞争力水平，与相对贸易优势指数采用相对比值的变化测度不同的是，净出口显示性比较优势指数是基于各自国家的出口和进口的相对变化来测度出口竞争力水平。图 4—4 给出了 APEC 成员经济体 1995—2009 年按贸易加权平均计算的净出口显示性比较优势指数结果。

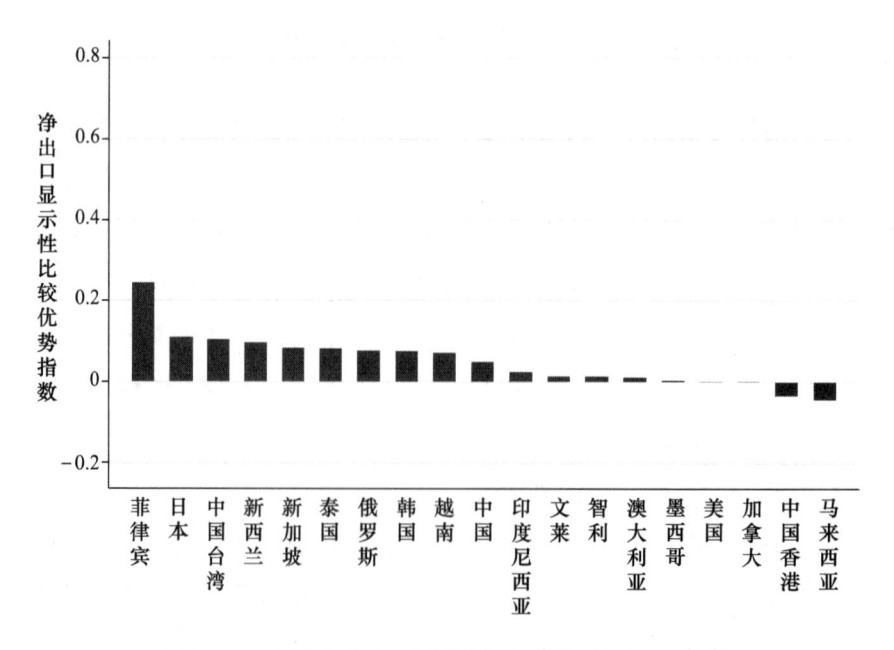

图 4—4 制造业净出口显示性比较优势指数国际比较

（1995—2009 年，按贸易加权平均值）

从制造业计算的结果来看，净出口显示性比较优势指数与相对贸易优势指数的计算结果较为接近，多数 APEC 成员经济体的净出口显示性比较优势指数大于 0，其中菲律宾、日本、中国台湾、新西兰等经济体的指标值相对较高，而中国香港和马来西亚相应指数为负值，表明其制造业的进口比重要高于其出口比重。综上所述，在制造业部门，东南亚新兴经济体具有较强的竞争力和比较优势，总体来看，APEC 成员经济体在制造业部门存在较大的竞争性，互补特征不明显。

(三) 中国与 APEC 其他成员经济体制造业贸易关联度分析

1. 贸易结合度分析

贸易结合度是一个比较综合性的指标，用来衡量两国在贸易方面的相互依存度。贸易结合度是指一国对某一贸易伙伴国的出口占该国出口总额的比重，与该贸易伙伴国进口总额占世界进口总额的比重之比。其数值越大，表明两国在贸易方面的联系越紧密。贸易结合度的计算公式如下：

$$TI_{ijt} = \sum_{t=1995}^{2009} W_{xmit} \frac{\frac{x_{ijt}}{x_{it}}}{\frac{m_{jt}}{m_{wt}}} \quad (4—13)$$

其中，i 表示出口国，j 表示进口国，w 表示世界各国；x_{ijt} 为 i 国对 j 国的出口，x_{it} 代表 i 国的出口总额，而 $\frac{x_{ijt}}{x_{it}}$ 表示 i 国对 j 国的出口占 i 国的出口总额的比率；m_{jt} 为 j 国的进口总额，m_{wt} 为世界进口总额，$\frac{m_{jt}}{m_{wt}}$ 表示 j 国的进口总额占世界进口总额的比率，它实际代表 j 国的进口能力。公式 (4—13) 表明，与 j 国的进口总额占世界进口总额的比率相比，i 国对 j 国的出口占 i 国的出口总额的比率究竟多大。如果 $TI_{ijt} > 1$，说明 i 国和 j 国在贸易上存在着密切的关系；如果 $TI_{ijt} < 1$，则说明 i 国和 j 国在贸易上关系较为疏远。W_{xmit} 表示两国在各个时期产业 i 的双边贸易占两国在全部时期在产业 i 双边贸易的比重。

为了进一步明确 APEC 成员经济体的贸易竞争性和互补性，这里同样采用贸易结合度指数和贸易互补性指数计算了各成员经济体与其他 APEC 成员的贸易结合度及互补性。图4—5 给出了各成员经济体与其他成员经济体在制造业部门的贸易结合度指数的计算结果。

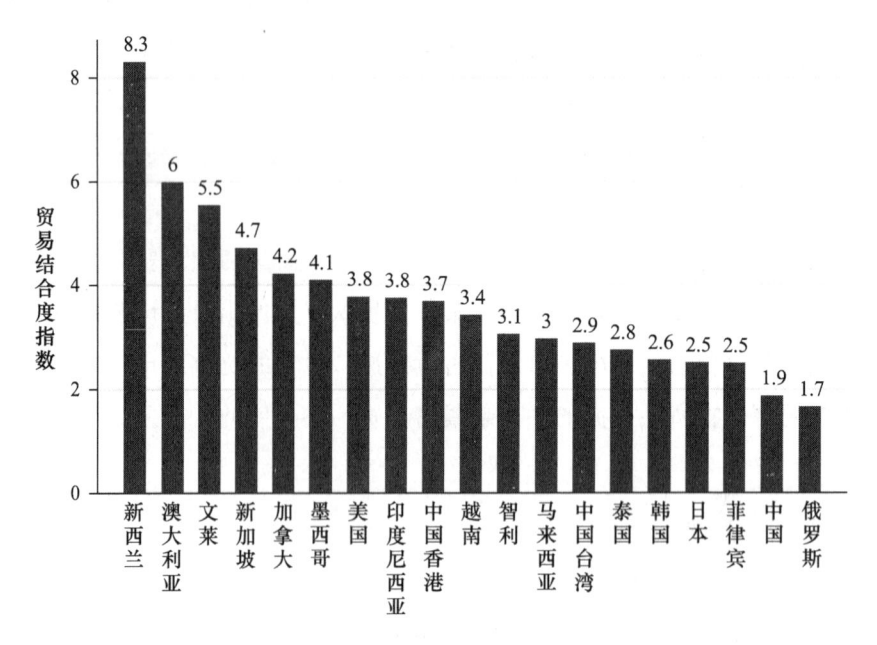

图4—5　各国对其他成员国家和地区制造业贸易结合度指数
（1995—2009年，贸易加权平均值）

在制造业部门，图4—5 的计算结果显示 19 个 APEC 成员经济体分别与其他成员经济体的贸易结合度指数都大于1，表明 APEC 成员经济体在制成品贸易方面总体上存在较高的贸易强度。新西兰、澳大利亚、文莱、新加坡、加拿大、墨西哥分别与其他 APEC 成员经济体的贸易结合度指数超过4，其中新西兰最高，达到8.3，表明上述国家和地区在制成品的进出口方面主要集中在 APEC 成员经济体之间，亚太地区市场对这些国家的贸易占据重要的位置。制造业部门中贸易结合度最低的经济体分别为中国和俄罗斯,相应的结合度指数都小于2,中国作为世界最重要的制成品进出口大国,与其他APEC成员经济体的贸易结合度较低的原因在于中国的制成品进出口面向的市场范围相对更为广阔,与其他APEC成员经济体相比,亚太地区市场对中国制成品的出口地位相对较低。而俄罗斯制成品的贸易市场同样较为分散,除了亚太地区,欧洲同样是俄罗斯制造业贸易的重要市场。其他APEC成员经济体的贸易结合度指数均介于2.1和3.8之间,表明对于大多数APEC成员而言,亚太地区的市场对其制造业的贸易都占据重要的地位,APEC成员经济体内部之间的制成品贸易具有显著的地位。

2. 贸易互补性指数分析

具体的计算公式表示为:

$$TCC_{ijkt} = RCAX_{ikt} \times RCAM_{jkt} \tag{4—14}$$

TCC_{ijkt} 表示 i 国和 j 国在 k 行业的互补性指数,用 i 国在 k 行业的出口显示性比较优势指数和 j 国在 k 行业的进口显示性比较优势指数的乘积来表示;通过加权平均的方式可以得到两国贸易的总体互补性指数,即:

$$TCC_{ijt} = \sum_{k} \left[(RCAX_{ikt} \times RCAM_{jkt}) \times \frac{w_k}{W} \right] \tag{4—15}$$

总体的加权平均指数可以表示为:

$$TCC_{ijt} = \sum_{t=1995}^{2009} W_{xmit} \sum_{k} \left[(RCAX_{ikt} \times RCAM_{jkt}) \times \frac{w_k}{W} \right] \tag{4—16}$$

W_{xmit} 表示两国在不同时期产业 i 的双边贸易额占两国在全部时期产业 i 的双边贸易额比重。

采用贸易结合度指数计算APEC成员经济体的贸易强度仅仅考察了每个成员经济体与其他APEC成员经济体总体的贸易强度,无法看清APEC成员经济体相互之间贸易互补的强度,为了更加全面地反映APEC成员经济体经贸关系的互补程度,我们计算了19个APEC成员经济体在制造业部门相互之间的贸易互补性指数。图4—6给出了APEC成员经济体在不同部门互补性指数的具体分布情况。为了便于说明问题，我们这里只描述 APEC 成员经济体之间互补性指数大于 1 的状况。

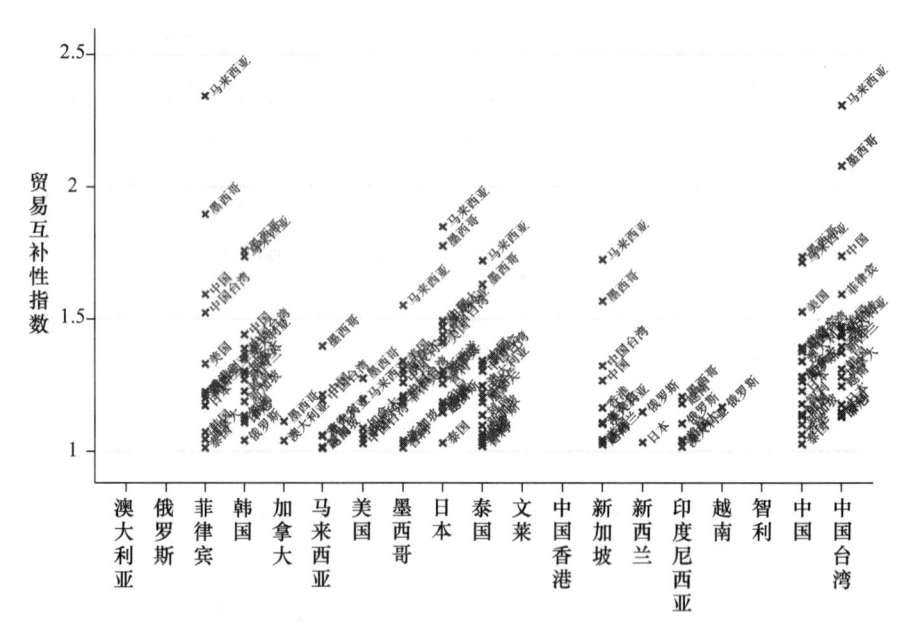

图 4—6 制造业贸易互补性指数比较

（1995—2009 年，贸易加权平均值）

在制造业部门，图 4—6 的计算结果显示在 19 个 APEC 成员经济体中。东南亚新兴经济体（包括中国、韩国、中国台湾、新加坡、泰国、菲律宾、印度尼西亚）、墨西哥、美国、日本分别与其他 APEC 成员经济体具有较高的贸易互补性指数，从互补性指数的大小来看，上述经济体大多数对马来西亚、墨西哥、中国以及中国台湾地区的贸易互补性较高，平均互补性指数均超过了 1.5。图 4—6 清晰地显示具有贸易互补性优势的 APEC 成员经济体多数制造业出口和进口都较为密集，同时制成品主要的出口经济体又是制成品主要的进口经济体，显然在制造业部门，APEC 成员经济体之间已经形成多层次的网络生产分工模式。在 APEC 成员经济体中，澳大利亚、俄罗斯、文莱、中国香港、越南、智利分别与其他 APEC 成员经济体的互补性指数都低于 1，主要原因在于这些国家主要是制成品的进口国家，其制成品的出口比较优势总体上较低。除此之外，加拿大、新西兰只与少部分经济体之间的贸易互补性指数大于 1，其中加拿大只与澳大利亚、墨西哥的贸易互补性指数大于 1，而新西兰只与日本和俄罗斯的贸易互补性指数大于 1。总体来看，APEC 成员经济体在制造业部门贸易互补性指数的大小远低于在农业和采矿业部门，表明多数 APEC 成员经济体在制造业贸易方面的竞争性关系较为突出。

二 基于增加值贸易统计数据的考察

由于全球价值链分工日趋明显，出口产品会在不同国家进行加工增值，不同国家的出口产品中包含了不同程度的外国增加值，并且很多贸易产品（特别是制成品）会循环往复地进入一国进行加工增值，显然直接采用传统的贸易进出口加总数据有可能会严重高估一国的出口产品在世界市场的真实份额，从而对贸易竞争力和比较优势指标的测度产生显著的偏差。基于相关的研究（Koopman 等，2014；Johnson 等，2012；Timmer 等，2014），一国总体的出口贸易值可以进一步分解为出口的国内增加值部分和出口的国外增加值部分，而出口的国内增加值可以进一步分解为国内直接增加值、国内间接增加值以及国内出口后再进口的增加值；基于全球价值链角度对贸易的分解和竞争力测度不仅可以更为真实地反映一国的出口比较优势和贸易竞争力水平，同样可以分析和明确一国出口产品价值增值的链条和分工地位，以及与相关产业的相互关联程度，能够更为准确地反映一国的国际竞争力和发展潜力。基于上述考虑，这里主要基于 OECD_TiVA 贸易增加值数据库，在对 APEC 成员经济体的贸易进行分解的基础上，进一步测度了不同成员经济体的贸易比较优势和竞争力水平，同时与传统的计算结果进行对比分析，考察传统的贸易计算结果与贸易增加值计算结果的差异性。

(一) APEC 成员经济体分行业出口的增加值分解

1. 出口的国内和外国增加值比重

图 4—7 给出了 APEC 成员经济体在制造业部门出口国内增加值在 1995—2009 年的平均比重。在制造业部门，APEC 成员经济体出口产品国内增加值比重存在较大的差异，19 个成员经济体的平均值比重为 65.3%，其中，国内增加值比重最高的为俄罗斯，最高达到 89.6%，最低为新加坡，相应的比重为 41.5%，中国相应的比重为 65.6%，19 个成员经济体共有 7 个经济体相应的比重超过 70%；总体来看，东南亚新兴经济体（泰国、韩国、中国台湾、马来西亚等）均属于出口国内增加值比重较低的经济体；与农业和采矿业相比，制造业国内增加值比重显著偏低，外国增加值的比重显著偏高，特别是对于接受跨国投资转移最多的东南亚新兴经济体，制造业的价值链分工特征总体上较为明显。

图 4—8 给出了 APEC 成员经济体出口总额中外国增加值比重的分布情况，由于出口的外国增加值比重等于 1 减去出口国内增加值比重，因此图 4—8 和图 4—7 刻画的问题完全一致，显然图 4—8 的结果仍然表明 APEC 成员经济体中制造业部门的外国增加值比重要显著高于其他产业部门，东南亚新兴经济体国家的制造业部门外国增加值所占比重最为突出。同时，不难发现，在所有行业部门，新加坡出口总额中的外国增加值比重都处于最高或者次高的位置，显然这与新加坡的出口主要以转口贸易为主存在密切关系。

2. 出口的国内直接和间接增加值比重

尽管多数 APEC 成员经济体总体上在农业、采矿业和服务业部门的国内增加值比重较高，但仅仅从国内增加值的总体的比重来分析，仍然无法全面反映出口与国内产业的关联效应或者出口产品价值链长度，而国

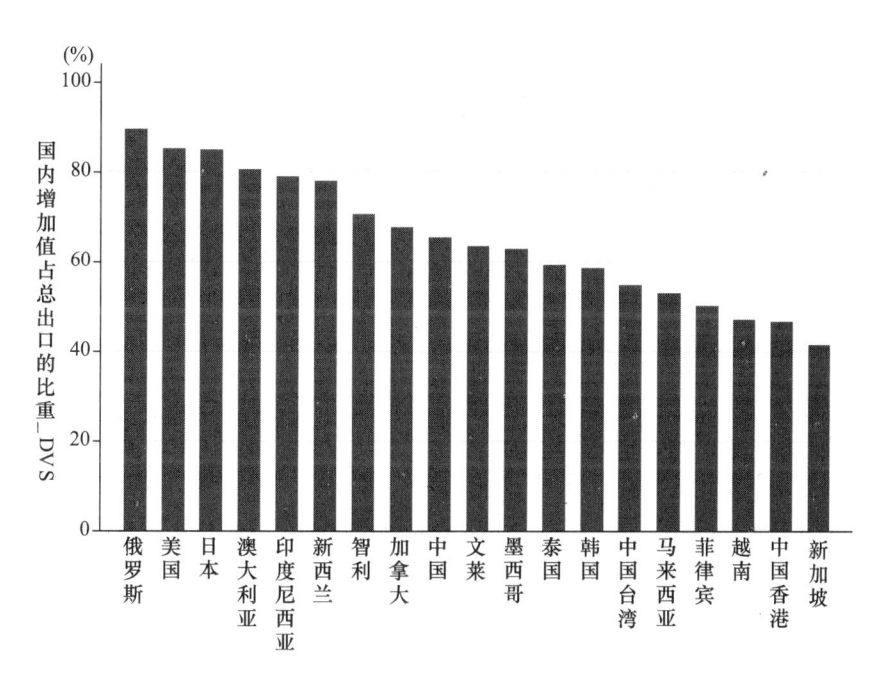

图4—7 制造业出口国内增加值比重国际比较

(1995—2009年，贸易加权平均值)

内直接和间接增加值的比重，以及国内出口后再进口的增加值比重可以更为全面地概括一国出口产业关联效应和价值链的分工模式。国内出口的直接增加值比重越高表明其出口对国内产业的带动作用越小，与其他产业的关联效应越弱；国内出口的间接增加值比重越高表明出口对其国内其他行业的带动作用越大。图4—9和图4—10分别给出了APEC成员经济体在各产业部门的出口的国内直接增加值比重和国内间接增加值比重分布情况；图4—7给出了各成员经济体出口国内直接增加值占出口总的国内增加值比重，用来描述其成员经济体出口对国内其他行业的带动作用的相对大小。

从出口的国内直接增加值比重的分布情况来看，在制造业部门，在19个APEC成员经济体中，出口的国内直接增加值所占平均比重为

32.13%，显著低于农业和采矿业相应的比重，表明各经济体的制造业部门对其本土其他产业的带动作用总体上要高于农业和采矿业；其中俄罗斯制造业出口的国内直接增加值比重最高，为45.9%，而中国制造业出口的国内直接增加值比重最低，为21.7%；同时，19个成员经济体中，出口的国内直接增加值占出口的国内总的增加值的相对比重较高的经济体包括新加坡、菲律宾、马来西亚、文莱，平均相对比重超过60%，表明其制造业出口对上述经济体本土的其他产业带动作用相对较低；而相对比重较低的经济体主要包括中国、日本、澳大利亚、新西兰，其相对出口平均比重低于40%，说明上述国家制造业出口对其国内产业带动作用较高，其中中国的比重最低为33.1%，表明在19个成员经济体中，中国的制造业出口对其国内其他产业部门的带动作用最大。

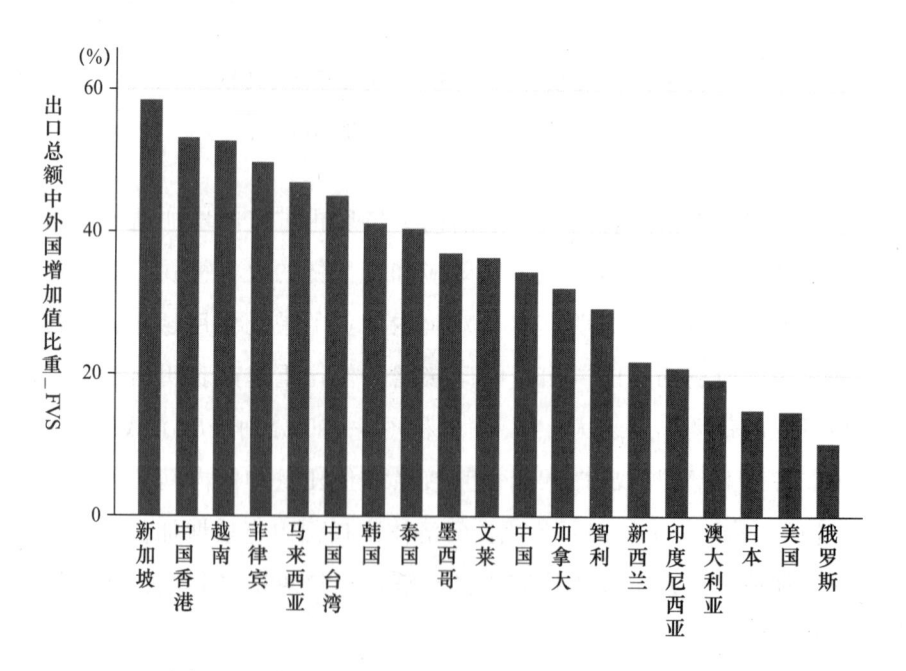

图4—8 制造业出口总额中外国增加值比重国际比较
（1995—2009年，贸易加权平均值）

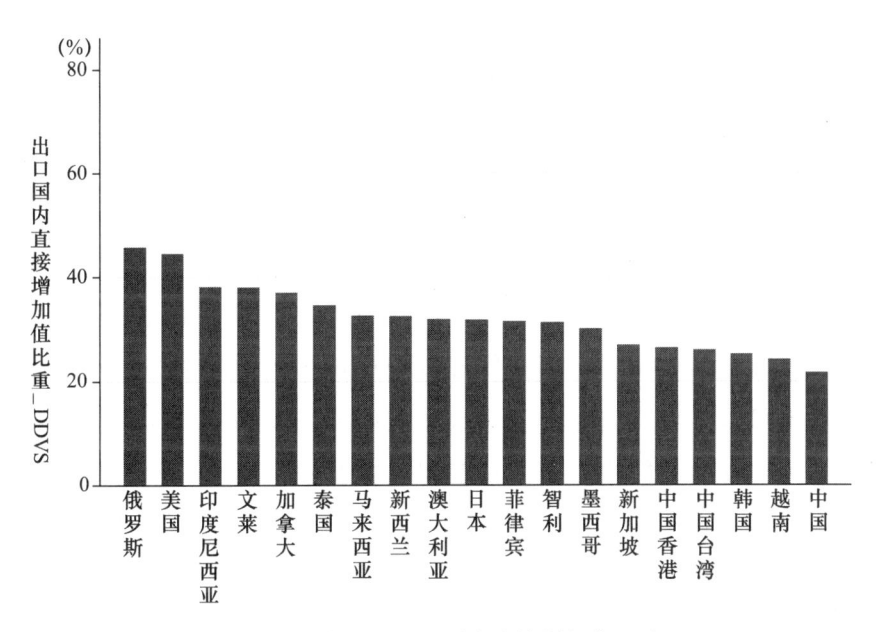

图4—9 制造业出口国内直接增加值比重

（1995—2009年，贸易加权平均值）

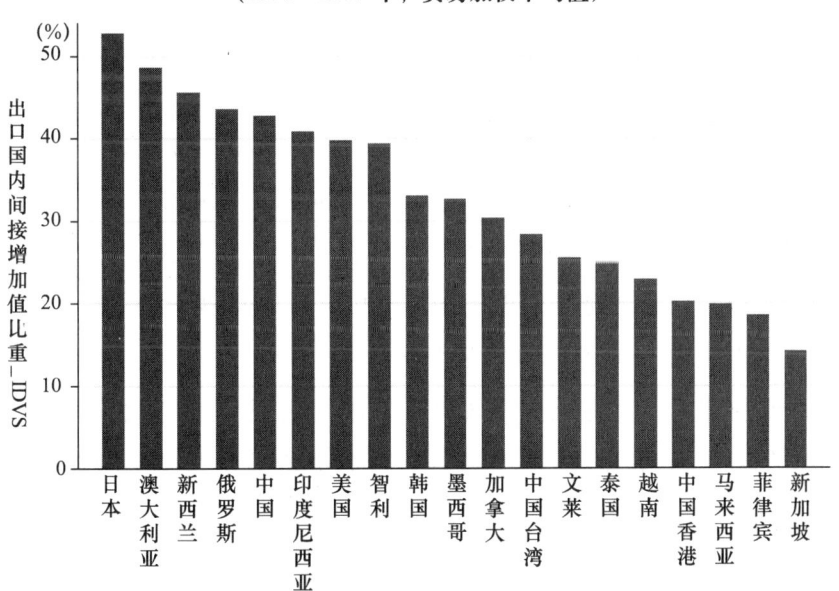

图4—10 制造业出口国内间接增加值比重国际比较

（1995—2009年，贸易加权平均值）

（二）基于全球价值链参与度指标测算（GVC participation index）

除了对出口进行贸易增加值分解之外，同样可以采用 Koopman 等（2010）提出的全球价值链参与度指标与特定行业分工地位指标，对 APEC 各国的参与度和分工地位进行核算。参与度指标测算衡量一国对全球生产网络的参与程度，以及作为在特定部门全球价值链上的地位的测算指标。该指标用出口中的外国增加值及本国增加值中作为中间品出口又转给第三国的份额来体现在全球价值链中的参与程度。参与度系数又可以分为后向参与度系数和前向参与度系数，前者表示一国总出口中包含的外国进口中间份额，后者表示本国出口的产品被作为中间产品体现在第三国的出口产品中；生产阶段指数由 Fally（2012）首先提出，用来表示一国最终产品或者服务的实现需要经历的生产阶段，用来描述一国最终产业生产的价值链条长度，生产阶段指数为1表明该产业最终的实现只需要一个阶段，随着一国产业对本产业中间产品投入需求的增加或者外国中间产品投入的增加，相应的生产阶段指数也会增长；生产阶段指数总体上又可以分解为国内生产阶段指数和国外生产阶段指数；距离最终消费需求的距离指数由 Fally（2012）、Antras 等（2012）提出，用来测度一国行业在价值链生产体系中的具体位置，该指数表示一国某个产业距离最终消费者的需求还剩余多少个生产阶段，该指数越高表明一国越集中于某个产业上游的生产活动，指数值越低表明一国越集中于某个产业的下游生产活动，即越接近消费者的最终需求。这里将采用 OECD_TiVA 贸易增加值数据库提供的上述指标数据对 APEC 成员经济体的全球价值链参与度以及国际分工阶段进行分析。

基于跨国投入产出表系数，我们可以直接计算得到各国出口前向和后向参与度系数指标。而对于生产阶段指数的计算，Fally（2012）给出了如下的计算公式：

$$N_i = 1 + \sum_j \mu_{ij} N_j \qquad (4—17)$$

其中，N_i 表示产业 i 的平均生产阶段指数，μ_{ij} 表示生产一单位产品 i 需要从其他行业 j 投入的中间产品比重，由于产业 i 的生产阶段指数同时取决于其他行业的生产阶段指数，因此需要进一步基于增加值分解角度来确定生产阶段指数。假设产业 i 的总增加值为 V_i（总产出减去总的中间投入），可以得到如下的恒等式：

$$\frac{v_i}{y_i} + \sum_j \mu_{ij} = 1 \qquad (4—18)$$

其中，$v_i^1 = \frac{v_i}{y_i}$ 可以表示为生产第一阶段所占的比重，因为该阶段的中间投入都来自产业内部，而第二阶段的产出所占比重为 $v_i^2 = \sum_j \mu_{ij} \frac{v_i}{y_i}$（包括来自产业内部的增加值以及其他行业的中间投入），同样第三阶段的产出所占比重为 $v_i^3 = \sum_{j,k} \mu_{ij} \mu_{jk} \frac{v_i}{y_i}$（包括第一阶段和第二阶段增加值和后续的中间投入），以此类推可以把产业 i 的价值链增值过程划分为 n 个阶段过程，即：

$$1 = \frac{v_i}{y_i} + \sum_j \mu_{ij} \frac{v_i}{y_i} + \sum_{j,k} \mu_{ij} \mu_{jk} \frac{v_i}{y_i} + \cdots = \sum_{n=1}^{\infty} v_i^n \qquad (4—19)$$

由于公式（4—17）的生产阶段指数通过递归的方式决定，结合公式（4—19）可以得到计算生产阶段指数的最终公式为：

$$N_i = \sum_{n=1}^{\infty} n v_i^n \qquad (4—20)$$

上述的公式表明生产阶段指数是由生产最终产品在各个阶段的增加值比重的加权平均值来表示的（$n=1$ 表示生产处于最下游阶段）。定义了生产阶段指数的计算方法后，同样可以计算产业或者产品的国内生产和国际生产阶段指数，国内生产阶段指数可以表示为：

$$N_i^D = 1 + \sum_j \mu_{ij}^D N_j^D + \sum_j \mu_{ij}^F N_j^F \qquad (4—21)$$

同样，国际生产阶段指数可以表示为：

$$N_i^F = 1 + \sum_j \mu_{ij}^F N_j^F + \sum_j \mu_{ij}^D N_j^D \qquad (4—22)$$

距离最终产品需求的距离指数同样可以采取上述类似的方法进行测算,假设在一个开放经济体当中,产业 i 对其他产业 j 的中间产品投入的需求比重可以表示为:

$$\varphi_{ij} = \frac{Y_j \mu_{ij}}{Y_i + M_i - X_i} \qquad (4—23)$$

其中,Y_i 表示产业 i 的产出,M_i 表示 i 行业的进口,X_i 表示出口,分母 $Y_i + M_i - X_i$ 表示国内市场对产业 i 的总需求,μ_{ij} 表示投入产出系数,因此,φ_{ij} 表示产业 i 的国内总需求来自产业 j 的比重。基于上述定义,我们同样可以定义产业 i 距离最终消费需求的距离的计算公式为:

$$D_i = 1 + \sum_j \varphi_{ij} D_j \qquad (4—24)$$

同样基于公式（4—17）和（4—19）递归的思路,我们可以得到计算产业 i 距离最终消费需求的距离指数计算公式为:

$$D_i = \sum_{n=1}^{\infty} n s_i^n \qquad (4—25)$$

公式（4—25）显示产业 i 距离最终需求的距离指数可以根据产业 i 在不同阶段产业距离最终需求的加权平均值计算得到。其中 $s_i^1 = 1 - \sum_j \varphi_{ij}$ 表示产业 i 的产出进入最终需求的比重,$s_i^2 = \sum_j \varphi_{ij}(1 - \sum_k \varphi_{jk})$ 表示产业 i 的产出作为中间产品用来生产最终产品然后又进入最终产品的需求,以此类推,$s_i^{n+1} = \sum_j \varphi_{ij} s_j^n$。

1. APEC 成员经济体全球价值链参与度测算

图 4—11 给出了 APEC 成员经济体 1995—2009 年加权平均的总体参与度系数（前向和后向参与度系数之和）的总体情况。在制造业部门,APEC 成员经济体的参与度系数总体上高于其他产业部门,其中菲律宾对应的参与度系数最高为 32%,新加坡、中国台湾、韩国、马来西亚、泰国对应的参与度系数都超过 10%,表明这些经济体在制造业部门的中间产品进出口较为频繁,而文莱、澳大利亚和智利三个资源出口大国在制造业的参与度指数值最低,平均指数均低于 3.5%;中国对应的指数值

为 8.1%。

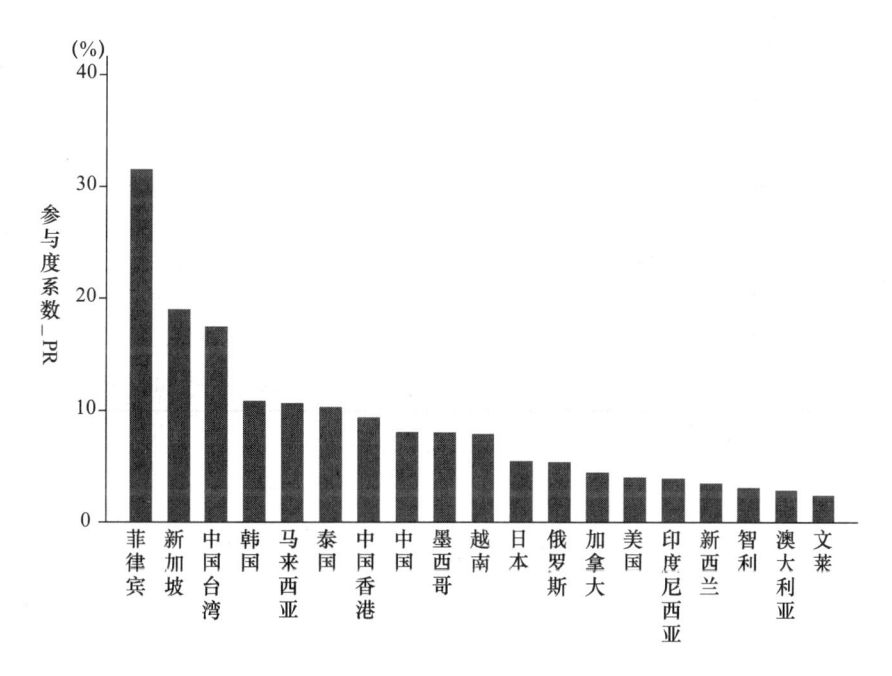

图 4—11 制造业参与度系数国际比较

（1995—2009 年，贸易加权平均值）

参与度系数从总体上测度了一国产业部门参与全球价值链的深度，为了进一步明确成员经济体参与全球价值链的方式，可以将全球价值链参与度分解为后向和前向参与系数。图 4—12 和图 4—13 分别给出了 APEC 成员经济体在全球价值链生产体系中的后向和前向参与度系数。

在制造业部门，从各成员经济体的前后向参与度系数看，后向参与度系数平均值总体上高于前向参与度系数，制造业进口中间产品比重总体上高于出口中间产品的比重；其中菲律宾、中国台湾、新加坡、泰国、越南、韩国、中国等新兴经济体后向参与度系数显著高于前向参与度系数，而俄罗斯、美国、日本三国在制造业部门的前向参与度系数高于后向参与

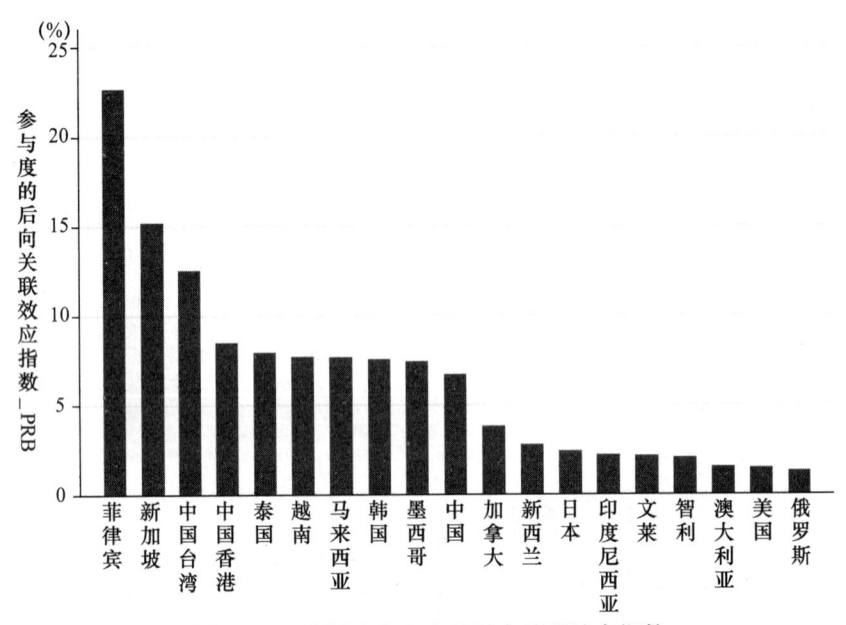

图 4—12 制造业参与度的后向关联效应指数

（1995—2009 年，贸易加权平均值）

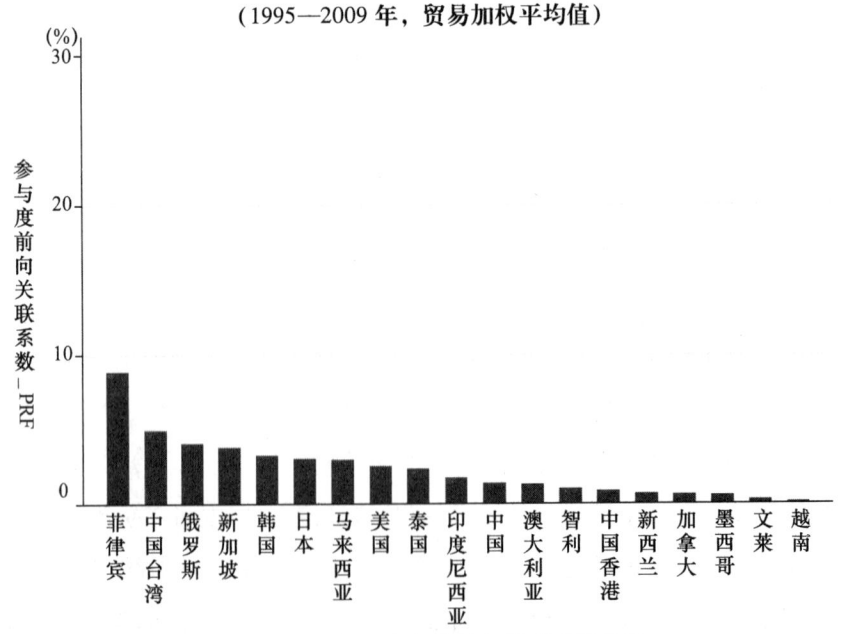

图 4—13 制造业参与度前向关联系数比较

（1995—2009 年，贸易加权平均值）

度系数,表明其参与全球价值链的方式更偏重于向其他成员经济体出口中间投入品。

2. 生产阶段指数(PSI)

生产阶段指数用来描述一国产业部门生产的价值链长度,可以分为国际生产阶段指数和国内生产阶段指数,其中国际生产阶段指数越高表示该国产业部门参与国际分工的价值链条越长。图4—14和图4—15分别给出了19个APEC成员经济体的国际和国内生产阶段指数对比。在制造业部门,19个成员经济体中共有5个经济体的国际生产阶段指数超过了1,从高到低依次为越南、新加坡、菲律宾、中国香港和马来西亚,表明这些经济体在制造业部门参与的国际分工环节相对较多,生产链条向国际市场延

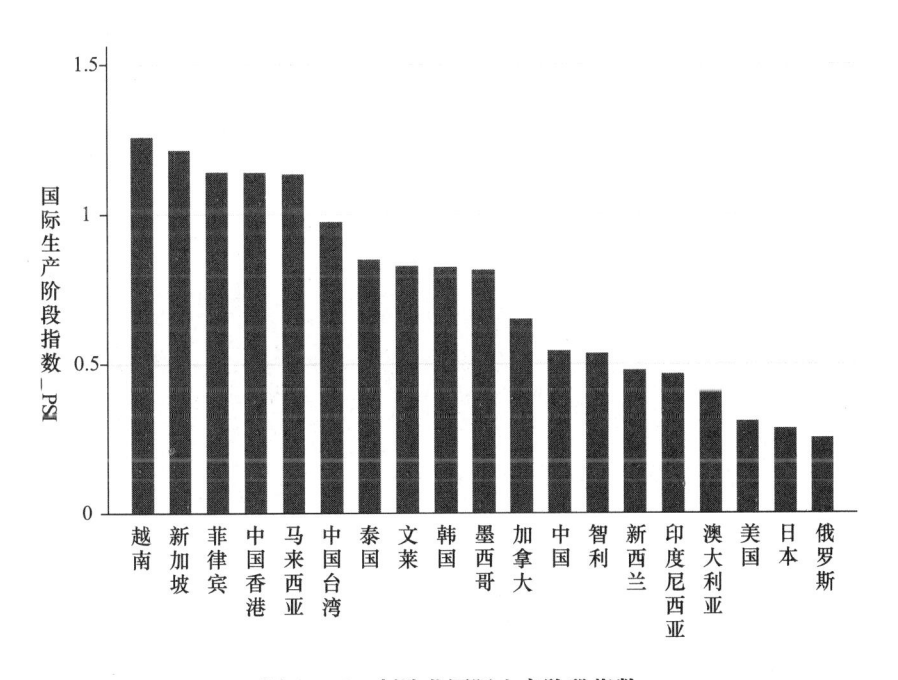

图4—14 制造业国际生产阶段指数

(1995—2009年,贸易加权平均值)

伸较长；国际生产阶段指数最低的三个经济体分别为俄罗斯、美国和日本，表明这些国家的制造业参与国际分工水平较低，其价值增值过程主要集中在国内生产环节，同时也与美国和日本大规模对外进行产业投资转移存在较大关系。中国的制造业国际生产阶段指数大于0.5，在所有参与国际分工环节的成员经济体水平上处于中等规模；从制造业国内生产阶段指数来看，只有中国、日本、韩国、新西兰、澳大利亚的国内生产阶段指数超过或者等于2，其他17个成员经济体的国内生产阶段指数均介于1和2之间且总体上差别很小，表明各成员经济体在制造业部门的国内价值增值链相对于其他部门总体上较长。

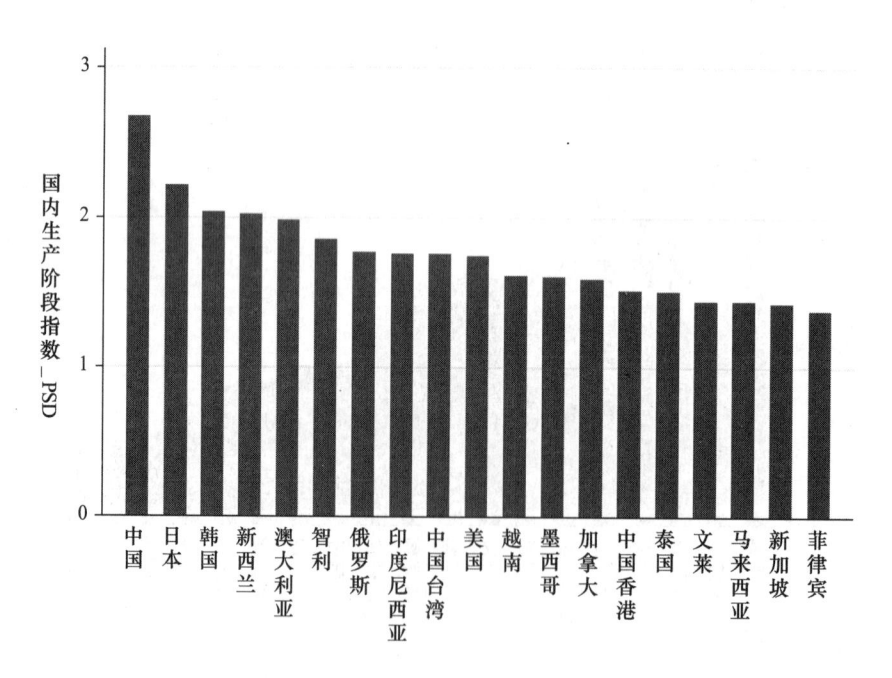

图 4—15 制造业国内生产阶段指数对比

（1995—2009 年，贸易加权平均值）

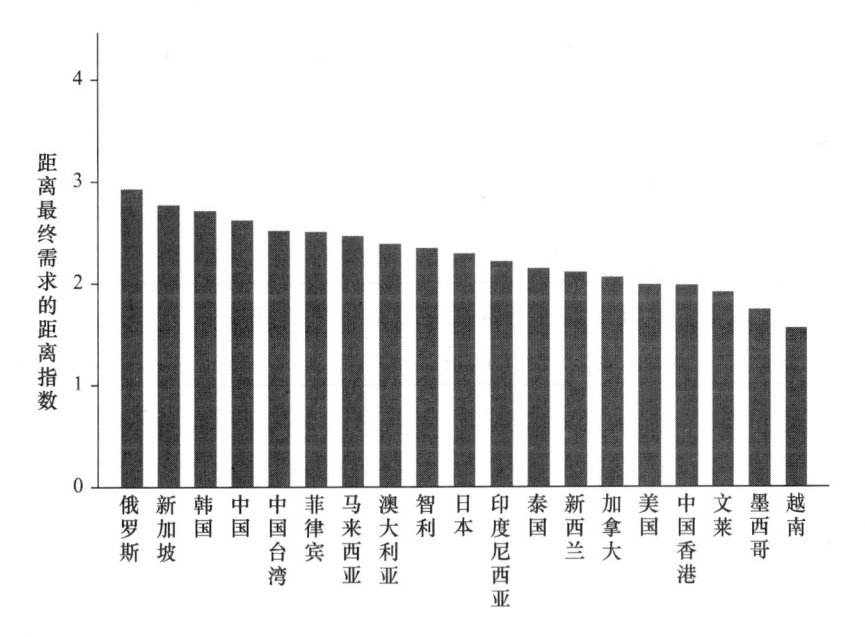

图4—16 制造业出口距离最终需求的距离指数比较

（1995—2009年，贸易加权平均值）

3. 距离最终消费需求的距离指标

国内和国际生产阶段指数只是从生产环节的多少和生产价值增值链条的长短来揭示一国产业部门参与国际分工的程度，但无法明确各国参与全球价值生产链条具体所处的位置，而通过测度一国产业生产所处阶段距离最终消费需求的距离可以明确一国在全球价值链生产体系中所处的地位和作用。图4—16给出了19个APEC成员经济体在四个产业部门距离最终需求的距离相应指数的比较结果。在制造业部门：俄罗斯、新加坡、韩国、中国的距离指数值最高，表明制成品生产距离最终消费需求最远，制造业部门相对于其他成员经济体更多地集中在上游生产阶段，而越南、墨西哥、文莱、中国香港相应的指数值最低，制成品的生产距离最终消费需求的距离相对较短，更多地集中在下游生产环节。通过上面的对比分析不难发现，与其他18个APEC成员经济体对比，中国在制造业部门的距离指数处于较高的水平，表明中国的制造业部门生产总体上集中于产业链的上游阶段；而墨西哥、中国香港两个经济体在制造业部门的生产距离指数都处于较低的水平，生产距离最终消费需求较近，总体上处于产业链的下游生产阶段；同样美国在制造业部门的生产距离指数也都处于相对较低的水平，表明其在制造业部门的生产都集中在产业链的下游阶段。

（三）基于贸易增加值统计数据的贸易竞争力测度

正如前文强调的一样，在全球价值链分工模式下，由于一国出口最终产品可能包括了大量的外国增加值，并且出口产品还可能循环往复地进入一国进行加工增值，因此采用加总的贸易数据测度和评估各经济体的实际贸易竞争力水平可能会严重高估或者低估一国的相对贸易竞争力水平。因此，这里同样基于经过分解后的贸易增加值数据，扣除外国增加值影响因素之后，采用出口产品中国内增加值数据重新计算了APEC成员经济体各项贸易竞争力指数。

1. 专业化贸易竞争力指数（TSI）

图4—17给出了采用增加值数据计算的APEC成员经济体专业化贸易竞争力指数1995—2009年的加权平均值。具体计算中出口数据采用了出口的国内增加值数据，而进口数据采用了总进口减去本国出口后再进口的国内增加值。在制造业部门，19个APEC成员经济体中共有14个成员经济体在制造业部门的专业化贸易指数大于0，5个成员经济体的专业化贸易竞争力指数小于0；而采用传统的贸易数据计算只有中国香港和美国的贸易竞争力指数小于0，显然采用贸易增加值数据对制造业部门的测算与采用传统贸易数据的测算存在较大的区别。图4—17显示，在制造业部门，贸易专业化竞争力水平较高的经济体包括俄罗斯、日本、文莱、新西兰，而专业化竞争力水平较低的经济体包括中国香港、墨西哥、加拿大、马来西亚、美国，与传统的测算结果相比，虽然贸易专业化竞争力较高和较低的各经济体构成基本没有发生变化，但是采用贸易增加值计算后，各

经济体的贸易专业化竞争力水平排名发生了一定程度的变化，主要体现为：新西兰、智利、印度尼西亚、澳大利亚、美国的相应贸易竞争力水平出现了较大幅度的上升，而泰国、新加坡、马来西亚、墨西哥相应的贸易竞争力水平则出现了较大幅度的下降。采用贸易增加值数据计算后，中国在 APEC 成员经济体的专业化贸易竞争力排名并未发生变化，贸易竞争力指数的大小也并未发生显著变化。总体来看，与传统的计算方法相比，采用贸易增加值数据测算后，制造业的贸易专业化竞争力指数大小和各成员经济体的贸易竞争力的相对位置发生了较大的变化，表明在制造业部门全球价值链分工特征较为突出，各经济体采用加总贸易数据和贸易增加值数据的测度指标值存在较大区别。

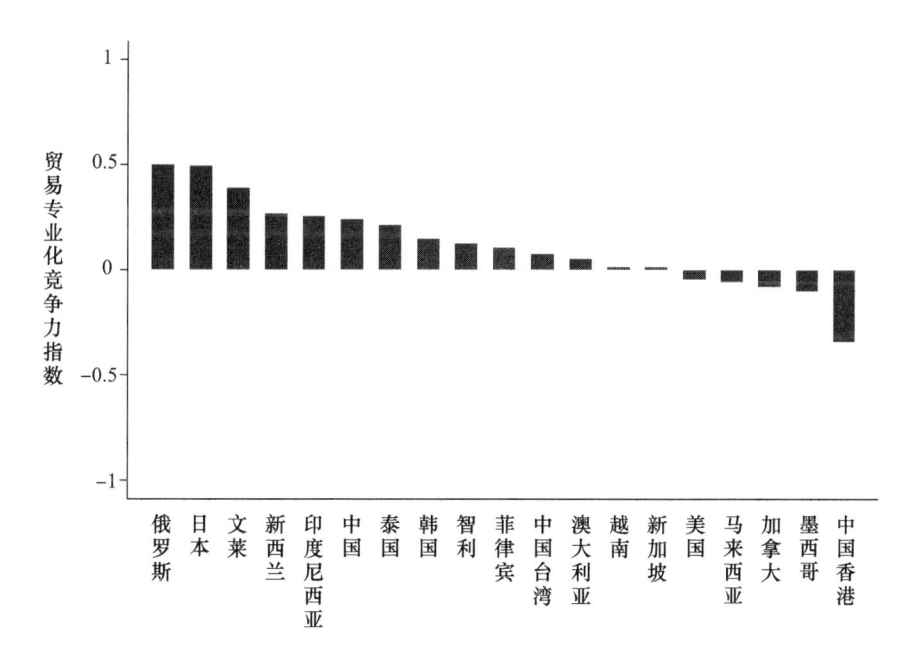

图4—17 制造业贸易专业化竞争力指数国际比较

（按贸易增加值计算，1995—2009 年加权平均值）

2. 出口显示性比较优势指数（RCAX）

由于采用专业化贸易竞争力指数只是简单地从进出口差额的角度来测度一国的贸易竞争力水平大小，为了更加全面地反映一国的贸易比较优势，我们同样采用出口增加值数据计算了 APEC 成员经济体的显示性比较优势指数。图4—18 给出了相应的计算结果。在制造业部门，19 个成员经济体中共有 17 个经济体的出口显示性比较优势指数大于或等于 1，其中新西兰、菲律宾、越南、中国台湾、中国相应的比较优势指数最高，平均值均超过 2，而文莱、中国香港、马来西亚相应的显示性比较优势指数最低。与采用传统的贸易数据计算结果相比，只有文莱的显示性比较优势出现了逆转，采用贸易增加值计算显示文莱在制造业出口方面并不具有显示性比较优势，而其他国家相应的计算结果并未发生变化，但部分 APEC

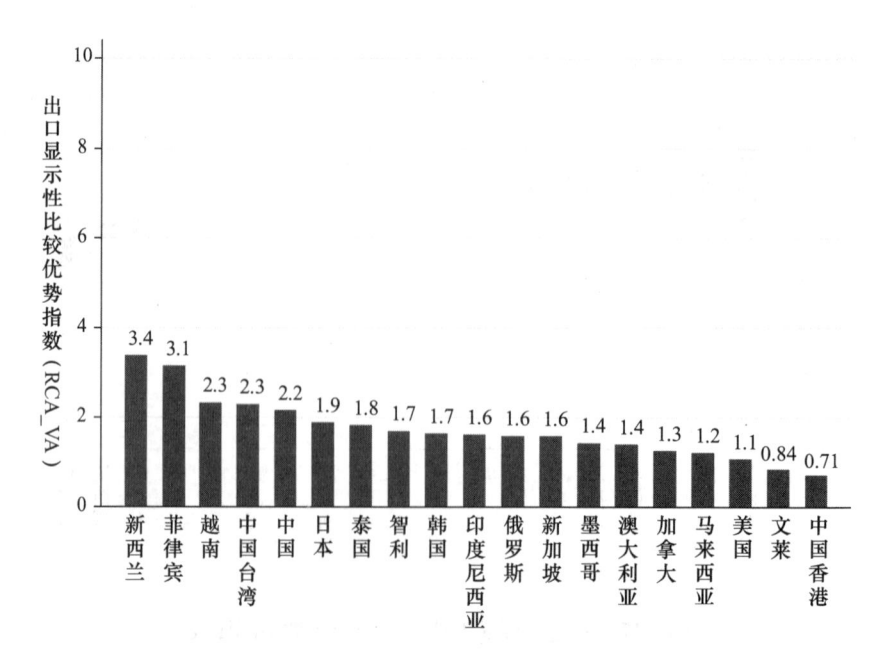

图4—18 制造业出口显示性比较优势指数国际比较

（按贸易增加值计算，1995—2009 年贸易加权平均值）

成员经济体显示性比较优势的相对位置和排名发生了较大变化，仍然表明在制造业部门各经济体的参与国际分工的深度和全球价值链分工特征较为明显。尽管采用不同方法计算的各成员经济体的比较优势指数大小没有明显的变化，但同样部门经济的比较优势的相对位置和排名发生了一定程度的调整，基于贸易增加值数据计算以后，菲律宾、智利、中国台湾、日本的服务业的相对位置上升较为明显。

3. 相对显示性比较优势指数

由于出口显示性比较优势指数只考虑了各国出口相对于其他经济体的比较优势，而忽略了进口的影响作用。图4—19给出了同时考虑出口和进口影响作用的贸易相对显示性优势指数（或者贸易显示性竞争力指数）的计算结果。在制造业部门，马来西亚、中国香港、墨西哥、加拿大的贸

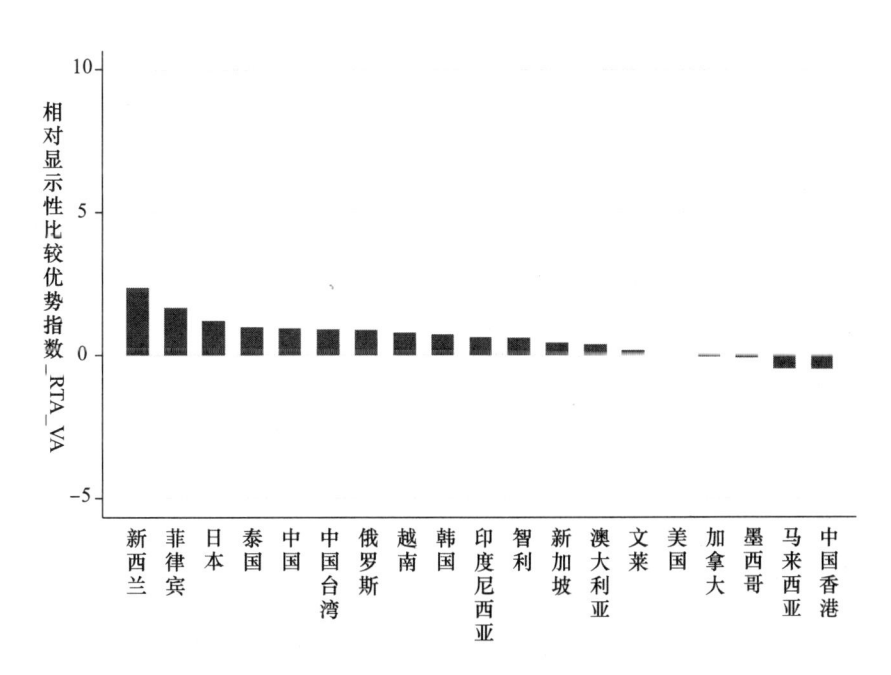

图4—19 制造业相对显示性比较优势指数国际比较

（按贸易增加值计算，1995—2009年贸易加权平均值）

易显示竞争力水平最低，相应的贸易竞争力指数均为负值，而其他成员经济体的贸易显示性竞争力指数均大于 0，其中新西兰、菲律宾、日本和泰国的贸易显示性竞争力指数值最高；与基于传统贸易数据计算的结果相比较，基于贸易增加值计算的贸易竞争力指数发生逆转的国家包括加拿大和墨西哥，同时部分成员经济体的贸易竞争力相对位置和排名发生了较为显著的变化，比如越南的相对竞争力水平出现了大幅的下降，而智利的相对显示性竞争力水平出现了较为明显的上升。总体来看，采用同时考虑出口和进口显示性比较优势的相对竞争力指数计算结果仍然显示制造业相对于其他产业部门全球价值链分工体系最为明显。

4. 净出口显示性比较优势指数（NRCA）

净出口显示性比较优势指数同样考虑了出口和进口的影响作用来测度一国的贸易竞争力水平，与相对显示竞争力指数不同的是，净出口显示性比较优势指数是通过计算一国某产业的出口比重和进口比重之差来判断其相对比较优势。图 4—20 给出了利用上述指数计算的 19 个 APEC 成员经济体相应的比较优势。

在制造业部门，采用贸易增加值计算的净出口显示性比较优势指数表明，19 个成员经济体中共有 15 个成员经济体的数值大于 0，菲律宾、日本、中国台湾、新西兰相应的贸易竞争水平最高，而中国香港、马来西亚、墨西哥、加拿大的净出口显示性比较优势指数最低；与基于传统贸易数据的计算结果相比，墨西哥和加拿大两个国家的指数计算结果发生了逆转，同时澳大利亚、俄罗斯等成员经济体指标的相对位置发生了较为明显的变化，仍然表明制造业相对于其他产业部门外国增加值因素对一国贸易竞争的影响更为显著。净出口显示性比较优势指数与其他贸易比较优势和竞争力指数计算结果总体上保持了很高的一致性。

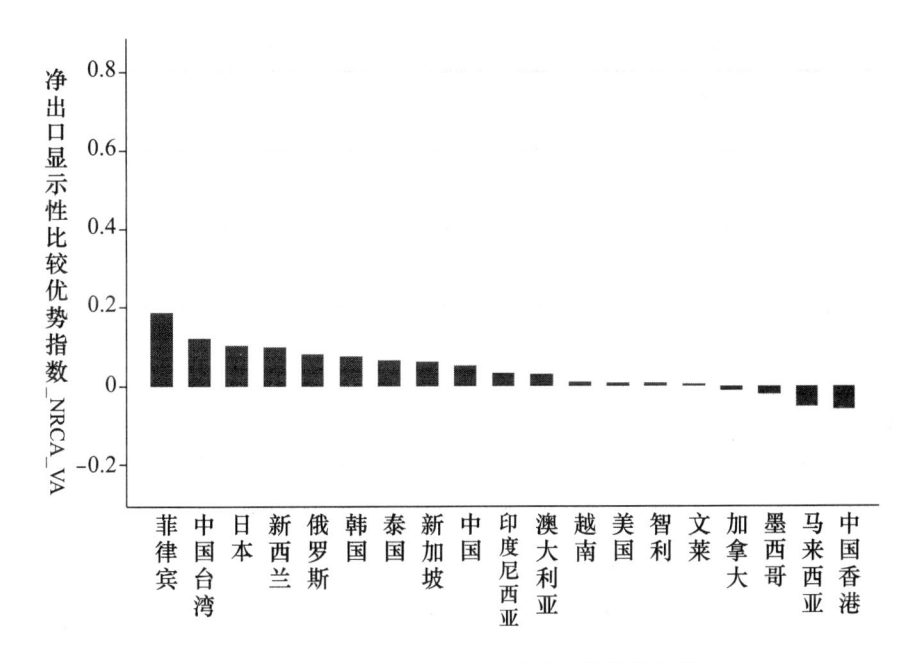

图4—20 制造业净出口显示性比较优势指数

（按贸易增加值计算，1995—2009年贸易加权平均值）

综上所述，采用贸易增加值数据对APEC成员经济体的贸易比较优势和竞争力指数进行重新评估后，在制造业部门采用贸易增加值计算相应的比较优势和竞争力指数后，发现部门APEC成员经济体的比较优势和竞争力水平发生了逆转，同时很多经济体比较优势和竞争力水平的位置和排名次序也会发生较大的变化，表明制造部门全球价值链分工特征最为突出，采用贸易增加值方法来评估APEC成员经济体的相对比较优势和贸易竞争力水平更为合理。

三 结论和政策含义

前面的两部分主要基于传统的贸易数据和贸易增加值数据全面评估了APEC成员经济体在制造业部门的比较优势、贸易竞争力水平以及APEC

成员经济体之间贸易的互补性，同时通过对比分析 APEC 成员经济体出口贸易增加值的构成，考察了各成员经济体在不同产业部门参与全球价值链生产的状况，明确了各成员经济体在全球价值链分工中所处的地位和作用。通过上述的分析，我们可以将 APEC 各成员经济体在制造业部门的经贸关系做如下总结。

对 19 个成员经济体贸易增加值分解计算表明，19 个 APEC 成员经济体 1995—2009 年年出口的国内增加值比重为 65.6%，并且各成员经济体出口国内增加值比重呈现显著的差异性，19 个成员经济体中只有 7 个成员经济体出口国内增加值比重超过了 70%；显然，与其他产业部门相比，APEC 成员经济体在制造业部门出口的外国增加值比重显著偏高；不仅如此，从出口国内增加值比重的构成来看，制造业部门的间接国内增加值以及出口后再进口的国内增加值相对比重都显著高于其他产业部门，表明APEC 成员经济体在制造业部门的全球价值链分工趋势较为明显，制造业中间产品在各成员经济体中循环往复的进出口现象较为频繁，同时制造业对国内其他产业部门的带动作用也更大；同时从全球价值链参与度的计算结果表明，APEC 成员经济体的后向参与度系数总体上要显著高于前向参与度系数，并且在所有产业部门中，制造业的后向参与度系数总体上也最高，表明大多数 APEC 成员经济体在制造业部门进口中间产品的比重总体上要高于出口中间产品的比重；同时 APEC 成员经济体在制造业部门的国际生产阶段指数总体上要高于其他产业部门，仍然表明制造业具有显著的全球价值链分工特征。正因为制造业部门在全球价值链分工特征较为突出，造成很多 APEC 成员经济体采用传统加总的贸易数据和贸易增加值数据计算得出的比较优势指数和竞争力指数存在较大的区别，并且采用不同指数计算的结果也存在一定程度的差别，甚至部分 APEC 成员经济体相应的计算结果出现了逆转现象。从贸易结合度和互补性指数来看，尽管 APEC 多数的成员经济体在制造业部门贸易较为紧密，且相互之间存在不同程度的互补性，但其互补性指数则显著地低于APEC成员经济体在农业、采矿业和服务业部门的互补性指数，总体上表明在制造业部门许多成员经济体的制造业存在较大程度的竞争性，尤其是很多东南亚新兴经济体之间的制造业部门。虽然采用贸易增加值数据和传统的贸易数据计算比较优势和竞争力存在一定程度区别，但总体来看，韩国、中国台湾、泰国、菲律宾、新西兰、中国、日本等经济体的贸易比较优势和竞争力指数较强，而美国、中国香港、墨西哥、文莱等经济体相应的指数较低，美国相应的指数较低与制造业大量转移到东南亚新兴经济体存在较大关系。从上述的计算和分析结果来看，目前，APEC成员经济体在制造业部门总体上已经形成了较为成熟的生产网络体系，全球价值链分工特征较为明显，APEC成员经济体在制造业部门互补性和竞争性共存，在APEC合作机制下，在进一步推动贸易和投资自由化、促进制造业分工进一步深化的同时，也需要关注各成员经济体在制造业部门的贸易摩擦升级。

◇◇ 第二节　中国与主要经济体出口产品质量的国际比较分析

对于出口产品质量的测度一直是国际经济学领域重要的研究课题。最为简单直观的方法是采用出口产品的单位价值进行测度（Schott，2004；Hallak，2006），由于出口产品质量只是决定价格变化的众多因素之一，因此直接采用该方法测度比较产品质量差异受到了较大的质疑。近年来，一些研究开始采用多维度信息来推测产品质量的变化，比如Khandelwal（2010）和Amiti、Khandelwal（2013）同时通过产品市场份额和产品价格信息来推测产品质量，测度的基本原理为：在控制产品价格前提下，产品能够获取的市场份额越高，代表消费者对产品的认可度越高，也就表示该产品的质量越高。Hallak 和 Schott（2011）基于全新的理论分析框架，采用出口价格和贸易差额信息，将出口产品价格分解为质量指标和纯净价格指标，测度了不同国家出口产品质量在 1989—2003 年的变化状况。Piveteau 和 Smagghue（2013）基于产品需求方程，利用进口份额与汇率交叉项作为产品价格的工具变量，考察低工资国家进口竞争情形下法国企业产品质量在 1995—2010 年的变化特征。而另外的一些学者采用更为直接的质量信息来测度产品质量的变化，比如 Verhoogen（2008）采用了 ISO9000 国际质量标准认证作为出口产品质量的评价指标。Crozet 等（2011）采用了法国葡萄酒等级分类的详细信息对香槟酒的质量进行了准确的区分。

过去二十多年，中国不仅出口增速迅猛，而且从出口产品的复杂度和发达国家出口产品的重叠度来看远超过目前中国人均收入水平应该达到的阶段，具有显著的独特性（Rodik，2006；Schott 等，2008），很多采用 2004 年之前的相关数据研究表明尽管中国的出口产品在世界市场的份额增长较快，但其比较优势仍然是依赖低成本价格竞争，其出口产品质量相对于其他竞争者并没有得到显著的提高（Khandelwal，2010；Hallak 和 Schott，2011；Fontagné 等，2008；Xu，2010）。与上述研究不同的是，Pula 和 Santabarbara（2011）采用欧盟 1995—2007 年的海关进口数据研究发现中国对欧盟的出口市场份额并非完全依赖价格竞争，其出口产品质量也在逐步提高，与许多其他竞争者相比，中国对欧盟市场的产品质量提升具有显著的优势，并且中国出口产品质量提升与快速融入全球生产网络体系存在密切关系；Vandenbussche 等（2013）考察了中国相对于欧盟在服装制造行业 2000—2009 年出口产品质量的变化状况，表明中国服装纺织类产品在出口市场份额上升的同时与欧盟国家出口的相对价格差距也在逐步缩小，表明中国服装纺织出口产品的质量在不断提高。近年来，国内学者同样对中国出口产品质量的变化状况做了多方面的研究（李坤望等，2014；

王永进、施炳展，2014；张杰等，2014），并且均认为中国的出口产品质量在样本期内并没有得到显著的提升，甚至出现了一定程度的下降趋势，出口产品质量与出口企业的所有权性质和贸易方式存在密切关系。这里需要强调：一是国内已有的研究主要采用了中国海关2000—2006年企业数据库进行测度分析，时间跨度较短并且主要是基于时间维度的纵向比较研究，由于产品质量变化是一个缓慢的过程并且是一个相对概念，通过对比不同国家在不同时期的出口产品质量显然更能揭示一国出口在国际分工中的相对地位和作用，也更能明确一国出口产品质量升级的相对变化状况。二是尽管已有的国外研究主要从跨国的研究比较了中国与其他国家出口产品的相对质量，但多数研究均采用了2004年之前的贸易数据，由于中国与很多国家在不同时期的出口结构特征变化非常明显，出口产品质量在近年来（特别是近十多年来）相对于更早时期的变化可能会呈现截然不同的趋势。

测度出口产品需要重点考虑的一个问题是：由于全球价值链分工趋势的日趋明显，各国出口产品价值不仅存在重复计算的问题，而且涵盖了不同程度的外国增加值（Koopman 等，2014；Johnson 等，2012；Timmer 等，2014）。在全球产品价值链的分工模式下对测度出口产品质量至少提出了两方面挑战：一是由于各国出口产品可能循环往复地进入本国和其他国家进行加工和增值，造成各国出口统计中包括了很多重复计算部分，因此在不控制各国出口产品的价值增值差异情况下，直接采用各国的出口市场份额信息来测度产品质量可能会严重高估本国增加值产生的市场占有率，进而对出口产品质量测度产生显著偏差；二是由于出口产品的价格与产品的价值增值环节存在密切关系，即出口产品价格很大程度上取决于进口中间产品的价格；一国出口产品中最终包含多大程度的外国增加值比重不仅会对出口产品市场份额，同样会对出口产品的价格产生显著影响作用。显然，在采用市场份额和产品价格等多重信息来推测出口产品质量的分析框架下,是否考虑外国增加值影响作用可能会产生截然不同的结果。虽然已有的跨国研究强调了中国加工贸易和中国融入全球生产网络对测度产品质量的影响作用,但并未将出口产品中的外国增加值影响作用纳入经验分析框架中进行统一对比分析;需要特别强调的是:不仅包括中国在内的新兴市场国家,而且很多的发达国家出口产品价值中同样可能包括了大量的外国增加值(OECD-TiVA统计数据显示);尽管已有的相关研究强调和对比了中国一般贸易和加工贸易出口产品质量的差别,但是在一般贸易模式下出口产品同样可能包含了很多高附加值的外国进口中间产品。基于上述考虑,本章将OECD-TiVA行业层面的贸易增加值数据库和BACI全球产品贸易产品数据库相结合,基于本章经验框架分别考察了在控制与不控制外国增加值影响的条件下,53个国家产品质量的相对分布和变化状况。

测度出口产品质量另外一个需要关注的问题是:按照国际贸易林德需求偏好假说(Linder Hypothesis)理论,相同收入水平的国家不仅更容易发生贸易,而且由于发达国家消费者对产品质量具有更强烈的偏好特征,各国会更倾向于对高收入国家出口更高质量的产品。近年来,许多的研究开始从不同的角度从理论和经验层面对需求偏好假说做了检验(Hallak,2006;Manova和Zhang,2009;Brambilla等,2010;Butaos,2011;Fajgelbaum等,2011;Crino和Epifani,2012;Picard,2013),强调了出口产品的质量水平很大程度上取决于贸易的地理方向(Where you export matters)。尽管很多的研究主要强调和检验出口产品质量与进口目的地人均收入水平之间存在显著的正相关关系,但已有的跨国比较研究主要考察了不同国家对主要发达国家市场(主要是美国和欧盟15国市场)的质量梯度(quality ladder)分布特征,而对于各国对发展中国家市场出口产品质量的分布特征很少涉及。与已有相关研究不同,为了对比各国对发达国家和发展中国家市场出口产品质量分布特征的差异性,本章将全球的进口市场划分为发达国家市场和发展中国家市场,对比考察了53个国家及地区分别对发达国家市场和发展中国家市场出口质量的分布特征和差异。

一 测度出口产品质量的方法

(一) 理论分析框架

这里主要基于 Berry (1994) 和 Berry 等 (1995) 关于消费者对差异化产品需求的离散选择模型来推导测度产品质量的经验方程。消费者 i 购买产品 j 的效用函数 (U_{ij}) 可以表示为:

$$U_{ijt} = x_{jt}\hat{\beta}_i - \alpha p_{jt} + \xi_{jt} + \epsilon_{ijt} \tag{4—26}$$

其中, $\hat{\beta}_i$ 表示消费者的对 j 产品的特征 x (对研究人员可观测的变量) 的偏好系数, p_{jt} 表示产品的价格水平, ξ_{jt} 表示产品的垂直化特征 (对研究人员不可观测), 即产品的质量: 可以分解为三部分 $\xi_{jt} = \xi_j + \xi_t + \triangle\xi_{jt}$, ξ_j 表示不随时间变化的产品特征, ξ_t 表示对所有产品的需求冲击效应, $\triangle\xi_{jt}$ 表示偏离平均质量水平的固定效应, 误差项 ϵ_{ijt} 表示产品的水平化特征, 用来控制消费者的独特的偏好差异; 比如为什么有些消费者会选择价格高但质量不高的产品。消费者对产品特征 k 随机偏好系数可以表示为:

$$\hat{\beta}_{ik} = \beta_k + \sigma_k \eta_{ik} \tag{4—27}$$

其中, β_k 表示消费者 i 对产品特征 k 的平均偏好系数, σ_k 表示对产品特征 k 的偏好替代系数, η_{ik} 为满足独立同分布假设的随机偏好系数, 由公式 (4—26) 和公式 (4—27) 可以得到:

$$U_{ijt} = x_{jt}\beta - \alpha p_{jt} + \xi_{jt} + \sum_k x_{jkt}\sigma_k\eta_{ik} + \epsilon_{ijt} \tag{4—28}$$

其中, $\delta_{jt} = x_{jt}\beta - \alpha p_{jt} + \xi_{jt}$ 表示消费者选择产品 j 的平均效用水平, 而 $\Phi_{ijt} = \sum_k x_{jkt}\sigma_k\eta_{ik} + \epsilon_{ijt}$ 表示消费者的随机偏好特征。如果直接基于多元 Logit 离散选择函数来刻画消费者的随机偏好特征, 其基本的假设条件是消费者选择不同产品的交叉弹性系数是不变的, 或者消费者选择一种商品对其他商品之间的替代率是恒定不变的 (Independent and Irrelevant Alternatives, IIA),

因此消费者的随机偏好系数只是通过误差项 ϵ_{ijt} 来刻画。显然 IIA 假设条件过于苛刻，由于现实的多数情况下，相似产品之间的交叉弹性和替代率远高于不同类别产品之间的替代率，因此为了更为接近现实情况，采用更为灵活的嵌套（Nested）或者混合（Mixed）离散选择函数来刻画消费者的随机偏好和选择行为显然更为合理。为了简单起见，本章同样采用了 Nest-Logit 函数来刻画消费者的随机偏好系数，假设消费者可供选择的商品可以分为 $g+1$ 个互斥组，$G=[0,1,2,\cdots,g]$，消费者既可以选择内部的产品种类 $g=[1,2,\cdots,g]$，也可以选择外部的产品种类 $g=0$，同一组内产品之间具有相同的替代率，而不同组间产品替代率存在差别，消费者的效用函数可以表示为：

$$U_{ijt} = \delta_{jt} + \zeta_{jgt} + (1-\sigma)\epsilon_{ijt} \tag{4—29}$$

其中，$0 \leqslant \sigma < 1$，当 σ 趋近于 1，表示组内产品接近完全替代；反之，当 $\sigma=0$ 表示组内产品的替代率为零，消费者的随机偏好可以直接用多元 Logit 函数刻画，ζ_{jg} 对选择组内产品的消费者具有相同的效用，其服从的分布形式取决于 σ。Cardell（1991）的研究证明，由于 ζ_{jg} 服从单一的分布形式，如果 ϵ_{ijt} 服从极值函数分布形式 $\exp[-\exp(-\epsilon)]$，那么 $\zeta_{jgt}+(1-\sigma)\epsilon_{ijt}$ 同样服从极值分布函数形式。假设存在无限数量消费者，产品 j 在对应组 g 的市场份额可以表示为：

$$S_{j,g,t} = \frac{\exp\left(\dfrac{\delta_{jt}}{1-\sigma}\right)}{\sum_{j \in g} \exp\left(\dfrac{\delta_{jt}}{1-\sigma}\right)} \tag{4—30}$$

消费者在 g 个内部互斥组中，选择 g 组的概率，即 g 组产品总的市场份额为：

$$S_{g,G,t} = \frac{\left(\sum_{j \in g} \exp\left(\dfrac{\delta_{jt}}{1-\sigma}\right)\right)^{1-\sigma}}{\left(\sum_{g \in G} \sum_{j \in g} \exp\left(\dfrac{\delta_{jt}}{1-\sigma}\right)\right)^{1-\sigma}} \tag{4—31}$$

消费者选择内部产品 j 的市场份额为：

$$S_{j,t} = S_{j,g,t} \times S_{g,G,t} = \frac{\exp\left(\frac{\delta_{jt}}{1-\sigma}\right)}{\left(\sum_{j\in g}\exp\left(\frac{\delta_{jt}}{1-\sigma}\right)\right)^{\sigma} \times \left(\sum_{g\in G}\sum_{j\in g}\exp\left(\frac{\delta_{jt}}{1-\sigma}\right)\right)^{1-\sigma}} \quad (4\text{—}32)$$

对公式（4—32）两边取自然对数可得：

$$\ln(S_{j,t}) = \frac{\delta_{j,t}}{(1-\sigma)} - \sigma\ln\left(\sum_{j\in g}\exp\left(\frac{\delta_{j,t}}{(1-\sigma)}\right)\right) + e \quad (4\text{—}33)$$

其中 $e = -(1-\sigma)\ln\left(\sum_{g\in G}\sum_{j\in g}\exp\left(\frac{\delta_{j,t}}{(1-\sigma)}\right)\right)$

对公式（4—30）两边取自然对数可得：

$$\ln(S_{j,g,t}) = \frac{\delta_{j,t}}{(1-\sigma)} - \ln\left(\sum_{j\in g}\exp\left(\frac{\delta_{j,t}}{(1-\sigma)}\right)\right) \quad (4\text{—}34)$$

由公式（4—33）和式（4—34）可得：

$$\ln(S_{j,t}) = \delta_{j,t} + \sigma\ln(Sj,g,t) + e \quad (4\text{—}35)$$

由于消费者同时可以选择外部产品，为了简化分析，假设消费者选择外部产品的效用标准化为零（$\delta_{0,t} = 0$），且外部产品只有一组（$g = 0$），可得

$$S_{0,t} = S_{0,g,t} \times S_{0,G,t} = \frac{1}{\left(\sum_{g\in G}\sum_{j\in g}\exp\left(\frac{\delta_{jt}}{1-\sigma}\right)\right)^{1-\sigma}} \quad (4\text{—}36)$$

对公式（4—36）两边取自然对数，结合公式（4—35）可得：

$$\ln(S_{j,t}) = x_{jt}\beta - \alpha p_{jt} + \xi_{jt} + \sigma\ln(S_{j,g,t}) \quad (4\text{—}37)$$

基于消费者偏好理论推导方程显示：控制了产品价格和其他影响产品市场份额的因素（对研究人员可观测的因素）之后，可以通过估计方程（4—37）的误差项间接得到产品质量的估计值，即控制产品价格和其他影响市场份额的因素之后，如果一种产品仍然具有较高的市场份额表示消费

者对该产品的认可度就越高,即产品的质量也越高。

(二) 经验分析框架

基于上述的理论推导方程和本章第一节对出口产品质量测度需要考虑的具体问题论述,可以确定本章的经验分析框架:

$$\ln(S_{i,j,t}) = \alpha p_{i,j,t} + \beta_1 \ln(FVS_{i,s,t}) + \beta_2 \ln(S^g_{i,j,t}) + \beta_3 \ln(POP_{i,t}) + \ln(XRR_{i,t}) + \xi_{i,j,t} \qquad (4\text{—}38)$$

公式(4—38)中,$S_{i,j,t}$表示 i 国出口产品 j 的市场份额。由上述理论分析框架可知,如何确定市场份额是一个关键性的问题,已有的研究(Khandelwal,2010;Pula 和 Santabarbara,2011)主要假设出口目的地消费者的外部选择市场为国内市场,因此总的市场规模界定为目的地进口市场规模和国内市场规模之和,即考虑进口产品和国内产品之间的替代性,不考虑进口来源地(出口国家)产品之间的替代性。由于对大多数国家很难获取国内市场产品分类和海关 HS 产品分类对接的准确信息,采用目的地国内市场作为消费者的外部选择市场很大程度上限制了其应用的范围,并且由于进口产品和各国国内产品特征存在较大差异,而不同国家对同一目的地市场的出口产品之间可能存在更为显著的替代效应。基于上述考虑,本章假设目的地国内市场规模是相对稳定的,消费者倾向于在不同国家的进口产品之间进行选择消费。由于本章主要测度 53 个国家和地区对发达国家和发展中国家市场的出口产品质量,基于本章的假设,目的地消费者的内部选择为 53 个国家和地区出口产品,而外部选择为其他国家和地区的出口产品,因此总的出口市场规模为全球所有国家及地区对目的地国家的出口。基于上述假设和对市场规模界定之后,可以将 $S_{i,j,t}$ 表示为:

$$S_{i,j,t} = \frac{EXP_{i,j,t}}{TEXP_{jt}} \qquad (4\text{—}39)$$

其中,$EXP_{i,j,t}$ 表示 i 国对发达或者发展中国家市场 j 产品的出口额,$TEXP_{jt}$ 表示全球所有国家对发达或者发展中国家市场 j 产品的出口额。

$P_{i,j,t}$ 为相应的出口产品价格,这里采用了 BACI 经过统一度量标准之后的 HS 六位码 CIF 出口产品单位价值来表示。由于本章主要分析对发达国家和发展中国家总体市场的产品质量，因此这里的 $P_{i,j,t}$ 为对目的地市场的出口加权平均价格水平。

$FVS_{i,s,t}$ 表示 i 国对出口 j 产品对应的行业 s（$j \in s$）的外国增加值比率。本章将分别在经验方程中采用控制 $FVS_{i,s,t}$ 和不控制 $FVS_{i,s,t}$ 变量估计的结果对比各国出口产品质量的变化特征。同样外国增加值比率相对于出口产品质量（误差项）是一个内生变量，由于行业出口产品的种类多少会受到参与全球价值链程度的显著影响，而出口产品的种类与出口产品的质量并无直接必然的联系，因此这里采用行业对应的出口产品种类数量作为 $FVS_{i,s,t}$ 的工具变量进行经验方程的识别。

$S_{i,j,t}^{g}$ 表示 i 国对出口 j 产品在组内 g 所占的比重，用来控制组内市场份额对出口产品质量测度的影响作用。由于同一组内产品具有相似的特征，本章将 HS6 位码产品按照国际标准产业分类（ISIC_ Rev.3.1 四位码）归组，将全部产品分别对应到 76 个国际标准产业组，因此，$S_{i,j,t}^{g}$ 表示各产品在对应的国际标准产业分类组中所占的比重。显然，组内份额相对于出口产品市场份额和产品质量是一个显著的内生变量，同样由于每一种产品的组内份额显然与组内产品的种类多少存在显著的相关性，而组内产品种类与出口产品质量（误差项）不存在必然的联系，因此这里同样采用每个产业组内产品种类作为组内市场份额的工具变量进行经验识别。

$POP_{i,t}$ 表示出口国家的人口规模，用来控制更为细分的出口产品标准下出口产品种类数量的多少对出口市场份额的影响作用。无论采用 HS6 位码还是 HS10 位码出口产品分类标准，都只是对实际出口产品种类的一种粗略分类，比如即使在 HS10 位码分类标准下内部仍然存在数量众多的不同种类产品，一国在 HS10 位码某类产品总体出口市场份额较高可能与该国在该类产品的内部出口了更多的产品种类有关，并不完全代表该出口产品的质量和竞争力较高。

$XRR_{i,t}$ 表示出口国家货币对美元的名义直接汇率（上升表示本币贬值），用来控制汇率调整其出口产品市场份额的影响作用。显然，由于产品质量变化与汇率调整之间存在内生性问题，和已有的多数研究文献一样，这里采用原油价格和加权地理距离的交叉项作为名义汇率的工具变量进行经验识别。

二　出口产品质量的国际比较

基于上述估计结果，本章将从多个角度对比和分析不同国家在 1998—2012 年出口产品质量的分布及其变化过程。为了便于比较首先构建了相对质量的比较指标：

$$\lambda_{ijt} = \xi_{ijt} - \sum_i w_{ijt} \xi_{ijt} \tag{4—40}$$

其中，λ_{ijt} 表示 i 国出口 j 产品相对于 53 个国家出口 j 产品加权平均质量的距离，λ_{ijt} 大于零表示该国出口 j 产品质量高于 53 个经济体出口 j 产品的平均质量，差值越大表示该国出口产品 j 的质量相对于平均质量水平越高，反之亦然。ξ_{ijt} 为基于本章经验分析框架测度得到的各国 HS6 位码出口产品在不同时间点质量的指标，w_{ijt} 代表贸易权重，这里采用各经济体每一种 HS6 位码出口产品占所有经济体该产品出口的比重来表示。为了同时考虑出口产品质量分布的深度和广度边际，本章用各国出口产品高于平均加权质量的种类占其全部出口产品的种类的比重反映各国整体出口质量水平，即：

$$Share_{it} = N_{it \mid \lambda_{ijt} > 0} / N_{it} \tag{4—41}$$

其中，$N_{it \mid \lambda_{ijt} > 0}$ 表示 i 国出口产品（HS6 位码）质量高于 53 个国家加权平均质量出口产品的种类数量，N_{it} 表示 i 国出口产品的全部种类数量。显然 $Share_{it}$ 值越高，表明一国出口产品的总体质量水平越高。由于产品质量的变化是一个相对缓慢的过程，为了让对比的结果更为稳健可靠，将

1998—2012 年以 5 年为一个周期，划分为 1998—2002 年、2003—2007 年、2008—2012 年三个阶段，分别对比在不同时期出口产品平均质量的变化过程。

(一) 对发达国家市场出口产品质量的国际比较

基于本章经验结果和比较指标，计算了 1998—2012 年 53 个经济体对发达国家市场出口产品质量的总体分布情况。图 4—21 和图 4—22 分别给出了在控制和不控制外国增加值影响的情况下，各经济体制成品出口质量分布与人均实际国民生产总值之间的关系；显然，无论是否控制外国增加值的影响，出口质量的总体水平都会随着人均实际国民生产总值的上升而逐步上升，但二者并非呈现单调的正相关性，在经济发展初级到中高级阶段，出口产品质量分布与人均实际国民收入呈现显著的正相关性，而在经济发展的高级阶段，出口产品平均质量水平与经济发展程度并没有显著的相关性，这与已有的相关研究结论类似（Henn 等，2013）。尽管如此，图 4—21 和图 4—22 的结果显示出口产品质量的测度结果与是否考虑外国增加值的影响存在极为明显的反差。

图 4—21 给出了控制外国增加值的影响之后（测度本土出口产品质量）各国的出口产品的质量分布，结果显示：本土出口产品质量总体水平最低的是柬埔寨，只有 10.2% 的 HS 6 位码制成品出口质量超过了 53 个经济体的平均水平，而本土出口总体质量最高的国家分别为日本和美国，分别有 76.5% 和 74.5% 的出口产品质量超过了平均水平。控制了外国增加值后，中国本土出口产品质量与其他国家相比仍然处于很低的水平，出口质量分布的平均水平仅高于印度、菲律宾、越南和柬埔寨四个国家，1998—2012 年平均仅有 26.5% 的出口产品质量高于 53 个经济体的平均水平。在新兴经济体中，本土出口产品质量总体水平较高的国家主要包括巴西、阿根廷、俄罗斯、墨西哥、土耳其、印度尼西亚，这些国家的出口产品质量超过平均水平的比重均高于 40%，特别是前三个国

家相应比重均高于50%，本土出口产品平均质量不仅远高于中国、马来西亚、泰国、韩国等其他东亚新兴经济体的水平，而且也高于很多欧盟的发达国家水平，产生这一现象的原因在于：首先，巴西、阿根廷等拉美国家和俄罗斯相对于其他新兴经济体完成工业化过程的时间较早，制造业生产和消费有很多发达国家的特征，同时这些国家相对于东亚新兴经济体出口产品中外国增加值所占比重很小，出口制成品的竞争力更多地依赖本土的优势。其次，与东南亚等新兴市场国家不同，巴西和阿根廷制成品的出口主要面向发达国家市场，而对发展中国家市场的出口份额很小，包括墨西哥和土耳其工业制成品出口市场主要是欧美发达国家市场。Flach（2011）和 Bustos（2011）分别考察了巴西和阿根廷出口产品质量和技术升级特征，发现这两个国家对发达国家的出口产品质量不仅远高于对南美内部市场的出口产品质量，而且对发达国家的出口显著促进了出口产品质量和技术水平的提升；而俄罗斯出口制成品可能更多地集中于技术含量很高且与军工类相关的产品。最后，虽然巴西、阿根廷、俄罗斯出口制成品占全球市场份额较小，但其出口制成品的单位价格却非常高，并不是依赖低成本参与竞争，通过计算三国对发达国家出口价格相对于53个经济体对发达国家出口单位平均价格的比值，发现三国出口单位价格都超过53个经济体出口平均价格的2倍以上（贸易加权价格），1998—2012年阿根廷出口价格超过平均价格水平7.8倍，俄罗斯出口价格超过平均价格5.4倍以上，远高于东亚新兴经济体出口单位平均价格。[①]

图4—21的结果显示，控制了外国增加值影响之后，很多欧洲发达国家的出口质量水平大多处于拟合线以下，表明其本土出口产品质量相对于东欧和新兴市场国家并没有明显的优势，比利时、荷兰、法国、瑞士出口

---

① 这里计算相对价格已经通过出口价格指数对出口单位价格做了平减调整，消除了通货膨胀的影响。

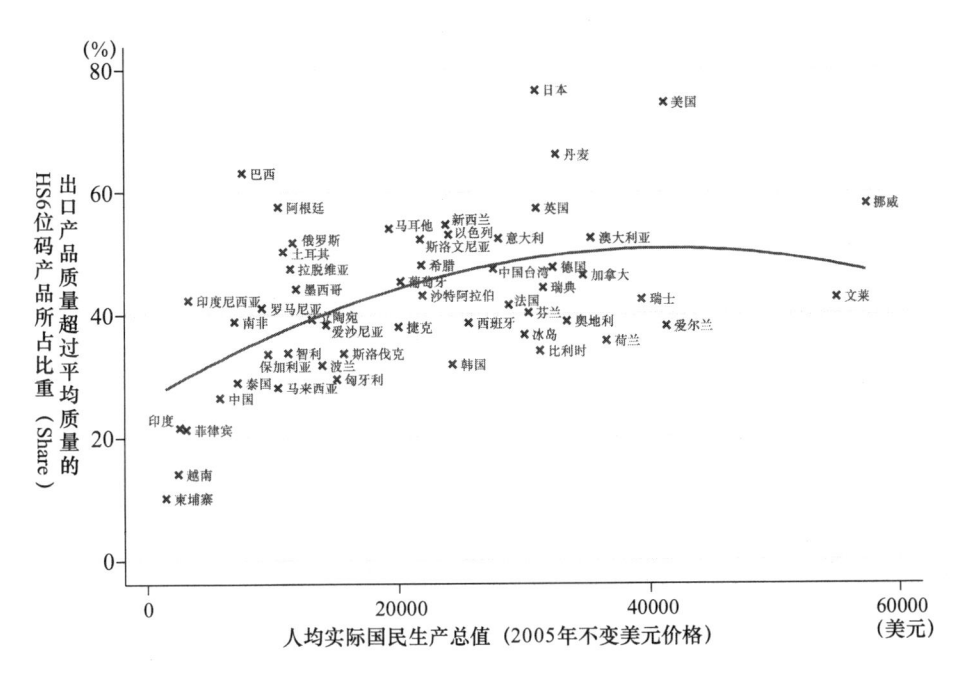

图4—21　53个国家及地区对发达国家出口产品质量平均分布
（1998—2012年，加权平均值，控制外国增加值）

产品质量超过53国平均质量水平的比重均没有超过45%，主要原因在于：欧洲国家内部贸易较多且相互之间产业链分工趋势比较明显，据OECD TiVA统计数据显示，比利时（包括卢森堡）、奥地利、法国、荷兰、德国、捷克、斯洛伐克等欧盟国家出口行业的外国增加值平均比重均超过了25%—50%，不仅远高于美国、日本和英国等其他发达国家，甚至超过部分东南亚新兴经济体出口中外国增加值的比重。为了进一步验证，图4—22给出了不控制外国增加值影响条件下，各国出口产品平均质量的分布特征，图4—22的结果清晰地显示：在不考虑外国增加值影响的条件下，德国、比利时、荷兰、法国、奥地利、瑞士等欧洲发达国家的相对质量水平有了大幅度提高，其中德国成为53个经济体中出口制成品平均质量最高的国家，出口产品质量超过53个经济体平均质量的比重达到

71.5%，而日本、美国、英国、澳大利亚、新西兰出口质量的相对水平出现了较为明显的下降，但日本和美国仍然处于拟合线的上方，表明无论是否控制外国增加值的影响，日本和美国出口产品平均质量都处于较高水平，而出口外国增加值所占比重相对较少的英国、澳大利亚、新西兰相对质量则下降到了拟合线以下。

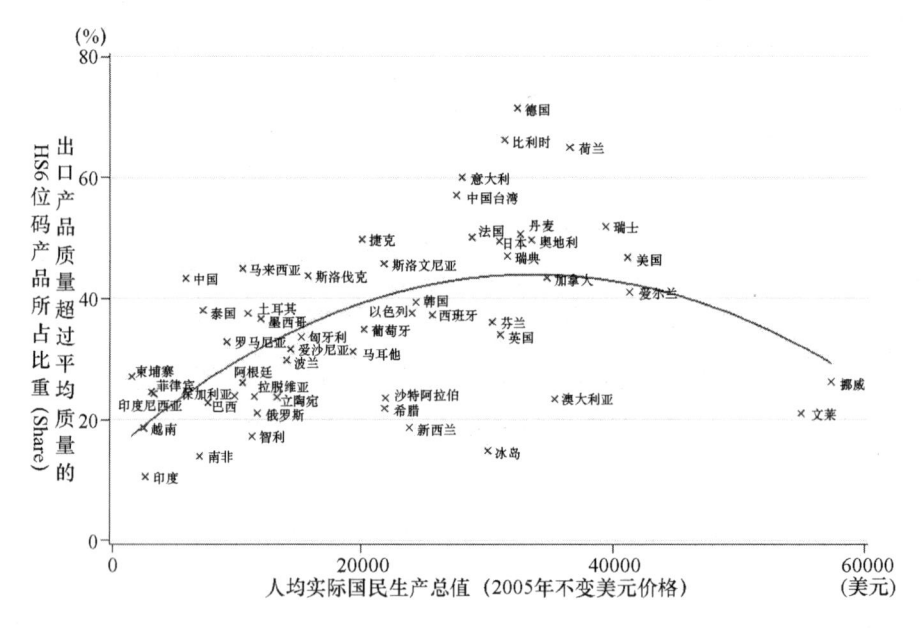

图4—22　53个国家及地区对发达国家出口产品质量分布
（1998—2012年，贸易加权平均值，不控制外国增加值）

图4—22相对于图4—21的另一个显著特征是：在不控制外国增加值的情况下，许多东南亚新兴经济体（主要包括中国、马来西亚、中国台湾、韩国、泰国、柬埔寨、菲律宾）和东欧新兴市场国家（主要包括捷克、斯洛伐克、斯洛文尼亚）的出口产品相对质量的测度结果出现了大幅的提升（如果不控制外国增加值影响，中国出口产品质量超过53个国家及地区平均质量水平的比重达到了43.4%），其中一个重要原因在于上述

东南亚和东欧新兴市场国家都是融入全球生产网络最为迅速的国家,其出口产品中外国增加值平均比重也最高,这也同样表明通过融入全球生产网络对东南亚新兴经济体总体的出口竞争力起到了重要的推动作用(Pula 和 Santabarbara,2011);与此形成鲜明对比的是,阿根廷、巴西、俄罗斯、南非尽管其本土出口产品平均质量处于较高水平,但如果不控制外国增加值影响,其相对出口质量水平则显著低于东南亚和东欧新兴市场国家,图4—22 显示上述四国均处于拟合线的下方,出口产品高于平均质量的比重均低于27%,其中南非最低,只有14%,这一方面表明这些国家相对于东南亚新兴市场国家并没有很好地融入全球产业链分工体系中;另一方面也表明外资进入上述国家不仅没有显著地带动其产业和贸易竞争力的升级,反而由于其失败的利用外资策略还可能对上述国家的产业发展造成负面效应。

特别值得一提的是,图4—21 和图4—22 的经验结果表明无论是否控制外国增加值影响因素,印度的出口产品相对质量均处于很低的水平,并且在不控制外国增加值影响的情况下,印度的出口产品相对质量相对于控制外国增加值影响之后变得更低了。图4—21 显示1998—2012 年印度本土出口产品质量超过53 个国家及地区平均质量水平的比重为21.6%,而图4—22 显示在不控制外国增加值影响的情况下,印度出口产品质量超过样本国家平均质量水平的比重仅为10.6%,表明尽管印度出口在过去十多年同样经历了显著的增长,但其并没有像其他东南亚新兴经济体一样通过积极融入全球生产链体系提升其出口质量水平,并且还进一步显著拉大了与东南亚国家出口产品质量的差距。

(二)对发达国家市场出口产品质量的动态变化比较

为了明确各国出口产品质量在不同时期的变化特征,本章以5 年为一个时间周期分别对比了2003—2007 年相对于1998—2002 年、2008—2012 年相对于2003—2007 年各国出口产品质量超过53 个经济体平均质量比重的变化情况，考虑到控制外国增加值后更能反映各经济体的本土实际出口质量升级变化趋势，这里只分析控制外国增加值影响后的出口产品质量升级变化趋势，并且为了对比明显只列出了出口产品质量超过平均值比重正向和负向变化最大的 10 个国家和中国相应的变化情况。图 4—23 给出了 2003—2007 年相对于 1998—2002 年，出口产品平均质量变动幅度最大的 20 个国家及地区。

图 4—23 显示，2003—2007 年相对于 1998—2002 年本土出口产品平均质量上升最快的国家主要是发达国家，10 个本土出口平均质量上升最快的国家中出口质量超过平均质量的比重至少上升了 15%，加拿大、新西兰、法国、奥地利出口产品质量超过平均值的比重均上升了 20% 以上，加拿大出口平均质量上升最快，相应比重上升超过 30%；而本土出口产品相对质量下降较为明显的国家，除英国、丹麦、以色列三个发达国家之外，其他全部都是新兴市场国家，中国属于出口产品相对质量下降最为明显的十个经济体之一，其出口产品超过平均质量的比重下降了大约 10%；中国台湾、文莱、土耳其、阿根廷、印度等新兴市场经济体本土出口产品相对质量出现了较为明显的下降趋势，平均比重均下降了 5% 以上，其中文莱下降幅度最大达到 17%。

图 4—24 描述了 2008—2012 年相对于 2003—2007 年对发达国家市场出口产品相对质量变化幅度最为明显的国家和地区分布情况。控制了外国增加值影响，2008—2012 年相对于之前的 5 年，本土出口产品质量上升最快的国家包括了很多新兴经济体，其中爱沙尼亚出口质量超过平均值的比重上升最大，达到了 34%，印度尼西亚、文莱、波兰、斯洛文尼亚、斯洛伐克、泰国等国家的出口产品相对质量也出现了明显的上升，出口产品质量超过平均值的比重都上升了 10% 以上；尽管中国不属于出口产品质量上升最快的 10 个国家，但中国本土出口产品的相对质量在 2008—2012 年同样得到了提升，相应的比重相对于前期上升了大约 5%。而与此

同时，同样一些新兴经济体和发达国家的出口相对质量相对前期出现了大幅的下降，其中前期质量增长较快的法国和奥地利在2008—2012年相对质量出现了较大幅度的下降，同样美国本土出口产品质量也出现了大幅的下降，相应比重下降了13.7%；新兴经济体中南非和韩国的出口质量下降最为明显，相应比重下降均超过10%，印度、土耳其、墨西哥这一时期同样属于出口相对质量下降最为明显的国家。

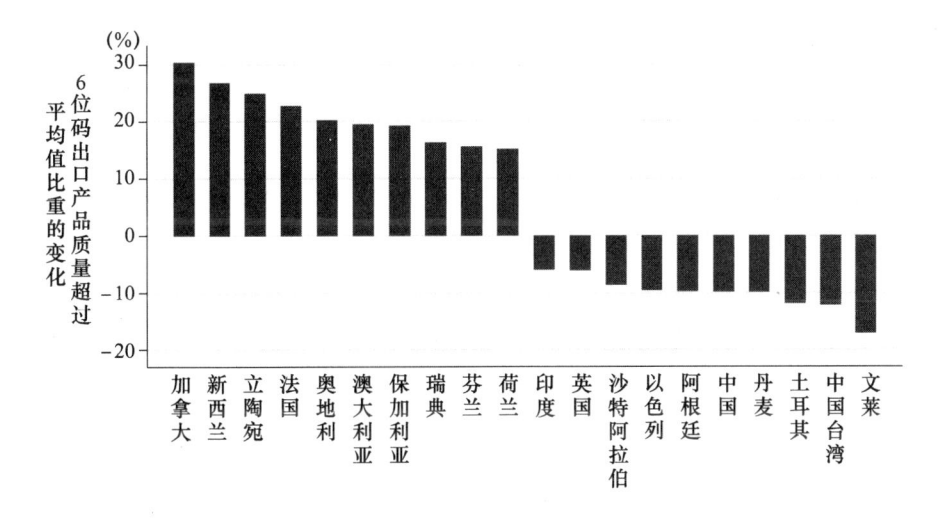

图4—23 2003—2007年相对于1998—2002年出口产品质量平均变化（对发达国家，控制外国增加值）

显然通过对比中国与其他国家在不同时期对发达国家市场出口产品质量的变化特征之后，我们可以发现中国的出口产品相对质量都出现了先下降（2003—2007年）后上升的（2008—2012年）的变化趋势，这可能与中国加入WTO到2008年国际金融危机爆发之前出口数量的过度扩张存在密切关系，包括很多发达国家和发展中国家同样存在上述变化趋势，关于出口数量增长和质量变化之间的关系将在后文中作进一步的论述和验证。

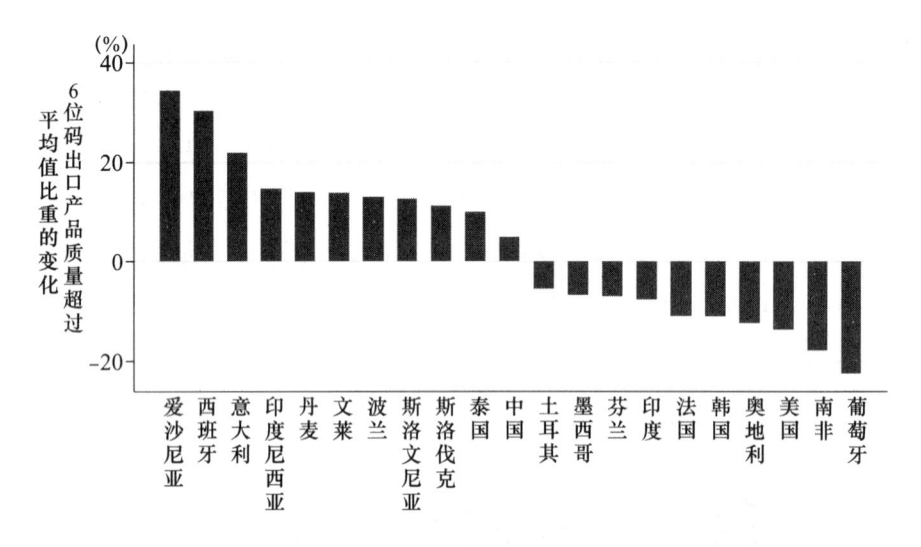

图4—24　2008—2012年相对于2003—2007年出口平均质量变化
（对发达国家，控制外国增加值）

（三）对发展中国家出口产品质量的比较

按照需求收入偏好假说，消费者对质量偏好的差异性会导致各国向发展中国家出口产品质量水平会低于向发达国家出口的产品质量水平，由于发展中国家之间的消费者偏好存在更大的相似度，发展中国家之间的出口会得到消费者彼此更多的认可，因此会提高发展中国家之间出口产品的相对质量水平，因此有必要考察不同经济体对发展中国家出口质量的分布状况。

图4—25给出了在控制外国增加值影响情况下，53个经济体对发展中国家市场本土出口产品质量的总体分布情况，显然各经济体对发展中国家市场出口产品质量分布状况与人均国民生产总值之间并没有明确的关系，多数发达国家对发展中国家市场出口产品质量超过平均值的比重低于很多新兴经济体相应的比重，发达国家中出口产品质量高于平均值比重超过50%的只包括德国、日本、意大利和美国四个国家，其中德国相应的比重最高，达到66.1%；与发达国家形成鲜明对比，许多新兴市场经济

体对发展中国家市场出口产品相对质量不仅显著高于其对发达国家市场出口的相对质量水平，而且超过很多发达国家出口质量的相应水平，斯洛文尼亚、沙特阿拉伯、中国、土耳其、马来西亚、中国台湾地区对发展中国家出口产品质量高于平均值的比重都超过了45%，其中斯洛文尼亚最高，达到69.1%，中国相应的比重达到51.8%，高于大多数发达国家相应比重，与美国相应的比重（52.3%）较为接近，而巴西、阿根廷、俄罗斯对发展中国家本土出口产品质量超过平均值的比重虽然显著低于其对发达国家市场出口的相应水平，但仍然处于相对较高的水平，高于平均值的比重都超过了40%，而菲律宾、印度、越南和柬埔寨四个国家对发展中国家市场的出口总体水平仍然处于很低的水平。显然上述经验结果表明，控制了外国增加值影响后，处于中等收入阶段的新兴市场国家对发展中国家的本土出口产品质量具有较大的优势，中国属于对发展中国家本土出口质量相对优势体现最为明显的国家之一，其出口产品相对质量的位置远高于中国目前人均收入应该达到的水平，这也表明中国出口制成品更符合发展中国家消费者的偏好特征，在发展中国家市场得到了消费者更多的认可并且具有较大的相对质量优势，同时也进一步验证了国际贸易的需求收入偏好假说结论。

图4—26给出了不控制外国增加值情况下，53个经济体对发展中国家市场出口产品质量的总体分布特征，图中分布仍然表明各国对发展中国家的出口产品质量与人均国民收入水平没有明确的关系。在发达国家中，德国、意大利、日本同样保持了对发展中国家出口产品的质量优势，出口产品质量高于平均值的比重均超过了57%，其中德国最高，达到63.5%；在不控制外国增加值情况下，出口产品外国增加值比重较高的奥地利、比利时、荷兰对发展中国家的出口质量优势相对于图4—25中的本土出口产品质量优势也有了较大幅度的提升，出口产品质量超过平均值比重均超过了45%，而美国的相对质量与图4—25相比则出现了较大幅度的下降；同时

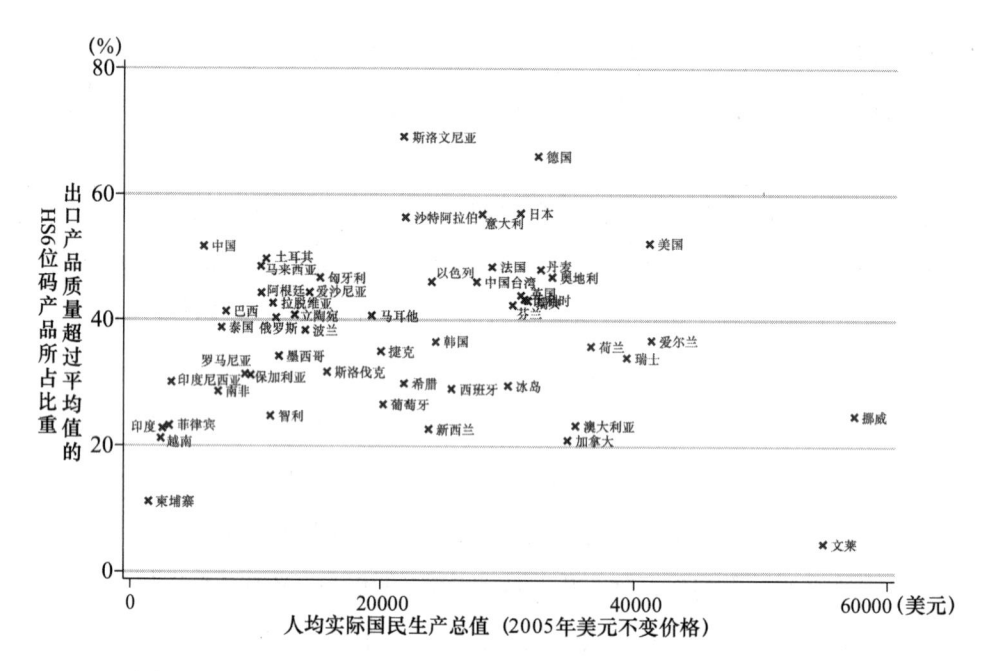

图4—25 53个国家及地区对发展中国家出口产品质量平均分布状况
（1998—2012年，加权平均值，控制外国增加值）

英国、澳大利亚、加拿大、新西兰等发达国家无论是否控制外国增加值的影响，对发展中国家出口产品的质量总体上都处于很低的水平，不仅远低于对发达国家出口产品的相对质量水平，也低于大多数新兴经济体对发展中国家的出口产品相对质量水平。图4—26同样显示，在不控制外国增加值影响的情形下，部分新兴市场国家及地区对发展中国家的出口产品相对质量同样具有十分显著的优势，其中马来西亚、斯洛文尼亚、中国台湾、泰国、中国、土耳其、韩国对发展中国家的出口产品质量超过平均值的比重都至少超过了47%，马来西亚最高，达到74.3%，中国相应的比重达到51%，而巴西、阿根廷和俄罗斯在不控制外国增加值的情形下对发展中国家出口相对质量出现了明显的下降，这与图4—21和图4—22中三国对发达国家出口产品质量分布的经验结论基本一致，同样表明是否控制外国增加值对其出口产品质量的位置变化具有显著的影响。同样，柬埔寨、越南、印度、菲律宾四个国家无论是否控制外国增加值的影响，其对发展中国家的出口产品的相对质量总体上都处于很低的水平，其中印度在不控制外国增加值的情况下，出口相对质量变得更低，相对质量水平处于53个经济体的最末端，这同样与图4—21和图4—22中反映的情形类似。图4—26从总体上仍然表明处于中等收入阶段的新兴经济体对发展中国家的出口产品相对质量具有较大的优势，而发达国家总体上对发展中国家的出口产品质量并没有显著的优势，这也与需求收入偏好假说的理论结论一致。

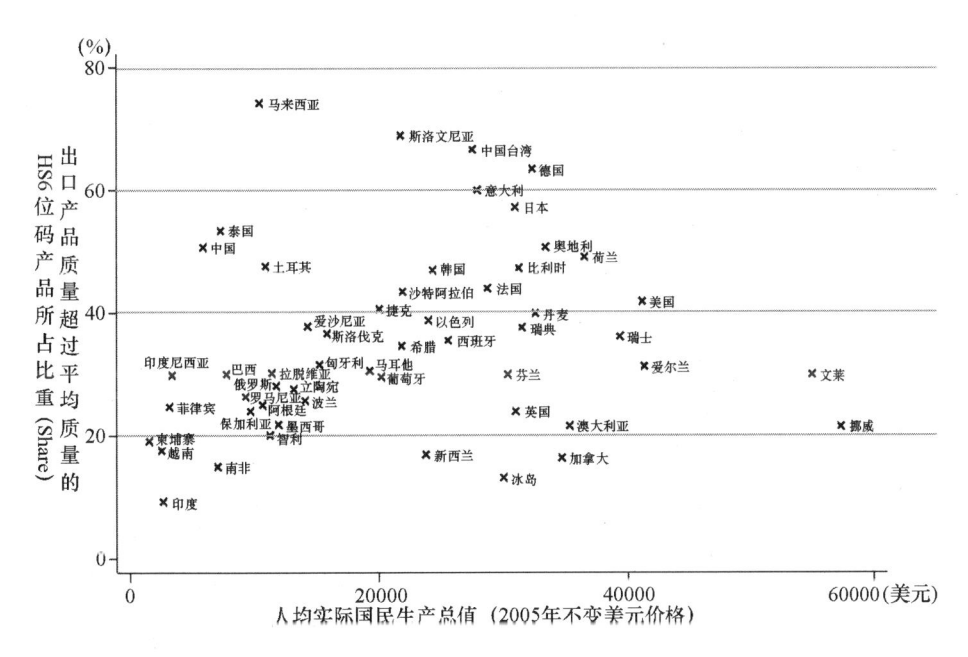

图4—26　53个国家及地区对发展中国家出口产品质量分布
（1998—2012年，加权平均值，不控制外国增加值）

（四）对发展中国家出口产品质量的动态变化比较

为了明确不同国家对发展中国家市场出口产品质量的动态变化过程，我们同样对比分析了2003—2007年相对于1998—2002年，2008—2012年相对于2003—2007年对发展中国家本土出口产品质量变动幅度最为明显的国家及地区。图4—27给出了在控制外国增加值情况下，2003—2007年相对于1998—2002年对发展中国家出口产品质量变化幅度最为明显的20个国家及地区，对比可以发现2003—2007年相对于前期对发展中国家出口产品质量上升幅度最大的国家主要为欧洲发达国家和东欧新兴经济体，而下降幅度最大的国家及地区主要为新兴经济体，图4—27显示爱沙尼亚、比利时、奥地利、捷克、德国、斯洛伐克都属于对发展中国家市场出口产品质量上升幅度最大的国家，而阿根廷、墨西哥、土耳其、罗马尼亚、美国、巴西都属于对发展中国家市场出口产品质量下降幅度最大的国家；而中国在这一时期相对于前期对发展中国家出口产品质量仅有微弱上升，出口产品质量超过平均值的比重仅上升了2.4%，表明中国在2003—2007年相对于前期对发展中国家市场出口产品质量升级速度同样十分缓慢。

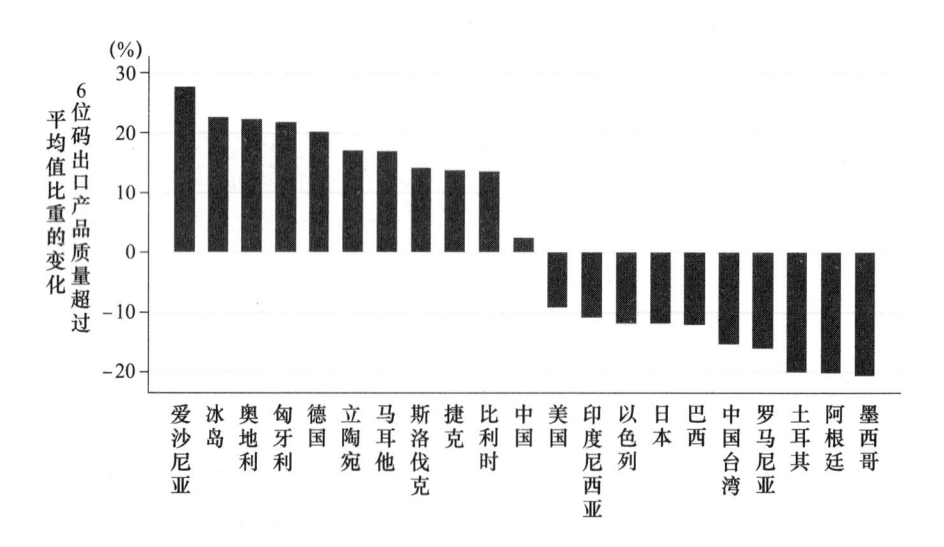

图4—27 2003—2007年相对于1998—2002年出口平均质量变化状况
（对发展中国家，控制外国增加值）

图4—28对比分析了2008—2012年相对于2003—2007年对发展中国家本土出口产品质量变动幅度最大的20个国家及地区。对比可以发现

2008—2012年相对于前期对发展中国家出口产品质量上升最快的国家主要为东欧和亚洲新兴市场国家，中国在这一时期属于本土出口产品质量升级最为迅速的国家之一，对发展中国家出口产品质量相对前期超过平均值的比重上升了22%，显然与对发达国家市场出口情形相比，中国对发展中国家市场出口产品的相对质量在这一时期提升更为迅速。2008—2012年相对于前期中国、拉脱维亚、捷克、巴西、瑞士都属于对发展中国家出口产品质量提升幅度较大的国家；而美国、英国、韩国、沙特阿拉伯、印度等国家都属于对发展中国家出口产品质量下降幅度较为明显的国家。同时通过对比各国对发达国家市场和发展中国家市场出口产品质量的动态变化，不难发现对发达国家市场和对发展中国家市场出口产品质量正向和负向变化幅度最大的国家及地区分布均具有较高的重叠性，表明尽管不同国家对发达国家和发展中国家市场出口产品质量的相对位置存在显著差别，但从出口产品质量升级的变化特征来看则具有较高的一致性。

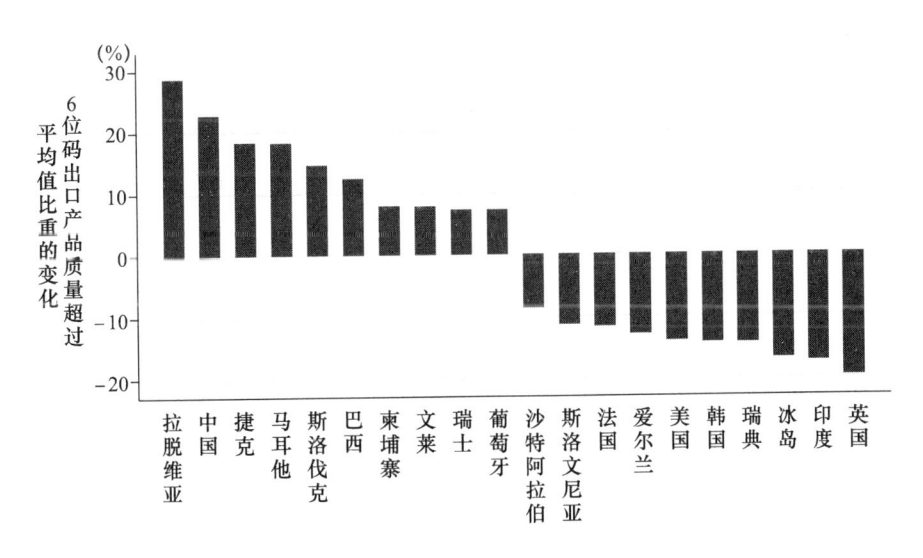

图4—28 2008—2012年相对于2003—2007年出口产品质量变化
（对发展中国家，控制外国增加值）

（五）出口产品质量升级与出口的数量扩张

前面的分析表明：中国的出口产品质量在2003—2007年相对于其他阶段升级速度明显放缓，特别是对发达国家市场中国的出口产品相对质量还出现了十分明显的下降趋势，而在2008—2012年出口产品质量又出现了上升的趋势，尽管导致出口产品质量变化的原因众多，但进一步对数据分析对比发现中国从加入WTO以后到2008年国际金融危机爆发之前（2002—2007年）是中国出口增长最为迅速的阶段，年出口平均增长率超过20%，同时我们计算了这一时期中国6位码出口产品价格相对于53个经济体加权平均值的相对值，发现在2001年之前中国出口产品的相对价格处于持续上升趋势，而从2002年中国的出口产品价格无论对发达国家还是发展中国家总体上则呈现持续走低的趋势，而在2008年之后中国的出口增长速度显著放缓，出口产品相对价格也趋于稳定，上述事实提醒我们中国出口产品质量变化趋势与出口产品数量扩张趋势可能存在密切的关系，并且已有的很多文献也对出口产品质量变化和出口数量的扩张进行了多方面的理论和经验检验，比如Donnenfeld和Mayer（1987）从理论上分析了包括自动出口限额制在内的对出口数量限制的贸易措施是一种社会最优贸易政策，恰当地限制出口厂商的数量是提升出口产品质量和厂商效率的重要途径。Feenstra（1988）的经验研究表明：美国和日本达成的汽车自动出口限额显著地促进了日本汽车质量水平的提升，出口数量限制是日本出口产品质量升级的一个重要原因。McCannon（2008）、Sorger（2009）的研究同样表明产出的数量与创新的质量水平之间存在显著的转换关系（Trade-off）。为了进一步严格验证出口产品质量变化与出口产品数量扩张的关系，利用本章测度得到的出口产品质量指标和出口数量指标建立如下经验方程：

$$\xi_{ij,t} - \xi_{ij,t-4} = \alpha + \beta_1 \left(LnQ_{ij,t-1} - LnQ_{ijt-1} - LnQ_{ijt-2} \right)^2 + \eta_t + \varepsilon_{ij,\Delta t} \quad (4—42)$$

公式（4—42）被解释变量是出口产品质量变化指标，由于质量变化是一个相对缓慢的过程，这里采用当年和之前的第四年进行差分，$LnQ_{ij,t-1} - LnQ_{ij,t-5}$是出口的数量增长指标，为了避免内生性问题干扰，这里对出口数量先滞后一期再与之前的第四期进行差分，同时考虑到出口数量和出口质量之间可能存在的非线性关系，经验方程中加入了出口数量增长的平方项。

表4—1给出了在控制和不控制外国增加值比重（FVS）的情况下，测度得到的贸易质量指标作为被解释变量的回归结果。表中的经验结果显示：在控制外国增加值比重的情况下，无论对发达国家还是发展中国家市场，出口数量增长率的回归参数都至少在1%的显著性水平上为负值，表明出口产品的数量增长都会对本土出口产品质量的升级产生显著的负面作用；在不控制外国增加值的情况下，对发达国家的出口数量增长率为显著的正值，而出口数量增长率的平方项为显著的负值，表明当出口数量增长率较低的时候会对出口产品质量产生正面效应，而当出口数量增长较快的时候则同样会发生逆转，产生显著的负面影响作用；在不控制外国增加值情况下，对发展中国家出口数量增长率的回归参数同样至少在1%的显著性水平上为负值。显然，无论是对发达国家还是发展中国家市场，出口数量的过快增长都会对出口产品质量的升级产生显著的负面影响，这也可以在很大程度上解释中国加入WTO以后，大量企业快速进入出口市场，依靠低成本优势参与国际竞争不仅恶化了贸易条件，同时也对出口产品质量的升级产生了显著的负面影响作用。

表4—1 出口产品质量与出口数量扩张 OLS 估计（被解释变量：$\xi_{ij,t} - \xi_{ij,t-4}$）

解释变量	对发达国家		对发展中国家	
	控制 FVS	不控制 FVS	控制 FVS	不控制 FVS
$LnQ_{ij,t-1} - LnQ_{ij,t-5}$	-0.147*** (0.013)	0.074*** (0.022)	-0.056*** (0.011)	-0.039*** (0.015)

续表

解释变量	对发达国家		对发展中国家	
	控制 FVS	不控制 FVS	控制 FVS	不控制 FVS
$(LnQ_{ij,t-1} - LnQ_{ij,t-5})^2$	-0.002 (0.002)	-0.008*** (0.003)	0.000 (0.001)	-0.002 (0.002)
时间虚拟变量	是	是	是	是
观测值	1107657	1113180	1092989	1101401
R - Sq.	0.001	0.000	0.000	0.000

注：括号内为稳健性标准误，*** 表示在1%显著性水平。

（六）产品和行业层面的比较

前面的论述主要从总体上考察了各国出口质量分布情况和动态变化趋势，为了更全面地认识出口产品质量的特征，本章同样从产品和行业层面来具体分析中国与其他国家出口产品质量的分布状况。由于前面的分析表明美国和日本无论是否控制外国增加值影响，对发达国家和发展中国家的出口质量均处于最高或者较高水平，同时考虑到各国控制外国增加值后出口到发达国家市场的产品最能够反映该国本土出口产品质量的最高水平，因此我们主要选取中国、美国、日本对发达国家市场本土出口质量在产品和行业层面的分布情况。表4—2给出了1998—2012年中国、日本、美国出口产品平均质量最高的20种产品分布情况。同时计算了各国每一种产品质量与该产品在53个经济体出口中最高质量的比值，即 $\exp(\xi)/\max[\exp(\xi)]$，$\exp(\xi)$ 表示对测度得到的产品质量指标取指数形式。表4—2的数据显示，中国对发达国家出口质量最高的20种产品中只有3种产品是属于53个经济体中质量最高的，其他17种出口产品与最高质量的相对比值为0.71—0.85，而日本和美国对发达国家市场出口质量最高的20种产品全部都属于53个国家和地区中质量最高的产品；从产品的分布来看，中国出口质量最高的20种产品中有17种主要集中于锅炉、机械器具及零件制造行业（HS 84章），与中国不同的是日本出口质量最高的20种产品分布行业较为分散，除了车辆及其零件附件（HS 87 章），录音机及放声机等零件（HS 85 章）、钟表及零件（HS 91 章）等日本传统的出口优势产品之外，还包括铜木螺钉、订书机和装订机及其零件、桉木板材等技术密集和复杂度较低的产品，这也表明出口产品质量与出口的要素密集度之间并没有直接的联系。同样美国除了在电机、电器设备及零件、声音录制播放设备（HS 85 章）出口质量保持较高的优势之外（20 种出口质量最高的产品中有 14 种属于 HS 85 章），还在漂白纯棉织物、卫生洁具、厨房用具、厨房及卫生间纺织用品的出口质量上处于最高水平，表明发达国家在一些看似劳动密集度较高的产品出口中同样具有很高的质量水平。同时，中国与日本、美国出口质量最高的 20 种产品并不存在重叠性，控制了外国增加值影响之后，中国出口质量最高的产品既不是劳动密集度很高的服装、纺织品和鞋帽箱包，也不是近年来出口数量增长最快的信息通信科技产品（ICT 产品），显然出口数量和规模的大小与出口产品质量之间并不存在直接对应的关系。

表 4—2 只列出了出口质量最高的 20 种产品对比，为了更加全面地看清中国与日本和美国出口产品质量方面的差距，我们将各国出口产品的质量指标通过贸易加权平均方式对应到 76 个 4 位码国际标准产业（ISIC_rev.3.1）进行更为全面的对比分析。图 4—29 给出了中国、日本和美国对发达国家出口质量的行业分布情况，处于水平线上方表示该行业的出口质量总体上高于 53 个国家和地区在该行业出口质量的平均值，反之亦然。图 4—29 中的指标显示，控制了外国增加值影响之后，中国对发达国家市场只有 12 个行业的出口产品总体质量超过了 53 个国家及地区的平均值，大多数行业出口质量都低于平均水平线，其中总体出口质量的行业主要集中在机械设备制造行业（3821—3829）、纸浆及纸制品制造（3411）、毛印染行业（3232）、运动及健身产品制造（3903）；与中国截然不同的是，日本和美国对应的 76 个 ISIC 行业绝大部分都处于水平线以上，其中日本有 66 个行业处于水平线以上，美国则有 63 个行业处于水平线以上；尤其

表 4—2 中国、日本、美国对发达国家市场出口产品质量最高的 20 种产品（1998—2012 年，加权平均值，控制外国增加值）

中国			日本			美国		
HS6	名称	$\dfrac{\exp(\xi)}{\operatorname{Max}[\exp(\xi)]}$	HS6	名称	$\dfrac{\exp(\xi)}{\operatorname{Max}[\exp(\xi)]}$	HS6	名称	$\dfrac{\exp(\xi)}{\operatorname{Max}[\exp(\xi)]}$
847432	矿物与沥青的混合机器	1	870840	变速箱及其零件	1	820820	木工机械用刀及刀片	1
890130	冷藏船	1	870880	车辆用悬挂系统及零件	1	851939	具有自动记录机制的转台	1
841012	-1 千—1 万千瓦水轮机	1	860630	铁道用非机动自卸货车	1	853210	固定电容器,电力电容器	1
842211	家用型洗碟机	0.85	741531	铜木螺钉	1	853890	电子器具零件	1
842860	货运架空索道	0.83	851993	声音记录仪器	1	521121	漂白纯棉织物	1
840682	功率不超过 40 兆瓦汽轮机	0.83	910620	停车计时器	1	900311	塑料制眼镜架	1
911180	非金属制的表壳	0.82	870860	拖拉机及零件	1	854091	显像管零件	1
843353	土豆、甜菜收获机	0.82	870850	机械驱动桥	1	854931	未分类的转台	1
842831	地下运货升降、输送机	0.82	293970	烟碱及其盐	1	854451	电子导体,连接器	1
871000	船用推进器及桨叶	0.82	910191	贵金属电子表怀表及电子表	1	854311	粒子加速器	1
840681	40—100 兆瓦汽轮机	0.82	440725	红柳桉木板材	1	854459	各种电子导体,连接器	1
847110	模拟自动数据处理设备	0.79	910112	贵金属表用零件及饰品	1	761519	卫生洁具,厨房用具	1
842111	奶油分离器	0.77	852032	磁带记录仪器	1	852020	电话机械	1
844340	照相凹版印刷机	0.77	851929	未分类的录音机	1	852790	无线电及远程通信器械	1
844513	纺纱纤维拉伸机	0.73	851931	具有自动记录机制的转台	1	852039	磁带记录仪器	1
843629	家禽饲养机器	0.71	701091	玻璃制容器	1	854411	铜制绕组电线	1
843221	圆盘耙	0.71	844010	订书机,装订机	1	630292	厨房卫生间用纺织用品	1
843352	其他脱粒机	0.71	851940	编辑节目放声机,转录机	1	900319	其他各种材质眼镜架	1
845510	轧管机	0.71	844090	书本装订机器的零件	1	852090	各种磁带记录仪器	1
843330	其他干草切割、翻晒机器	0.71	460110	加工金属的数控平面磨床	1	852453	其他各种灵制媒介	1

有趣的是，日本和美国出口质量最低的行业（低于水平线以下）多数恰好是中国出口相对质量最高的行业，而日本和美国对发达国家市场出口质量在行业层面分布具有很强的重叠性，表明中国相对于日本和美国对发达国家市场的出口质量呈现极为明显的差距，也表明中国与日本和美国两个国家对发达国家市场的出口相对质量呈现出截然不同的分工位置。

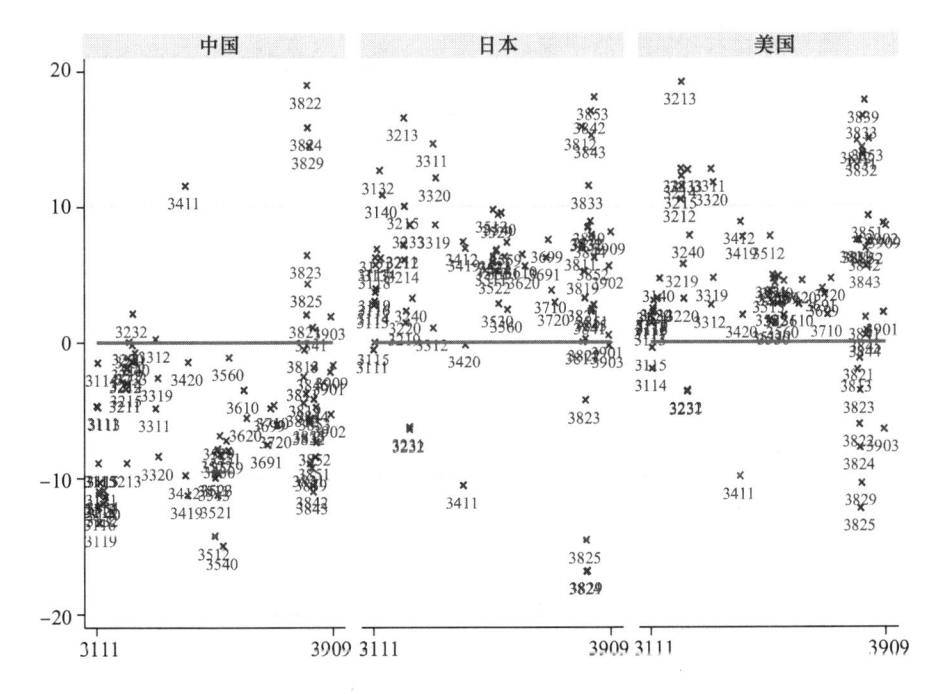

图 4—29 中国、日本、美国对发达国家市场出口产品质量按 ISIC 行业分类
（1998—2012 年，控制外国增加值）

图 4—30 给出了在控制外国增加值影响的情形下，中国、日本和美国对发展中国家市场出口质量的行业分布情况。显然，与对发达国家市场出口质量的行业分布特征差异很大，中国对发展中国家出口质量超过水平线的行业总共超过了 35 个，行业分布也更为广泛，出口相对质量较高的行业包括传统的纺织服装（ISIC 32）、造纸印刷（ISIC34）、部分化学原料

和化学品制造业（ISIC35）、机械制造（ISIC38）以及其他制造行业（ISIC39）；而日本和美国对发展中国家出口质量超过水平线的行业相对于图4—29则出现了大幅的下降，76个制造业中日本超过水平线的行业有38个，而美国超过水平线的行业只有30个，显然日本和美国相对于中国对发展中国家出口产品的相对质量并没有明显的优势，这与前面的分析结论完全一致。上述结论也再一次验证了需求偏好假说理论，即收入接近的国家的消费者具有相同的消费偏好，发达国家更愿意向高收入国家出口高质量的产品，目的地消费需求偏好是决定出口产品质量的重要因素。本章也同时分别考察了中国、日本、美国在不同时期出口质量的行业分布情况，同样发现在2003—2007年中国对发达国家市场行业总体的出口质量相对于1998—2002年出现了较为明显的下降，而在2008年以后行业的出口相对质量呈现上升的趋势，特别是对发展中国家市场行业总体出口质量升级趋势更为明显，相关经验结论仍然与前面的结论一致。

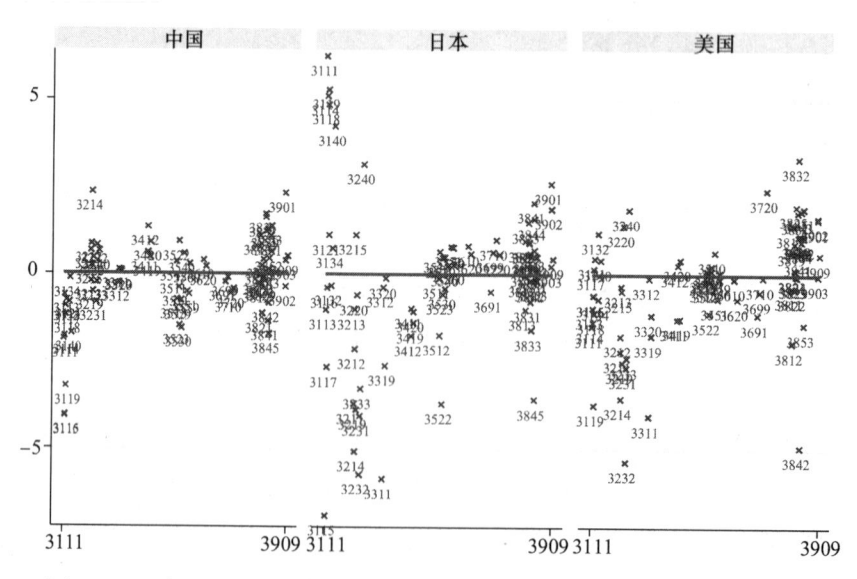

图4—30　中国、日本、美国对发展中国家出口产品质量按ISIC行业分类
（1998—2012年，控制外国增加值）

三 结论与政策建议

基于全球细分产品贸易数据库和 OECD 贸易增加值数据库,从多个角度对比分析了中国和 52 个国家及地区出口产品质量的分布特征和动态变化过程。总体来看,在控制外国增加值的情况下,中国对发达国家市场本土出口产品相对质量仍然处于较低水平,不仅远低于发达国家相应的出口质量,而且低于多数的新兴经济体出口相对质量;而在不考虑外国增加值的情形下,中国对发达国家市场出口产品的相对质量则处于较高的水平;无论是否控制外国增加值的影响,中国对发展中国家市场的出口产品相对质量都处于较高的水平;从出口产品质量的动态变化过程来看,中国对发达国家本土出口产品相对质量变化呈现先快速下降(2003—2007 年相对于 1998—2002 年)后缓慢上升的变化趋势(2008—2012 年相对于 2003—2007 年);而中国对发展中国家市场出口产品相对质量总体上呈现上升的趋势,特别在 2008 年之后相对于之前的时期中国是对发展中国家出口产品质量升级幅度最显著的国家之一;研究同样发现,出口数量的快速扩张会对出口产品质量的升级产生显著的负面影响作用。

上述的经验研究结论具有以下几方面的政策含义:首先,从国际比较的角度来看,过去十多年来,中国对发达国家市场的本土出口产品相对质量并未得到显著提升,表明中国对发达国家市场的出口仍然没有摆脱依赖低成本低价格参与竞争的态势,特别是中国加入 WTO 之后到 2008 年之前,出口规模的快速攀升不仅恶化了贸易条件,而且对本土出口产品质量升级产生了显著阻碍效应;伴随中国经济进入转型升级的关键阶段,出口转型升级压力同样紧迫,在当前面临出口增速明显放缓和外部竞争压力增大的挑战的同时,也为许多中国本土出口企业增强自主创新能力、优化资源配置、提升出口产品质量参与国际竞争提供了新的契机和发展空间。其次，如果不考虑外国增加值影响作用，中国出口制成品总体的质量水平无论在发达国家还是发展中国家市场都有较大的优势，表明中国过去十多年来通过成功地融入全球生产网络体系，显著地提升了制成品总体的出口竞争力水平，相对于印度、南非、巴西、俄罗斯等新兴市场国家具有明显的优势；未来无论提升本土出口产品的质量还是保持"中国制造"的竞争力都离不开对全球生产网络的更深度的参与，仍需要不断加强国内产业和国际生产网络的融合，延长国内加工生产链的长度，通过增强自主创新能力提升出口产品的国内附加值水平，逐步从全球生产网络的低端向中高端阶段过渡。最后，中国对发展中国家市场的出口产品质量具有较大的优势，一方面表明中国出口制成品更符合众多发展中国家消费者的偏好特征，另一方面也表明中国制成品在发展中国家市场具有广泛的市场空间，特别是发展中国家在世界经济中的地位越来越重要的现实背景下，中国加强与发展中国家的经贸合作，拓展中国制成品在发展中国家的出口市场具有重要的现实意义。

◇◇ 第三节　德国和意大利制造业发展对中国制造业转型升级的启示

德国和意大利作为欧洲老牌工业化国家和世界重要的制造业大国，凭借其优良的产品质量和众多的品牌优势，赢得了世界众多消费者的赞誉和信赖，德国在汽车、机械制造、化学及化工、交通运输设备、电气设备等领域，意大利在纺织、时尚服装、汽车、手工制品、精密仪器等领域的出口产品长期畅销世界市场。进入21世纪以来，两国的制造业竞争力差距开始日益扩大，意大利制造业在世界市场总体上呈现逐步下滑的趋势，制造业的国际竞争力明显减弱，特别是在国际金融危机期间，意大利制造业出口遭受重创，制造业出口规模直到 2014 年年末仍然未能恢复到金融危机爆发前的水平，面对新兴市场国家的激烈竞争和劳动力成本上升的显著压力，意大利制造业正日益丧失其原有的市场竞争力。意大利工业家联合会研究中心的数据显示，2007—2011 年，意大利制造业从世界第五位下滑到第八位，被韩国、巴西和印度超越，市场份额从 4.5% 下降到 3.3%。与意大利截然不同的是，德国制造业出口虽然在金融危机期间同样出现大幅的下降，但在危机之后仅仅一年就得到了迅速的恢复，并且基于其高品质出口产品的强大竞争力在危机之后带动了德国经济较快地实现了复苏，其制造业竞争力在欧盟国家中首屈一指，具有明显的领先优势，同时德国先进的制造业实力也是其成为欧盟经济增长领跑者的重要原因。

中国制造业发展具有明显的后发优势，过去 30 多年中国凭借显著的劳动力成本优势和巨大的市场规模，借助全球化产业分工转移趋势，迅速成为世界第一制造业大国和制成品第一贸易大国。尽管中国制造业产出和出口规模攀升迅猛，但与德国和意大利相比，中国制造业主要特征是缺乏核心技术和品牌优势，贸易利润微薄，伴随中国劳动力成本优势逐步减弱和资源环境压力凸显，中国制造业转型升级面临较大压力。特别是在世界经济艰难复苏的背景下，欧美发达国家都将发展高端制造业作为提振经济增长的重要手段，美国推出了"再工业化"战略，德国提出了"工业 4.0"战略，中国相继推出"中国制造 2025"计划来促进战略性新兴产业的发展，可以预见未来主要制造业大国在高端制造业的竞争会愈加激烈，中国作为发展中大国，不仅在高端制造业领域面临需要向发达国家学习追赶的挑战，而且由于较大的就业压力和显著的劳动要素禀赋优势，中国同样在低端劳动密集型制造业领域需要巩固市场竞争力，实现劳动密集型行业转型和技术含量提升。德国作为高端制造业主要代表性国家，而意大利同样在劳动密集型制造业领域长期具有较强的国际竞争力。通过比较德国和意大利制造业的发展历程，借鉴两国制造业的发展经验对于中国制造业转型升级具有重要现实意义。

一 德国与意大利制造业发展的差异性对比

(一) 从德国和意大利制造业在国民经济中的地位和增长速度来看

据 OECD 统计数据显示：德国制造业增加值占国内生产总值的比重从 1970 年的 36.5% 下降到 2014 年的 22.3%，制造业就业比重从 1970 年的 35.8% 下降到 2009 年的 18.5%，尽管制造业在德国国民经济中的地位相对于 20 世纪 90 年代之前下降明显，但制造业仍然是德国重要的支柱性产业，在产业结构中的地位仅次于房地产、金融服务和租赁商业服务 (26%)，2010—2014 年德国制造业增加值均保持了持续增长的态势，年平均增长率高达 4.87%，远高于其平均实际经济增长率 (1.95%)，制造业的强劲增长对于拉动德国经济复苏和持续增长起到了至关重要的作用，凸显了德国制造业在国民经济中仍然占据支柱性的主导地位。意大利制造业增加值从 1970 年的 27.5% 下降到 2014 年的 15.5%，制造业就业比重从 1970 年的 27.5% 下降到了 2009 年的 19.3%，制造业在意大利产业结构中的比重虽然显著低于德国，同时在欧盟经济体中总体上也处于较低水平，但制造业对意大利经济和就业增长同样起着十分重要的影响作用，2010—2014 年意大利制造业增加值增长总体上处于十分低迷的状态，年平均增长率仅为 0.27%，其中 2012—2014 年三年还出现了严重的负增长现象，年平均增长率为 -2.13%，伴随意大利制造业近年来的持续集体下沉，意大利的经济增长同样出现了连续的负增长，2012—2014 年意大利经济平均实际增长率为 -1.63%，与此同时意大利的失业率也开始持续攀升，2012 年平均失业率高达 12.1%，远高于德国的平均失业率 (6.8%)。显然，德国和意大利近年来制造业发展趋势的显著差异也表明意大利相对于德国在制造业的国际竞争力差距开始持续不断扩大。

（二）从两国制造业的出口依存度和出口增长趋势来看

在20世纪80年代之前意大利制造业的出口依存度基本和德国接近，并且都呈现逐步上升的态势。20世纪70年代是意大利制造业发展的黄金时期，这一时期国内和国际环境变化为意大利制造业兴起创造了良好的契机。首先，以大规模、流水线为主要特征的"福特制"生产模式在这一时期遭遇严重危机，标准化产品的市场需求趋于饱和、消费者对差异化产品需求增强、石油危机导致企业成本上升等因素导致大规模企业进入了艰难的转型时期，由于意大利制造业主要以中小企业为主，而意大利的中小企业又能够很好地将生产灵活性和差异化产品的生产相结合，这为意大利企业提供了绝佳的发展机会；同时，在70年代初，恰逢其他欧洲国家进行产业结构调整时期，其他西欧国家开始逐步退出劳动密集度较高的产业领域，转向资本密集度更高的工业部门，而意大利高度专业化的制造业部门主要以劳动密集型产业为主，这为意大利制造业开拓国际市场提供了重要机遇，因此这一时期也是意大利出口增长最为迅速的一个阶段。进入80年代以后，意大利制造业在国际市场开拓和出口增长方面逐步与德国拉开了差距，特别是进入90年代以后德国制造业出口出现了非常强劲的增长，而意大利在出口增长率和制造业出口市场开拓方面与德国的差距开始逐步扩大。特别是1990年德国完成统一后，市场规模的扩大以及东西德国制造业优势得以互补发展，为德国制造业开拓国际市场提供了更为强大的支撑。1992—2008年德国制造的出口开放度从20%左右快速上升到了43%，尽管在金融危机期间出现了大幅的下降，但金融危机之后得到了迅速的恢复。2013年，德国制造业的出口依存度已经攀升到了45%；与德国不同的是，意大利制造业的出口增长率从20世纪90年代以来都低于德国，其制造业的出口依存度也显著低于德国，虽然在金融危机之后有所回升，但总体上与德国制造业的竞争力水平的差距开始逐步拉大。

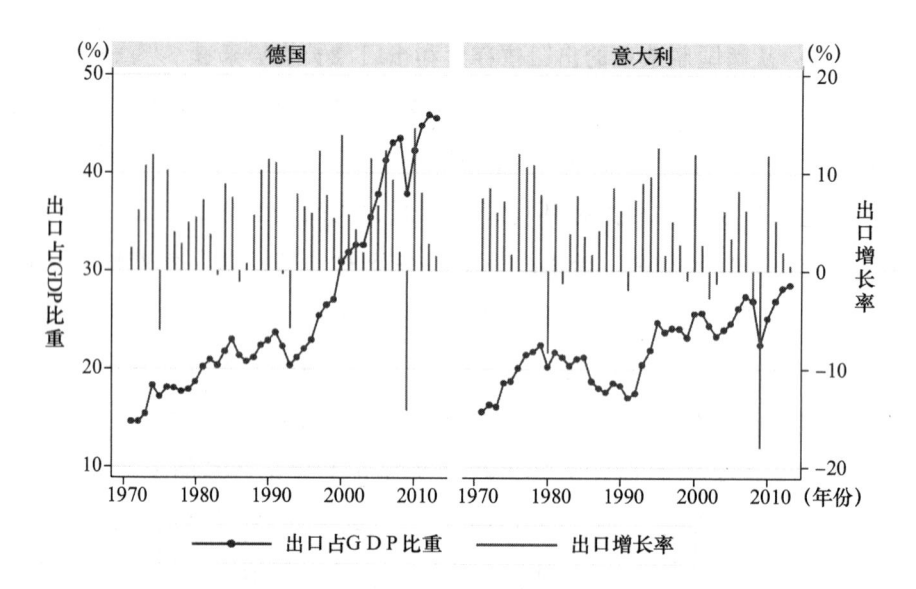

图4—31 德国和意大利出口状况总体对比

资料来源：世界银行数据库。

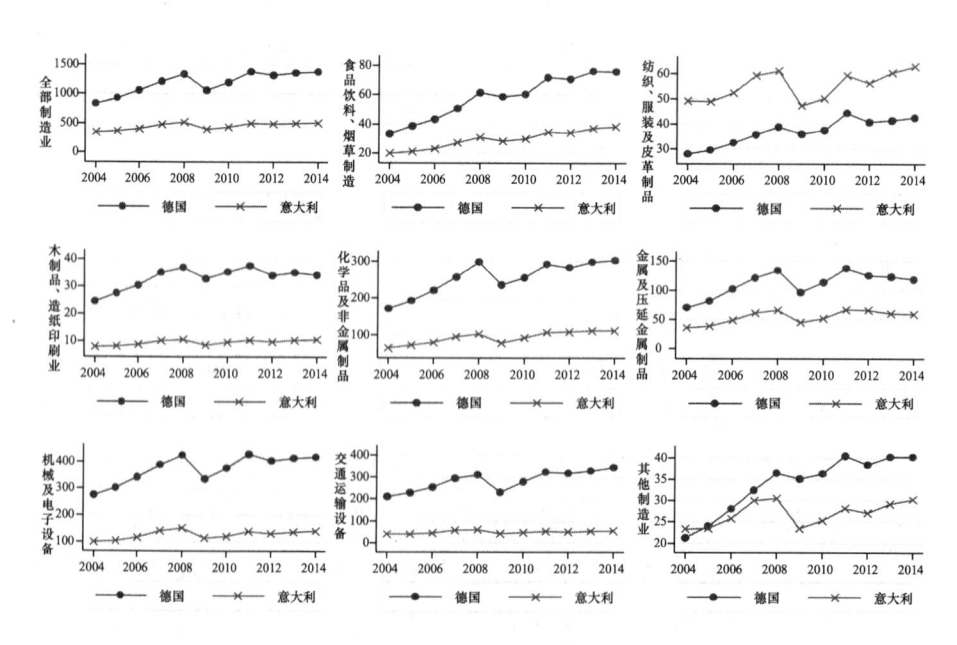

图4—32 德国和意大利制造业出口对比（单位：10亿美元）

资料来源：OECD统计数据库。

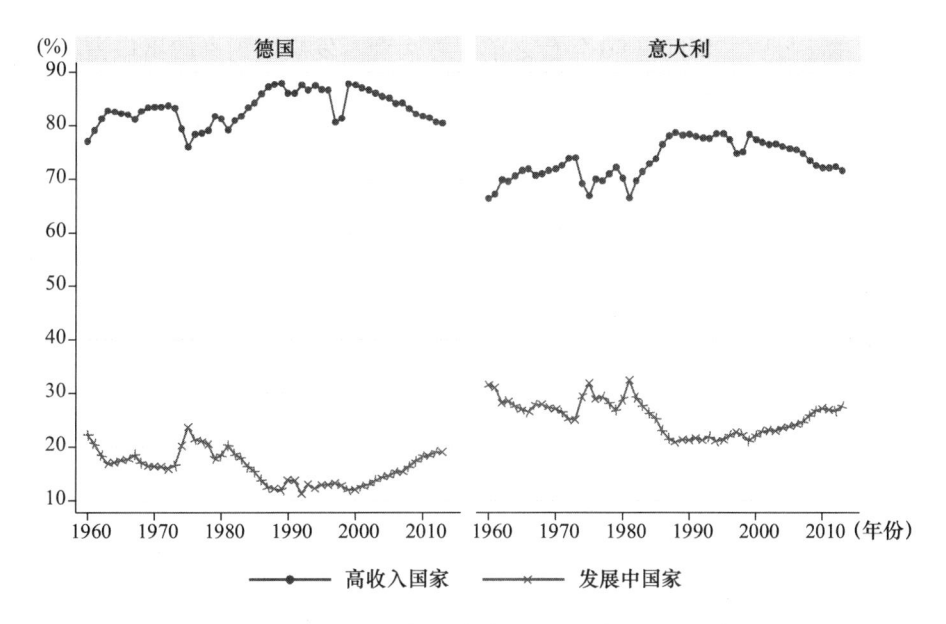

第四章 贸易结构的变化与制造业产业升级

图4—33 德国和意大利对不同目的地出口比重的变化

资料来源：世界银行数据库。

图4—32给出了最近10年德国和意大利在制造业出口增长的变化态势。显然，在2008年金融危机爆发之前，意大利和德国的制造业出口总体上都呈现逐步上升的态势，但意大利制造业的出口增长速度明显低于德国，特别是在2009年金融危机之后，绝大多数德国制造业出口都呈现了快速恢复和增长，但意大利许多制造业在金融危机之后的出口基本处于停滞不前的状态，直到2014年意大利制造业出口总规模仍然没有达到2008年的水平；对不同制造业部门的对比显示：意大利只在传统的纺织、服装及皮革制造的出口规模显著高于德国，而在其他制造行业出口的规模总体上与德国的差距呈现逐步拉大的变化趋势。

图4—33给出了德国和意大利制造业出口目的地的变化状况。总体来看，尽管两国对高收入国家的出口占全部出口的比重都占据绝对主导地位，但德国对高收入国家的出口比重明显高于意大利对高收入国家出口的

比重。特别是在20世纪80年代之前，意大利对发展中国家的出口占其全部出口的比重接近30%，明显高于德国相应的比重。从变化趋势来看，德国和意大利1960—2000年对高收入国家的出口比重总体上保持较为稳定的变化态势，都呈现微弱增长的变化趋势，1980—2000年总体上呈现更为明显的增长趋势；2001年以后由于受到中国加入世界贸易组织的影响，中国与意大利和德国的双边贸易规模开始大幅攀升，两国对高收入国家的出口比重开始呈现逐步下降的趋势，相应地对发展中国家出口比重开始呈现快速增长态势。按照国际贸易林德需求偏好假说，高收入国家的消费对差异化产品具有更强烈的需求，并且对产品质量的要求相对于发展中国家的消费者也更高，德国制造业出口目的地市场总体上相对于意大利更偏向于高收入国家，也从一个侧面反映了德国的制造业相对于意大利的技术密集度和复杂度更高，制造业的高端化特征较为明显。

（三）从创新投入、创新产出以及制造业的人力资本密集度对比来看

图4—34分别给出了两国研发投入密度、居民申请专利数量、百万人口科研人员数量以及高科技产品出口比重的对比变化趋势。显然在上述指标方面德国相对于意大利都占据绝对优势地位，这也是德国制造业相对于意大利的发展趋势总体上更为高端化和技术密集度更高，增长潜力更大的主要原因之一。首先，从研发投入密度来看，德国制造业研发投入密度从1996年2.2%上升到2012年接近3%，特别是从2007年开始面对新一轮信息产业技术革命的挑战，德国对制造业的研发密度开始大幅度地增长；而意大利在制造业的研发密度一直处于很低的水平，1996—2012年制造业平均研发密度仅为1.2%，并且仅呈现微弱增长的趋势，意大利的制造业研发密度不仅在欧盟国家处于最低水平，而且也低于包括中国在内的很多新兴经济体，一方面除了与意大利制造业长期集中于传统的劳动密集型行业和是以手工业家庭作坊式的生产模式存在密切关系之外，另一方面也反映出意大利在制造业转型和升级，以及高端制造业发展方面严重滞后于

其他发达国家的现实状况。从居民申请专利数量的变化趋势来看,德国居民的专利申请数量开始快速增长,而意大利居民的专利申请数量基本没有明显的增长变化趋势,两国在创新的产出方面的差距从90年代开始越来越大。从人力资本的积累来看,德国每百万人口科研人员数量从1996年的不足3000人上升到2012年的超过4000人,意大利每百万人口的科研人员数量从1996年的大约1400人上升到2012年的大约1800人,显然两国在人力资本的密集度方面同样存在巨大的差距,特别是在2004年之后,德国的百万人口科研人员数量增长速度同样高于意大利,人力资本的优势更加突出,突出的人力资本优势也为德国制造业保持创新优势和竞争力提供了坚实的基础。从高科技产品出口的比重来看,德国相对于意大利同样具有显著的优势,1988—2013年德国高科技产品出口占全部出口的平均

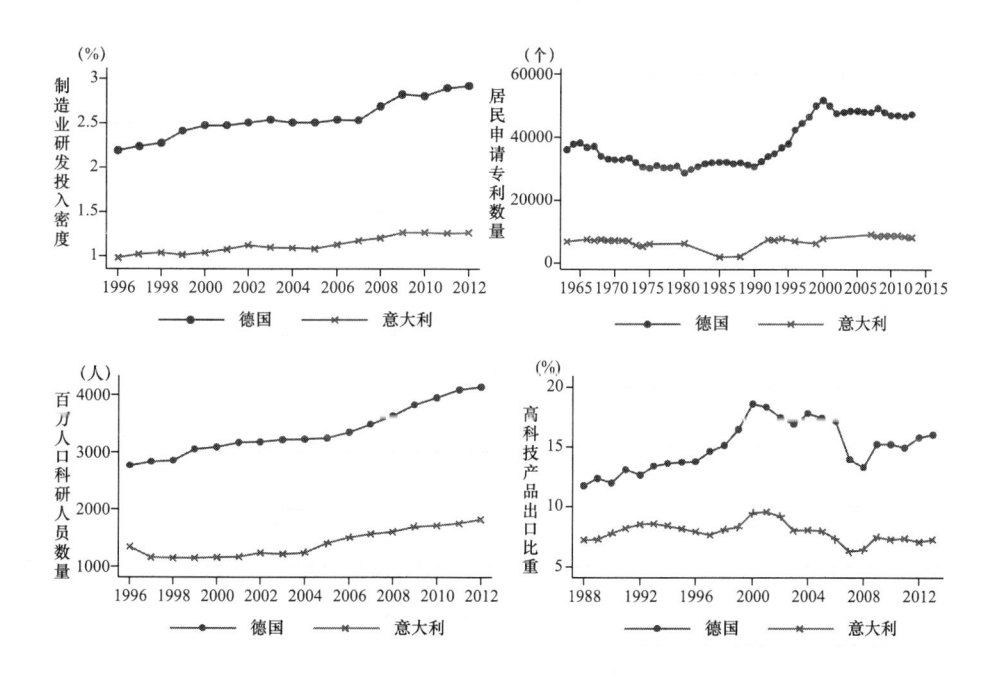

图4—34 德国和意大利制造业创新投入和产出对比

资料来源:世界银行数据库。

比重接近15%，其中高科技制成品出口占制造业出口的额比重超过25%，而意大利的高科技产品的出口占全部出口的比重不足6%。图4—34的曲线显示：从1990年德国正式统一开始，其高科技产品出口比重经历了一次快速增长，而意大利在此期间高科技产品的出口比重却并未发生显著的变化，并且在2001年高科技出口产品比重（接近10%）达到最高点之后总体上呈现一直下降的变化态势，与德国在高科技产品出口比重方面的差距不断拉大。显然，无论从研发的投入还是从创新的产出结果来看，意大利制造业相对于德国制造业都存在不小的差距，并且在20世纪90年代以后呈现逐步拉大的趋势。

二 德国和意大利制造业发展差距持续拉大的原因分析

（一）从大的国内和国际环境变化来看

20世纪90年代以来，随着全球化深入发展，知识经济和新一轮信息产业技术革命兴起，大企业生产管理的灵活性得到显著增强，重新恢复了原有的竞争力，而意大利制造业99%是中小企业，虽然意大利的中小企业也非常注重产品的创新和设计，但其家族式的传统机械制造及手工导向的生产模式并不适合利用新技术进行改造，同时意大利中小企业在这一时期也普遍面临融资困难的问题，缺乏技术更新的资金支持。与此同时，随着中国和东南亚新兴经济体的快速崛起，一方面推动了世界消费市场规模的显著扩张，为大规模企业的专业化生产提供了广阔的空间；另一方面，多数新兴经济体都属于劳动要素较为充裕的经济体，尽管意大利在劳动密集型制造业方面具有显著的技术和品牌优势，但新兴经济体凭借显著的劳动力成本优势仍然对意大利的传统制造业出口造成了显著的替代效应。从德国的角度来看，1990年德国实现国家统一之后，市场规模进一步扩大，并且通过对原来的东德和西德制造业进行重新组合和调整之后，进一步增强了德国制造业的竞争实力和发展空间，与意大利不同的是，德国既有诸如宝马集团、西门子公司、大众公司等一大批世界 500 强的大型企业，同时也有数量众多但技术先进的中小制造企业，并且主要奉行标准化的生产模式，信息技术革命的兴起和国内及国际市场规模的显著扩大，为德国制造业的发展注入了巨大的活力，德国制造业通过不断的技术更新以及对传统制造业的改造，显著地增强了德国制造业的竞争优势。不仅如此，从国内劳动力市场看，2003 年以来德国不断放松劳动力市场的管制，通过推动工资节制制度、短时工作制以及大量使用非长期的雇佣劳动力等措施显著地增强了德国就业市场的灵活性，为德国制造业竞争力的增强提供了有效的支撑；与此同时，意大利和法国则对劳动力市场存在严格管制行为，对员工的解聘程序、工资报酬以及工作时间、劳动保障福利等均有多种形式的规定，政府对劳动力市场的过多干预严重限制劳动力市场的灵活性，长期不做调整必然影响企业的竞争力，特别是在 2008 年金融危机之后，僵化的劳动力市场不仅造成意大利制造业的失业率持续攀升，同时也造成意大利企业成本持续攀升，严重压制了意大利中小制造企业的活力和竞争力。

（二）从两国制造业融入全球产业链的进程对比来看

意大利国内市场狭小，劳动力成本较高，在 20 世纪 70 年代早期意大利制造业出口就主要偏重于欧美发达国家市场，随着发达国家在 20 世纪 90 年代以来经济增长放缓，新兴经济体对意大利劳动密集型行业的替代增长本身就会对意大利中小制造业的出口造成显著负面影响。同时，与欧美其他发达国家不同的是，以中小企业为主体的意大利制造业，主要集中于传统的制造业生产部门，对外直接投资规模很小，20 世纪 90 年代时期意大利制造业对外直接投资显著低于其他发达国家，造成意大利很难充分利用全球产业链分工的重组机会发挥本国制造业的优势，大大减少了意大利通过参与国际分工的方式提升本国制造业国际竞争力的机会。与意大利不同的是，诸如西门子、大众等德国的众多大型企业的对外直接投资遍布世界各国，同时与其他欧美国家主要把制造生产环节转移到新兴市场或者发展中国家，只保留核心的设计、研发与核心零部件的生产模式不同，德国将更多的制造环节保留在了本国国内，同时将国内中小企业的制造生产环节和大企业的对外直接投资生产进行了很好的互补，同时成功地将制造业的生产环节融入了全球产业链分工当中，充分发挥了德国制造业技术优势和跨国产业转移带来的成本优势，显著地提升了德国制造的竞争优势。从进口中间产品加工后再出口占总体出口的比例可以大致反映出一国制造业融入全球产业链的程度。据OECD的统计数据显示，德国的这一比例是50.8%，而意大利只有35%。同时，借助全球产业链分工的深入发展过程，德国不仅在原有的汽车制造、机械制造、电气设备、化工领域继续保持出口竞争优势，近年来通过不断的技术更新和产业持续升级走在了世界前列，德国目前在可再生资源、纳米技术和环保绿色制造业方面也取得了快速的发展，并且成为德国新的优势产业，由于这些产业不仅在金融危机之后市场需求广阔，而且是与新兴经济体发展互补的产业，不容易受到新兴经济体成本优势的竞争冲击，这也对于巩固德国制造业的国际竞争力起到了重要作用。

（三）从两国对制造业发展的重视程度以及基础条件来看

德国与意大利制造业竞争力的差距持续拉大更为重要的原因是两国对制造业的发展重视程度和基础条件存在巨大的差距。德国制造业能够长期在世界市场保持强大的竞争力与德国长期坚持技术立国、高度重视基础研发和职业教育并行、不断推动制造业升级、精心塑造德国制造产品品质存在密切的关系。德国完备的国家创新体系为制造业创新创造了很好的制度保障，并且通过严格的专利保护、知识产权制度及全方位的技术标准为企业创新提供激励。目前德国研发投入占GDP的比重超过3%，其中90%以上的科研经费来自企业，德国装备制造业每年用于研发的投入费用高达百亿欧元，占其销售收入的 5% 以上。同时，为了确保产品质量，德国的制造行业均制定了严格的标准化制度，从 20 世纪初期就开始采用遵循产品设计独立于经济、设计品质不能因经济利益而动摇的根本原则，这也成为德意志联盟同时也是后来德国工业设计所严格遵守的原则和立场，制造业遵循严格的标准规范不仅确保了"德国制造"产品质量的稳定，也为企业的规模化生产创造了良好的条件，制造业标准化被广泛接受和推广不仅为德国带来了可观的经济利益，同时也进一步加强了德国制造的认可度和国际竞争力。在制造业技术创新和应用领域，德国的基础研究和职业教育相辅相成，同样发挥了不可替代的重要作用，在发达国家中，德国被认为是最重视教育和人力资本投资的国家之一，德国不仅建立了完整的高等教育体系，包括研究型大学、工业技术大学、专业学校培养了大批技术人才，并且在诸多领域都取得了很多世界一流的科研成果，同时德国的高等职业教育模式也非常成功，完善的职业教育和培训为德国培养出了大批世界上最好的技术工人，这些都对德国制造业的发展和技术不断创新起到了关键性的推动作用。与德国制造业上述发展特征不同，意大利制造业主要特征是技术含量偏低，劳动密集度较高，并且主要以传统制造业为主，制造业加工技术很多依赖家族式的传承，尽管意大利的中小企业也非常重视产品的设计和创意革新，并且在品牌塑造方面也相当成功，但由于其手工式导向的生产方向很难和现代的信息产业技术相结合，并且意大利在创新投入和人力资本积累方面与德国存在巨大的差异，加之意大利创新国家体系相对于德国严重的低效性，造成意大利在制造业转型和技术升级方面与德国的差距越来越明显。

三　德国与意大利制造业发展对中国制造业转型升级的启示

目前中国已成为世界第一制造业大国，但总体来看中国制造业仍然没有摆脱以高耗能、高排放、高污染、低效益为主要特征的粗放式发展模式,制造业在经历迅速扩张的同时也对国内的资源和生态环境产生了巨大压力,传统的发展模式已经不可持续。当前中国正处于制造业转型和升级的关键阶段,不仅需要在高端制造业领域加快发展,同样需要对现有的制造业加快技术更新和换代,淘汰掉落后的生产方式同时采用新技术改造传统的制造业,进一步增强制造业的生产效率和竞争力。通过对德国和意大利两个传统制造业大国发展过程的对比以及对两国制造业发展差距持续拉大的原因的总结分析,可以对当前中国制造业的转型升级以及未来制造业竞争力提升和可持续发展提供以下几方面的政策启示。

(一)增强企业自主创新能力,研发投入要以企业为主体

与德国和意大利的制造业企业相比,中国的制造业企业仍然缺乏核心技术和创新能力优势,在国际分工中仍然处于较低层次,尽管近年来中国在研发投入、科技论文以及专利申请数量等方面均已跃居世界前列,但中国科技发展与企业自主创新能力增强之间长期存在的脱节问题仍然十分突出,主要原因在于:首先,大量的基础性研究主要集中在科研院所和高等院校,由于这类研究长期与生产相分离,研究的成果转化率很低,造成大量的科研投入不能有效转化为企业创新的支撑和动力;其次,与德国和意大利等发达国家的研发投入主要以企业为主导不同(德国的研发活动90%以上是企业的自主行为),目前中国大量的研发项目和经费投入都由政府来主导,真正在企业内部建立研发机构和开展研发活动的企业比重仍然很小,与发达国家存在巨大差距,据科技部的一项调查统计显示,规模以上工业企业设立研发机构的企业从2000年的7639家上升到2011年的31320家,占全部规模以上企业的比重仅为7.8%;2011年"863"计划新立项课题554个,仅有32.1%依托企业;科技支撑计划实施共投入总经费143亿元,企业承担经费为45.6%。由政府主导和资助的企业研发项目,一是容易偏离市场导向,二是企业对研发资金的使用和管理约束性

不强，容易导致资金使用效率低等问题，而由企业直接开展的研发活动是从市场出发，研发项目直接来源于生产需要，研发成果直接在生产中应用和完善，并不存在研发成果转化的问题，企业研发的积极性和研发效率都会显著增强。

（二）发展高端制造业与改造传统制造业相结合

高端制造业代表了未来制造业的发展方向，对其他产业发展带动作用大，对经济发展的影响和辐射范围广泛。在全球价值链分工体系中真正具有战略价值的是高端制造业，以美国、日本、德国为代表的制造业强国无一不是高端制造业大国，特别是在新一轮信息产业革命背景下，主要制造业大国都在出台发展更尖端制造业的战略，能否在高端制造领域抢占先机决定了各国在未来国际产业格局的地位和作用。中国同样把发展高端制造业提到了国家战略层面，提出了《中国制造2025》规划。与发达国家相比，中国在高端制造业领域长期落后也造成了中国虽然是世界第一制造业大国，但主要扮演世界加工厂的尴尬角色，在国际产业分工格局中一直处于低端位置。坚实的工业基础、广阔的市场需求以及大批素质优良的产业工人队伍为中国发展高端制造业提供了优良的先决条件，未来中国在核电、高速铁路、航空制造业领域具有显著的发展空间。虽然高端制造业对产业升级带动作用较大，但传统的制造业仍然是基础，推动传统制造业的技术升级和改造同样十分关键和重要，特别是对于中国这样一个人口大国，长期都会面临较大的就业压力，在发展高端制造业的同时继续推动劳动密集型制造业的持续发展具有重要的战略意义。德国在推动产业升级的过程中，充分发挥了原有制造业的优势，通过不断提升原有产业产品的设计、质量和性能，同样保持了传统制造业的竞争力，意大利能够在纺织服装等劳动密集型行业长期保持较强的国际竞争力，同样与其高度重视产品的设计和质量，不断对劳动密集型行业进行技术更新和改造存在密切关系。中国在推动传统劳动密集型行业转型升级的策略方面应该主要侧重于淘汰落后的生产方式，采用先进的新技术改造传统劳动密集型制造行业，侧重提高产品的质量和性能，促进传统的劳动密集型制造业和新兴的知识技术密集型制造业的良性互动发展。

（三）完善职业教育体系，促进制造业人力资本积累

无论是推动高端制造业的发展还是对传统制造业的转型和升级都依赖于一大批高素质产业工人的支撑，德国依靠完善的职业教育体系培养出了大批优秀的产业技术工人，为德国制造业发展提供了重要的支撑，德国《职业技术培训法》规定青年人入岗之前必须接受专门的职业技术培训，企业也会为新员工提供充分的职业培训岗位，通过职业培训不仅能够使大量的实际操作经验得以直接被传递给青年工人，同时也有助于职业意识和敬业精神传承。职业学校和企业工厂的紧密结合，为德国培养出了数量众多的高素质技术人员，这对德国制造能够持续保持很高的竞争力起到了十分关键的作用。与德国完善的职业教育体系相比，目前中国的职业教育发展还远不能适应产业发展的需要：一方面没有真正把发展职业教育放在战略位置考虑。由于长期存在重视普通高等教育轻视职业教育的认识和社会环境，造成职业教育在中国的教育体系中的地位严重偏低，处于弱势地位。另一方面，在职业教育的具体人才培养方面同样存在诸多的问题。一是职业教育很多课程的设置与普通高等学校相关专业并无实质区别，与企业的实际需求脱节。二是各行业的企业对职业教育的参与程度低，企业缺乏参与职业教育的意识和积极性；企业和学校之间缺乏频繁的信息沟通机制，职业教育培养人才缺乏实践锻炼的机会，职业教育质量不能适应和满足企业的真正需求。三是职业教育的老师大多毕业于普通高等学校，缺乏在企业实际工作的技能和经验，对职业课程的教授也只限于从书本到书本，无法真正传授实际操作技能和实践应用能力。职业教育是科技成果向实践应用转化的重要桥梁，培养大批能够掌握熟练操作先进设备、具有丰富操作技能和经验的高素质劳动力对于增强现代企业经营能力、市场竞争

力以及提高产品质量都发挥着不可替代的重要作用。中国未来的职业教育发展需要政府把职业教育发展放在重要的战略位置,为职业教育发展提供良好的市场和社会环境,加快转变重视普通高等教育忽视职业教育的体制改革,在职业教育的课程设置、师资培养以及校企对接方面进行重点的提供支持和服务。

(四) 高度重视产品质量,提升产品的附加值和技术含量

德国制造之所以能够在全球市场具有经久不衰的竞争力,与德国制造过硬的产品质量密不可分。尽管德国制造在19世纪工业化完成初期由于产品质量问题也同样受到英国和法国等先进工业化国家的抵制和批评,但凭借德意志民族严谨的个性和对产品技术的不断摸索和改进,德国制造的品质在20世纪初期就已经在化学、机械制造、电气制造、光学及精密制造等诸多制造业领域蜚声海外,依赖严格的产品质量标准和完善的质量监督管理体系,高品质的德国制成品为德国制造带来了良好的市场品牌声誉和丰厚的利润回报;意大利制造同样是高品质产品的代名词,基于对产品质量的苛刻追求以及对产品设计和创意的精益求精,使意大利制造无论是在传统的服装、鞋帽箱包等劳动密集型行业,还是在汽车制造、精密仪器、手工制成品等行业都成功塑造了众多的世界知名品牌,显著地提升了意大利制造业在国际市场的认可度和竞争力。长期以来,中国制造的市场竞争力主要来自低成本和低价格优势,依靠数量的快速扩张不仅会加剧低品质产品在国际市场的竞争,容易造成贸易条件恶化,贸易利得受损,而且也更容易受到其他国家反倾销反补贴措施的抵制,导致贸易摩擦频繁;不仅如此,长期依赖数量竞争也对国内资源造成了巨大的消耗,粗放式的增长对生态环境造成了较大的破坏,其发展模式变得越来越不可持续;缺乏品牌优势和核心技术优势成为中国制造最大的短板,导致中国制造长期处于国家产业链分工的低端位置。因此,中国制造业转型和升级的一个核心内容就是要不断提高产品的质量,从数量竞争向质量竞争逐步过渡。产品质量的提升一方面依赖严格规范产品的生产标准和质量监督体系,另一方面也需要通过新技术循序渐进地改造传统制造业,并通过逐步提升产品的技术含量来促进制成品质量和市场竞争力的提高;从供给角度需要企业提高生产效率、增强产品质量意识和转变竞争方式,从需求角度需要不断增加消费者收入,增强其对产品质量需求偏好来共同推动中国制造业的产品质量升级。

本章主要参考文献:

1. 李坤望、蒋为、宋立刚:《中国出口产品品质变动之谜:基于市场进入的微观解释》,《中国社会科学》2014年第3期。

2. 孙彦红:《试析近年来意大利产业区的转型与创新》,《欧洲研究》2012年第5期。

3. 王永进、施炳展:《上游垄断与中国企业产品质量升级》,《经济研究》2014年第4期。

4. 巫云仙:《"德国制造"模式:特点、成因和发展趋势》,《政治经济学评论》2013年第3期。

5. 张杰、郑文平、翟福昕:《中国出口产品质量得到提升了么?》,《经济研究》2014年第10期。

6. Amiti, M., and A. K. Khandelwal, Import Competition and Quality Upgrading, NBER working paper w15503, 2009.

7. Baldwin, R. E., and T. Ito, "Quality Competition Versus Price Competition Goods: An Empirical Classification", *Journal of Economic Integration*, 26 (1), 2011, pp. 110 – 135.

8. Berry, S. T., "Estimating Discrete Choice Models of Product Differentiation", *The Rand Journal of Economics*, 25 (2), 1994, pp. 242 – 262.

9. Berry, S. T., J. Levinsohn, and A. Pakes, "Automobile Prices in Market Equilibrium", *Econometrica*, 63 (4), 1995, pp. 841 – 890.

10. Brambilla, I., D. Lederman and G. Porto, Exports, Export Destinations and Skills,

NBER working paper w15995, 2010.

11. Bustos, P., "Trade Liberation, Exports, and Technology Upgrading: Evidence on the impact of MERCOSUR on Argentinian Firms", *The Anerican Economic Review*, 101 (1), 2011, pp. 304 – 340.

12. Cardell, N. S., *Variance Components Structures for the Extreme Value and Logistic Distributions*, Mimeo, Washington State University, 1991.

13. Crino, R., and P. Epifani, "Productivity, Quality and Export Behavior", *The Economic Journal*, 122, 2012, pp. 1206 – 1243.

14. Crozet M., K. Head, and T. Mayer, "Quality Sorting and Trade: Firm-Level Evidence for French Wine", *The Review of Economic Studies*, doi: 10.1093/restud/rdr030, 2011, pp. 1 – 36.

15. Donnenfeld, S., and M. Wolfgang, "The Quality of Export Products and Optimal Trade Policy", *International Economic Review*, 28 (1), 1987, pp. 159 – 174.

16. Fajgelbaum, P., G. M., Grossman and E. Helpman, "Income Distribution, Product Quality and International Trade", *Journal of Political Economy*, 119 (4), 2011, pp. 721 – 765.

17. Feenstra, R. C., "Quality Change Under Trade Restraints in Japanese auto", *The Quarterly Journal of Economics*, 103 (1), 1988, pp. 131 – 146.

18. Fernandes, A. M., C. Paunov, "Does Trade Stimulate Product Quality Upgrading", *Canadian Journal of Economics*, 46 (4), 2012, pp. 1232 – 1264.

19. Flach, Lisandra, 2011, Quality Upgrading and Price Heterogeneity: Evidence from Brazilian Exporters.

20. Gaulier, G., and S. Zignago, BACI: International Trade Database at the Product-level: The 1994 – 2007 Version, CEPII working paper N. 2010 – 23, 2010.

21. Hallak, J. C., and P. K. Schott, "Estimating Cross-Country Differences in Product Quality", *The Quarterly Journal of Economics*, 126, 2011, pp. 417 – 474.

22. Hallak, J. C., A Product Quality View of the Linder-Hypothesis, NBER working paper w12712, 2006.

23. Hallak, Juan C., " Product Quality and the Direction of Trade", *Journal of Interna-

tional Economics, 68, 2006, pp. 238 – 265.

24. Hausmann, R., J. Hwang, and D. Rodrik, "What you Export Matters", *Journal of Economic Growth*, 12 (1), 2007, pp. 1 – 25.

25. Henn, C., C. Papageorgiou, and N. Spatafora, Export Quality in Developing Countries, IMF working paper, WP108, 2013.

26. Hummels, D., and A. Skiba, "Shipping the Good Apple out? An Empirical Confirmation of the Alchian-Alan Conjecture", *Journal of Political Economy*, 112 (6), 2004, pp. 1384 – 1402.

27. Johnson, R. C., and G. Noguera, "Accounting for Intermediates: Production Sharing and Trade in Value Added", *Journal of International Economics*, 86 (2), 2012, pp. 224 – 236.

28. Khandelwal, A. K., "The Long and Short (of) Quality Ladders", *Review of Economic Studies*, 77 (4), 2010, pp. 1450 – 1476.

29. Koopman, R., Z., Wang, and S. J., Wei, "Tracing value added and double counting in gross export", *American Economic Review*, 104 (2), 2014, pp. 459 – 494.

30. Manova, K., and Z. Zhiwei, Export Prices Across Firms and Destinations, NBER working paper w15342, 2009.

31. McCannon, B. C., "The Quality-Quantity Trade-off", *Eastern Economic Journal*, 34 (1), 2008, pp. 95 – 100.

32. Picard, P. M., Trade, Economic Geography and the Choice of Product Quality, Core Discussion Papers, 2013, http://www.ecore.be/DPs/dp_1374238449.pdf, 2013 – 7 – 19.

33. Piveteau, P., and G. Smagghue, A New Method for Quality Estimation Using Trade Data: An Application to French firms, 2013, http://www.etsg.org/ETSG2013/Papers/010.pdf.

34. Pula, G., and D. Santabarbara, Is China Climbing up the Quality Ladder? Estimating Cross Country Differences in Product Quality Using Eurostat's Comext Trade Database, ECB working paper series, No. 1310, 2011.

35. Schott, P. K., "Across-product Versus Within Product Specialization in International Trade", *The Quarterly Journal of Economics*, 119 (2), 2004, pp. 647 – 678.

36. Schott, P. K., C. Fuest, and K. Rourke, "The Relative Sophistication of Chinese Export", *Economic Policy*, 23 (53), 2008, pp. 5 – 49.

37. Sorger, G., "Horizontal Innovations with Endogenous Quality Choice", *Economica*, 78, 697 – 722, 2011.

38. Timmer, M. P., A. Erumban, B. Los, R. Stehrer, and G. J. de Vries, "Slicing up Global Value Chains", *Journal of Economic Perspective*, 28 (2), 2014, pp. 99 – 118.

39. Vandenbussche, H., F. D. Comite, L. Rovegno, and C. Viegelahn, "Moving up Quality Ladder? EU-China Dynamics in Clothing", *Journal of Economic Integration*, 28 (2), 2013, pp. 303 – 326.

40. Verhoogen, E. A, "Trade, Quality Upgrading, and Wage Inequality in the Mexico Manufacturing Sector", *The Quarterly Journal of Economics*, 123 (2), 2008, pp. 489 – 530.

41. Xu, Bin, "The Sophistication of Export: Is China Special?" *China Economic Review*, 21, 2010, pp. 482 – 493.

(本章由毛日昇执笔)

第 五 章

就业市场再配置：教育、劳动力转移与收入分配

　　缩小贫富差距、让民众分享改革与发展的成果，既是实现包容性增长的要求，亦是新兴经济体国家所面对和亟须解决的结构性问题。就业市场的劳动力供求、劳动者的受教育水平，不仅关系到一国产业生产率的提高，而且是收入分配的重要影响因素。因此是我们对结构性问题进行实证研究的第二项重点工作。

◇◇ 第一节　中国就业市场再配置效应的分析：基于劳动力需求角度的分析

　　作为人口和劳动力资源大国，中国长期存在显著的就业压力。如何创造更多的就业机会以缓解就业市场的压力，同时降低国内产业结构调整和外部经济波动对就业市场的负面冲击，始终是中国经济发展过程中迫切需要解决的重要课题。过去 30 多年来，特别是近 20 年来，伴随中国对外经济开放规模的显著增长和国有企业的市场化改革的快速推进，中国的就业市场无论是就业结构和规模、地区分布还是劳动力流动的特征都随之发生了深刻的变化：一方面，沿海地区对外贸易规模的迅速扩张，特别是

2004年加入WTO以来，在创造大量的就业机会的同时也带动了劳动力从中西部地区向东部沿海地区的大规模迁移，促进了劳动力在不同地区和产业部门之间的重新配置，充分释放了中国劳动力要素禀赋的比较优势，促进了生产率的快速增长；另一方面，20世纪90年代中期开始的国有企业大规模市场化改革和重组，造成了显著的就业岗位损失；而与此同时，众多民营企业的快速崛起以及外商直接投资企业大规模进入中国市场创造了大量的就业岗位，有效地缓解了国有企业市场化改革和重组过程中对国内就业市场产生的负面冲击效应，对于维持中国就业市场的稳定起到了十分重要的作用。显然，就业岗位的创造往往伴随着就业岗位的损失，也正因为就业岗位的创造和消失同时产生才造成了劳动力在不同地区、不同产业部门之间以及劳动力在产业部门内部的流动和再配置，而劳动力等生产要素的重新配置本身是生产率增长的重要源泉之一。传统的国际贸易理论（H-O-S）和以Krugrman（1979）等为代表的新贸易理论提出者主要强调了贸易开放导致劳动力等生产要素在不同产业部门之间的配置以及从干中学、引入外部竞争、规模扩张、知识技术外溢等途径对一国生产率产生促进作用；而以Mclitz（2003）为代表的新一代贸易理论者则突出强调了贸易开放导致要素在产业内部但在不同生产率企业之间的重新配置进而对加总的生产率可能产生的巨大促进作用。

国内学者对于就业和劳动力市场的变迁及其影响因素做了大量的研究。蔡昉（2004，2007）从多方面探讨了中国就业规模的统计一致性，以及劳动力市场发育及就业结构的变迁过程。而更多的国内学者研究内容主要集中于考察就业增长的影响因素以及经济增长与就业之间的关系（胡鞍钢，1997；陆铭、陈钊，1998；蔡昉、都阳、高文书，2004；宋小川，2004；俞会新、薛敬孝，2002；周勤、吴利华，2008）。尽管就业问题对于中国经济发展和社会稳定具有特别重要的现实意义，但大量的相关研究和政策制定者往往关注于净就业的增长和就业水平的稳定，很少有研究专门估算和分析中国工业部门的就业创造、就业损失、就业在产业内部的重新配置效应。计算和评估中国就业市场的就业创造、就业损失、净就业与总的就业再配置效应的相互关系及变化趋势，具有以下几方面重要的现实意义：首先，由于就业水平体现为就业创造和就业损失综合变化的净效应，多数情况下就业增长变化的幅度要远小于就业创造和就业损失的变化幅度，低水平的净就业增长既可能体现为同时存在较高的就业创造和就业损失效应，也可能体现为同时存在较低的就业创造和就业损失效应；净就业水平的变化只反映了劳动力在不同产业之间或者不同地区之间的流动（或者再配置）规模，而大量的劳动力流动出现在同一产业的内部，这并不会引起行业净就业水平的变化，但会造成劳动力在产业内部重新配置；显然，区别分析产业和地区部门的就业创造、就业损失以及净就业水平的变化状况能够更加全面地反映劳动力在不同层面的总体流动状况。其次，尽管就业创造和就业损失是同时产生，但一些研究表明在很多国家的就业市场中，就业的创造效应和损失效应是不对称的，失业产生的一个重要原因在于经济发展过程中就业的损失效应往往要高于就业的创造效应，比如技术进步一方面会创造新的就业机会，另一方面也会淘汰旧的生产方式造成就业损失的增加，由于就业的创造过程通常是一个缓慢而又艰难的过程（人员的培训、雇员的技能与工作岗位的匹配、劳动力市场的摩擦等一系列过程），但是就业岗位的削减和损失通常是相对直接而又短暂迅速的过程，国外研究劳动力市场和宏观经济领域的许多学者包括 2010 年获得诺贝尔经济学奖的三位经济学家（Diamond、Mortensen 和 Pissarides）在该研究领域做了大量的理论分析和经验研究工作，从不同的角度解释了就业创造和就业损失的不对称性与失业率之间的关系（Mortensen 和 Pissarides，1994，1998；Caballero 等，1997；Kambourov，2009；Wacziarg 和 Wallack，2004）。最后，就业的创造效应和就业的损失效应本身蕴含着截然不同的经济学福利含义，比如造成净就业陷入低增长的原因既可能是由于就业创造增长缓慢,也可能是由于就业损失的增长速度较快,就业创造增长缓慢意味着潜在的就业机会没有得到较好的开发,劳动力资源潜力没有得到充分的利用,但并不会对现有的劳动力市场稳定造成显著的负面冲击,其经济福利的损失是潜在的,但较高的就业损失增长率则意味着很多劳动力要脱离已有的工作岗位,需要重新接受培训和寻找合适的工作机会,多数情况下需要付出昂贵的沉淀成本和寻找匹配代价,其经济的福利损失是直接现实而又巨大的。因此,相同水平的净就业增长本身不仅体现着不同水平的就业创造和就业损失增长率,也蕴含着不同的经济社会福利变化状况。基于上述问题的考虑和现实意义,本章采用 1998—2009 年工业企业调查数据库,全面计算和评估了中国工业部门的就业创造、就业损失以及就业市场总体的再配置效应。

一　数据说明及处理过程

本章基于中国工业企业数据库,计算了 1998—2009 年中国工业部门按照不同特征分类后的就业创造、就业损失、净就业以及就业总休的重新配置变化状况。中国工业企业大型面板数据库来源于国家统计局,数据库涵盖了中国工业行业所有规模以上企业的相关财务数据,涵盖企业数量呈现逐年上升的趋势,1998 年涵盖的企业数量超过 165000 个,2009 年数据库涵盖企业数量超过 305000 个,2008 年企业数目最高,超过 411000 个。由于统计标准的变化以及统计过程存在的诸多瑕疵,需要解决诸如单独年份存在重复的观测值企业,企业代码与企业名称在不同年份不一致、行业分类标准不统一等众多问题,这里我们借鉴了 Brandt 等(2012)的方法,参考其对中国工业企业面板数据处理提供的程序,对该数据采用分步骤逐层匹配的方法来匹配数据和数据清理,并且进行相应的行业标准统一;同时,由于工业企业调查数据库没有提供企业进入和退出的具体时间,界定工业行业中企业的进入和退出本身是一个较为复杂的问题，因此计算没有考虑由于企业的当期进入造成的就业创造效应以及企业当期的退出造成的就业损失效应，因此这里实际采用的企业面板数据只保留了具有连续观测值的企业；我们这里需要计算按照不同行业、不同所有制结构分类的就业创造等指标，因为一些企业会在多个行业从事经营业务，或者在不同的时期和不同的行业从事经营业务；由于企业兼并、收购和转制问题的存在，一些企业的所有制形式在不同时期存在不一致的问题，因此这里的计算同样删除了具有多种经营以及所有制形式发生变化的企业。同时，基于已有的相关研究通常采用的标准，我们只保留了1998—2009年平均雇佣人员数量超过5人的企业。经过筛选和匹配，最终采用计算的企业面板数据库去除了大约25%的企业样本，其中1998年的实际包括111337个企业，2009年包括275765个企业，2008年最高，达到328973个企业，每家企业在不同时期都对应单一的4位码行业（经过统一行业标准，共有660个4位码行业）、单一的所有制形式。具体的数据描述性统计请见表5—1。

表5—1　　　　　中国工业企业数据样本描述性统计值

年份	企业个数（个）	平均值					
		总销售额（千元）	出口额（千元）	从业人（人）	存货值（千元）	总利润（千元）	总工资（千元）
1998	111337	32762.3	6920.0	285	7231.8	662.7	2071.3
1999	124773	33696.9	6940.9	259	6907.5	947.2	2010.7
2000	123497	38693.1	8783.3	248	7285.7	1612.6	2174.7
2001	126036	41424.6	9521.3	228	7197.8	1780.6	2350.8
2002	138361	44834.4	10694.3	220	7050.8	2145.7	2326.8
2003	152719	54215.6	13275.3	220	7763.8	2870.0	2569.2
2004	217370	52956.0	14029.4	186	7418.1	2742.7	2508.8
2005	230406	65554.3	16258.9	194	8215.0	3258.2	2948.5

续表

年份	企业个数（个）	平均值					
		总销售额（千元）	出口额（千元）	从业人（人）	存货值（千元）	总利润（千元）	总工资（千元）
2006	259704	75608.1	18043.8	190	8857.1	3995.3	3334.7
2007	289239	88367.9	19583.2	186	9757.5	5284.7	3984.5
2008	328973	89657.6	18586.3	174	9494.2	5083.4	4528.2
2009	275765	101285.4	16961.9	173	9783.3	6496.3	—
全部	2378180	67938.9	14871.1	202	8445.2	3669.8	3088.6

二 计算指标与方法

基于已有的研究（Davis 等，1992，1996），这里将一个行业（或者一个地区，或者其他的分类标准）总的就业创造定义为加总该行业中企业就业人数扩张的数量；同样一个行业总的就业损失定义为加总该行业中企业就业人数缩减的数量；为了便于比较通常采用相对的就业创造和就业损失率来定义相关的指标体系，具体的指标说明如下：定义 L_{fct} 为企业 f 在某一个行业、一个地区或者其他分类标准 c，在时间 t 的就业人数，ΔL_{cft} 表示相应的就业变化率，如果 $\Delta L_{cft} > 0$，表示企业 f 在时间 t 存在就业创造效应，反之如果 $\Delta L_{cft} < 0$，表示企业存在就业损失效应；加总一个行业（或者按照某种标准分类）中所有企业的就业创造（损失）就可以得到行业层面总的就业创造（损失）规模，因此行业层面就业创造的增长率（JC）和就业损失的增长率（JD）分别可以表示为：

$$JC_{ct} = \sum_{\substack{f \in c \\ \Delta L_{fct} > 0}} \left(\frac{\Delta L_{fct}}{\bar{L}_{ct}} \right) \qquad (5-1)$$

$$JD_{ct} = \sum_{\substack{f \in c \\ \Delta L_{fct} < 0}} \left(\frac{|\Delta L_{fct}|}{\bar{L}_{ct}} \right) \qquad (5-2)$$

其中，$\bar{L}_{ct} = 0.5 \times (L_{ct} + L_{ct-1})$，表示就业在当期和前一期的平均值。就业的总体的再配置效应（JR）可以用劳动力在产业内部和产业之间总的流动率（Gross job flows）来反映，即：$JR = JC + JD$；而净就业水平表现为就业创造和就业损失的净差额，即净就业的增长率（JN）可以表示为：$JN = JC - JD$；由于净就业的增长只反映了劳动力在产业之间的流动状况，而大量的劳动力流动是发生在产业内部，并不会引起产业层面净就业水平的变化，但会造成劳动力在产业内部的重新配置，因此劳动力在产业内部的重新配置效应（JE）的变化状况可以用总体的劳动力再配置效应减去净就业的变化的绝对值来反映，即：$JE = JR - |JN|$。

三　计算结果的分析

（一）工业行业总体的就业市场变化状况分析

表5—2给出了利用样本数据计算的不同年份工业行业总体的劳动力流动状况，数据显示：工业行业的就业创造效应总体上呈现逐步上升的趋势，就业创造率从2000年最低为8.6%上升到2008年的12.4%；与此同时，工业行业的就业损失效应则出现了逐步下降的趋势，从1999年最高达到14.6%下降到2006年最低为8.1%；显然受到2008年金融危机的影响，工业行业2009年的就业创造效应相对于2008年出现了较明显的下降，而就业的损失效应则出现了较为明显的上升；净就业表现为就业创造和就业损失的净差额，显然净就业增长率的绝对幅度远小于就业创造率和损失率，但净就业增长率在不同年份呈现出较大的差异性，其增长率在1999年最低为−5.7%，2005年最高达到5.7%；就业的总体配置效应反映劳动力在产业之间和内部总体的流动状况，表5—2中的数据显示就业总体的再配置率年平均（按就业人数规模进行加权平均）约为20.5%，但1999—2009年净就业的年平均增长率仅为1%，表明大量的劳动力流

动是发生在产业内部而非产业之间,表5—2中的统计数据同样说明了这一点,反映劳动力在产业内部流动规模的就业过度配置率(表示劳动力流动并不会引起净就业的变化)年加权平均值高达17.7%,表明总体上超过85%的劳动力流动发生在产业内部而非产业之间;同时从历年的变化状况来看,就业过度配置率占就业总体配置率的比重2005年最低,为74.3%,2009年最高,达到97.8%。

表5—2　　　　　中国工业行业总体的劳动力流动状况　　　　　单位:%

年份	就业创造（JC）	就业损失（JD）	净就业（JN）	就业总配置（JR）	就业过度配置（JE）
1999	8.9	14.6	-5.7	23.5	17.8
2000	8.6	11.9	-3.3	20.5	17.1
2001	7.2	10.0	-2.8	17.2	14.3
2002	10.1	9.5	0.6	19.6	19.0
2003	10.7	8.5	2.2	19.2	17.0
2004	10.2	9.0	1.2	19.2	18.0
2005	14.0	8.3	5.7	22.2	16.5
2006	11.0	8.1	2.9	19.1	16.2
2007	11.2	8.2	3.1	19.4	16.3
2008	12.4	9.3	3.1	21.7	18.6
2009	11.0	11.5	-0.4	22.5	22.0
平均值	10.8	9.7	1.0	20.5	17.7

注:表中的指标的平均值是利用各年就业人数进行加权后得到的平均值

(二) 就业创造和就业损失变化的持续性

由于在当期新创造的就业岗位在下一时期或者未来某个时期会消失掉,同样当期消失的工作岗位也可能在下一时期或者未来某个时期被重新启用(或者重新创造出来),就业创造和损失的持续性本身反映了劳动力流动的持续性,因此关注就业创造和就业损失的持续性同样就有重要的现实意义。通常情况下，我们将就业创造（损失）的持续性定义为当期新创造（损失）的就业岗位中，那些能够持续到下一期或者未来某个时期的就业岗位占全部新创造（损失）岗位的比重，比重越高表明就业创造（损失）的持续性越高，同时也表明就业岗位的变化引起劳动力流动的持续性越高。表5—3给出了利用样本数据计算得出的中国工业部门2000—2009年就业创造和损失的持续性，数据显示：当期创造的就业岗位能够持续到下一期的比重在2006年最高，达到82.4%，2005年最低，只达到44.5%，能够持续到下一期的平均比重只有57.9%。表中的第二列显示当期创造的就业岗位能够持续到两年后的比重2007年最高，为50.5%，2005年最低，只有22.9%，能够持续到两年后的平均比重只有32.9%。

表5—3　　　　　就业创造和就业损失的持续性　　　　　单位：%

年份	PJC1	PJC2	PJD1	PJD2
2000	56.5	—	81.2	—
2001	63.3	37.2	70.5	54.7
2002	42.8	29.8	69.9	49.0
2003	55.0	24.7	64.4	47.1
2004	51.4	27.3	42.4	27.7
2005	44.5	22.9	55.9	27.3
2006	82.4	35.2	60.7	36.1
2007	63.9	50.5	60.1	36.0
2008	51.1	30.4	47.3	28.3
2009	61.1	32.3	51.0	24.3
平均值	57.9	32.9	58.7	34.9

注：表中的平均值为利用各年就业水平进行加权后得到的平均值；表中的PJC1（PJC2）表示在时间$t-1$到t新创造的就业岗位在时间$t+1$（$t+2$）仍然存在的比重；同样PJD1（PJD2）表示在时间$t-1$到t消失的就业岗位在时间$t+1$（$t+2$）仍然消失的比重。

表5—3中的第三列和第四列分别给出了当期消失的工作岗位在下一期以及两年后仍然没有恢复的比重,数据表明就业消失能够持续一年的比重在2000年最高,达到81.2%,在2004年最低,只有42.4%,加权平均值只有58.7%;就业损失持续能够持续两年的比重2000—2009年为24.3%—54.7%,加权平均值只有34.9%。多数针对发达国家和一些转型国家的研究数据显示(Davis和Haltiwanger,1992;Albaek和Sorensen,1998;Haltiwanger和Vodopivec,2002;Brown和Earle,2002):当期就业创造和损失能够持续到下一年的平均比重至少在80%以上,而能够持续到两年之后的比重在60%以上;显然,中国工业部门就业创造和损失的持续性远低于发达国家和一些转型国家相应的比重,这同时也意味着中国工业行业的劳动力总体的就业和失业的持续性很低,总体的劳动力流动的频率远高于发达国家和一些转型国家;造成这一现象可能有两个主要的原因:一是20世纪90年代开始的国有企业大规模重组改革、民营企业的快速崛起以及外商直接投资大规模进入导致工业部门的所有制结构存在持续性的转变,导致劳动力在不同所有制工业部门之间大规模频繁地流动;二是对外开放水平的快速提高,特别是2004年中国加入WTO,不仅导致大规模的劳动力迁移,而且造成产业结构的持续性调整,从而也会造成劳动力流动频率上升。

(三)企业异质性、所有制结构、地区差异与就业创造和就业损失的变化状况

上述分析只考虑了就业的再配置效应在不同年份总体的变化状况,由于不同特征类型的企业以及不同地区的企业的就业创造效应和就业损失效应可能存在显著的差异,比如较为年轻的企业相对于生存时间较长的企业,就业岗位的创造和消失更为频繁,就业的再配置效应可能更大;不同规模以及不同生产率的企业的就业创造和损失效应同样可能存在显著的差异。基于上述情况,本章同样计算了不同年龄、不同规模、不同所有制类

型、不同地区的就业再配置效应。表5—4给出了具体的统计和计算结果。

表5—4　　　　　　按不同特征划分的就业再配置效应　　　　　　单位:%

特征		就业创造	就业损失	净就业	就业总配置	就业过度配置	比重
企业的年龄	0—1	17.2	8.1	9.2	25.1	7.6	0.7
	1—4	15.4	8.0	7.0	23.8	8.3	6.9
	5—9	12.8	8.7	4.0	21.5	8.2	29.4
	10—20	10.9	9.5	1.5	20.3	8.8	41.0
	20+	6.1	9.4	-4.0	16.3	2.0	22.0
企业的规模（平均就业人数）	5—50	6.5	6.8	0.2	13.3	12.0	2.2
	51—150	8.5	8.2	0.3	16.6	15.0	13.6
	151—300	10.5	9.3	1.2	19.8	17.4	18.2
	301—500	10.1	9.8	0.3	19.9	17.8	14.8
	501—1000	10.4	10.0	0.4	20.4	18.0	18.5
	1000+	12.6	10.6	2.0	23.3	19.0	32.8
所有制类型	国有	6.0	13.0	-7.0	18.9	11.7	13.2
	私营	12.6	9.2	3.4	21.8	18.4	25.6
	外资	12.9	8.7	4.2	21.6	16.7	15.2
	港澳台	12.2	9.9	2.3	22.1	18.5	16.6
	其他	9.3	9.3	0.0	18.6	16.3	29.3
地区（省份数量）	华北(5)	9.7	10.2	-0.5	19.9	17.7	9.8
	东北(3)	10.5	12.2	-1.7	22.7	17.5	6.7
	华东(4)	10.4	9.0	1.4	19.4	16.2	37.6
	中部(6)	10.0	9.8	0.2	19.8	16.0	13.7
	东南(2)	13.0	10.1	2.9	23.1	19.2	23.5
	西南(4)	9.6	9.8	-0.2	19.4	15.6	5.4
	西北(5)	7.4	9.0	-1.6	16.4	13.8	3.0

注：表中所有的统计数据均为1999—2009年的加权平均值，权重为历年的就业总规模。

（1）按照企业生存时间长短区分的计算结果显示：随着企业生存年龄

的增长，企业总体的就业创造效应呈现逐步下降的趋势，而企业的就业损失效应呈现逐步上升的趋势；同时随着企业年龄的增长，企业的净就业和就业总体的再配置效应也呈现逐步下降的趋势，表明年轻的企业相对于生存时间较长的企业，就业的创造能力以及劳动力总体的效应更高，这也符合多数的相关研究结论，新成立的企业更可能雇佣人员，也更容易引起就业的增长以及劳动力的重新配置。

（2）按照企业规模大小（用企业的平均就业人数来表示）区分的计算结果显示：随着企业规模的增长，就业的创造效应、损失效应以及就业总体的再配置效应呈现逐渐上升的趋势，但多数的相关研究却表明小规模企业的就业创造效应较强，并且由于小规模的企业容易被淘汰出市场，因此其就业损失效应也较强，同时小规模企业也容易引起总体就业岗位的变化和劳动力的流动。本章的计算结果刚好与多数的相关研究结论相反，产生这一现象的主要原因可能在于：首先，本章采用的数据只包括了规模以上工业企业，即多数都是大型工业企业，表5—4的统计数据显示就业人数为5—50人的企业占全部样本的比重仅为2%。其次，在中国工业行业中，生产率较高和生产率较低的企业可能都是大型企业，而非中小型企业，因此大型企业相对于中小型企业的就业创造和损失效应确实较强。

（3）按照企业的所有制类型区分的计算结果显示：国有企业的就业创造效应远低于其他所有制类型的企业，其就业创造率不及私营、外资及港澳台企业的一半，而国有企业的就业损失率却远高于其他所有制类型企业，其年均的就业损失率为13%；同样，净就业的增长率方面，国有企业的净就业年均增长为 -7.0%，而私营和外资企业的年平均就业增长率分别为3.4%和4.2%；同时，私营和外资企业的就业总体再配置效应也高于国有企业，年平均增长率都超过了20%；上述计算结果也进一步验证了之前的判断，即私营企业的崛起和外资企业的大规模进入是中国工业行业就业创造的主要力量，是拉动就业增长的主要动力，有效地抵消了国有企业转制和重组改革对就业市场带来的负面冲击。

（4）按照地区分布的计算结果显示：东南（广东和福建）地区的就业创造效应最高，年平均就业创造率达到13.0%，西北地区的就业创造效应最低，年平均就业创造率仅为7.4%；从就业损失率的地区分布状况来看，东北地区的就业损失效应最高，年平均就业损失率为12.2%，主要原因仍然在于东北地区的国有企业较为集中，过去20年持续的大规模的国有企业改革重组造成其就业损失增长速度较快，而华东和西北地区的就业损失率最低，年平均增长速度为9.0%；因此，从净就业水平的变化来看，就业增长主要来自东部地区，其他地区的净就业基本处于负增长水平；计算指标同样表明，东南地区和东北地区分别是就业总体再配置效应最为明显的地区，年平均就业总体的再配置率都超过了22%。

（四）不同工业行业的就业创造、就业损失与就业再配置效应的对比

为了反映不同行业劳动力流动的总体状况，这里同样计算了按照两位码分类的中国工业行业的就业创造、就业损失、净就业以及总体的就业再配置效应，表5—5给出了25个两位码行业相应指标的计算结果。表中的数据显示：从不同行业的就业创造水平来看，不同行业的就业创造能力呈现显著的差异，1999—2009年电子设备制造业的年平均就业创造率最高，达到15.7%，烟草制造行业的年平均就业创造率最低，仅为7.3%，就业创造水平较高的行业还包括石油和天然气开采、铁矿石开采、食品制造、家具制造、塑料品制造、电气机械设备制造，年平均就业创造的增长率都超过了12%，显然就业创造较强的行业主要集中在一些资源和劳动密集型，以及加工贸易较为突出的行业。从不同行业的就业损失情况来看，与不同行业的就业创造增长率相比，大多数行业的就业损失率相对较低，其中食品制造行业的就业损失率最高，为11.3%，石油和天然气开采行业的就业损失率最低，为7.8%，就业损失率超过10%的行业还包括铁矿石开采、纺织、家具制造、文教体育用品制造、塑料品制造、专用设备和仪

器仪表制造行业;从净就业的变化状况来看,多数行业的年平均就业率呈现正向的增长,就业总体的增长率较低,电子设备制造业的年平均就业率最高,为5.8%,而烟草制造业的就业增长率最低,就业年平均增长率为-2.4%,其中25个行业中有16个行业的净就业年增长率低于2%,就业增长率相对较高的行业主要包括石油和天然气开采、铁矿石开采、电气机械设备和电子设备制造,年平均增长率超过3%;与净就业指标变化不显著的状况刚好相反,多数工业行业就业的再配置效应的变化十分明显,其中电子设备制造业的就业再配置率最高,达到25.5%,而烟草制造行业的就业再配置率最低,为17.0%,25个工业行业中有12个行业的就业再配置率超过了20%,就业再配置效应相对较高的行业仍然集中在铁矿开采、食品制造、家具制造、文教体育用品制造、塑料品制造以及电气机械设备和电子设备制造行业,总体上都属于劳动密集度较高或者加工贸易特征较为显著的工业行业。显然,对比净就业指标和就业再配置效应指标的变化状况同样可以发现:不同工业行业中,劳动力的流动主要发生在产业内部而非产业之间,大多数工业行业在产业内部的再配置效应占总体的再配置效应超过90%。

表5—5　　　　　按行业分类的就业创造与就业损失效应　　　　单位:%

工业行业（两位代码）	就业创造	就业损失	净就业	就业总配置
煤炭开采（06）	9.6	8.8	0.8	18.4
石油和天然气开采（07）	13.5	7.8	5.7	21.3
铁矿石开采（08）	13.2	10.2	3.0	23.4
食品制造（14）	12.3	11.3	1.0	23.6
烟草制造（16）	7.3	9.7	-2.4	17.0
纺织（17）	9.0	10.3	-1.3	19.2
服装（18）	10.7	9.6	1.1	20.3
木材及木制品（19）	11.6	9.9	1.7	21.5

续表

工业行业（两位代码）	就业创造	就业损失	净就业	就业总配置
家具制造（21）	12.9	10.7	2.3	23.6
印刷与媒介复制（22）	9.7	9.4	0.3	19.0
文教体育用品（24）	11.3	10.8	0.6	22.1
化学品制造（26）	9.4	9.6	0.2	19.0
医药制造（27）	10.2	8.0	2.3	18.2
化学纤维（28）	8.9	9.5	-0.6	18.4
橡胶制造（29）	9.5	9.5	0.0	19.1
塑料品制造（30）	12.2	10.1	2.1	22.3
石灰、玻璃（31）	8.9	9.8	-0.8	18.7
金属冶炼（33）	10.0	7.9	2.1	17.9
金属压延制品（34）	11.4	10.0	1.5	21.4
通用设备制造（35）	9.6	9.1	0.5	18.7
专用设备制造（36）	9.6	10.2	-0.6	19.8
交通运输设备（37）	10.5	8.5	2.0	19.1
电气机械设备（39）	12.4	9.1	3.3	21.6
电子设备（40）	15.7	9.8	5.8	25.5
仪器仪表制造（41）	11.4	10.9	0.5	22.3

注：表中的数据为1999—2009年的加权平均值；权重为各行业历年的就业人数。

四 对工业企业就业创造效应的基本判断

利用中国规模以上工业企业面板数据（1998—2009年），按照不同的分类标准计算了工业行业总体的就业创造、就业损失、净就业变化以及总体的就业再配置效应。计算结果显示：(1) 工业行业总体的就业创造和就业损失效应都较为显著，年平均增长率为10%左右，而净就业的增长率较为缓慢，年加权平均值仅为1%左右，就业的总体再配置年增长率超过20%，表明绝大多数就业再配置发生在产业内部而非产业之间。(2) 与多数发达国家和转型国家相比，中国工业行业的就业创造和就业损失的持续性很低，表明就业岗位的转换和劳动力流动的频率很高，国有企业的大规模改制以及对外开放规模的快速扩张造成产业结构的持续性调整是这种现象产生的重要原因。（3）按照企业特征和地区特征对相应的指标进行计算，结果表明：新企业相对于生存期较长的企业就业的创造效应以及就业的再配置效应较为明显；随着企业规模的扩大，就业的创造效应、损失效应以及就业的再配置效应都会随之增加；国有企业的就业创造效应远低于其他所有制类型企业，但国有企业的就业损失效应显著高于私营、外资及港澳台企业，私营的快速崛起以及外资企业的大规模进入工业行业显著抵消了国有企业改革转制对就业市场产生的负面冲击效应；东南地区的就业创造效应最为显著，而东北和西北地区的就业损失效应最为显著，华东和东南地区成为拉动中国工业行业就业增长的主要动力。（4）按行业分类后计算的相应指标显示：不同行业的就业创造效应和就业损失效应呈现显著的差别，多数行业的就业创造效应高于就业损失效应；同时就业创造、净就业以及就业总体的再配置效应较为显著的行业主要集中在资源和劳动密集度较高以及加工贸易特征较为明显的行业；同时分行业的计算结果进一步表明劳动力的再配置（或流动）主要发生在同一产业内部而非产业之间。

◇◇ 第二节　劳动力转移与劳动力市场分割：基于劳动力供给角度的分析

劳动力转移是劳动力资源实现有效配置的一种不可或缺的条件，学术界对其所带来的积极效应做了很多分析。劳动力转移有利于促进投资和消费、增加内需、刺激经济发展（World Bank，2005；国务院发展研究中心，2010）；促使城市达到最优规模，大幅提高劳动生产率（Au 和

Henderson，2006）。在微观层面上，农村劳动力的外出就业对增加农村居民收入、减少农村贫困、缩小城乡居民之间收入差距有重要作用（李实，1999；2010；Whalley 和 Zhang，2006；都阳、Albert Part，2006）。近年来，中国农村劳动力向城市的大规模流动与城乡工资差距扩大并存，陈钊、陆铭（2008）认为这是劳动力迁移政策向城市居民利益倾斜的结果。通过户籍身份等制度性约束，城市控制农村劳动力进城的数量，从而压低劳动力进城的工资，这减弱了劳动力迁移本应发挥的缩小收入差距的作用。Poncet（2006）和 Bao 等（2009）发现户籍制度对劳动力迁移规模有显著的束缚作用，随着户籍约束的放松，迁移人口的规模和结构都发生了变化。孙文凯等（2011）总结了16个省份从1998年到2006年实行的户籍改革，并通过双差分的方法对比了其中8个省份，考察了改革对于农村劳动力转移的影响，包括农村劳动力外出务工总量、向大中城市流动的数量和务工时间等，发现户籍改革对短期劳动力转移没有显著影响，户籍改革在引导农民工流动方面作用有限。与这篇文章类似，邢春冰等（2010）也采用双差分的方法考察了户籍改革对婚姻市场的影响。文章指出，由于父母的户口性质决定着子女的户口性质，中国1998年以前子女只能随母落户的政策明显影响了不同户籍间的通婚情况，户籍分割在婚姻市场同样存在，而1998年执行的子女自愿随父随母落户的改革显著提高了城镇男性与农村女性之间的通婚比率，从而对人口流动产生了一定的影响。

长期以来，地方政府为保护本地劳动力不受冲击，往往制定一系列地方性法规，通过约束用人单位对迁移劳动者所能从事的职业进行限定。以河北省为例，1998年河北省劳动厅下发了文件，对允许和限制招用农民工的行业和工种岗位做出明确规定，其中，允许招用农民工的岗位包括纺织、化工、城建等行业的车工、力工、电工、清洁等近400个工种，全部集中于"脏、累、重、险"等工作，而更加安全、体面且报酬优厚的行业和岗位则一应限制农民工进入。[①] 这样的规定显然形成了不同户籍身份的劳动者在就业上的严峻屏障，明显约束了农村劳动者的就业机会。2004年年底，《国务院办公厅关于进一步做好改善农民进城就业环境工作的通知》第一条规定就要求清理和取消针对农民进城就业等方面的歧视性规定和职业工种限制。[②] 由此可见户籍身份对于农村劳动力就业的重要影响。很多学者关注了农村劳动力迁入城镇市场后所面临的就业机会和工资差距的问题（Alexander 和 Chan，2004；严善平，2007；Chan，2010）。Meng 和 Zhang（2001）发现流动劳动力与城镇居民之间职业分割严重，且受到的工资歧视非常明显。王美艳（2005）综合单位所有制形式和职业类型两个标准对就业岗位进行了划分，发现流动劳动力与城镇劳动力之间的工资差异中，59%都是由就业岗位之间的差异引起的。Zhang 和 Meng（2007）考察了流动劳动力与城镇居民之间工资差距的变化，发现工资差距呈扩大趋势，其主要的原因是农村流动劳动力的教育收益率在减小；随着在迁入地工作年数的增加，流动劳动力的工资可能会逐渐向城镇劳动力的工资趋同，但低教育水平的人群组趋同得更加明显。杨云彦、陈金永（2000）指出，外来劳动力和本地人口在收入决定机制上的制度性分层非常明显，户口登记状况及单位性质对劳动力的工资收入产生着显著的影响，而这两方面外来劳动力都处于不利地位。钟笑寒（2006）认为，农村劳动力流入城镇会导致劳动力的重新分工，城镇劳动力从事"白领"工作，农村劳动力从事"蓝领工作"，这种职业上的差别看起来扩大了城乡之间、城镇内部的工资差距，但实际上促进了劳动分工、带来了资源优化配置，属于帕累托改进过程。

---

① 《河北省劳动厅关于允许和限制招用农民工的行业及工种岗位的通知》（冀劳〔1998〕16号）。

② 例如《国务院办公厅关于进一步做好改善农民进城就业环境工作的通知》（国办发〔2004〕92号）。

一　中国劳动力市场分割的现状

在劳动力市场的多个指标中，相较收入水平、工作时长等其他就业特征而言，职业分布最能体现劳动者受到的制度性约束。在2000年的第五次人口普查和2005年的全国人口1%抽样调查中，职业类型分为"国家机关、党群组织、企业、事业单位负责人""研究人员和技术人员""业务人员和专业办公人员""办事人员和有关人员""商业、服务业人员""生产、运输设备操作人员及有关人员"等。可以将前四类职业定义为"白领职业"，将后两类职业定义为"蓝领职业"。相较于白领职业，蓝领职业的平均收入水平较低、工作时间较长、劳动任务更繁重、社会保障覆盖率更低、就业稳定性与工作环境等都比较差。从制度的角度看，外来劳动力在就业过程中所受到的制度约束在白领职业中表现得更为突出，而进入蓝领职业则更为自由。劳动力样本的职业分布情况在两个年份分别如图5—1所示，在城镇市场上，相较于农村劳动力（包括本地农村和外地农村），城镇劳动力中有更大比例担任单位负责人、技术人员、业务人员和办事人员的工作，农村劳动力则主要集中在商业服务业和设备操作岗位。这种特征在2000年和2005年都是清晰的。

表5—6给出了取得白领职业的比例分布情况。显然，本地城镇劳动力从事白领职业的比例在四类户口类型中最高，在45%左右；外地城镇劳动力居于其次，2005年时也达到了40%以上；本地农村劳动力位居第三，取得白领职业的比例不足20%；外地农村劳动力的职业分布最差，取得白领职业的比例不足10%。整体而言，整个劳动力市场从事白领职业的比例从2000年到2005年都有所提高，从2000年的32.1%上升到2005年的接近35.7%。其中，外地城镇劳动力和本地农村劳动力的上升比例最快，分别上升了6.5个和4.9个百分点。

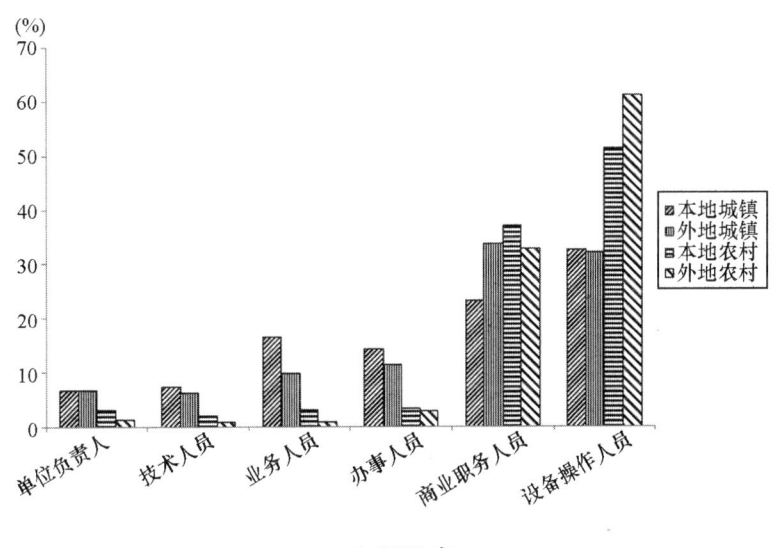

第五章 就业市场再配置：教育、劳动力转移与收入分配

(a) 2000 年

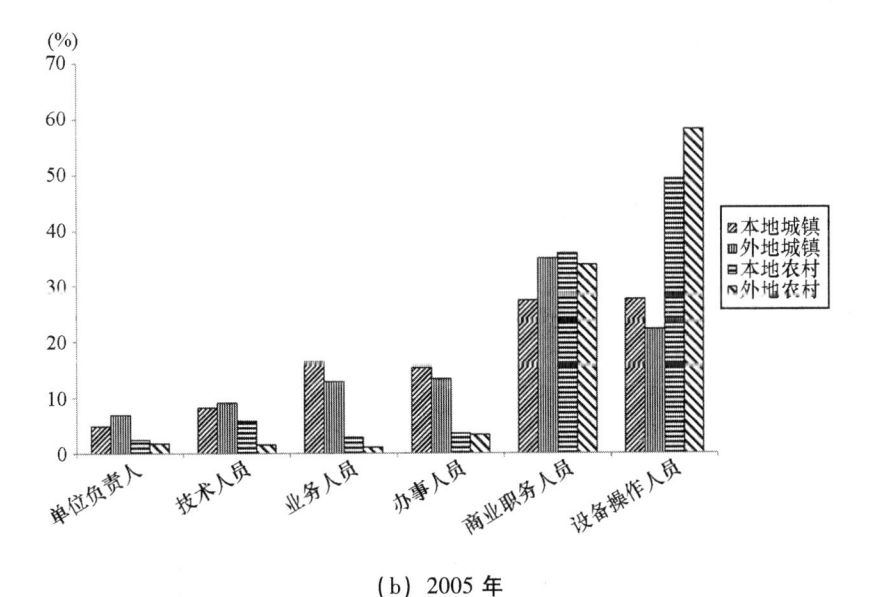

(b) 2005 年

图 5—1 全国劳动力按户籍身份划分后的职业分布情况

表5—6　　　　不同户籍身份的劳动者取得白领职业的比例　　　　单位:%

户籍身份	2000年	2005年
本地城镇	44.4	46.3
外地城镇	34.1	40.6
本地农村	11.6	16.5
外地农村	6.1	8.2
总体	32.1	35.7

资料来源：全国第五次人口普查数据，全国1%抽样调查数据，由作者自行计算得出。

如果以y表示是否取得白领职业，X表示个人特征等影响职业分布的变量集，包括劳动者的性别、年龄、受教育水平、婚姻状况、民族等，那么在不存在户籍歧视的情况下，用线性概率模型估计市场上的劳动者取得白领职业的概率可以用$P(y=1)=\alpha+\beta X$表示，其中X不包括劳动者个人的户籍特征。如果户籍身份影响人们的职业获取，也即基于户籍身份的劳动力市场分割存在，那么劳动者取得白领职业的概率为$P(y=1)=\alpha+\gamma H+\beta X$，其中，向量$H$表示劳动者的户籍身份，它的估计系数在统计上显著。以本地城镇劳动力为参照组，在控制了劳动者主要个人特征之后，户籍身份对职业分布的影响如表5—7所示。外来劳动者获得白领职业的概率都明显要低，其中外地农村劳动力的职业分布最差。相较于2000年，外来劳动力的职业分布在2005年都有所改善，他们与本地城镇劳动力获得白领职业的机会差距都有所减小，且改善最明显的是本地农村劳动力。2000年，这些劳动者进入本地城镇市场后获得白领职业的概率较城镇劳动力低9%，到了2005年这一比例差距减小为6%。这一情况说明，中国劳动力市场分割的程度在逐步减轻。

表5—7　　　　户籍身份对劳动者取得白领职业的影响（LPM）

户籍身份	2000 年	2005 年
外地非农业	-0.07** (-15.57)	-0.05** (-23.35)
本地农业	-0.09** (-33.46)	-0.06** (-39.55)
外地农业	-0.11** (-38.50)	-0.11** (-63.28)

注：表中数值为相对于本地城镇劳动力而言其他户籍身份劳动力获得白领职业的概率差异；括号中数值为模型估计值的 t 值；* 表示在 5% 的水平上显著，** 表示在 1% 的水平上显著。

资料来源：全国第五次人口普查数据，全国 1% 抽样调查数据，由作者自行计算得出。个人特征的控制变量主要包括性别、年龄组、教育水平、婚姻状况和民族等。

通过 Oaxaca/Blinder 分解方法，我们可以进一步估计不同户籍身份的劳动者获得白领职业的机制差别。如果简单将本地劳动者（native）和农民工（migrant）获得白领职业的机制进行差分，我们得到 $\bar{Y}_m - \bar{Y}_n = \hat{\beta}_m(\bar{X}_m - \bar{X}_n) + \bar{X}_n(\hat{\beta}_m - \hat{\beta}_n)$。其中，$\bar{Y}_m$ 和 $\bar{Y}_n$ 分别表示两组劳动者取得白领职业的概率，$\hat{\beta}_m(\bar{X}_m - \bar{X}_n)$ 是两组劳动者的个人或就业特征差异带来的职业分布差异，被称作可以解释的部分；$\bar{X}_n(\hat{\beta}_m - \hat{\beta}_n)$ 是相同特征变量的不同回报率带来的差异，被称作不可解释的部分，是机会不平等的表现，也是政策关注的重点（Oaxaca，1973；Blinder，1973）。① 可以想见，如果不同户籍身份的劳动者个人特征不同导致他们的职业分布不同，那么户籍职业分布是可以"理解"的，改善户籍职业分布可以通过改善弱势劳动者的教育等个人特征予以解决；而如果相同个人特征的劳动者因户籍不同而不

---

① 一般而言，不可解释的部分主要来自两方面：一是方程中没有控制影响关注变量的某些因素，这些因素的缺失影响了已纳入变量的系数估计；二是市场确实存在对于不同群体相同就业特征的"回报"差异，也即市场歧视。在假设回归方程纳入了影响关注变量的关键因素的前提下，我们认为，不可解释的部分是衡量市场歧视的重要指标。

得不选择不同的职业,那么这属于明显的劳动力市场分割,需要通过相应的户籍制度改革予以解决。通过第五次人口普查和全国1%抽样调查数据,我们得到了如下分解结果。虽然外地城镇劳动力与本地城镇劳动力之间在职业分布上的差异最小,但这种差异却并不是由两类劳动者的禀赋差异导致的,相反主要是由相同禀赋所获得的不同回报率引起的,2000—2005年,这种回报率差异甚至有愈演愈烈的趋势,所发挥的作用从67%上升到约224%。与此同时,农村劳动力在职业分布上的劣势主要是由于他们就业禀赋落后导致的,禀赋差别能够解释他们与城镇劳动力职业分布差别的75%以上。农村劳动力在城镇市场上受到的差别对待逐渐改善,如果把这种差异简单称作"歧视",本地农村劳动力受到的市场歧视从2000年的20%下降到2005年的12%左右。对比城镇劳动力和农村劳动力,我们认为农村劳动力特别是本地农村劳动力所受到的户籍歧视不大,反而是外地城镇劳动力受到的户籍歧视比较明显。可能的原因是,相较于农业劳动力,外地城镇劳动力的平均就业禀赋水平较高,他们与本地城镇劳动力形成了对白领职业的竞争,而城镇市场对这些"高端"就业机会仍然控制得很紧,明显设置了基于户籍身份的进入限制;而农业户口持有者迁移后竞争的是相对"低端"的就业机会,这些就业机会市场化程度较高,进入限制已经充分放开。

表5—8　　　　　户籍身份对职业分布差异的贡献作用　　　　　单位:%

户籍身份	取得白领职业的比例	2000年	2005年
本地城镇 vs 外地城镇	特征差异引致的	32.8	-123.8
	系数差异引致的	67.2	223.8
	总差异	100.0	100.0
本地城镇 vs 本地农村	特征差异引致的	79.7	88.1
	系数差异引致的	20.3	11.9
	总差异	100.0	100.0

续表

户籍身份	取得白领职业的比例	2000年	2005年
本地城镇 vs 外地农村	特征差异引致的	78.1	78.2
	系数差异引致的	21.9	21.8
	总差异	100.0	100.0

资料来源：全国第五次人口普查数据，全国1%抽样调查数据，由作者自行计算得出。个人特征的控制变量主要包括性别、年龄组、教育水平、婚姻状况和民族等。

二 中国进行的劳动力市场化改革

户籍制度改革是中国进行劳动力市场改革的主要内容。城乡分割的户籍制度带来了对农民的歧视和不公平待遇，而且导致了城乡之间和城镇内部劳动力市场的分割，降低了劳动力资源配置的效率，扩大了城乡之间的收入差距，使得不同社会人群在政治、社会和经济权利上都有差别。从理论上讲，户籍制度改革对城乡劳动力市场的演进会产生多重效应。首先，它会有助于城乡之间劳动力的自由流动，有利于劳动力资源的优化配置（钟笑寒，2006）。其次，它会带来城乡之间劳动力价格的趋同，有助于缩小城乡之间收入差距（Whalley 和 Zhang，2007）。再次，它会给城镇市场中外来劳动力（尤其是农民工）带来更多的就业机会和更加平等的劳动报酬（李实，2010）。最后，它有助于外来人口更快地融入城市社会，鼓励消费，推动经济增长，实现平稳、和谐的城市化进程（国务院发展研究中心课题组，2010）。

1997年5月20日，公安部发布《小城镇户籍管理制度改革试点方案》和《关于完善农村户籍管理制度的意见》，决定从1997年起试点放开小城镇户口。随后，公安部印发的《关于小城镇户籍管理制度改革试点和完善农村户籍管理制度有关问题的解答》中明确指出，在小城镇办理城镇常住户口的人员，应当具有合法稳定的非农职业或者稳定的生活来源、具有合法固定的住所且居住满两年。改革试点城镇从各省一些经济条件较好的乡镇中选出，范围限制在县（县级市）城区的建成区和建制镇的建成区。2000年6月，中共中央、国务院下发了《关于促进小城镇健康发展的若干意见》，规定从2000年起，在县级市区、县级人民政府驻地镇及县以下小城镇满足住房和生活来源条件的，即可自愿落户，不再要求居住期限。2001年3月30日，国务院批转了公安部《关于推进小城镇户籍管理制度改革的意见》，决定从当年10月1日起，在全国范围内开展小城镇户籍管理改革，已在小城镇办理的蓝印户口、地方城镇居民户口、自理口粮户口等，符合上述条件的，统一登记为城镇常住户口。

2001年起，中国先后有九个省宣布取消农业户口与非农业户口划分，统一按照实际居住地登记为居民户口。① 改革之后，户口登记簿上登记的户口性质项被取消，与户口性质挂钩的公共福利和社会管理政策例如计生、退伍安置、社保、土地承包等仍然暂时按照原有方式执行。② 以广州市为例，广州城乡户籍一元化改革以取消"农业户口"和"非农业户口"划分，统一登记居民户口为第一步；由公安部门在居民户口底册上对原农业和非农业户口人员加注相关标识，社保等相关职能部门根据标识按原户籍身份适用政策。经过"过渡期"后，各职能部门逐步改革配套政策，实现城乡"同是居民、同等待遇"，最终跨出第三步，即公安部门取消农业和非农业户口人员标志，真正实现"户籍一元化"③。根据这些政策我们看到，尽管公共福利的差异在短时间内得以维持，由于取消户籍身份的

---

① 包括福建（2001年12月）、江苏（2002年11月）、四川（2003年1月）、河北（2003年10月）、湖南（2003年10月）、山东（2004年10月）、云南（2008年1月）、辽宁（2009年4月）、陕西（2010年1月）。参见各省公布的有关户籍制度改革的文件。

② 例如《阿拉善盟深化户籍管理制度改革实施方案》（阿署办发〔2008〕14号）。

③ 《中共广州市委办公厅、广东省广州市人民政府办公厅关于推进城乡户籍制度改革的实施意见》（穗办〔2009〕18号）。

名义差别使得本地城乡劳动者在市场上求职择业的过程中已经不具有身份上的制度性差异，这对于统一城乡劳动力市场具有里程碑意义。

从已有的户籍制度改革来看，这些改革确实在一定程度上达到了其预期完成的目标，也得到了劳动者的积极响应。以1997—2000年进行试点的小城镇户籍改革为例，[①] 2000年第五次人口普查时，从迁入人口占总人口的比例来看，试点地区与非试点地区没有显著差异，都在36%左右，且均值差异不具有统计显著性。考察两类地区人口的户籍构成情况，比较显著的差别是试点县本地城镇居民比例低于非试点县，但本地农村居民比例高于非试点县。从劳动年龄人口比例来看，试点县与非试点县劳动年龄人口均能达到人口总数的63%左右，试点县的比例略高于非试点县。

表5—9　　2000年小城镇户籍管理制度改革试点县与非试点县的人口结构对比　　单位:%

人口结构	全部	非试点县	试点县	均值t检验
迁入人口比例	36.44	36.49	36.22	0.16
本地城镇居民比例	46.08	46.75	42.84	1.83
本地农村居民比例	40.66	40.09	43.46	-1.44
外地城镇居民比例	4.50	4.48	4.58	-0.16
外地农村居民比例	7.86	7.77	8.31	-0.57
劳动年龄人口比例	63.08	62.97	63.62	-0.79

资料来源：根据2000年第五次全国人口普查1‰子样本数据计算得到。

如果特别考察1998—2000年发生的迁移行为，特别是以务工经商为目的的迁入者，[②] 我们发现试点地区与非试点地区的样本人口数量、结构

[①] 小城镇户籍管理制度改革试点的具体方案见公安部于1997年10月发布的《关于小城镇户籍管理制度改革试点和完善农村户籍管理制度有关问题的解答》。

[②] "五普"调查将人口迁移原因分为务工经商、工作调动、分配录用、学习培训、拆迁搬家、婚姻迁入、随迁家属、投亲靠友、其他九类。

和基本特征有显著差别，如表5—10所示。1998—2000年，迁入试点县的务工经商者的样本数量明显高于非试点县；从其占1996—2000年迁入样本人口总数的比例来看，试点县也略高于非试点县；从迁移距离来看，试点县跨县迁移者、跨省迁移者的比例更高，也就是说，试点县吸引了更远距离的迁移者；此外，1998—2000年选择试点县的迁移劳动力，其已婚比例略高，男性比例略高，而且他们更年轻，文化程度更高。尽管两类地区之间上述指标的均值差异并不具有统计显著性，但其差异的方向符合小城镇户籍管理制度改革的预期效果。令人诧异的是，试点县所吸引的来自农村地区的迁移者比例略低于非试点县。即使如此，试点县所吸引的农村人口的规模仍然是可观的。

表5—10　　　　1998—2000年迁入试点县与非试点县的
　　　　　　　务工经商者的样本人口特征比较　　　　单位：人、%

务工经商者的样本人口特征		全部	非试点县	试点县	均值t检验
人口数量		4760	1916	2884	-3.08**
占1996—2000年迁入样本人口的比例		68.25	67.83	69.73	-0.39
各迁移距离样本人口所占比例	跨乡（镇、街道）迁移	57.75	60.46	48.19	1.97*
	跨县迁移	20.77	19.40	25.62	-1.26
	跨省迁移	21.48	20.14	26.19	-1.16
来自农村迁入者所占比例		78.95	79.52	76.95	0.50
已婚者比例		21.57	21.00	23.60	-0.52
女性比例		39.83	40.50	37.46	0.67
各年龄组所占比例	16—29岁	45.66	45.26	47.06	-0.31
	30—44岁	43.61	43.61	43.62	0.00
	45岁及以上	10.55	10.89	9.32	0.44
各学历组所占比例	初中及以下	82.01	82.53	80.15	0.54
	高中或中专	15.17	14.87	16.25	-0.34
	大专及以上	2.82	2.60	3.59	-0.47

注：**、*分别表示均值差异在5%、1%的水平上显著。

资料来源：根据2000年第五次全国人口普查1‰子样本数据计算得到。

第五章 就业市场再配置：教育、劳动力转移与收入分配

表5—11列出了两类地区迁入人口取得迁入地非农业户籍（即通常所称的"落户"）的情况。从表5—11可以看到，迁入时间较长的外来人口的落户比例高于迁入时间较短的外来人口。将全部迁入者划分为2年以内迁入者、2—5年迁入者和5年以上迁入者三组，66.82%的迁入5年以上者都已经在当地落户，相比之下，2—5年迁入者的落户比例为40.91%，而2年以内迁移者的落户比例仅为20.32%。一般而言，除了按照小城镇户籍管理制度改革试点政策所规定的条件申请落户之外，迁入人口在迁入地小城镇的落户渠道还包括工作调动、就学、家庭投靠、购买落户指标等。① 迁入时间较长的外来人口落户比例较高，可能有两个方面的原因：一是这些人口在迁入地长时间居住生活的过程中积累了较多的物质资本和社会资本，更容易利用多条渠道实现落户；二是长期的迁移生活对迁入者产生了一定的筛选作用，难以在当地落户甚至谋生的流动人口已经发生了再次迁移或者回迁，而留下来的生活、就业较稳定的迁入者更有能力落户。从试点县和非试点县的对比来看，两类地区的总体落户情况差别不大。考虑到5年以内迁入且迁移原因为"务工经商"或"随迁家属"的人口通过婚姻、上学等渠道落户的可能性较小，对于户籍改革试点政策的反应也更加敏感。对这一群体的构成进行考察可以发现，这一群体的落户比例显然低于全部迁入人口的落户比例，其中，2—5年迁入者的落户比例仅为30.77%，2年以内迁入者的落户比例仅为12.00%。同时，这一群体中2—5年迁入者在试点县的落户比例比在非试点县高出大约7个百分点，而2年以内迁入者的落户比例在两类地区则几乎完全相同。小城镇

---

① 例如，20世纪80年代末90年代初，江西、河南等省开始公开或变相出卖非农业户口，办理一个"农转非"户口标价在4000元到30000元不等。公安部曾于1992年5月4日下发了《关于坚决制止公开出卖非农业户口错误做法的紧急通知》，制止卖户口行为，认为它"背离改革方向，影响社会稳定"。1998年7月22日，国务院批转的《公安部关于解决当前户口管理工作中几个突出问题的意见》，对于解决夫妻分居、老人投靠子女等落户要求做出了明确规定。

户籍管理制度改革试点政策要求落户申请者在迁入地居住2年以上才能落户,上述结果可能反映了这一政策使大批符合条件的迁入者得以在迁入地落户,特别是考虑到试点县最近几年的人口迁入规模显著高于非试点县,其落户的人口规模是可以想见的。

表5—11　　　　　小城镇户籍管理制度改革试点县与

非试点县迁入人口落户比例比较　　　　　单位:%

人口情况	构成	全部	非试点县	试点县	均值t检验
全部迁入人口	2年以内迁入者	20.32	20.35	20.20	0.04
	2—5年迁入者	40.91	41.05	40.00	0.08
	5年以上迁入者	66.82	67.37	64.35	0.62
务工经商者或随迁家属	2年以内迁入者	12.00	12.02	11.93	0.02
	2—5年迁入者	30.77	29.68	36.59	-0.88

资料来源:根据2000年第五次全国人口普查1‰子样本数据计算得到。

三　户籍制度改革对劳动力市场的影响

整体而言,近年来全国劳动力市场的一体化程度普遍改善,城镇劳动力市场的职业分割程度有所减轻,尽管减轻的速度并不令人满意。对比进行了一些户籍制度改革的地区和未进行改革的地区,各类户籍身份劳动者的职业分布的趋势都基本保持一致。考察户籍改革对劳动力市场的影响效果,需要控制劳动力市场普遍改善的统一趋势看它的边际贡献。以城乡户籍一元化改革为例,2000—2005年,中国有六个省份进行了这项改革,其中东部为四个省份,中部和西部各一个。表5—12对这些改革的省份和未改革的省份做了对比。就本地城镇劳动力而言,他们在两类地区取得白领职业的比例都为44%—45%,2000—2005年几乎没有差异。外地城镇劳动力在两类地区获得白领职业的比例则有所上升,且幅度相当,分别为

7.4%和8.5%。本地农村劳动力获得白领职业的比例也有所上升，但改革地区的上升幅度明显高于非改革地区的上升幅度，分别为3.3%和1.7%，改革地区是非改革地区的近两倍。外地农村劳动力获得白领职业的改善幅度则在两类地区都不大，但非改革地区高于改革地区。将两类地区进行对比，我们发现本地农村劳动力的职业分布变化在改革地区更具有优势，而本地城镇、外地城镇、外地农村劳动力的职业分布变化则在非改革地区略有优势，尽管这种优势在程度上较轻。

表5—12　　　　改革与非改革地区劳动者取得白领职业的比例　　　　单位：%

户籍身份	改革地区		非改革地区	
	2000年	2005年	2000年	2005年
本地城镇	44.7	44.2	44.1	44.4
外地城镇	33.5	40.9	30.2	38.7
本地农村	11.6	14.9	11.2	12.9
外地农村	6.0	6.9	5.5	7.6
总体	32.5	29.9	26.8	25.9

资料来源：全国第五次人口普查数据，全国1%抽样调查数据，由作者自行计算得出。

我们用改革和非改革地区各类户籍身份的劳动力样本分别估计了取得白领职业概率的决定方程。以取得白领职业为被解释变量，控制了性别、年龄、民族、婚姻状况、受教育水平后我们发现，劳动力的职业分布受到户籍状况的影响在改革地区和非改革地区是不同的。2000年，在两类地区，其他条件相同的情况下，本地农村劳动力比本地城镇劳动力取得白领职业的概率均低10%左右。然而，经过了户籍一元化改革之后，2005年，本地农村劳动力在改革地区的状况得到明显改善，取得白领职业的概率差异降为6%；与此对比，非改革地区则几乎没有改善（见表5—13）。外地城镇劳动力和外地农村劳动力的职业状况都有改善，但显然这种改善幅度远不及本地农村劳动力在改革地区所得到的改善。

表5—13　　　　户籍身份对取得白领职业影响的变化
[改革地区与非改革地区对比（LPM）]

户籍身份	2000年 改革地区	2000年 非改革地区	2005年 改革地区	2005年 非改革地区
外地城镇	-0.08** (-7.94)	-0.10** (-14.09)	-0.07** (-11.06)	-0.07** (-19.31)
本地农村	-0.10** (-20.81)	-0.10** (-21.45)	-0.06** (-18.30)	-0.09** (-33.20)
外地农村	-0.12** (-18.59)	-0.13** (-29.65)	-0.12** (-26.96)	-0.12** (-45.85)

注：表中数值为相对于本地城镇劳动力而言其他户籍身份劳动力获得白领职业的概率差异；括号中数值为模型估计值的t值；**表示在1%的水平上显著。

资料来源：全国第五次人口普查数据，全国1%抽样调查数据，由作者自行计算得出。个人特征的控制变量主要包括性别、年龄组、教育水平、婚姻状况和民族等。

更进一步，我们采用Oaxaca/Blinder方法分别考察了改革地区和非改革地区劳动者职业分布差别的原因及其变化，如表5—14所示。从数值来看，农村劳动力与城镇劳动力在职业分布上的差异及其构成在不同地区和不同时间点差别都不大，这其中，本地农村劳动力的职业改善是最明显的，且这种改善完全是由系数差别的改善所带来的，也即由通常意义上户籍歧视的改善所带来的。从构成比例上来看，改革地区户籍歧视所带来的职业机会差别2000—2005年减少了9.9个百分点（从21.3%到11.4%），减小幅度接近原有户籍歧视水平的一半；然而同一时期，非改革地区的减小幅度仅为1.5个百分点，且本地农村劳动力与外地农村劳动力相比并没有优势。另一个值得关注的现象是外地城镇劳动力的职业机会变差了，受到的户籍歧视大幅增加，且这种增加在改革地区更加明显。我们推断，随着城镇劳动力市场对本地农村劳动力的接受程度逐渐提高，外地城镇劳动力的相对地位是下降的。

表 5—14　　　户籍身份对职业分布差异的贡献的变化，
改革地区 vs 非改革地区　　　　　　　单位:%

户籍身份		数值				比例			
		改革地区		非改革地区		改革地区		非改革地区	
		2005年	2000年	2005年	2000年	2005年	2000年	2005年	2000年
本地城镇与外地城镇	禀赋	-0.04	0.03	-0.04	0.01	34.9	-93.9	28.4	-14.8
	系数	-0.07	-0.06	-0.10	-0.06	65.1	193.9	71.6	114.8
	合计	-0.11	-0.03	-0.14	-0.06	100.0	100.0	100.0	100.0
本地城镇与本地农村	禀赋	-0.26	-0.26	-0.27	-0.26	78.7	88.6	80.7	82.2
	系数	-0.07	-0.03	-0.06	-0.06	21.3	11.4	19.3	17.8
	合计	-0.33	-0.29	-0.33	-0.32	100.0	100.0	100.0	100.0
本地城镇与外地农村	禀赋	-0.31	-0.29	-0.29	-0.29	79.3	78.2	75.2	77.7
	系数	-0.08	-0.08	-0.10	-0.08	20.7	21.8	24.8	22.3
	合计	-0.39	-0.37	-0.39	-0.37	100.0	100.0	100.0	100.0

资料来源：全国第五次人口普查数据，全国1%抽样调查数据，由作者自行计算得出。个人特征的控制变量主要包括性别、年龄组、教育水平、婚姻状况和民族等。

更进一步，我们采用 Difference-in-Difference 方法估计了实行户籍一元化改革对于不同人群职业机会的影响。[1] Difference-in-Difference 方法（Card and Krueger, 1994）是评估政策效果的常用方法。这种方法首先将全部观测对象分为试验组和控制组，其中试验组受到政策影响而控制组不受到政策影响，分别计算出两组样本在政策实施之前和之后观测变量的差异，再进一步将两组前后的差异相减，求出差异的差异值。由于影响观测变量的因素非常多，通过 Difference-in-Difference 方法可以将时点差异和组间差异

---

[1]　此处采用的回归方法为普通最小二乘回归。

充分对照，这有利于排除无法观察到的因素造成的干扰，进而得出政策的真实效应。具体而言，我们设定户籍身份为 i 的劳动者取得白领职业的概率方程为：$P^i(y=1) = \alpha^i + \chi^i D + \delta^i T + \beta 0^i DT + \beta^i X$，其中 D 表示地区哑变量，非改革地区取值为 0，改革地区取值为 1；T 表示时点哑变量，改革之前取值为 0，改革之后取值为 1；X 为影响职业分布的其他变量所组成的向量。那么，劳动者在不同时点、不同市场上取得白领职业的概率分别为：

改革之前，非改革地区：$P^i(y=1) = \alpha^i + \beta^i X$

改革之前，改革地区：$P^i(y=1) = \alpha^i + \chi^i + \beta^i X$

改革之后，非改革地区：$P^i(y=1) = \alpha^i + \delta^i + \beta^i X$

改革之后，改革地区：$P^i(y=1) = \alpha^i + \chi^i + \delta^i + \beta_0^i D_j T_t + \beta^i X$

此时，χ^i 反映了不同地区劳动者取得白领职业的概率差异，δ^i 反映了不同时间劳动者取得白领职业的概率差异，为排除这些地区差异、趋势变化因素后改革对于劳动者职业类型的影响。

以 2000 年为基期，2005 年为考察期，一个省份在 2000—2005 年是否进行了城乡户籍一元化改革作为我们关注的政策变量，得到估计结果如表 5—15 所示。模型 1 估计了市场上全体劳动力受到的户籍改革的影响。显然，户籍一元化改革对本地农村劳动力取得白领职业有显著的正向作用。由于前文中我们已经看到，农村劳动力进城后在职业选择上是受到区别对待的，一元化改革显然有助于改善这种状况。我们对这种改善作用进行了稳定性检验。首先，如果将全体外来劳动力按迁移原因划分为务工经商引致的主动迁移者和其他迁移者，① 显然前一类群体更容易受到户籍制度改革的影响，模型 2 单独考察了这一类群体，发现户籍改革的效果更加明显。其次，由于进入城镇市场的本地农村劳动力的文化程度相对较低，而

---

① 其他迁移者包括因工作调动、分配录用、学习培训、拆迁搬家、婚姻迁入、随迁家属、投亲靠友和其他迁移原因引致的迁移者。

第五章 就业市场再配置：教育、劳动力转移与收入分配

高、低文化程度的劳动者受到的户籍约束可能是不同的，我们将各类劳动力样本都限制在初中及以下文化程度，如模型3所示，发现户籍改革的影响仍然显著。更进一步，假设16周岁之后才能发生就业引致的迁移，那么2005年处于16—20周岁的外来劳动力的迁移和择业过程必然发生在2000年以后，相较于2005年时年龄在20周岁以上的群体（这些劳动者很可能在户籍改革之前就已经完成迁移和初次择业的过程），年轻群体的职业机会更容易受到户籍改革的影响。我们在模型4中单独考察了这一年轻群体，发现户籍改革变量的估计值不仅在统计上更加显著，而且其作用更大。从这一部分来看，一元化改革改善了本地农村劳动力的职业分布状况，减轻了他们在职业机会上面临的户籍歧视。从这个意义上讲，城乡户籍一元化改革是有成效的。

与本地农村劳动力相比，其他三类劳动力似乎没有在户籍改革中受益。控制了个人特征之后，户籍改革对本地城镇、外地城镇以及外地农村劳动力的影响都为负。我们认为这反映出了劳动力的替代作用——当城镇市场更加接受本地农村劳动力时，必然影响了其他劳动力在市场上取得白领职业的机会。当然，我们必须注意到，前文中已经证明，本地农村劳动力在职业机会上还远不如城镇劳动力，户籍改革所带来的轻微"替代"，只是改善了本地农村劳动力在就业机会上所受到的"歧视"，使得他们的竞争地位更加公平，没有对当地城镇劳动力的职业机会带来显著的压力。与此相对，外地城镇和农村劳动力被挤出的事实更加值得关注。这相当于证明城乡户籍一元化改革之后，本地农村劳动力所受到的户籍束缚明显改善，然而外地城镇、外地农村劳动力在职业机会上面临的户籍门槛反而提高了。对外地城镇和外来农村劳动力而言，他们原本在迁入地的就业竞争中就不占据优势，本地农村劳动力对他们的挤出实际上提高了他们在迁入地职业机会上所面临的户籍门槛，这可能会影响到这些劳动者迁入改革地区的动力。与此同时，必须考虑到户籍身份约束之外，附着于其他政策的

针对外来劳动力的排斥性法规也大量存在。以北京市为例，外来私营企业主落户北京，必须满足雇佣北京市民连续3年保持在100人以上，或者达到职工总数的90%。各政策领域的类似条款明显影响了本地和外地劳动者的就业机会。考虑到户籍一元化改革使得外来人口被进一步挤出，中国劳动力市场的区域间整合将更加受到影响。从综合结果来看，实行城乡户籍一元化改革使得改革地区的就业资源进一步向本地城镇与农村劳动力进行集中，并在他们之间进行调整，地区内部的农业、非农业户口之间的就业壁垒被减弱了；然而由于外地劳动力因此受到挤出，改革地区本地和外地户口之间的就业壁垒实则被加强了，外地劳动力向改革地区迁移的就业机会受到改革的负面影响，这很可能影响到改革地区未来劳动力供给的来源和规模。打破市场分割、深化户籍制度改革，需要在更大范围内实现就业机会和公共服务的均等化，建立统一的劳动力市场。

表5—15　户籍改革效果的估计（Difference-in-Difference方法）

D-in-D 估计结果	全体劳动力（模型1）	务工经商者（模型2）	初中及以下教育水平者（模型3）	16—20岁年龄组劳动者（模型4）
本地城镇劳动力	−0.01	0.04	−0.01	0.01
	(−1.89)	(1.4)	(−1.86)	(0.44)
外地城镇劳动力	−0.03	−0.01	−0.02	0.02
	(−1.75)	(−0.42)	(−1.06)	(0.43)
本地农村劳动力	0.01*	0.03*	0.01*	0.05**
	(2.48)	(2.04)	(2.4)	(3.23)
外地农村劳动力	−0.01*	−0.01	0	−0.01
	(−2.54)	(−1.92)	(−0.84)	(−0.7)

注：括号中数值为模型估计值的t值；* 表示在5%的水平上显著，** 表示在1%的水平上显著。

资料来源：全国第五次人口普查数据，全国1%抽样调查数据，由作者自行计算得出。个人特征的控制变量主要包括性别、年龄组、教育水平、婚姻状况和民族等。

第五章　就业市场再配置：教育、劳动力转移与收入分配

◇◇ 第三节　劳动力技能结构与教育供给

劳动力供给对于地区经济发展有着重要意义。很大程度上，一个地区经济的繁荣由当地劳动力资源的数量和质量决定。2010年以后，中国的人口红利逐渐消失，劳动力的质量在经济发展中的贡献作用显得更为重要。在一定程度上，劳动力的质量是由劳动力的技能水平决定的。在提高劳动力技能的过程中，教育和培训发挥着至关重要的作用。劳动力平均受教育水平的提高将是中国经济从粗放型向集约型发展以及产业结构升级的重要保障。在中国的城市化进程加快的背景下，大批劳动力从农村向城镇地区转移，寻找非农就业机会，他们需要技能培训来提高就业质量。中国经济转型需要更高技能水平的工人，需要在培训和学校管理中引入新的思想、方法和观念，需要加强培训和就业服务能力。在对劳动力特别是对广大农村劳动力提供教育和培训的过程中需要充分拓展技能培训的广度和深度，从注重岗前培训到加强在岗培训和再培训。技能培训应结合中国产业转移和经济转型的大背景，探索建立在技术上高中低结合、时间上长中短结合的培训模式，充分考虑培训需求的多样性和阶梯度。帮助农民从劳力型到技能型的转变，也帮助在岗农民工适应劳动力市场变化，不断提高技能水平，实现更高质量就业。在教育和培训内容上，应针对劳动力市场变化，注重劳动力市场的供给与需求相结合。农民工技能培训的课程体系、教学内容、教学方法应紧密结合市场需求。在制订发展规划、推进专业建设和教学改革方面，充分强调行业企业参与；在实施订单培养、定向培养过程中，寻求企业专家参与教学和管理；注重理论与实践结合，通过专业见习、校外实训、顶岗实习和专业课教师的企业实践等方式加强培训与市场的结合，使培训能够捕捉市场的动态变化，增强受训人员的就业能力。

加强劳务输出与输入地区的联系和合作，提高劳务输出的针对性和有效性。2014年，中共中央城镇化工作会议和中央农村工作会议明确提出了"三个1亿人"目标，决心到2020年解决1亿进城常住的农业转移人口落户城镇，1亿人口在中西部地区实现城镇化。这种转移和城镇化的成果主要看农村劳动力与城镇劳动力市场的匹配质量。中国政府应致力于建立和完善农民工培训就业服务体系，改善农村劳动力转移就业的机会问题、能力问题，推动农民工培训和转移就业长效机制的建立。

一 中国教育和培训供给的现状

很多研究表明，中国目前农村教育的供给现状实际上并不理想。农村儿童上学困难、辍学、农村教育投入不足等方面问题突出，农村教育资源的配置情况与城镇地区有显著差距（王德文，2003；熊艳艳等，2013）。增加教育资源的投入能够提高农村学生高中阶段教育的参与率。真正提高农村孩子的受教育程度，不仅需要保障学校的数量，也要保障学校的质量（杨娟等，2014）。国家在贫困地区实施的国家贫困地区义务教育工程等项目改善了学校的物质条件，这对孩子的教育有显著的积极作用（金莲、李小军，2007）。实行九年制义务教育之后，小学和初中的教育在经费和学位数上得到了保障，然而高中和大学阶段的教育却与此不同。对大部分农村生源的学生而言，完成义务教育或者高中阶段教育之后，大部分人没有进入更高阶段的教育而直接进入劳动力市场。农村初中毕业生升学率远低于城市地区（邹薇、张芬，2006；杨颖秀，2009）。义务教育阶段之后，大量农村学生难以进入高中阶段教育，农村初中毕业生升入高中或优质高中的概率低于高中阶段农村学生升大学，农村学生的高考录取率一直处于较低水平，农村学生的高考成绩不如城市学生，尤其是高分段的农村学生更少（陆文聪、陈赟，2007；Loyalka等，2011）。初中毕业时，农村学生需要与自己的同龄人竞争有限的高中入学机会，只有中考成绩优异的学生才能够进入高中阶段学习。进入高中阶段以后，农村学生面临的竞争更为激烈。由于大学招生数量有限，而农村义务教育阶段的教育质量低于城镇地区，农村学生在与城市生源学生的竞争中并不占据优势地位，他们的大学入学率是很低的（世界银行，2013）。中国农村优质的教育资源极度匮乏，这严重削弱了教育作为筛选机制对农村学生的作用，导致了农村学生人力资源的巨大浪费和人力资源的分级配置被扭曲（姚先国、辛晓红，2011；陈国华，2010）。在升学机会有限时，教育资源拥挤对农村学生究竟产生了怎样的影响，这一问题在国内目前少有研究。教育资源的数量和质量都不能够满足农村学生对教育的需求。

中国的农村教育质量在过去30年里普遍提高了。教师数量显著增加，教师的学历背景普遍改善，教学设施不断地被更新换代，多媒体、实验设备等被逐渐引入。然而，教育资源的拥挤情况并没有稳步得到缓解。从生均专任教师数（即在校学生数除以专任教师数）来衡量教育资源的拥挤程度，可以看到不同时期、不同阶段的农村教育资源拥挤程度的变化情况（如图5—2所示）。以农村小学生师比来看，1980—1990年，农村小学生师比逐渐下降，1991—1998年，这一比例略有回升，1998年之后稳步下降。这种趋势与中国人口特征的变化、生源数的变化有着密切的联系。考虑到生师比越低，教师资源相对教学需求而言越充裕，那么从整体趋势来看，中国农村小学教育资源的拥挤程度经历了一个先下降后上升再下降的过程。从不同阶段教育的对比来看，初中的生师比变化滞后于小学，高中的生师比变化又滞后于初中。以生师比变化低点和之后的高点来看，初中阶段大约比小学阶段滞后3年，高中阶段又大约比初中阶段滞后3年。这种滞后符合人口年龄增长的趋势。据此推断，如果没有其他政策调整，初中和高中阶段教育在今后一个时期将像小学阶段教育一样呈现出生师比逐渐下降的趋势。除生师比的总体变化趋势之外，省份间的生师比差异也值得关注。由于中国采用分权化的财政体系，地方政府在资源的可获得性上存在很大差异，导致地区之间用于社会服务的人均财政支出并不相同，也造成了包括教育在内的公共服务的质量存在巨大差别。图5—2同时给出了各省市生师比取值标准差的变化趋势，显然，标准差越大，各省份生师

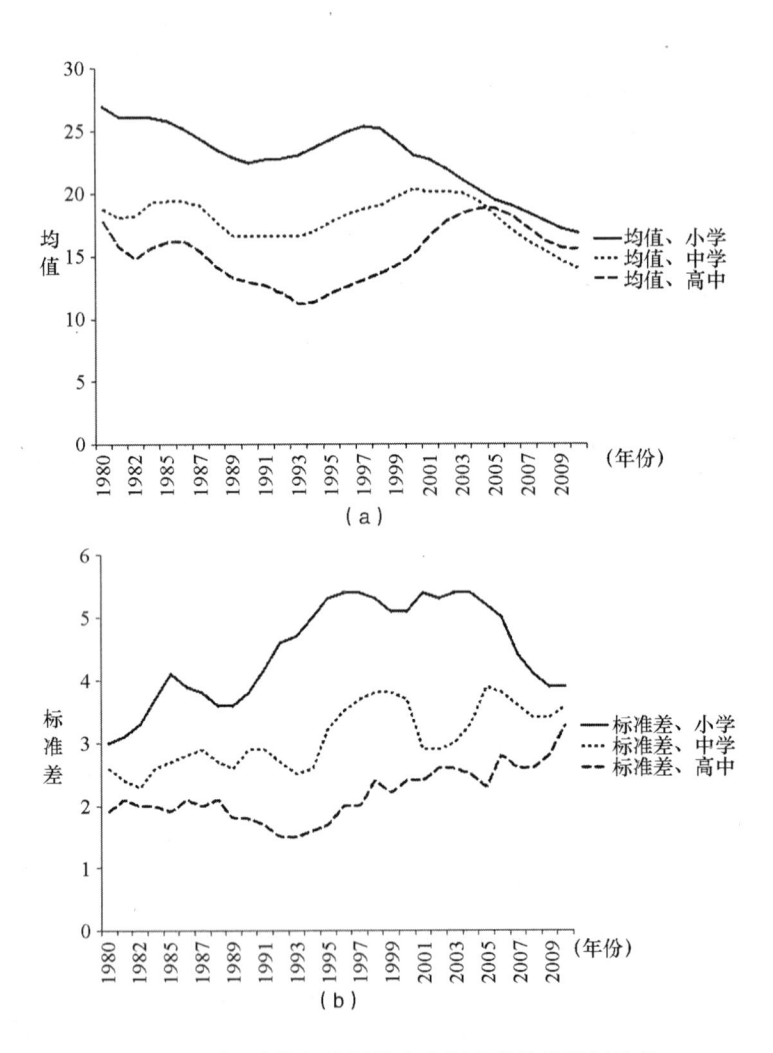

图5—2 不同省份间农村教育生师比的均值及标准差

资料来源：历年《中国教育年鉴》。

比取值的分布越分散。1980—2010年,虽然也存在阶段性的波动,各阶段教育生师比的差异性在逐渐扩大,特别是高中阶段的生师比在我们的考察期里持续扩大,这是不容忽视的。这清晰地反映出,不同省份不同年份的农村学生面临的教育资源的拥挤程度存在显著差异。

在一定程度上,生师比也即专任教师资源的拥挤程度与教育经费的投入具有相关性,然而教育经费的投入并不必然与地区的经济发展水平相关。图5—3给出了1980—2010年各省市各阶段农村教育生师比的取值分布情况。整体而言,生师比与学龄人口数具有一定的相关性,学龄人口越多,生师比越高。相比而言,生师比与农村地方经济发展水平的联系则并不密切,在分布上没有表现出明显的趋势性。这种分布特点表明,如果以时间轴纵向考虑中国农村教育的生师比情况,生师比的取值主要由学龄人口基数决定,而受到地方经济发展绝对水平的影响较小。表5—16给出了1980—2010年各省生师比的取值在当年省市生师比分布中的相对位置。显然,如果将每一个年份省市生师比的取值划分为五档,一个省份生师比的取值在全国的相对位置在30年间并没有固定模式。从小学阶段的生师比来看,多数省份在我们的观测期里涉及多个组别,但内蒙古、辽宁、吉林、黑龙江的教师资源始终相对充裕,表现为生师比的取值多处于最低组或次低组,广东、广西、贵州的教师资源相对紧张,表现为生师比的取值多处于较高组或最高组,湖北的教师资源则多数时间稳定地处于全国平均水平。相比之下,初中的生师比取值较为均匀,除了安徽、贵州始终处于最高组或次高组,其他省份在特定组出现的频率都不超过20。高中的生师比取值则更为分散,24个省份在30个观察年份中取值分布超过4个组,14个省份甚至取值涉及最低到最高的5个组。从这些比较来看,我们推断一个省份的生师比取值并不具有特定模式。如果以生师比为指标衡量学生所面临的教育资源的拥挤状况,那么这与该学生所处的地域相关,也与其所在的时期相关。

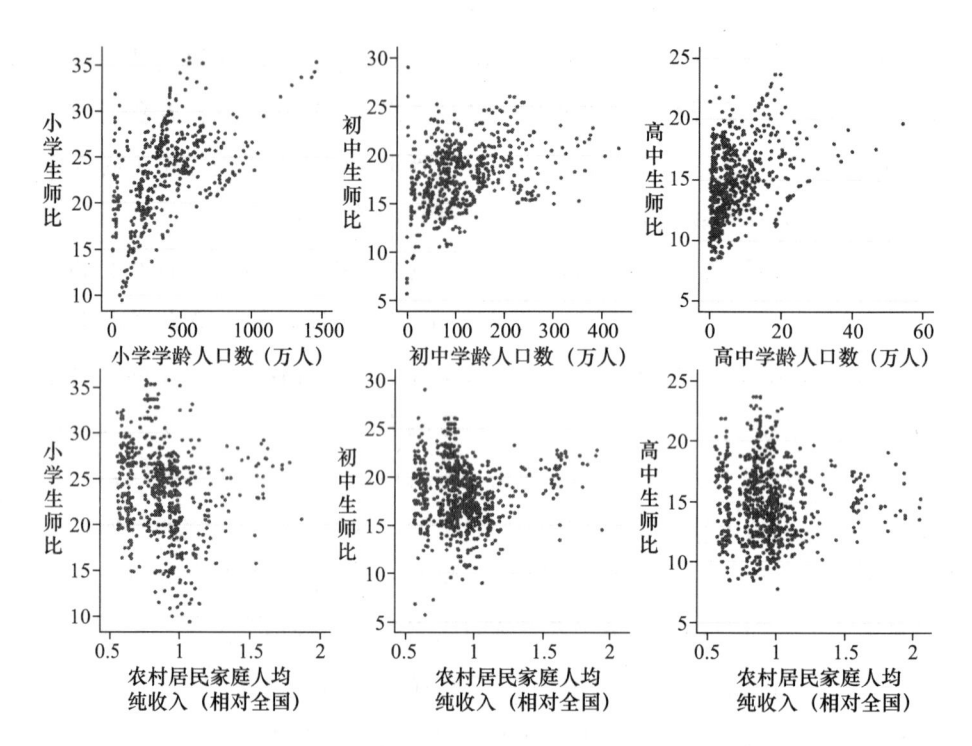

图 5—3 1980—2010 年各省市各阶段农村教育生师比的取值分布

资料来源：历年《中国教育年鉴》；历年《中国统计年鉴》。

表 5—16 1980—2010 年各省生师比的取值在当年全国生师比分布中的位置

省份\组别	小学生师比					初中生师比					高中生师比				
	最低	次低	中间	次高	最高	最低	次低	中间	次高	最高	最低	次低	中间	次高	最高
河北	0	6	6	4	14	7	6	8	3	6	0	4	12	7	7
山西	6	15	9	0	0	11	18	1	0	0	7	9	7	7	0
内蒙古	30	0	0	0	0	16	11	3	0	0	4	14	3	7	2
辽宁	7	20	2	1	0	4	11	12	3	0	1	7	11	7	4
吉林	22	5	1	2	0	3	12	10	5	0	9	6	6	4	5
黑龙江	23	7	0	0	0	2	18	7	3	0	15	10	5	0	0
江苏	0	2	5	16	7	0	1	4	15	10	0	4	8	10	8
浙江	0	1	6	13	10	2	5	6	2	15	6	5	2	2	15
安徽	0	0	5	12	13	0	0	0	1	29	0	0	3	2	25

续表

组别	小学生师比					初中生师比					高中生师比				
省份	最低	次低	中间	次高	最高	最低	次低	中间	次高	最高	最低	次低	中间	次高	最高
福建	3	8	13	6	0	0	2	11	12	5	4	13	4	4	5
江西	0	11	9	6	4	0	1	5	16	8	0	15	12	2	1
山东	0	12	15	2	1	8	8	7	5	2	5	9	5	9	2
河南	0	1	8	12	9	7	1	4	7	11	4	6	11	2	7
湖北	0	0	22	6	2	0	8	12	7	3	0	7	8	1	14
湖南	0	4	7	15	4	5	2	14	8	0	0	2	0	10	18
广东	0	0	1	10	19	0	0	1	10	19	0	1	5	13	11
广西	0	1	3	2	24	1	4	2	10	13	8	2	6	8	6
海南	1	1	11	8	2	3	2	6	10	2	10	3	5	5	0
重庆	0	0	3	6	5	0	1	8	3	2	1	0	1	6	6
四川	0	0	5	11	14	0	6	2	11	11	4	2	3	11	10
贵州	0	0	0	2	28	0	0	0	0	30	0	2	6	13	10
云南	0	2	4	12	12	0	0	9	10	11	2	5	7	9	7
西藏	8	3	6	4	9	12	1	1	1	8	0	0	0	0	0
陕西	0	13	7	4	6	0	9	17	4	0	2	5	3	13	7
甘肃	0	11	9	2	8	0	4	5	11	10	1	3	7	6	13
青海	12	11	4	3	0	8	15	7	0	0	12	10	4	4	0
宁夏	0	8	7	5	10	1	5	10	7	7	0	0	0	0	11
新疆	5	14	11	0	0	10	19	1	0	0	17	7	1	5	0

教育的供给对于中国劳动力资源的质量具有深远影响，对中国的经济发展具有战略性作用。农村学生在资源供给不足的制度性缺失下选择不接受义务阶段教育，会使得中国的人力资本存量不能适应转变经济增长方式、实现产业结构升级，同时也带来社会公平、收入分配等问题（蔡昉，2013；闵维方，2013）。农村劳动力的教育状况将决定农村劳动力的非农就业机会情况，从而决定缩小农村地区的收入差距，农村基础教育的质量差异非常重要（邹薇、张芬，2006）。对农村劳动力进行技能培训能够显

著增加农村家庭的收入和农民工的月均工资（Liang and Chen，2007；李实、杨修娜，2014）。同时，接受更高的教育能够使劳动者在地区、行业、所有制、职业之间拥有更好的市场流动性（岳昌君，2004）。考虑到大学教育在劳动力市场上的回报率显著高于中等教育，并进一步高于初等教育（Liu，1998），农村学生接受高中和大学阶段教育对提高他们收入水平是非常关键的。

教育的经典理论认为，教育的筛选与分级机制使学历本身能够成为甄别劳动者生产能力的有效信号，它会对收入带来影响（Spence，1973）。在这一理论下，教育的筛选机制能够将生产能力高的劳动者和生产能力低的劳动者识别开来。受教育水平越高，能够反映出劳动者的生产能力越高。雇主在招聘的过程中能够通过劳动者的受教育水平这一信号，判断劳动者的生产能力，从而决定是否雇佣。由于教育是有信号成本的，求职者会根据工资表和自己接受教育的成本，做出对其最有利的受教育决策，进行求职。在信号机制的运行充分有效的情况下，雇主能够找到最合适的员工，而劳动者也能够根据自己的能力做出最优的受教育决策。中国的劳动力市场很好地诠释了这种信号作用。一般而言，在招工招聘过程中，办公室文员等白领工作招聘主要面向大专及以上学历劳动者，超市收银等"轻蓝领"工作招聘时主要面向高中及以上受教育水平劳动者，而力工、生产设备操作等"重蓝领"工作招聘时则主要面向初中受教育水平劳动者。在不了解劳动者的实际生产能力，同时在需要甄别预算约束的情况下，借用受教育程度这一信号是比较有效的匹配方法。然而，考察求职群体的教育和户籍类别我们不难发现，受教育水平较低的求职者主要来自农村地区，而受教育水平较高的求职者主要来自城镇地区。这显然不能说明农村劳动力的潜在平均生产能力低于城镇劳动力。事实上，这只能说明中国农村地区教育本应起到的信号作用发生了扭曲。

由此得出的推论是,在这种情况下,即使生产能力与其他劳动者类似,如果受教育水平较低,也即"信号"不够吸引人,劳动者的收入也会受到负面影响。教育的信号作用发生扭曲的后果是值得关注的。如果农村生源的学生没有在教育的筛选机制中得到与城镇生源学生同样的识别待遇,那么这会很容易影响他们的收入前景。在中国的背景下,如果生产能力较高的农村生源不能够通过教育的筛选机制被识别出来,那么他们的收入与其他同等生产能力的学生相比就会较低。扭曲识别的结果是这些生产能力较高的农村学生与其他生产能力较低的学生混杂在了一起,两类学生的受教育水平一样,考虑到生产能力的差别,他们的收入会高于这些生产能力较低的学生。我们由此得出的一个推论是,扭曲越明显,生产能力越高的学生混入生产能力低的学生,他们的相对收入水平越高。

二 教育资源的拥挤对劳动力工资的影响

一般而言,劳动者的工资方程可以表示为如下形式:$\ln wage = \alpha + \beta \times EDU + \lambda \times X + \mu$,其中,$EDU$ 是教育水平的虚拟变量,包括小学、初中、高中三类教育水平;β 是由对各阶段教育的回报率组成的向量,$\beta = (\beta_{小学}, \beta_{初中}, \beta_{高中})$;$X$ 表示其他控制变量,包括个人特征(包括工作经验、性别、婚姻、迁移经历等)以及就业特征(包括行业、职业、单位所有制、是否借助社会资本找到工作、就业所在地等);λ 是这些控制变量对工资水平的贡献率。考虑到教育资源拥挤程度对收入水平的影响,我们将劳动者在接受最高阶段教育时该阶段教育在毕业当年的生师比引入工资方程,衡量拥挤程度对收入水平的影响。也即 $\ln wage = \alpha + \gamma \times CRWD + \beta \times EDU + \lambda \times X + \mu$,其中,$CRWD$ 表示该劳动者在其最后阶段正规教育的毕业当年在学校面临的生师比,γ 衡量了这一指标对工资收入的影响程度。

2011年中国流动人口动态监测调查数据对全国流动人口进行了定期监测。基于这些样本得到的工资方程，如表5—17所示。从基线模型来看（模型1），控制其他因素之后，以初中毕业生为参照组，拥有小学及以下文化程度使得劳动者的平均收入水平降低7%，而拥有高中文化程度，劳动者的平均收入水平能够提高6%。提高受教育水平对劳动者的工资收入有显著的正向影响。男性劳动者的工资收入高于女性22个百分点。以16—20岁年龄组为参照，随着年龄增加，劳动者的平均工资逐渐增加，工资水平在26—30岁年龄组和30—35岁年龄组达到顶点，之后这种工资优势略有减弱，但仍高于刚进入劳动力市场的劳动者。迁移经历对劳动者的工资水平有正向影响，但控制年龄组之后这种正向影响的规模有限。迁移经历的平方项有负向影响，反映出在迁入地的生活经验能够帮助劳动者获得更高的工资水平，但这种帮助作用是先增加后减少的。单身劳动者比已婚劳动者收入水平低。迁移距离越近，劳动者的工资水平越低。这反映出迁移距离给劳动者带来的保留工资增加的作用。只有较高的工资才能吸引劳动者进行更远距离的迁移。相对于利用市场渠道，通过社会网络找工作的劳动者工资水平要高出一个百分点。我们也控制了家乡省份的农村居民家庭人均纯收入水平。显然，家乡省份农村收入水平较高的农民工迁移后获得的工资也较高，这也应当理解为家乡的收入水平充当了保留工资的作用。模型同时控制了行业、职业、单位所有制和就业所在地等职业特征变量，这些变量对收入水平的影响与已有文献发现的基本相符，为了节省篇幅，暂未将其列示出来。

将劳动者毕业时面临的生师比引入工资方程后（模型2），我们发现它对于劳动者的收入水平有正向影响。教师平均负责的学生每增加1个，毕业生就业后的工资水平增加0.2个百分点。也就是说，劳动者所接受的教育其资源越拥挤，劳动者毕业后的工资水平越高。需要指出的是，这里采用的生师比指标是省级层面的数据。在宏观层面上，这一指标更多反映出一个地区在教育资源上的拥挤程度。① 考虑到前文提到的初中义务教育阶段的情况，在教育资源拥挤的地区和年份，学生更可能在完成一个教育阶段之后特别是开始高中教育阶段之前被"挤出"，甚至在了解大多数学生难以进入下一阶段学习的情况下，农村学生很可能放弃争取继续教育的机会而选择直接就业，也即"自愿退出"。这种考虑到机会渺茫而做出的理性选择无疑是一种教育资源配置的不合理现象。这一过程中，很多资质优秀的农村学生流入劳动力市场，他们与同龄竞争者的优势反映在工资水平上。最终表现为，接受教育时教育资源越拥挤，劳动力的期望收入水平也越高。我们同时发现，引入教育资源的拥挤程度变量后，教育收益率有增加的趋势。控制其他因素之后，控制教育资源拥挤程度的影响，小学与初中的预期收入差从7个百分点增长为9个百分点；初中与高中的预期收入差从6个百分点增长为7个百分点。这是可以理解的。拥挤实际上影响了学生进入不同教育阶段的分流筛选机制。在教育资源拥挤的地区，成绩最好的学生继续下一阶段的教育，而成绩次好的学生被动或者主动被挤出，直接进入劳动力市场，但由于文化基础较好或者能力较强，他们的收入水平会比同龄其他劳动者更高。总体来看，两种文化程度的毕业生的收入水平差距"被"缩小了，但实际上控制教育资源的拥挤程度，也即控制不同教育阶段学生的文化基础或者能力水平分布之后，教育收益率要高得多。模型3报告了在省级层面聚类的结果，发现教育资源拥挤的影响甚至更大。

---

① 需要说明，尽管本章采用的生师比是省级宏观层面的数据，它也可能在一定程度上与学生所接受教育的质量相关——生师比较高，教育质量可能较低。如果存在这一相关性，本章的方程可能会低估教育竞争对收入的影响程度，但本章的结论不会发生改变。

表 5—17　　　　　　　　　　　工资方程的估计结果

ln wage		(1) 基线模型		(2) 全体样本		(3) 省级聚类	
		系数	标准误	系数	标准误	系数	标准误
生师比				0.002***	(0.001)	0.003**	(0.001)
学历	小学毕业	-0.07***	(0.005)	-0.09***	(0.009)	-0.09***	(0.012)
	高中毕业	0.06***	(0.004)	0.07***	(0.005)	0.07***	(0.012)
性别	男性	0.22***	(0.004)	0.22***	(0.004)	0.22***	(0.018)
年龄组	21—25 岁	0.12***	(0.007)	0.11***	(0.007)	0.11***	(0.009)
	26—30 岁	0.16***	(0.008)	0.15***	(0.008)	0.15***	(0.013)
	31—35 岁	0.15***	(0.009)	0.14***	(0.009)	0.14***	(0.013)
	36—40 岁	0.13***	(0.009)	0.13***	(0.009)	0.13***	(0.015)
	41—45 岁	0.10***	(0.009)	0.10***	(0.010)	0.10***	(0.013)
	46—50 岁	0.06***	(0.010)	0.07***	(0.016)	0.07***	(0.022)
迁移经历	年	0.00***	(0.001)	0.01***	(0.001)	0.01**	(0.002)
	经历的平方	-0.00***	(0.000)	-0.00***	(0.000)	-0.00***	(0.000)
婚姻状况	单身	-0.06***	(0.006)	-0.06***	(0.006)	-0.06***	(0.012)
	其他	-0.01	(0.012)	0.01	(0.015)	0.01	(0.018)
迁移情况	省内跨市	-0.05***	(0.005)	-0.05***	(0.005)	-0.05***	(0.009)
	市内跨县	-0.11***	(0.006)	-0.11***	(0.006)	-0.11***	(0.014)
找工作方式	社会网络	0.01**	(0.003)	0.01	(0.004)	0.01	(0.005)
人均纯收入	家乡省农村居民	0.09***	(0.008)	0.09***	(0.009)	0.10***	(0.012)
常数项		7.36***	(0.013)	7.33***	(0.019)	7.31***	(0.031)
观测样本数		46278		38976		38989	
R^2		0.299		0.296		0.296	

注：参照组为初中毕业、女性、16—20 岁年龄组、已婚、跨省迁移、利用市场渠道找到工作的农民工；为了节省空间，作为控制变量的所在地、行业、单位所有制、职业虚拟变量的回归系数在本表中没有列出，它们的回归结果与已有研究基本一致；*** 表示 $p<0.01$，** 表示 $p<0.05$。

按照教育阶段分别检验生师比的影响（模型 4、模型 5 和模型 6），我们发现这种影响在小学阶段不显著；在初中阶段，教师平均负责的学生每增加 1 个，该地区初中毕业生就业后的工资水平增加 0.3 个百分点；在高中阶段，教师平均负责的学生每增加 1 个，该地区高中毕业生就业后的工资水平增加 0.5 个百分点。这是符合预期的。实行九年制义务教育之后，农村学生不论小学阶段的教学资源是否拥挤，都能够进入初中阶段接受教育。即使在推行九年制义务教育之前，农村学生是否继续初中阶段教育的决策也很少受到初中教育资源拥挤的影响，而多数出于家庭经济的考虑。生师比对劳动者的收入水平不存在影响是可以理解的。初中阶段则有所不同。由于高中不是义务教育阶段，如果一个地区某个年份的学生数变得拥挤，学生面临的教育机会竞争就会明显增加，很多学生在完成一个教育阶段后被挤出。预期工资上升 0.3 个百分点，反映出一部分较好的学生在教育拥挤时流入了劳动力市场。考虑到这些学生主要从事低技能工作，教育资源的稀缺实际上剥夺了这些学生继续深造的机会，这对未来劳动力供给的技能结构也带来影响。如果生师比的作用大小反映出教育拥挤对好学生的挤出程度，那么高中阶段的教育拥挤对农村学生的影响更大。注意到，农村学生在初中阶段面临的教育资源拥挤与高中阶段存在不同。由于初中学校比高中学校数量更多，位置分布也更为密集，农村初中学生一般只与同龄的农村学生竞争高中机会；高中则与此不同。由于每个地区的高中学校数量不多，招生规模也有限，它的农村生源和城市生源相对更为均匀，这些考入高中的农村学生与城市学生在一起竞争大学教育机会。我们的数据显示，当高中教育拥挤时，农村学生被"挤出"得更加明显，反映出与城市学生相比，农村学生在竞争中处于不利地位。激烈的教育竞争下，一批优秀的农村学生被动甚至主动离开了下一阶段的教育，进入劳动力市场择业。

表 5—18　　　　　　　　　　工资方程的估计结果

ln *wage*	(4) 小学组		(5) 初中组		(6) 高中组	
	系数	标准误	系数	标准误	系数	标准误
生师比	0.002	(0.002)	0.003 ***	(0.001)	0.005 **	(0.002)

续表

ln *wage*		(4) 小学组		(5) 初中组		(6) 高中组	
		系数	标准误	系数	标准误	系数	标准误
学历	小学毕业						
	高中毕业						
性别	男性	0.29***	(0.013)	0.22***	(0.005)	0.17***	(0.009)
年龄组	21—25 岁	0.06*	(0.034)	0.11***	(0.009)	0.12***	(0.017)
	26—30 岁	0.08**	(0.035)	0.14***	(0.010)	0.20***	(0.019)
	31—35 岁	0.05	(0.035)	0.14***	(0.010)	0.22***	(0.022)
	36—40 岁	0.05	(0.036)	0.11***	(0.011)	0.21***	(0.023)
	41—45 岁	0.02	(0.036)	0.09***	(0.012)	0.18***	(0.024)
	46—50 岁			0.06***	(0.020)	0.15***	(0.030)
迁移经历	年	−0.00	(0.003)	0.01***	(0.001)	0.01***	(0.002)
	经历的平方	0.00	(0.000)	−0.00***	(0.000)	−0.00***	(0.000)
婚姻状况	单身	−0.07***	(0.020)	−0.06***	(0.007)	−0.05***	(0.011)
	其他	−0.06	(0.041)	−0.00	(0.019)	0.07**	(0.033)
迁移情况	省内跨市	−0.08***	(0.018)	−0.05***	(0.006)	−0.05***	(0.011)
	市内跨县	−0.16***	(0.022)	−0.09***	(0.008)	−0.12***	(0.013)
找工作方式	社会网络	0.01	(0.012)	0.01**	(0.004)	−0.02*	(0.008)
人均纯收入	家乡省农村居民	0.14***	(0.030)	0.07***	(0.011)	0.09***	(0.019)
常数项		7.23***	(0.066)	7.30***	(0.024)	7.378***	(0.042)
观测样本数		4575		26313		8088	
R^2		0.290		0.306		0.299	

注：参照组为初中毕业、女性、16—20 岁年龄组、已婚、跨省迁移、利用市场渠道找到工作的农民工；为了节省空间，作为控制变量的所在地、行业、单位所有制、职业虚拟变量的回归系数在本表中没有列出，它们的回归结果与已有研究基本一致；*** 表示 $p<0.01$，** 表示 $p<0.05$，* 表示 $p<0.1$。

我们将劳动力整体按照年龄组划分，考察生师比对个人收入的影响，结果如表 5—19 所示。显然，各年龄组受到的教育资源拥挤的影响是不同的。较年轻的年龄组受到了更大的影响，对于 16—20 岁年龄组而言，劳动者接受教育时生师比数值每增加 1，劳动者的预期工资会增加 0.6 个百分点；对21—25岁年龄组而言，劳动者接受教育时生师比数值每增加1，劳动者的预期工资会增加0.4个百分点。令人感兴趣的是，26—30岁以及31—35岁年龄组似乎没有受到教育资源拥挤的影响，而36—40岁年龄组受到了一些影响，特别是41—45岁年龄组受到的影响非常显著。由于我们的样本中64.4%的劳动者都是初中毕业，我们推断他们的初中毕业年份如下：假设农村学生初中毕业时是15岁，那么2011年处于16—20岁年龄组的劳动者初中毕业的年份应当为2006—2010年，以此类推，2011年处于21—25岁年龄组的劳动者初中毕业的年份应当为2001—2005年；等等。因此我们知道，16—20岁、21—25岁、36—40岁以及41—45岁这四个生师比影响显著的年龄组初中毕业的年份分别为2006—2010年、2001—2005年、1986—1990年以及1981—1985年。回顾前文提到的我国各年份各阶段教育生师比的均值取值情况，不难发现，尽管1982—1984年略有上升，这四个时期的初中生师比基本上处于普遍下降或保持平衡的状态，而其他时期（1991—2000年）则处于生师比普遍上升的时期（见图5—4）。那么为什么生师比普遍下降的时期教育资源拥挤对农村学生的影响更显著呢？显然，在全国教育资源拥挤普遍趋缓的时期，一个省份的教育资源仍然拥挤意味着这个省份农村学生被挤出的问题仍然显著，考虑到同期其他省份学生被挤出的现象有所减弱，这些教育资源格外拥挤的省份被挤出的优秀学生在市场里更容易表现突出，他们的工资优势也会更加明显，这一点在生师比的系数估计值上也可以得到验证。由于初中毕业生占总样本量的2/3，基于初中生师比变化趋势的分析对整体样本是有解释力的，并且从图5—2可以看到，小学和高中生师比在相同时期的变化趋势与初中偏差不大。换言之，教育资源越拥挤，教育体系中流失的农村好学生越多，基于年龄组的考察再一次印证了我们的分析结果。为了控制已经在迁入地长期居住的农民工的选择性，我们将样本限定为在迁入地生活五年及以下的样本，重新考察工资方程，得到的结论与总体样本基本一致，如表5—19所示。

表 5—19　各年龄组的工资方程估计

全体样本

年龄组	16—20 岁 系数	标准误	21—25 岁 系数	标准误	26—30 岁 系数	标准误	31—35 岁 系数	标准误	36—40 岁 系数	标准误	41—45 岁 系数	标准误	46—50 岁 系数	标准误
生师比	0.006***	(0.002)	0.004***	(0.002)	-0.001	(0.001)	-0.000	(0.002)	0.003*	(0.002)	0.009***	(0.002)	0.011	(0.007)
小学毕业	-0.01	(0.026)	-0.09***	(0.018)	-0.04**	(0.017)	-0.08***	(0.019)	-0.08***	(0.019)	-0.12***	(0.021)		
高中毕业	0.05***	(0.016)	0.04***	(0.009)	0.06***	(0.011)	0.06***	(0.016)	0.08***	(0.017)	0.10***	(0.019)	0.05	(0.036)
迁移经历（年）	0.02***	(0.005)	0.02**	(0.003)	0.01**	(0.003)	0.00	(0.003)	0.00*	(0.003)	0.00	(0.003)	0.01	(0.007)
迁移经历的平方	-0.00***	(0.000)	-0.00***	(0.000)	-0.00	(0.000)	-0.00	(0.000)	-0.00	(0.000)	-0.000	(0.000)	-0.00	(0.000)
观测样本数	3689		8815		7744		6800		6920		4336		672	
R^2	0.263		0.266		0.291		0.304		0.319		0.339		0.464	

迁移经历在五年以内的

年龄组	16—20 岁 系数	标准误	21—25 岁 系数	标准误	26—30 岁 系数	标准误	31—35 岁 系数	标准误	36—40 岁 系数	标准误	41—45 岁 系数	标准误	46—50 岁 系数	标准误
生师比	0.006***	(0.002)	0.004***	(0.002)	-0.003*	(0.002)	-0.002	(0.003)	0.003	(0.002)	0.009***	(0.003)	0.002	(0.008)
小学毕业	-0.01	(0.027)	-0.10***	(0.019)	-0.02	(0.019)	-0.05**	(0.023)	-0.07***	(0.023)	-0.11***	(0.027)		
高中毕业	0.05***	(0.016)	0.04***	(0.009)	0.06***	(0.012)	0.06***	(0.019)	0.08***	(0.022)	0.12***	(0.024)	0.05	(0.045)
迁移经历（年）	0.03***	(0.011)	0.02**	(0.007)	-0.00	(0.009)	0.01	(0.011)	0.01	(0.011)	0.00	(0.014)	-0.02	(0.034)
迁移经历的平方	-0.02	(0.003)	-0.01	(0.002)	0.00	(0.002)	-0.00	(0.002)	-0.00	(0.002)	-0.00	(0.003)	0.01	(0.007)
观测样本数	3445		7874		6043		4686		4249		2650		401	
R^2	0.263		0.268		0.283		0.304		0.332		0.327		0.549	

注：参照组为初中毕业、女性，16—20 岁年龄组，已婚，跨省迁移，利用市场渠道找到工作的农民工；为了节省空间，作为控制变量的性别、婚姻状况、迁移距离、找工作的途径、家乡农村居民人均纯收入、所在地、行业、单位所有制、职业虚拟变量的回归系数本表中没有列出，它们的回归结果与已有研究基本一致；*** 表示 p<0.01，** 表示 p<0.05，* 表示 p<0.1。

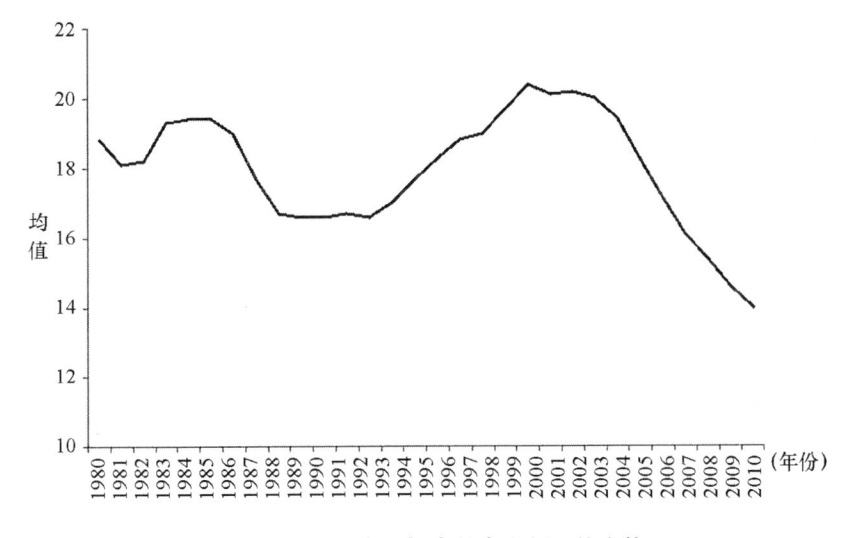

图 5—4　全国农村初中教育生师比的取值

在教育资源拥挤对个人收入的影响过程中，仍有两个因素值得考虑。第一，教育资源拥挤对劳动者的影响是否受到其他地区性因素的影响。第二，适龄学生的总规模同时影响到生师比和劳动力供给数量，这种影响是否会动摇我们的结论。如果一个地区历年的生师比具有明显的地区特征，例如安徽、四川的生师比在我们的考察期里始终比较高（教育资源比较拥挤）或者内蒙古、黑龙江的生师比始终比较低，那么可能存在这样一种情况，教育资源拥挤的地区外出打工的劳动者很多，这些打工者实际上形成了一个较为发达的社会网络，对劳动者的收入产生正向影响；与此相反，教育资源充裕的地区外出打工的劳动者少，社会网络没有那么发达，不能有效帮助劳动者匹配好的就业机会。此时我们所捕捉到的教育资源拥挤与收入的正向相关实际上包含了社会网络对预期收入的作用，对教育资源拥挤的影响产生高估。对于这一点，我们采取的处理方法是：以各省在考察期表现出的生师比取值分布为依据，如果一个省份某阶段教育的生师比在30年中超过一半时间取值位于同一档，那么我们认为这个省份的教育资源拥挤存在趋势性，将其删除，得到的样本数如表5—20所示。另外，学生总规模即当年新增劳动力的供给规模也可能影响劳动者的预期收入。在教育资源拥挤的年份，不能进入下一级教育而直接进入劳动力市场的人数也会增加。劳动力供给的增加可能会使得劳动者在就业匹配的过程中处于相对不利的地位从而使其工资水平被压低。这将使本书估计的教育资源拥挤对收入的影响被低估。我们因此将劳动者毕业年份所在教育阶段的毕业生数引入工资方程，作为劳动力供给情况的代理变量进行控制，得到的结果如表5—20所示。将考察样本限定在生师比变异程度较高的省份，并且控制当年的毕业生数之后，我们发现生师比对工资的影响与前文相比变化很小。对于全体样本而言，生师比的系数估计值从0.002增加到0.003，且仍然非常显著；小学组的系数有所增加但并不显著，初中组和高中组系数估计值的规模没变，尽管显著性略有下降。当年毕业生数对劳动者工资的影响不明显。

表5—20　　各年龄组的工资方程估计

ln wage		(1) 全体样本		(2) 小学组		(3) 初中组		(4) 高中组	
		系数	标准误	系数	标准误	系数	标准误	系数	标准误
生师比		0.003***	(0.001)	0.004	(0.003)	0.003**	(0.001)	0.005**	(0.002)
当年毕业生数		0.000	(0.000)	−0.000	(0.000)	0.000	(0.000)	−0.000	(0.001)
学历	小学毕业	−0.087***	(0.011)						
	高中毕业	0.069***	(0.006)						
性别	男性	0.206***	(0.005)	0.283***	(0.017)	0.207***	(0.006)	0.169***	(0.010)
年龄组	21—25岁	0.102***	(0.009)	0.063	(0.044)	0.107***	(0.011)	0.096***	(0.020)
	26—30岁	0.134***	(0.010)	0.082*	(0.046)	0.118***	(0.012)	0.175***	(0.021)
	31—35岁	0.132***	(0.011)	0.080*	(0.046)	0.112***	(0.013)	0.195***	(0.025)
	36—40岁	0.119***	(0.011)	0.100**	(0.047)	0.097***	(0.014)	0.183***	(0.026)
	41—45岁	0.090***	(0.013)	0.065	(0.049)	0.070***	(0.015)	0.158***	(0.028)
	46—50岁	0.077***	(0.020)			0.059**	(0.025)	0.140***	(0.035)

第五章　就业市场再配置：教育、劳动力转移与收入分配 **249**

续表

ln wage		（1）全体样本		（2）小学组		（3）初中组		（4）高中组	
		系数	标准误	系数	标准误	系数	标准误	系数	标准误
迁移经历	年	0.006***	(0.001)	-0.007	(0.004)	0.009***	(0.002)	0.006**	(0.003)
	经历的平方	-0.000***	(0.000)	0.000	(0.000)	-0.000***	(0.000)	-0.000***	(0.000)
婚姻状况	单身	-0.061***	(0.007)	-0.067**	(0.027)	-0.069***	(0.009)	-0.051***	(0.013)
	其他	0.015	(0.019)	-0.093*	(0.055)	0.024	(0.025)	0.067*	(0.040)
迁移情况	省内跨市	-0.058***	(0.007)	-0.120***	(0.028)	-0.042***	(0.010)	-0.064***	(0.013)
	市内跨县	-0.110***	(0.008)	-0.198***	(0.032)	-0.085***	(0.011)	-0.131***	(0.016)
找工作方式	社会网络	0.008*	(0.005)	0.012	(0.016)	0.017***	(0.006)	-0.019**	(0.009)
人均纯收入	家乡省农村居民	0.115***	(0.015)	0.168***	(0.046)	0.069***	(0.024)	0.116***	(0.026)
常数项		7.299***	(0.025)	7.213***	(0.090)	7.313***	(0.037)	7.381***	(0.050)
观测样本数		24347		2639		15710		5998	
R^2		0.290		0.281		0.300		0.306	

注：参照组为初中毕业、女性、16—20岁年龄组、已婚、跨省迁移、利用市场渠道找到工作的农民工；为了节省空间，作为控制变量的所在地、行业、单位所有制、职业虚拟变量的回归系数在本表中没有列出，它们的回归结果与已有研究基本一致；*** 表示 $p<0.01$，** 表示 $p<0.05$，* 表示 $p<0.1$。

中国存在显著的城乡差距，农村劳动力的收入始终低于城镇劳动力。这与劳动者的受教育水平存在很大的关系。如果一个地区教育资源比较紧张，那么这个地区的外出劳动者的收入水平就会越高。这在一定程度上说明了教育机会不足对高技能劳动者导致的被迫挤出。当这些劳动者不得不离开相对高技能的就业领域直接进入低技能就业领域，他们的生产力就明显被抑制了。这样的抑制对于中国高速发展、大规模需要低技能劳动力的时期没有显著影响，然而对于中国逐渐趋向产业结构转型和集约型发展的时期会有巨大的抑制作用。近年来中国农村教育普遍得到改善，但是从教育资源的分布特别是专任教师的配置情况来看，地区间差异很大并且这种差异有增大的趋势。教师的配置没有随学龄人口数的变化而调整，这使得不同年份不同地区的学生面临的教育资源的拥挤程度是不一样的。在教育资源更拥挤的地区和年份，离开学校直接就业的农村学生工资更高，这反映出一些较优秀的农村学生在竞争中被挤出教育体系而进入劳动力市场。这种挤出作用对小学毕业生不显著，但对初中毕业的农村学生就比较明显，对高中农村学生的作用更大。这说明就学机会越稀缺，农村学生越容易受到影响。纵向来看，如果一个时期全国教育资源拥挤程度普遍缓和，那么从那些资源仍然拥挤的地区毕业的学生其工资优势更加明显，进一步证实了较为优秀的学生受到的挤出。

教育对于帮助农村劳动力改善收入水平甚至是改善其未来的发展机会具有非常重要的意义。控制教育资源的拥挤程度，我们发现教育的回报率比基线工资方程估计出的还要高。这更加体现出教育对农村劳动力的价值。在教育资源拥挤的农村地区，农村学生通过不同教育层级的筛选而分流成为技能或非技能劳动力的机制并没有准确实现，或者说发生了一定程度的扭曲。在教育资源紧张的年份和地区，很多能力较强或者学习基础较好的学生被挤出教育系统而提前进入劳动力市场，成为低技能劳动力。尽管控制了其他因素后，他们的收入略好于来自教育资源充裕地区的学生，然而考虑到他们本可以完成更高教育阶段后进入市场从而从事较高技能水平的工作，教育资源拥挤对劳动力资源配置的影响令人担忧。由于人口结构的变动，中国的学龄人口总规模在逐渐减少，目前处于生师比普遍下降的时期，农村学生对教育资源的竞争趋缓。然而在河南、四川、安徽、广东、江西、贵州等一些省份，农村生师比仍然很高。教育资源的拥挤使得这些省份成为全国最大的低技能劳动力输出地，更导致它们较优秀的农村学生从教育体系中流失严重。中国目前正在加快转变经济发展方式，这对于劳动力供给的技能结构也提出了新的要求。改革教育资源的配置方式，从宏观上说能够有效改善低技能和高技能劳动力在教育过程中的分阶段分流效果,从微观上说能够使这些地区的农村学生获得公平的发展机会。学龄人口规模的普遍下降使改革面临好的机遇。

本章主要参考文献:

1. 蔡昉:《中国经济增长如何转向全要素生产率驱动型》,《中国社会科学》2013年第1期。

2. 陈国华:《农村"非经济型辍学"现象透视——文化资本的视角》,《继续教育研究》2010年第2期。

3. 陈钊、陆铭:《从分割到融合:城乡经济增长与社会和谐的政治经济学》,《经济研究》2008年第1期。

4. 邓曲恒、古斯塔夫森:《中国的永久移民》,《经济研究》2007年第4期。

5. 都阳、高文书:《中国离一元社会保障体系有多远》,工作论文系列四十六,2005年。

6. 都洋、Albert Part:《迁移、收入转移和减贫》,载蔡昉、白南生主编《中国转轨时期劳动力流动》,社会科学文献出版社2006年版。

7. 国务院发展研究中心课题组:《农民工市民化对扩大内需和经济增长的影响》,《经济研究》2010年第6期。

8. 金莲、李小军:《农村义务教育政策对农村贫困的影响评估》,《中国农村经济》2007年第S1期。

9. 李实:《中国农村劳动力转移与收入增长和分配》,《中国社会科学》1999年第2期。

10. 李实:《促进农民收入的共享式增长》,工作论文,2010。

11. 李实、杨修娜:《我国农民工培训的基本状况及其效果分析》,中国收入分配研究院工作论文,No. 17,http://www.ciidbnu.org/news/201404/20140416151402706.html,2014。

12. 李雪松、詹姆斯·赫克曼:《选择偏差、比较优势与教育的异质性回报:基于中国微观数据的实证研究》,《经济研究》2004年第4期

13. 陆文聪、陈赟：《教育资源不均等对收入差异影响研究》，《复旦教育论坛》2007年第6期。

14. 陆益龙：《户口还起作用吗——户籍制度与社会分层和流动》，《中国社会科学》2008年第1期。

15. 闵维方：《教育在转变经济增长方式中的作用》，《北京大学教育评论》2013年第2期。

16. 世界银行：《2030年的中国——建设现代、和谐、有创造力的社会》，中国财政经济出版社2013年版。

17. 宋锦、李实：《中国城乡户籍一元化改革与劳动力职业分布》，《世界经济》2013年第7期。

18. 孙文凯、白重恩、谢沛初：《户籍制度改革对中国农村劳动力转移的影响》，《经济研究》2011年第1期。

19. 王德文：《中国农村义务教育现状问题和出路》，工作论文系列三十五，2003年。

20. 王美艳：《城市劳动力市场上的就业机会与工资差异——外来劳动力就业与报酬研究》，《中国社会科学》2005年第5期。

21. 邢春冰、聂海峰：《城里小伙儿遇到农村姑娘：婴儿户口、户籍改革与跨户籍通婚》，《世界经济文汇》2010年第4期。

22. 熊艳艳、刘震、周承川：《初始禀赋、资源配置、教育扩展与教育公平——关于教育不平等影响因素实证研究的述评》，《清华大学教育研究》2013年第3期。

23. 严善平：《人力资本、制度与工资差别——对大城市二元劳动力市场的实证分析》，《管理世界》2007年第6期。

24. 杨娟、赖德胜、泰瑞·史努莉：《什么因素阻碍了农村学生接受高中教育》，《北京大学教育评论》2014年第1期。

25. 杨颖秀：《农村基础教育发展新战略的着力点》，《东北师范大学学报》（哲学社会科学版）2009年第4期。

26. 杨云彦、陈金永：《转型劳动力市场的分层与竞争——结合武汉的实证分析》，《中国社会科学》2000年第5期。

27. 姚先国、辜晓红：《筛选机制与分割效应——中国高等教育投资城乡差异的一个理论分析》,《南开经济研究》2011 年第 5 期。

28. 岳昌君:《教育对个人收入差异的影响》,《经济学季刊》2004 年第 10 期。

29. 钟笑寒:《劳动力转移与工资差异》,《中国社会科学》2006 年第 1 期。

30. 邹薇、张芬:《农村地区收入差异与人力资本积累》,《中国社会科学》2006 年第 2 期。

31. Alexander, Peter and Anita Chan, "Does China Have an Apartheid Pass System?", *Journal of Ethnic and Migration Studies*, Vol. 30, No. 4, 2004.

32. Au, Chun-Chung and Henderson, J. Vernon, "How Migration Restrictions Limit Agglomeration and Productivity in China", *Journal of Development Economics*, Vol. 80, No. 2, 2006.

33. Bao, S., Bodvarsson, O. B., Hou, J. W., and Zhao, Y., "The Regulation of Migration in a Transition Economy: China's Hukou System", *IZA*, No. 4493, 2009.

34. Blinder, A. S., "Wage Discrimination: Reduced Form and Structural Estimates", *Journal of Human Resources*, Vol. 8, No. 3, 1973.

35. Card, D., and Krueger, A. B., "Minimum Wages and Employment: A Case Study of the Fast-Food Industry in New Jersey and Pennsylvania", *American Economic Review*, Vol. 84, No. 4, 1994.

36. Chan, Kam Wing, "The Fundamentals of China's Urbanization and Policy", *The China Review*, Vol. 10, No. 1, 2010.

37. Liang, Zai, and Yiu Por Chen, "The Educational Consequences of Migration for Children in China", *Social Science Research*, Vol. 36, No. 1, 2007.

38. Liu, Zhiqiang, "Earning, Education and Economic Returns to Urban China", *Economic Development and Cultural Change*, Vol. 46, No. 4, 1998.

39. Loyalka, P., Wei, J. G., & Zhong, W. P., "Mapping Educational Inequality From the End of Junior High School Through College in China", Peking Univeristy, CIEFR Working Paper, 2011.

40. Meng, X., and Zhang, J., "The Two-tier Labor Market in Urban China: Occupational, Segregation and Wage Differentials between Urban Residents and Rural Migrants in Shanghai", *Journal of Comparative Economics*, Vol. 29, No. 3, 2001.

41. Oaxaca, R. L., "Male-female Wage Differences in Urban Labor Markets", *International Economic Review*, Vol. 14, No. 3, 1973.

42. Poncet, S., "Provincial Migration Dynamics in China: Borders, Costs and Economic Motivations", *Regional Science and Urban Economics*, Vol. 36, No. 3, 2006.

43. Rosenbaum, P. R., and Rubin, D. B., "The Central Role of the Propensity Score in Observational Studies for Causal Effects", *Biometrika*, Vol. 70, No. 1, 1983.

44. Rubin, D. B., "Bias Reduction Using Mahalanobis-Metric Matching", *Biometrics*, Vol. 36, No. 2, 1980.

45. Spence, M., "Job Market Signaling", *The Quarterly Journal of Economics*, Vol. 87, No. 3, 1973.

46. Wang, D., Song, J., and O'Keefe, P., "Understanding the Hukou System through Quantifying Hukou Thresholds: Methodology and Empirical Findings", The World Bank, background paper for 2013 World Development Report on Jobs, 2013.

47. Whalley, John, Shunming Zhang, "A Numerical Simulation Analysis of (Hukou) Labour Mobility Restrictions in China", *Journal of Development Economics*, Vol. 83, No. 2, 2007.

48. World Bank, "Integration of National Product and Factor Markets: Economic Benefits and Policy Recommendations", Report 31973, 2005.

49. Zhang, Dandan, Xin Meng, "Assimilation or Disassimilation? —The Labour Market Performance of Rural Migrants in Chinese Cities", Paper presented at the 6th conference on Chinese economy, CERDI-IDREC, Clermont Ferrand, France.

50. Zhang, L., and Dong, X., "Male-female Wage Discrimination in Chinese Industry: Investigation Using Firm-level Data", *Economics of Transition*, Vol. 16, No. 1, 2008.

（本章由宋锦、毛日昇执笔）

第 六 章

资源环境、气候变化与新兴经济体的低碳转型

　　环境与发展是当今世界点击率颇高的词汇，虽然人们已经意识到应该更好地协调人口、资源、环境和经济发展，但是如何寻找一条更现实的可持续发展道路依然是国际社会孜孜以求的目标。伴随新兴经济体国家经济的快速增长，资源环境问题随之成为这些国家在工业化和城市化进程中必然遇到的问题，并且随着经济发达程度的提升日甚，以致成为制约其进一步发展的瓶颈。由于此问题不仅涉及新兴经济体所处的经济发展阶段，以及其内部的自身发展方式，而且涉及与外部发达经济体的博弈，因而成为国际社会关注和研究的课题。尽管情况的复杂性增加了问题解决的难度，但人与环境和经济社会的协调发展，作为包容性增长的重要内容，关系到新兴经济体的长远发展，使得我们必须在世界经济的整体环境下，以中国的发展为基点，推进这一课题的研究和问题的解决。

　　1991年普林斯顿大学的经济学家格鲁斯曼（Gene Grossman）和克鲁格（Alan Krueger）在对66个国家的不同地区内14种空气污染和水污染物质12年的变动情况进行研究发现，大多数污染物质的变动趋势与人均国民收入水平的变动趋势呈倒"U"形关系，即污染程度随人均收入增长先增加，后下降。污染程度的峰值大约位于中等收入水平阶段。Panayotou、Dasgupta和Maler借用反映经济增长与收入分配之间倒"U"形曲线关系的库兹涅茨曲线来描述环境质量与经济发展之间的这种倒"U"形曲

线关系，并称之为环境库兹涅茨曲线（EKC）。

　　后人从理论上对这种研究给予了经济学的解释，大约有三种解释：一是经济规模效应，即随着经济规模的扩大，其对资源环境的压力随之增大，如果经济结构和技术水平不变，经济规模增大的结果是污染的增加。二是结构效应，即工业化初期，对基础设施、工业投资的巨大需求及由需求结构决定的重工业化倾向导致经济结构向加重污染的方向转变。而到了工业化后期，第三产业迅速增长，金融、通信等低污染的行业产值比重增大，在经济规模和技术结构不变的情况下污染水平先上升后下降。三是技术（减排）效应，即通过技术进步、环境政策和经济结构调整政策使单位经济产出的排放量降低。它包括投入产出率的提高和清洁技术的应用。在经济规模和经济结构不变的情况下，随着技术进步污染水平逐步降低。

　　环境库兹涅茨曲线揭示了环境污染与经济增长两个方面的关系：一是"两难"正相关关系，二是"双赢"负相关关系。在EKC中，"两难"区间和"双赢"区间有一个极值点（E）。从发达国家的历史来看，当人均收入水平由较低增加到较高，污染指数增加，经济与环境的关系处于"两难"区间；当人均收入达到一定水平后污染指数下降，经济与环境的关系处于"双赢"区间。照目前中国的状况，我们处于两难区域之中（见图6—1）。

　　环境库兹涅茨曲线提出的依据是部分发达国家的发展现象，是在环境被污染初期提出的，而发展中国家是否有可能在经济发展还未达到曲线的拐点之前，就首先触及环境阈值而引发整个地球生命支持系统的崩溃，这已成为大家共同关注和担心的问题。

　　气候变化是全球环境问题的典型代表。全球变暖已经是不争的事实，并且已经影响到人类的生存和发展。与其他全球环境问题相比，气候变化不仅仅是一种纯粹自然现象，它还具有社会经济属性。首先，跨境移

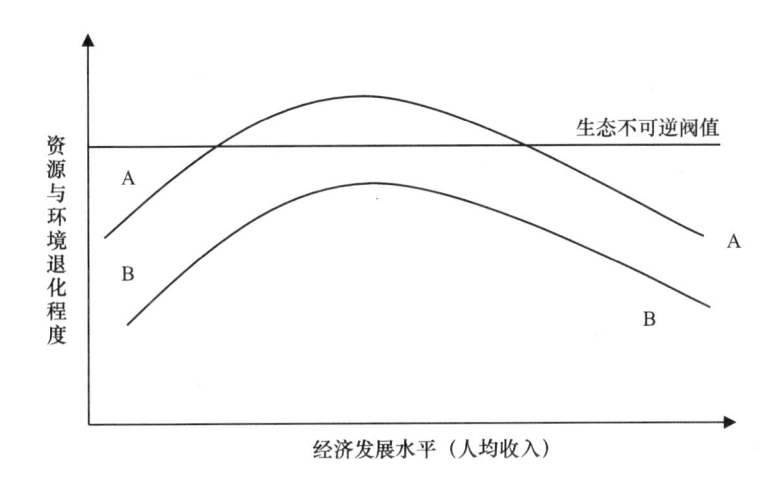

图6—1 环境库兹涅茨曲线（Environment Kuznetz Curve，EKC）

动。气候变化问题并不是传统外部性问题的一个简单拓展。全球气温的上升通常由某些国家过度排放温室气体造成，但影响却跨越了国境，影响到周边国家甚至全球的环境状况。一旦气温上升，气候就成了一种公共物品，强制各国消费，这种物品可被称为"强制性公共物品"。其次，作为全球公共物品的外部性。温室气体的排放，是外部不经济的典型例证。如何界定温室气体排放的产权通常不明晰，往往导致私人对环境的损耗和破坏带来的后果皆由社会分担，因而会刺激单个利益主体对环境的过度利用，以谋求自身利益的最大化导致经济消极外部性的产生。对于这种全球公共物品，各个国家都会倾向于从别国减排的努力中享受到好处，而自己不愿做任何努力。结果是，这些"搭便车"的行为不仅损坏了国际环境合作的有效性和稳定性，而且阻碍了国际社会解决气候问题的努力。最后，存在代际影响。气候变化治理政策的依据是对代内和代际间社会福利的考虑，通常认为，每个代际的福利标准都应该包括消费、教育、健康和环境这几种指标。在代内的程度上，每个国家和地区都应该享受到公平的环境，如果任由气候变暖下去，发展中国家由于对其后变化更为敏感和脆弱，将受到气候变化更严重的伤害。在代际程度上，如果现在不治理气候，那么未来代际可能将享受不到他们应有的生活环境，这对于他们来说是不公平的。因此，治理气候变化，有着道德意义。在这个过程中，有两个问题是我们必须面对的：一是穷国和富国处在不同的发展水平和消费水平上，应该如何衡量他们的福利；二是我们应该如何确定未来代际的福利水平。

总之，温室气体的排放对全球气候的影响不存在地域间的区别，无论哪一国排放多少温室气体，其排放造成的危害均由地球上全体人共同承担。在一定时段内，将大气中二氧化碳浓度控制在某个适当的水平之内，已成为全球政治共识。气候问题的特殊属性决定了气候作为一种全球公共物品，在当前的世界政治格局下，它的解决必须而且只能依靠全球性的解决方案即国际合作来推进，通过签署国际环境协议来得到正式解决。全球气候议程是近二十多年来全球范围内影响最为广泛、最为深刻的多边进程之一，它是"二战"后始终受到广泛关注的全人类发展议程，在新的科学认知和新的全球战略格局下的延伸和展开，主题依然是发展，但增加了全球发展共同面临的温室气体排放空间约束的考虑，围绕限排提出了构造全球责任分担体系的全新要求。实质上面临的是如何管理全球公共环境容量的问题。解决这一问题，不但直接联系到依托于各个主权国家的经济体能源与环境安全、产业技术和成本竞争力、新生投资需求、金融、税收与公共财政政策，还涉及国际投资、贸易、金融、技术转让等世界经济方面的相关因素和内容。

新兴经济体在这一进程中具有特殊的地位。一方面，它们的经济发展水平还比较低，具备发展中国家的特质，比如工业化进程启动晚、城市化水平低、城乡发展不均衡、温室气体的历史排放量少、发展粗放导致环境生态恶化严重等；另一方面，由于具有较高的经济增长速度，它们又是发展中国家中的"发达"国家，面临"再工业化"，温室气体排放量增长迅速，尤其金砖五国的温室气体排放已经位于全球前列，面临来自发达国家和发展中国家的双重减排压力。

自国际金融危机爆发以来，寻找新一轮经济增长周期支柱产业就成为各国的一项战略任务。其中，低碳经济被人们看成一个潜在的候选者。要发展低碳经济就需要提高以清洁能源为代表的新能源的使用，改变现行的能源结构，或者推动碳捕捉与碳储存技术，改变化石能源的消费模式。无论哪一种选择，都需要以制定全球统一的气候变化规则为前提。这就是全球气候变化谈判迅速升温的一个主要原因。由于发展中国家与发达国家在气候变化谈判的原则上（"共同但有区别的责任"）存在分歧，全球气候变化规则尚未最终形成。但可以肯定，制定全球气候变化规则是大势所趋。一旦规则成为现实，新兴经济体工业化进程将会面临全新环境约束。与发达国家相比，新兴经济体工业化进程尚未完成，以高碳排放为特征的重化工业还将是经济增长的支柱产业。加上低碳技术创新能力的限制，新兴经济体工业化进程受到的制约将是前所未有的。本章以金砖五国为代表的新兴经济体为重点研究对象，研究其过去发展道路的选择及环境影响，并探讨新的历史时期新兴经济体低碳转型面临的挑战与问题及应对措施。

◇◇ 第一节　新兴经济体的资源禀赋、发展道路选择与环境成本

资源禀赋及其优势与约束历来是构建一个国家综合国力，以及制定国家战略和对外政策的重要因素和依据。总体来看，大部分新兴经济体发展模式可以概括为是在"后发效益"的基础上，以丰裕资源或要素作为比较优势参与全球分工，以出口驱动整体经济增长的发展模式。金砖五国（巴西、印度、俄罗斯、中国、南非）在其发展过程中基于其本身的资源

禀赋优势，有选择地参与了由跨国公司主导的国际分工体系，进行了产品价值链的专业化生产，建立起与全球生产相适应的产业结构，以不同的发展模式共同走向经济振兴之路，但同时这种高速发展也面临越来越严重的环境约束与环境成本上升压力。

一 禀赋与道路：基于金砖五国的比较分析

金砖五国的经济发展模式可以归纳为两类：一类是以巴西、俄罗斯和南非为代表，可以概括为以丰裕的自然资源为基础的初级产品生产模式，它们为全球提供了包括石油、铁矿石、农产品等在内的大部分初级生产资料。这类经济体地域广阔、自然资源富裕，对外资和外贸依赖度较高。由于大宗商品交易存在不确定性，易受国际市场需求波动的影响。另一类是以中国和印度为代表，可以概括为以低廉的劳动力成本和加工制造成本，接受来自全球的直接投资和技术转移的粗放式工业化模式。这两国都利用本国优势为全球主要消费国家提供了大量消费品。

巴西拥有丰富且多样的自然资源。林业是巴西经济增长的基础，占巴西GDP的4%和出口的8%。亚马逊河储存了世界9%的淡水资源；有着"地球之肺"和"绿色心脏"之称，也是全球生物多样性最丰富的地区。巴西也是矿产资源十分丰富的国家。巴西是世界钢铁生产大国中唯一拥有丰富铁矿资源的国家，铁矿业是巴西的支柱产业之一，巴西的铁矿石产量占拉美地区的1/2以上，其产量和出口量均居于世界前列，在国际铁矿石市场中占有重要地位，是全球铁矿石储量最丰富的国家之一，铁、锰出口居世界前列。20世纪90年代，巴西新自由主义改革实行了全面的私有化。卡多佐上台后又采取福利赶超政策，使得政府大规模削减了教育、科学和技术研究的资金，国家自主创新的能力进一步削弱，对巴西产业发展和结构转型造成严重障碍，以致十多年后，巴西自主发展能力依然很弱，缺乏长期稳定增长的动力。

俄罗斯是一个能源大国，具有丰富的石油、天然气和煤炭等常规能源，是世界石油和天然气主要出口国。2010年俄罗斯能源生产量居世界第一位，天然气产量居世界第二位。石油依赖是对俄罗斯产业结构的高度概括。俄罗斯的电力、燃料、有色及黑色金属、森林和木材等能源和原材料部门占据了工业总产值的半壁江山。统计表明，俄罗斯燃料动力部门，特别是石油开采业的比重自1995年以来一直呈上升的趋势；机械制造和金属加工部门虽然在工业中的比重有所上升，但只占工业总产值的1/5左右。俄罗斯走的是一条激进式转型的道路。通过采取萨克斯等提倡的所谓"休克疗法"，迅速实现经济和社会的全方位转型。其中最重要的步骤也是核心措施之一就是实行迅速的私有化。

南非能够成为当今世界上有较大影响和不容轻视的政治实体，在相当大程度上是由于它的"资源大国"地位。矿产资源的发现和开采推动南非传统社会经济向近现代社会经济转变。至19世纪中叶，南非还是一个以自给性农牧业为主的地区。以19世纪后半期金刚石和黄金矿的相继发现和开采为起端的采矿业兴起，使南非从一个相对封闭型的社会迅速变成有世界意义的矿产地。矿产资源也构成南非工业化体系的主要物质基础。南非制造业走的是一条从为采矿业服务、从属于采矿业起步，继而利用矿产资源，发展"进口替代"行业，满足社会经济发展多方面需要，再进一步转向逐步增加产品出口，参与国际市场竞争的道路。至今南非最大的制造业——钢铁工业建立在利用本国煤、铁、锰、铬等资源基础之上；第二大行业——化学工业建立在本国煤炭、磷灰石等资源基础之上；强大的能源、电力工业也主要利用本国的煤、铀矿等资源。南非同一系列发达国家和新兴工业化国家之间的相互关系具有明显的"资源外交"色彩。

印度是仅次于中国的世界第二人口大国，有丰富的自然资源、巨大的人口红利、庞大的国内市场，以及较高的经济增长率。由于基础设施薄弱，印度经济发展的重心向资源依赖性较低和资源消耗较少的服务业倾斜。印度的服务部门尤其是信息通信技术，自1997年以来年均增长率达到8.1%，成为经济增长的重要力量。凭借工人良好的教育背景及英语语言优势，印度在软件开发、商务处理外包等领域发展迅速，使印度享有"世界办公室"的美誉。在印度有限的外国直接投资中，外资主要集中在软件（13%）、IT服务（20%）、金融服务（5%）、汽车（5%）、电力（3%）等技术密集型行业。

中国被称为"世界制造工厂"。1978年改革开放以来，中国经济步入了快速发展的轨道，由低收入国家迈入了中等收入国家，2012年人均国民生产总值接近5000美元，创造了世界经济发展史上的奇迹。中国的综合国力和经济实力也得到了显著的提升，2011年跃居世界第二大经济体。过去30多年来中国经济快速发展的主要经验有以下三个方面：一是大量的劳动力（人力资本）和物质资本的投入。从劳动要素投入的角度来讲，中国经济长期持续增长一个最重要的推动力是庞大且价格低廉的劳动生产要素供给释放出了巨大的生产力和创造力。除了庞大的劳动要素供给和人力资本储量之外，中国的高储蓄率和持续大规模的资本投入也是推动中国经济增长最为重要的因素。二是技术进步带来生产效率的提高。三是制度创新，即独特的改革和发展战略的成功推行。很多人把中国改革开放30多年经济的成功总结为政府主导型的经济改革和转型模式。

尽管金砖五国发展模式有异，但五国的发展道路仍然呈现出许多共同特征。

首先，"金砖五国"的经济增长在某种程度上还是一种粗放型的经济增长模式，靠高资本、高资源、高能源和高劳动力投入所驱动。在全球生产体系中五国基本上仍处于产业价值链的较低端。绝大部分外资企业，特别是跨国公司投资金砖国家的主要目的是建立生产基地、利用廉价资源,新兴经济体国家充当的角色只是生产车间。所谓国际产业转移只是产业链最低端的生产组装环节的转移,并没有形成完整的产业链和相应的产业环境。巴西、俄罗斯等的初级产品生产模式更不必说。所以说能耗较高及资本效率较低是五国的普遍现象。

其次,技术创新能力低。科技进步和创新对经济的增长贡献与发达国家相比有明显差距。产生这一现象一方面有现实原因,即基于资源和劳动力比较优势基础上的发展;另一方面在选择发展道路的决策层面,过度追求增长速度、注重数量的快速扩张而忽视经济效益和质量的提升;此外长期发展道路的路径依赖问题比较严重,经济发展方式短期内很难扭转。

最后,五国都出现了相似的社会问题,包括贫富差距、城乡差距、腐败、基础设施不足、社会保障落后、城市病等。尤其是城镇空间分布与资源环境承载能力不匹配。以中国为例,东部城镇密集,资源环境约束加剧;中西部资源环境承载能力较强,但城镇化程度低。中小城镇数量多、规模小、服务功能弱。城镇空间分布和规模结构不合理,增加了经济社会和生态环境成本。近几年来,随着气候变暖,金砖国家的极端天气频率显著增加,自然灾害频发,影响到农业、水资源等的安全。

新兴经济体经济的发展已经站在了一个关键的十字路口,迫切需要寻求一条资源节约型、环境友好型的可持续发展道路。

二 粗放式发展的环境成本:基于中国的经验分析

改革开放以来的30多年,中国经济发生了翻天覆地的变化,GDP保持了年均9.5%的增长率,总量的加速扩张大大缩小了中国与世界主要发达国家的差距,其中中国制造业功不可没。这三十多年里,制造业增加值占GDP的比重达到40%，年均增长率约为15%。但近几年看到经济发展的同时，也看到越来越多诸如投资沉淀、产能过剩、高能耗、环境污染、贫富差距拉大、社保、教育、医疗投入不足等种种不利于人类发展的问题。大范围雾霾天气，更让我们以一种最直接而深刻的方式感受到了加强环境保护、减排治污的迫切性。

尽管现代经济增长理论通过精确地分析证明：经济增长不仅取决于资源、资本、劳动力等物质生产要素的投入，而且取决于技术进步和制度创新。但现实情况表明，对于大多数发展中国家和地区而言，在国内消费需求与产业成长尚未形成良性循环的背景下，发展开放型经济、利用国际市场需求，是一条实现经济起飞较为持久的增长动力的成功发展路径。中国的经济发展也不例外。中国的现代化运动就是这样一种典型的外生型现代化。它由各级地方政府主导，以招商引资为中心，以开发区为载体，通过大规模引进外资，形成了庞大的生产制造能力和大进大出的循环格局——产品大规模出口、原材料和能源大规模输入。这一模式的核心和成功之处，就是以低成本迎合了国际产业转移的基本动因，同时解决了经济起飞所需要的市场需求约束。随着大量"中国制造"走向世界，中国经济得以飞速发展。但同时中国的经济增长也付出了巨大的环境代价。

从技术链角度分析，低端产品通常消耗的原材料和能源多，造成环境污染大，获取的附加值少，而高端产品则能获得消耗低、污染小、附加值多的经济和社会效益。随着中国引入外资规模的增加，重工业发展加快，不可避免地引起对自然资源的过度消耗。基于比较优势的国际分工模式使得发达国家更易于将那些能源/资源密集型、污染严重的产业转移到中国。到目前为止，中国温室气体排放量已经跃升至世界第一位，外商直接投资70%以上仍然进入重污染工业领域。

粗放式经济发展的成本往往被高速增长的GDP所掩盖，但成本总会以各种各样的方式显现，如笼罩全国大部分城市的雾霾，如中国最大的500个城市中，只有不到1%达到了世界卫生组织推荐的空气质量标准。世界银行的报告显示，在全球污染最严重的20个城市中，中国占了16个。2007年2月世界银行发布的《中国污染的代价》显示：中国每年因空气和水污染而过早死亡的人数高达75万。早在2006年，国家环保总局和国家统计局共同发布了《中国绿色国民经济核算研究报告2004》，这份中国迄今为止唯一一份被公布的绿色GDP核算报告显示，2004年全国因环境污染造成的经济损失为5118亿元，占当年GDP的3.05%。其中，水污染的环境成本为2862.8亿元，占总成本的55.9%，大气污染的环境成本为2198.0亿元，占总成本的42.9%；固体废物和污染事故造成的经济损失为57.4亿元，占总成本的1.2%。虚拟治理成本为2874亿元，占当年GDP的1.8%。亚洲开发银行与清华大学公布《迈向环境可持续的未来——中华人民共和国国家环境分析》报告称，中国空气污染每年造成的经济损失，基于疾病成本估算相当于国内生产总值的1.2%，基于支付意愿估算则高达3.8%。2012年，中国GDP总量为519322亿元，以1.2%计达6232亿元，以3.8%计高达19734亿元。

三　城市化与工业化进程的偏差对环境的隐性影响

在发展经济学理论中，城市化这一概念总是与工业化联系在一起。纵观世界各主要发达国家的发展经验，工业化、城市化是每一个社会必经的发展过程，工业化必然带来城市化，反过来，城市化又促进工业化。工业化过程也即非农产业发展的过程，非农产业的有效发展客观上要求具有规模经济效益和聚集经济效益，而非农产业的规模化与集中发展的空间表现形式就是城市的形成与发展，所以从理论上说工业化过程与城市化过程应该是同一过程的两种表现形式，非农产业的特征与城市化的某些方面的特征应该表现出一致性。

但新兴经济体城市化与工业化的关系似乎比较独特。以中国为例，中国城市化快速发展始于改革开放之后，1950年城市化率仅为7.3%，经过60年的发展，2010年城市化已基本达到50%。每年城市化率增加1%，按此速度计算，2030年中国城市化率将超过70%，基本完成城市化（见图6—2）。但与发达国家发展水平相当的时期相比，中国城市化进程明显滞后（见图6—3）。而且由于不同户籍者所享有权益不同，"同城人不同权"使得常住人口城镇化水平存在较高"水分"。这种"夹生"城镇化所产生的"半城镇化"人口至今仍在扩大（见图6—4）。此外，从新中国成立以来，中国城市化率一直低于非农就业比重，更低于非农产值比重（见图6—5）。

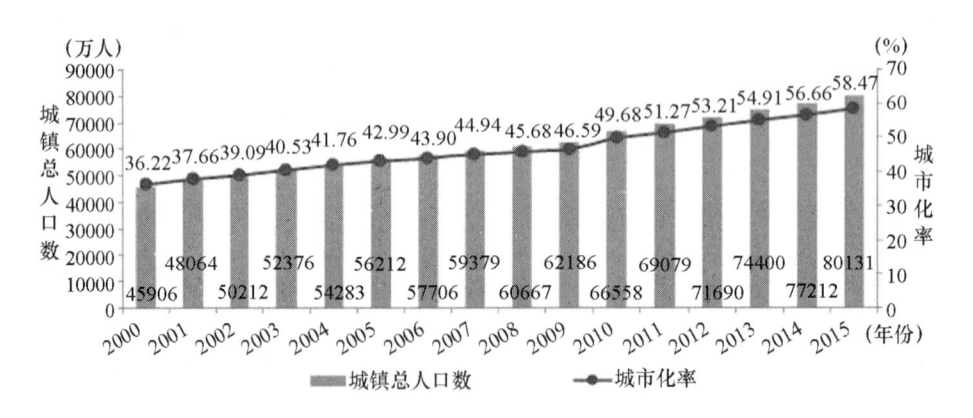

图6—2 2000—2015年中国的城市化率

注：2012—2015年为测算值，未对外来人口及新增城市人口做区分。

资料来源：《中国统计年鉴》，《中华人民共和国2011年国民经济和社会发展统计公报》，第六次全国人口普查。

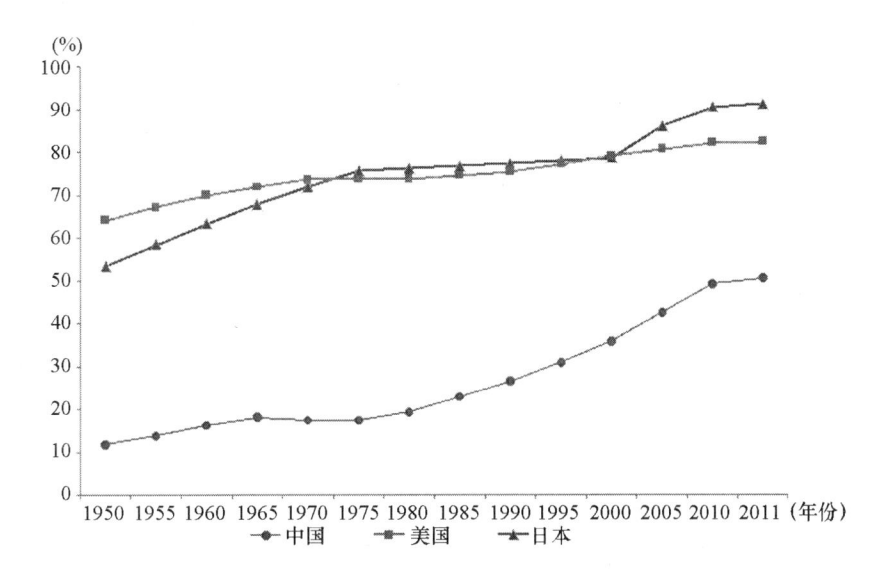

第六章 资源环境、气候变化与新兴经济体的低碳转型 | **267**

图6—3 中国、美国、日本城市化率比较（1950—2010）

资料来源：Wind资讯。

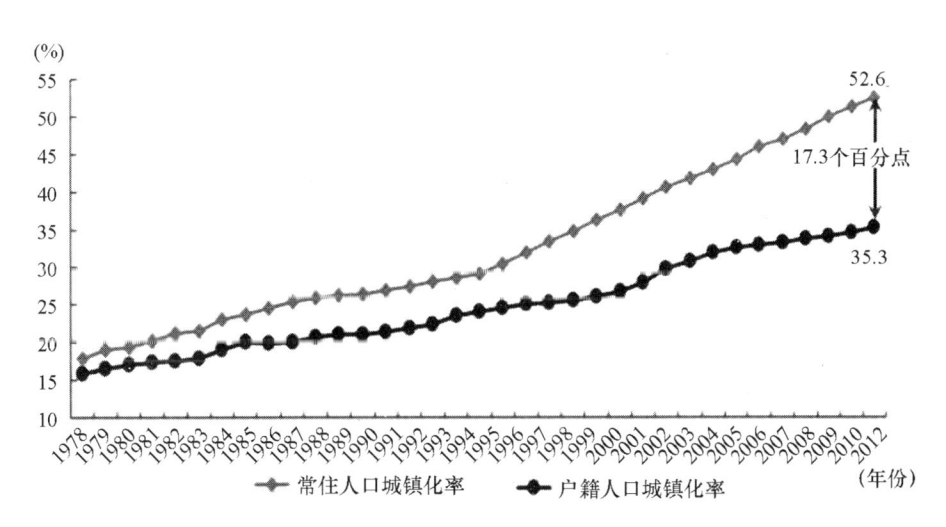

图6—4 中国常住人口城镇化率与户籍人口城镇化率的比较

资料来源：Wind资讯。

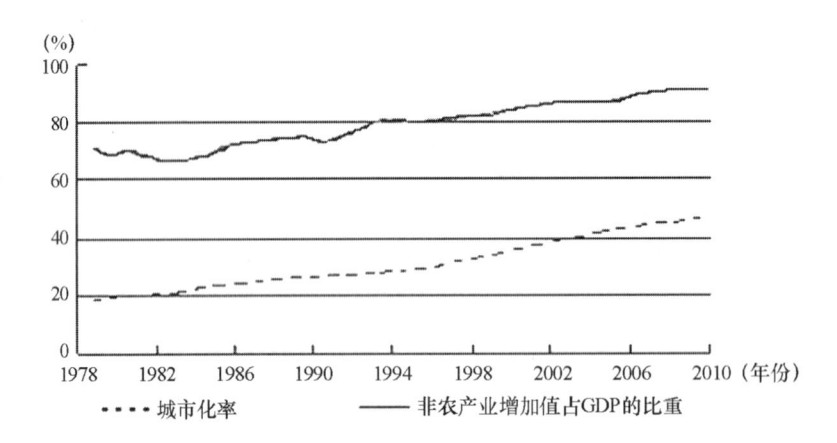

图6—5 中国城市化率与非农产业增加值占GDP的比重

资料来源：Wind资讯。

参照钱纳里—赛尔奎因工业化与城市化关系的一般变动模式，按照国际通行指标衡量，中国的城市化水平滞后于工业化水平的偏差将造成显著的环境影响。主要表现在以下三个方面。

第一，小城镇星罗棋布，普遍空间范围较小，人口较少，聚集不起环保基础设施建设的合理规模。只有城市发展到一定规模以上时，建设污水处理厂及排水管网等环保基础设施在经济上才是可行的。只有当建设污水处理厂等环保基础设施具有规模经济，能够保证收到污水处理费，确实有利可图时，这一产业才能吸引到民间投资。中国大多数20万人口以下的城镇不具备自己的污水处理设施，这使得中国总体的城镇生活污水处理率很低，而只有少数大城市生活污水处理率较高。这说明中国需要在广大城镇加快推进污水处理设施的建设，必须进一步提高城镇污水处理率，而这必须以加快城市化速度为前提。

第二，在农村推进工业化，主要依靠乡镇企业解决农村剩余劳动力的就业问题。但是很多行业的乡镇企业生产工艺落后，生产规模较小，在生产的过程中造成了高能耗、高排放、高污染的问题。中国的大中型企业普遍能源效率较高，单位产值的能耗基本处于世界平均水平之上，但是中小企业，尤其是乡镇企业的能源效率很低，造成中国总体上的能源效率较低（Karen Fisher-Vanden，2004）。部分地区小煤矿的无计划开采对当地资源和生态环境的破坏极为严重。

第三，处处建设城镇，造成耕地大量流失，农村地域污染严重，大量亦工亦农的人口存在，阻碍农业规模经营的进程，由此加剧农业的不可持续发展。农村地区分散的面源污染无法得到有效的监测和治理。对乡镇企业的污染物排放进行监测的成本很高，无法实现对小城镇污染的有效控制。

总的来看，新兴经济体国家种种环境问题最根本的诱因无非是两个：一是经济以粗放式发展和能源过度消耗为代价的增长模式与资源环境之间的矛盾已经累积到临界点；二是以石油、煤炭为主的能源结构给环境造成巨大压力。所以经济增长是一种饮鸩止渴型、不可持续的增长模式。治污要治本，治本先清源。新兴经济体国家必须转变经济增长方式，改革贸易政策和产业政策，走资源节约型、环境友好型的可持续低碳发展道路。

◈ 第二节 通向可持续发展的国际低碳行动及影响：基于金砖国家的实证分析

一 国际社会的低碳行动

国际社会建立了多边贸易体制和气候变化多边体制来追求两个并行的目标：通过世界贸易自由化提高经济福利和通过减少温室气体排放来减缓全球气候变化。

（一）国际气候进程管理

国际气候进程管理，主要还是依托联合国的多边政治与法律体系，直接的国际法依据是1992年签署、1994年正式生效、有194个缔约方（包括193个主权国家和作为地区经济一体化组织的欧盟）的《联合国气候变化框架公约》（以下简称《公约》）及与其相应的于1997年签署并于2005年生效的《京都议定书》。纵观国际气候进程的发展历史，争论的焦点始终聚集于在发达国家之间和发达国家与发展中国家之间如何划分和落实减缓气候变化的责任。隐藏在这一新的热门话题背后，依然是对现有和未来利益格局变化的关注，争论的意义已经不仅仅限于气候变化问题本身，而是开始延伸到一般的国际利益格局的重塑和国际进程决策机制中话语权的分配。当前国际气候谈判对于气候变化国际进程，在大致处于由发达经济体、新兴工业化发展中经济体和最不发达发展中经济体组成的现代世界经济体系背景下。在南北立场的基本格局下，在不同时期或不同议题上，发达国家与发展中国家内部都存在许多不同的利益集团，不同利益集团之间的利益关系复杂多变。

对于发达经济体而言，在先行工业化进程中，已经率先占有了大量温室气体排放空间，人均历史累计温室气体排放量远高于发展中经济体的同类指标，对今天的全球气候变化负有无可争议的历史责任。当今的人均排放水平也因为其生活水平、消费模式、基础设施等特征远高于发展中经济体的水平，并通过跨国公司的市场营销、施加投资与技术方案的影响而对后发的发展中经济体产生着示范效应，并使其形成路径依赖。在发达国家阵营中，欧盟作为气候谈判的发起者，一直是推动气候变化谈判最重要的政治力量。以美国为首的利益集团是发达国家阵营中另一支重要的政治力量。在《京都议定书》谈判中，以美国为首组成的"伞形"国家集团，包含日本、加拿大、澳大利亚、新西兰、俄罗斯等多个国家，曾经力量非常强大。

发展中国家阵营自谈判启动以来一直以"77国集团加中国"模式参与谈判，至今该模式在形式上仍得以保持。但发展中国家阵营的分化日趋严重。以中国、印度、巴西、南非和墨西哥等为代表的新兴工业化国家，无论是人均历史累计排放量还是现有的人均排放量,都远低于发达国家的水平,但都处于迅速工业化与城市化快速发展阶段,面临的局面是:一方面,处于能源和资源需求急剧上升的发展阶段,人口众多,资源匮乏,对经济外延扩张空间的需求很大,人均能耗和排放水平低下与能耗及排放总量大、增速快的趋势并存;另一方面,面临着在资源与环境容量、资金、人才、技术水平、社会管理能力等方面的制约。随着发展中大国参与问题成为后京都谈判的焦点之一,以金砖五国为代表的新兴经济体在发展中国家中的地位凸显,一方面直接面对来自欧盟和美国的压力,而另一方面,还必须代言发展中国家,尽可能保持发展中国家阵营的团结。尤其是中国,随着经济快速增长,至少在2030年以前排放持续增长不可避免。中国的立场倾向,对于在后京都气候谈判走向的影响将举足轻重。在当前气候变化日益受到国际社会的高度重视,促进温室气体减排已经成为国际共识的大背景下,中美欧在对待气候变化问题上,将有更多微妙的竞争与平衡关系。

对于亚、非、拉广大中小发展中国家、最不发达国家,其经济大多还处于主要依赖开采自然资源、落后农牧业、旅游业等靠天吃饭的低端发展阶段,自身无论是人均还是总量的能耗与排放都很小,但对气候变化引起的极端气候事件的负面影响却最为脆弱,要求遏制气候变化、去除贫困、获得国际资金与技术援助的呼声也最为强烈。最不发达国家因排放量很小,主要关注适应问题,希望获得更多的国际资金援助。在国际资金来源非常有限的情况下,发展中国家之间为了经济利益产生矛盾和竞争不可避免。

一般而言,影响一个国家或国家集团气候谈判立场有多种因素,例如气候变化影响程度及可能带来的预期损失、减排温室气体的成本、外部因素的激励(资金、技术、市场、国际形象等)、非气候因素的激励、国内政治压力,以及其他战略考虑和文化因素等。各国都会全面衡量各自的利益，对参与气候谈判的立场和策略作出综合决策。

（二）贸易措施及资金激励

从直观看贸易政策并非解决气候变化问题的直接手段，因为影响二氧化碳排放的主要因素是经济增长速度，而非贸易额。然而从政治和经济角度看，贸易措施却是有效的惩罚性政策手段。发达国家认为，只有部分成员参与减排的国际联盟下，承担减排义务的发达国家采取的减排行动会导致该国竞争力受损，从而导致产业转移到不受减排束缚的发展中国家，并增加能源密集型产品的进口。减排国家对碳密集型产品的生产和消费的减少，也会通过能源市场的价格波动以及国际贸易和投资流向的变化，增加非减排国家生产和消费的碳密集度。这种发达国家减排，但是通过贸易和投资渠道间接导致发展中国家增加排放的假说被形象地称作"碳泄漏"。"碳泄漏"的产生虽然可以使发达国家减少国内报告的碳排放总量，但这对于全球温室气体排放的减少没有任何帮助，因为与此相伴的是发展中国家因为对发达国家的出口而引起的全球碳排放的增加。因此，发达国家严重关注碳泄漏问题，强调碳泄漏将在很大程度上抵消《京都议定书》附件I国家减排行动的实际效果，不利于缓解全球气候变化压力。为此，在气候变化的国际背景下由欧盟、美国以及其他OECD国家最先提出的一项贸易措施，其目的在于保证其本土企业国际竞争力免受损失以及避免碳泄漏问题。这项贸易措施主要有两种表现形式：一是对来自无实质性温室气体减排义务国家的产品加征进口关税或碳税（又称"边界税调整"）；二是要求这些产品的进口商从国际碳市场或区域性碳市场购买相应的碳排放信用。根据有关机制设计，执行此项政策所筹集的资金将被用于促进环境友好型技术的研发、对发展中国家的技术转让以及加强适应气候变化的能力建设等。

该提案认为，碳关税有助于减缓美国等发达国家国内企业对控制温室气体排放政策的抵触和反对，推进美国等发达国家更广泛和更深入地减排，客观上也将促使其他国家加入国际减排合作。美国等利益集团一直希望中国等发展中国家在减排问题上与其行动一致，而碳关税是促进更多国家加入减排行动的最有效的工具。从这个角度看，发达国家对于碳泄漏问题的担忧固然有其保护全球气候环境的考虑，但更多的则是出于保护本国产业竞争力的需要，而政策的矛头必然指向中国、印度以及新兴的亚洲国家等。

二 国际碳减排提案的影响研究：基于CEG模型的数值模拟分析

本节以贸易手段对国际气候谈判进程的影响为切入点，将全球分为八个部分（中国、印度、俄罗斯、巴西、美国、欧盟、日本、世界其他国家综合），运用多国的一般均衡模型，通过数值模拟方法，分析了在全球贸易格局下，贸易制裁手段等在解决全球气候变化问题中的有效性及对全球气候谈判格局进程的影响。政策背景是当前《联合国气候变化框架公约》谈判中涉及的援助资金和采取边境税调整和关税的辅助减排激励机制。围绕碳减排和碳泄漏的国际争议，着重分析两个与之相关的问题：一是碳减排对各国的经济影响；二是贸易政策如碳关税或其他贸易措施能否有效解决碳泄漏问题以及能否有效推进全球范围内的国际环境协议谈判。

（一）模型框架

本章引入一个新的贸易与气候变化分析框架［方法上主要采用可计算的一般均衡模型分析方法（CGE）］。新分析框架的基本思想是由西安大略大学教授John Whalley和田慧芳等在2008年创建的，它将温室效应的全球外部性直接纳入一国的福利函数，指出一国的减排行为将通过两个途径改变一国的福利：一是直接降低本国的生产和消费，从而降低本国的福利；二是减排将减缓全球气温的上升，从而产生正的外部性，引发该国福利的上升。这两种机制相互作用的结果将决定该国是否有意愿参与减排。该框架尤其讨论了在封闭框架和在国际贸易存在两种情况下一国参与国际环境协议的意愿（Huifang Tian, 2010）。一个基本的结论是，贸易的存在增大了各国参与全球减排协定的可能性。在该模型基础上，我们探讨贸易手段如碳关税、资金援助等能否推动解决环境和气候问题（具体参考 Huifang Tian, 2010）[①]，比如能否推动各国尤其是发展中国家参与到谈判进程中来。

1. 温度变化与国家层面的效用函数

我们假定一国的效用福利函数不仅仅是消费的函数，同时全球气温的变化也会直接对一国的福利带来或正或负的影响，因此，我们将这样的函数关系描述为：

$$\Delta U^i = \Delta U(\Delta RC_i, \Delta T) = \Delta RC_i \times \left(\left(\frac{H - \Delta T}{H}\right)\right)^{\beta} \tag{6—1}$$

此外，全球气温的变化由各国碳排放引起，是各国碳排放总额的一个函数，表示为：

$$\Delta T = g\left(\sum_i e_i \Delta RS_i\right) = a\left(\sum_i e_i \Delta RS_i\right)^b + c \tag{6—2}$$

2. 对某国的消费进行一次分解

某国的消费包括国内消费和进口消费，且由一国的禀赋决定其消费程度。

$$\text{Max } RC_i = RC_i(D_i, M_i) = \left((\lambda_1^i)^{\frac{1}{\sigma}} D_i^{\frac{\sigma-1}{\sigma}} + (\lambda_2^i)^{\frac{1}{\sigma}} M_i^{\frac{\sigma-1}{\sigma}}\right)^{\frac{\sigma}{\sigma-1}} \tag{6—3}$$

$$\text{s.t. } p_i^w D_i + p_i^m M_i \leq I_i = p_i^w RS_i \tag{6—4}$$

而对本地消费品的需求和对进口品的需求则为：

$$M_i = \frac{\lambda_2^i I}{(p_i^m)^\sigma [\lambda_1^i (p_i^w)^{(1-\sigma)} + \lambda_2^i (p_i^m)^{(1-\sigma)}]} \quad (i=1, \cdots, N) \tag{6—5}$$

[①] Huifang Tian and John Whalley, 2010, "Trade 'Sanctions, Financial Transters and BRIC's Participation in Global Climate Change Negotiations", *Journal of Policy Modeling*, Volume 32, Issue 1, January-February 2010.

$$D_i = \frac{\lambda_1^i I}{(p_i^w)^\sigma [\lambda_1^i (p_i^w)^{(1-\sigma)} + \lambda_2^i (p_i^m)^{(1-\sigma)}]} \quad (i=1,\cdots,N) \quad (6\text{—}6)$$

3. 对一国的进口产品再进行二次分解

进口量是其本国从他国进口产品量的 CES 函数，进口数量由一国的禀赋决定。

$$\text{Max} M_i = H(R_1^i, R_2^i, \cdots, R_{i-1}^i, R_{i+1}^i, \cdots, R_N^i) = \left(\sum_{j \neq i} (\kappa_j^i)^{\frac{1}{\sigma_m}} (R_j^i)^{\frac{\sigma_m - 1}{\sigma_m}}\right)^{\frac{\sigma_m}{\sigma_m - 1}}$$
$$(6\text{—}7)$$

$$\text{s.t.} \quad \sum_{j \neq i} p_j^{d_i} R_j^i \leq I_i^m = p_i^m M_i \quad (6\text{—}8)$$

对该 CES 函数进行效用最大化计算，可得到如下等式：

$$p_i^m = \left[\sum_{j \neq i} \kappa_j^i (p_j^{d_i})^{1-\sigma_m}\right]^{\frac{1}{1-\sigma_m}} \quad (6\text{—}9)$$

$$R_j^i = \frac{\kappa_j^i p_i^m M_i}{(p_j^{d_i})^{\sigma_m} \sum_{j \neq i} \kappa_j^i (p_j^{d_i})^{1-\sigma_m}} = \frac{\kappa_j^i (p_i^m)^{\sigma_m} M_i}{(p_j^{d_i})^{\sigma_m}} \quad (6\text{—}10)$$

4. 贸易均衡条件

$$\sum_{j \neq i} R_i^j + D_i = \Delta RS_i \quad (i=1,\cdots,N) \quad (6\text{—}11)$$

5. 减排成本函数

$$MC_i = \varphi \frac{(\overline{\Delta E_i} - \Delta E_i)}{\overline{\Delta E_i}} RS_i \quad (6\text{—}12)$$

6. 模型扩展

模型将关税、资金转移支付、外在的贸易不平衡和减排的成本等作为外生的变量加入模型结构中。关税可作为一国的收入计入 GDP 中，资金转移支付表现为金砖四国（BRIC）GDP 的百分比或者 OECD 国家 GDP 的百分比。

7. 基准情景（BAU）的假定

模型使用了 OECD 和金砖四国的消费和贸易数据，并给定基准的未来增长模式，以 2006 年为基年，假定所有国家未来 50 年需要减排 50%，其中以斯恩特报告中假定的2030年和2050年全球气温的增长极限3度和5度，以及Stern和Mendelsohon（2007）的气候变化损害成本为参考，得出2006—2036年或2006—2056年两段时期的全球二氧化碳存量，并对模型参数进行了校正。

8. 模型参数的校准

在气温没有变化时，效用函数为：

$$U_i^* = RC_i \tag{6—13}$$

将变化的损失考虑在内，可以得出：

$$U_i^*/U_i = \left(\frac{H - \Delta T}{H}\right)^\beta \tag{6—14}$$

（二）模拟结果

结论1：减排将导致各国福利水平的下降。在全球参与减排时，减排对发达国家尤其是美国和欧盟的影响要远大于对中国、印度等发展中国家的影响。如果只有发达国家参与减排，则其福利损害增加。而不同的碳排放计算方法和模型假设对结果也有显著影响。在气候变暖的成本很大时，各国参与碳减排将大大有助于各国福利水平的改善，损失成本越大，参与减排越能增加各国福利。如果设定全球气温到2050年上升的最大幅度是1.5℃而不是斯恩特报告里的2℃，这意味着全球2050年减排力度必须加大，减排将进一步恶化各国的福利水平。如果GDP是以购买力平价来计量，也会使得福利损失增加。

结论2：全球碳排放计量方法的不同对减排效果的影响也显著不同。与基准情景比，如果以1990年为基年，则中国和印度等国家的福利损失将增加一倍，而美国和欧盟的亏损则大幅下降。历史排放也是一个关键因素，它将使得30%的减排对中国和印度等发展中国家福利的负面影响几近消失，而欧美国家的福利损失仍然巨大。而碳排放是否以生产或者消费来计量，减排对各国的福利影响并无太大差异。而非经合组织国家明确与经合组织国家如果使用差分削减（即前者比后者少减1%、3%或5%），则更有利于中国、印度、巴西和俄罗斯等国,而欧美的减排成本将增加。我们还进行了模型的敏感性分析,发现贸易弹性、全球气温的上下限等因素对模型的影响不大,但气候变化的损害费用对结果影响显著。

结论3:贸易制裁可能会对国际气候谈判格局的形成产生一定的影响,但其效力需要商榷。当且仅当关税足够大(超过200%)时才可能产生一定的效果,而这往往会引发更多的贸易冲突。从模拟结果可以看出,当且仅当非BRIC国家一致对BRIC国家采取高达383%的关税时,才可能使得BRIC作为一个整体参与到气候谈判中来。如果仅仅是OECD国家采取贸易制裁措施,则需要1150%的高关税。不同的国家对关税的反应程度也各不相同,俄罗斯对于关税措施的敏感程度要远大于BRIC其他国家。此外,贸易的弹性、气候变化的损害成本、各国的减排边际成本、是否考虑购买力平价因素、是否考虑GDP的贴现率、是绝对量减排还是密度减排等模型参数和假设的不同,也会对结果造成很大的影响。降低减排的边际成本、增加GDP的贴现率或者让BRIC国家实行碳浓度减排等都会在一定程度上增强关税的效力。而气候变化损害的增加或者以购买力平价来计算GDP将使得关税措施的使用更加困难。

结论4:资金转移激励比贸易制裁更容易吸引发展中国家加入气候谈判的行列,难题是资金缺口仍然巨大。如果将BRIC作为一个整体,在未来50年,发达国家只需拿出少于BRIC国家GDP的3%的资金就可以激励BRIC参与到全球减排行列里来。因为该计算是基于所有国家绝对减排50%,如果换算为相对减排,则所转移的资金额度要少得多。对参数的敏感性分析可以得出,一国减排的边际成本越小、GDP的贴现率越大、让BRIC国家实行碳浓度减排等,都会降低BRIC国家对激励资金的需求。而一旦气候变化损害增加或者以购买力平价来计算GDP将增加发达国家对BRIC的资金转移需求。

三 碳关税对新兴经济体产业的潜在影响：以中美贸易为例

在目前的产业分工中，发达国家处在产业链的上端，制造业所占的比重低，主要以服务业为主，而服务业对能源的需求少，出口产品以高技术和服务业为主，碳排放量相对较低。而新兴经济体国家的比较优势是初级产品和制造业，出口产品则以低端产品为主，碳排放量较高，通过国际贸易为其他国家转移排放的二氧化碳量也相当可观。推行"碳关税"，可能对新兴经济体的产业发展造成不利影响。

（一）中国的能源结构与产业碳排放和碳内涵

中国能源结构以煤炭为主，中国是世界上煤炭储藏量最丰富的国家之一，煤炭在中国一次能源结构中长期占70%以上，煤炭是最廉价的发电燃料，是维持中国制成品在世界市场上价格竞争优势的因素之一。但煤炭又是最不清洁的化石能源，是化石燃料中碳含量最高的品种，煤炭的碳含量是天然气的两倍。中国的工业发展具有显著的高能耗、高排放、高投资、高出口特征。另外中国国内建设需要大量的钢铁、化工等重工业，在"碳排放"限额的压力下，钢铁、化工产业的成本也将大幅度上升。而发达国家早已经过了建设期，钢的需求量少，而且钢的保有量多，可以回收大量废钢利用电炉炼钢。中国的钢需求量极大，但人均保有量较少，主要只能用铁矿石炼铁水炼钢，需要使用焦炭，二氧化碳排放无法减少。目前中国的人均电力消耗只有2149度，不及韩国的30%，假设到2025年，中国人均耗电量达到韩国水平，如果用煤炭发电，碳排放量仅此一项就增加70亿吨。即便新能源得到迅猛发展，减排了20亿吨，碳排放量仍然会多增50亿吨，从而使中国每年的碳排放量从目前的57亿吨增长到107亿吨。中国已成为世界第一大二氧化碳排放国。

中国又是一个出口大国，当前国际贸易中除了直接出口燃料能源以外，内涵能源出口也是出口能源的一种重要形式。包含在出口产品生产过程中的能源和碳排放被称为内涵能源（embodied energy）和内涵碳（embodied carbon）。内涵碳排放指的是为得到某种产品，而在产品整个生产链中所排放的二氧化碳，包括生产过程中直接和间接排放的 CO_2。

Bin Shui 和 Robert C. Harriss（2005）的研究成果分析了中美贸易内涵碳的地位，结果显示，从 1997 年到 2003 年中国有 7%—14% 的能源消耗在对美国的出口中。美国向中国的出口几乎都是低碳产品。而中国的碳含量很高。美国通过贸易获得的二氧化碳顺差大部分是在中国内涵能源的出口中获得的。而美国因此避免了 3%—6% 的排放量。1997—2003 年共 7 年间的累计避免量为 17.11 亿吨二氧化碳，这比世界第三大排放国俄罗斯 2003 年的排放量还高出 6%。该研究认为生产出口导致的排放，即内涵碳的出口，是中国碳排放增长的主要驱动力量。

据清华大学化学工程系生态工业研究中心（2006）对中国内涵能源出口进行的研究表明，近年来中国能源密集型产业的高耗能产品出口呈现上升趋势。相应出口内涵能源从 2003 年的 5918 万吨标准煤增加到 2004 年的 7903 万吨、2005 年的 9002 万吨，增长幅度分别高达 33.5% 和 13.9%；同时，一次能源出口以及化工行业是主要的耗能行业。2005 年，中国直接出口能源 8774 万吨标准煤。化工、钢铁、合金、纺织、轻工等相应出口内涵能源达 9002 万吨标准煤。两者累计占 2005 年全国能源总消耗量的 8%。

齐晔、李惠民等（2008）用投入产出法，对进出口商品都采用中国的碳耗水平所做的保守估计发现：1997—2006 年，通过产品的形式，中国为国外排放了大量的碳。1997—2004 年，隐含碳净出口占当年碳排放总量的比例为 0.5%—2.7%，2004 年之后迅速增加，2006 年该数字达 10% 左右。按照日本的碳耗效率对进口产品进行调整后的乐观估计发现，中国为国外转移排放的碳数量更为惊人。1997—2002 年隐含碳净出口量占当年碳排放总量的12%—14%，2002年之后迅速增加。到2006年，该数字已达29.28%。陈红敏（2009）对利用投入产出方法计算隐含碳排放的框架进行了扩展，从而可以同时计算各部门由能源消耗导致的隐含碳排放和由某些工业生产过程导致的隐含碳排放，利用该框架计算并分析了2002年中国各部门最终消费和使用中的隐含碳排放情况。发现建筑业是隐含碳排放最高的部门，而非金属矿物制品业的生产过程隐含碳排放占部门总隐含碳排放的比重最高。

表6—1　　　　　　　　各部门碳完全排放系数表

序号	行业	碳完全排放系数
14	食品制造及烟草加工业	0.000138
7	木材加工及家具制造业	0.0001224
13	仪器仪表及文化、办公用机械制造业	0.0001186
2	通信设备、计算机及其他电子设备制造业	0.0001087
6	纺织服装鞋帽皮革羽绒及其他制品业	0.0001084
16	农林牧渔业	0.0001871
19	金属矿采选业	0.0000970
18	石油加工业	0.0000313
12	非金属矿物制品业	0.0003196
17	非金属矿及其他矿采选业	0.0001206
15	工艺品及其他制造业	0.0001457
9	造纸印刷及文教体育用品制造业	0.0001349
3	金属冶炼及压延加工业	0.0003331
4	化学工业	0.0001804
8	纺织业	0.0001384
1	通用、专用设备制造业	0.0001638
10	金属制品业	0.0001895
11	交通运输设备制造业	0.0001442
5	电气机械及器材制造业	0.0001794

（二）碳关税的行业影响估算

我们在研究了中国对美国出口产品的内涵碳问题后发现，含碳最高的行业是金属冶炼及压延加工业和非金属矿物制品业。出口产品的单位产值内涵碳越高就意味着其单位价值量被征收的边境碳调节税越高。按10美元/吨的关税来计算，上述两行业每价值为1万元的产品分别需要缴纳2260元和2170元的边境碳调节税（人民币兑美元汇率取6.8），相当于每出口万元产值加征22.6%和21.7%的关税。另外，金属制品业、农林牧渔业、交通运输设备制造业、化学工业、电气机械及器材制造业单位产值加征的边境碳调节税率也较高，为12.2%和12.9%。边境碳调节税的征收将对电气机械及器材制造业，金属冶炼及压延加工业，化学工业，通用、专用设备制造业的厂商及行业产生相当大的影响。损失最大的行业是通用、专用设备制造业，按10美元/吨征收，其损失就将高达43亿元人民币，而通信设备、计算机及其他电子设备制造业的损失也超过12亿元。如果按30美元或者更高的价格征收，影响将不可估量。而对于诸如纺织业，纺织服装鞋帽皮革羽绒及其制品业，通信设备、计算机及其他电子设备制造业行业，尽管属于非能源密集型行业，但由于对美出口量较大，行业总体也会受到较大影响。

出口下降比例最高的七个行业（超过工业部门平均降幅）依次分别为：石油加工业、非金属矿物制品业、金属冶炼及压延加工、化学工业、金属制品业、电气机械及器材制造业，以及仪器仪表及文化、办公用机械制造业。碳关税之所以会对不属于碳密集型行业的电气机械和仪器仪表等行业造成较大冲击，主要是由于碳关税针对的是整个生产环节的全部碳排放，而不仅仅限于直接生产这些产品的生产环节。比如生产用于制造汽车的中间投入品钢铁所需要排放的二氧化碳，同样是汽车出口时碳关税的课征对象。这样，由于中间产品生产环节的高排放，尽管最终产品看起来不属于碳密集型产品，但是它在整个生产环节的全部碳排放量会比较高，因

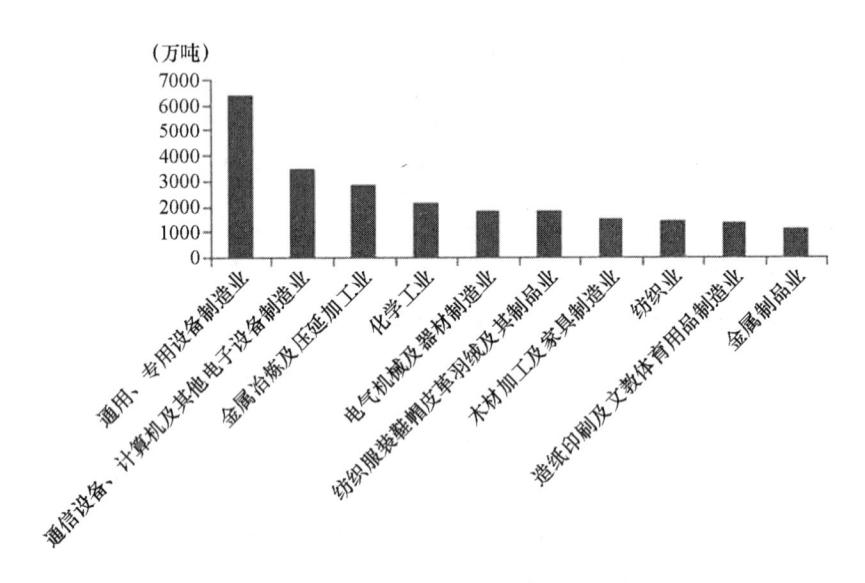

图 6—6　中国出口美国部门隐含碳最高的十大行业排名

而受到碳关税冲击也就相应较大。

除直接影响产业发展外，征收碳关税还将对中国就业、劳动报酬以及居民福利造成负面效应。碳关税对中国的制造业出口企业提出了更高的要求，这将形成新的挤压和倒逼机制。由于中国制造业起步较晚，科技含量不高，高能耗导致成本增加，市场空间会进一步变窄。由于征收碳关税，能源成为一种更昂贵的生产要素，这将导致生产成本提高。对工业部门就业影响的测算表明在 30 美元的碳关税率下，第一年就业岗位减少 1.22%，第五年减少 1.18%；在 60 美元的碳关税率下，第一年就业岗位减少 2.39%，第五年减少 2.33%。就业岗位减少比例最高的五个行业依次分别为：仪器仪表及文化、办公用机械制造业，通信设备、计算机及其他电子设备制造业、电气机械及器材制造业，纺织业，纺织服装鞋帽皮革羽绒及其制品业；在 60 美元的碳关税率下，第一年在上述 5 个行业的就业岗位分别减少 12.14%、6.14%、5.41%、5.48% 和 5.10%。另据世界银行的估计，如果其他国家也加入碳关税的行列，中国制造业可能将面临平均26%的关税，出口量可能下滑21%。在30美元征收标准下，中国制造业需要5年以上的时间才能逐渐消化开征碳税对产量造成的负面影响，需要经过7年以上的时间才能逐步消除对制造业产品出口造成的冲击。

◇◇ 第三节　新兴经济体实现经济可持续低碳发展的战略及路径

一　新兴经济体低碳转型的外部环境

自1990年国际气候谈判进程启动以来，随着各国对国家发展空间和碳排放权的争夺，以及崛起中的新兴大国与欧美日等发达国家作为关键的气候治理主体在国际上如何公平地分摊应对气候变化的责任和义务方面存在的巨大分歧，使得这一进程遭遇到极大挑战。

一是现行国际规则的约束力难以协调各国在应对气候变化中的利益冲突和立场分歧，无法满足全球低碳经济快速发展的需要。《联合国气候变化框架公约》（UNFCCC）于1994年3月生效，是国际社会应对气候变化的根本大法。现有国际气候治理尽管坚持了这一基本的合作框架，并在"共同但有区别的责任"原则基础上各缔约国就具体的减排目标达成一致，但到目前为止，各国并未能制定出一份具有牢固约束力的全球应对气候变化协议。在2011年德班气候大会上，印度与中国希望延长《京都议定书》。欧洲希望实现一个自上而下的协定，而美国则希望通过自愿承诺和国内立法实现"自下而上"的治理。在激烈的讨价还价下，欧盟将《京都议定书》延长至2017年，但加拿大与日本退出。中国和印度一直希望促成《京都议定书》（以下简称《议定书》）第二承诺期，给新兴市场国家更多的时间在不威胁经济增长的基础上调整强制性减排承诺。而西方国家则希望中国尽快加入有法律效力的减排协议中，接受国际核查和监督，并以中国现阶段的降低碳密集度40%—45%的减排目标难以从外部监督为由，对中国的承诺不予认同。2012年多哈气候大会上通过《议定书》修正案，从法律上确保了《议定书》第二承诺期在2013年实施。但结果并不尽如人意，加拿大、日本、新西兰及俄罗斯已明确表示不参加《议定书》第二承诺期。发达国家（特别是美国）越来越多地抱怨联合国机制的低效。尽管各国都根据国情设定与自身相适应的低碳发展战略和减排目标，但全球范围内的碳减排成效远低于期望值。联合国环境署（UNEP）2013年发布的《排放差距报告》显示，2010年全球温室气体排放量已达到501亿吨二氧化碳当量，2020年预计将达到590亿吨，比2012年估算的排放量又高出10亿吨。即使所有国家都兑现其雄心勃勃的承诺，到2020年，排放差距仍将在80亿—120亿吨（UNEP，2013）。

二是发达国家始终主导气候谈判的话语权，拒绝兑现资金及技术承诺。世界范围内低碳领域的技术和资金合作交流虽然已经展开，在加强气候变化合作、降低环境商品和服务贸易及投资壁垒、促进低碳技术转让和研发合作及官方发展援助等方面取得积极进展，但合作范围仍然相当有限。资金和低碳技术是发展中国家气候减缓、适应、损失和损害、技术开发与转让、能力建设和透明度等行动的基础和前提。发达国家在这些方面，谈判意愿明显不足，并以各种理由逃避资金援助问题上的承诺。受知识产权、转移成本和风险、市场因素等影响，发达国家对发展中国家的低碳技术转让始终无法实质推动（国际能源署，2010）。2013年年底结束的华沙气候大会再次显示了德班平台、资金和损失损害三大核心议题进展之缓慢。在兑现资金承诺问题上日本、澳大利亚等发达国家出资意愿大幅减弱，美国、欧盟等也明显缺乏诚意。发达国家在能效技术及低碳能源技术创新方面拥有绝对领先优势，具有长期主导清洁能源行业的经济潜力，页岩油/气的成功大规模开采也大大降低了美国的减排压力，而发展中国家未来经济发展的需求，必然带来能源消费和二氧化碳排放量的不断增加，并且面临低碳资金和技术方面的巨大障碍。

三是被动的气候外交。新兴经济体气候外交的被动之处就在于，既缺乏稳固的同盟，又缺少愿意主动帮着新兴经济体国家说话的"朋友"。当前的国际气候谈判格局发生了显著变化。新兴经济体国家的群体性崛起打破了原有制度框架下的权力和利益均衡，导致在气候谈判中大国与小国的矛盾凸显，同时并存欧盟、美国和"七十七国集团加中国"三股制衡力量，以及发达与发展中国家两大阵营。发达国家在策略上企图颠覆"共同但有区别的责任"，强调中国、印度、巴西等基础四国的减排责任，并在资金援助对象国方面倾向于将中国、印度和巴西等新兴市场国家排除在外，谋求从内部分裂发展中国家。"七十七国集团加中国"内部也开始出现分化。作为最大的发展中国家，以中国为首的新兴经济体国家面临越来越大的国际期待，要求承担量化减排的呼声越来越高。这种期待不仅来自谈判桌，也来自非政府组织和民间；不仅来自工业国家，也来自一些发展中国家。如果集团分化持续下去，将会削弱发展中国家在气候谈判中的地位，也将使新兴经济体国家陷入发达国家和发展中国家的双面夹击中。

此外，从金砖国家本身的能力来看，尽管金砖国家已经成为引领全球经济增长的重要力量，但由于人口众多、经济发展不均衡，与发达国家还有很大的差距。从微观层面来讲，新兴经济体经济增速正在减缓，同时面临通胀风险、外部环境不利、"中等收入陷阱"逼近、资源和环境约束等种种挑战，进一步参与全球经济治理面临的困境在于新兴经济体能否拥有长期增长的潜力。从中观层面来讲，新兴经济体参与的合作机制相对较少且成立的时间较短，机制建设相对滞后，合作效果不太显著，进一步表现为集体身份认同的困境。从宏观层面来讲，"北强南弱"的格局短期内难以发生根本变化，新兴国家集体实现低碳转型面临的国际困局表现为在国际经济规则制定等方面仍然将在相当长时间内受制于发达国家。

金融危机虽然给美欧经济造成了巨大冲击,但并未从根本上破坏美欧的经济基础。美国经济总量仍居全球第一,是全球最具创新性的经济体。欧元区乃至整个欧洲、日本虽然在金融危机中受到的冲击比美国还大,但经济总量依然庞大,也仍将在国际经济格局中占据重要地位。从贸易联系看,发达经济体和新兴经济体基本表现出两种截然不同的现象。发达经济体与其他成员国之间普遍存在较高的贸易互补性,尤其是法国和德国之间、加拿大和美国之间。德国和美国与其他成员国之间的贸易互补指数也显著高于其他国家。而新兴经济体内部的贸易互补性相对较低。中、印两国经贸关系受总量上偏向中方的贸易不平衡而导致的对印度的心理影响,是中印双边关系发展的一个瓶颈性制约。中非贸易交流日益频繁,但文化价值观认同和理解仍常常引发矛盾冲突。因此,金砖国家间政策协调的有效性,更取决于微型多边机制下双边关系的发展。

二 新兴经济体低碳转型的内部环境

金砖五国都是资源型大国,能源结构中煤炭和石油的比例都比较高。排放量减低将伴随产出的相应减少。要维持每年6%—7%的平均增长,当且仅当有充足的资金和技术来实现环境友好型增长时才可能实现。但技术与资金恰恰是影响新兴经济体低碳转型的两大桎梏。

第一是技术困境。新兴经济体低碳技术自主创新能力不足,核心技术缺乏,而发达国家往往对低碳技术进行出口管制,并追求技术转让的完全商业化,即使转让成功,技术输出方也会通过合资、合作等方式控制关键技术。以清洁能源为例,2013年3月6日皮尤慈善信托基金会发布报告称:连美国人都不知道自己的竞争优势究竟在哪里,而事实上美国目前仍然是全球清洁能源领域的领导者,美国处于领先地位由于其清洁能源技术和美国企业在整体解决方案上的显著优势,全世界都在购买美国的技术和产品。新兴经济体在核心关键技术方面自主设计、自主研发的能力显著不足且缺少自主知识产权。近年来尽管国际专利的申请数量上升很快，但仍远远落后于欧美发达国家。当中国向欧美寻求技术支持时，常被美国以技术多为私营企业所拥有、中方在知识产权方面保护不力、涉及国家安全为由拒绝无偿或低价转让。美国担心核心技术向中国出口会加强中方军事经济实力或出现民用技术军用化等"安全化问题"，也担心中国强大的模仿和自主技术升级能力会在技术转移后，还未从中国这个尚未实现的清洁能源市场获利，就被排挤出去。对于在众多低碳核心技术中，到底需要国际社会转让哪些技术来实现中国的既定减排目标，目前还没有明确的"技术清单"。

第二是资金困境。新兴经济体国家低碳发展存在巨大的融资瓶颈。以中国为例，仅能效投资需求，根据清华大学气候政策研究中心的估计，"十二五"期间全社会能效投资需求总规模约为12358亿元，资金缺口4134亿元。要实现中国到2020年要把碳浓度从2005年的水平降低40%—45%的国际减排承诺，根据中央财经大学气候与能源金融研究中心2013年最新预估，2015年和2020年中国每年气候融资的资金缺口分别高达12219亿元和14010亿元。

从资金供给面看，融资渠道狭窄。首先，低碳融资方式单一，过度依赖政府投入和银行信贷。各商业银行在支持清洁能源、节能环保等方面发挥绝对主导作用。但低碳项目往往存在资金和技术风险，很多难以通过银行风险评审。金融监管当局也还没有具体制定低碳行业的行业标准、项目环保标准、环境风险评级等，因此商业银行在推动相关低碳经济业务的实际难以操作。金融机构对投资项目经济效益的关注优先于社会效益，对于贷款的安全性、收益性与流动性的强调，以及证券市场对企业利润的较高要求，使得低碳项目面临较为严苛和不利的债权融资环境。而且政府针对低碳经济提供的风险补偿、担保和税收减免等综合配套政策还不足以引导银行资金大规模投入低碳经济。其次，社会资本的准入缺乏财政担保和保险机制。一些存在较长的投资回收期或者不产生直接的经济回报的行业投资格外需要政府的支持，比如低碳建筑。这些行业早期研发投入高、投资周期长、行业规模有限，而且对后续融资频率要求极高，再加上前期管理成本高昂，往往难以吸引社会资本进入。再比如风电行业，建设初期的固定成本在风电投资中占有较高比例。大型风电国企可以获得贷款，而私营企业则比较困难；制造企业又比运营企业更容易得到支持；大型的旗舰项目也容易获得更多的资金。而且中国风电企业融资大多采用大型电力公司自己担保方式，项目融资还没有成为主流的融资方式。而在发达国家项目融资已经非常普遍，保险公司和银行对该行业的发展发挥了重要作用。而创新型融资模式仍处于初期发展阶段，所能筹集的资金规模非常有限。比如合同能源管理是一种新型商业融资模式，当前存在主要问题是体制障碍，比如如何确保能源服务公司和能源管理融资的信誉等。此外，由于对碳金融业务的利润空间、运作模式、风险管理、操作方法以及项目开发、审批等不熟悉，再加上相关人才储备不到位，金融机构在对碳金融业务没有较为充分把握的情况下不敢贸然介入其中。再以中国各地区的创投基金为例，虽然已经有不少创投基金出现，但往往规模有限，投资者多为本地企业家，运作上更接近私人信贷市场。

第三是体制障碍。在中国现行财政分权制度下，地方政府政绩的评估基于当地经济发展，从而导致部门利益冲突。"十二五"以来，中央政府"节能减排"的导向已经十分明确，但由于地方高耗能企业的生产规模与地方财政收入直接挂钩，缺少相应的落后产能退出机制，企业和地方政府的节能减排行动并不积极。"数字节能"和"数字减排"隐患突出，甚至出现很多地方政府直接干预环境和安全法律执法的案件。此外，中国的环境监测和监督薄弱，缺乏公众参与。中国尚未建立起统一科学的环保统计指标、监测和考核体系，国家级和地方级监测系统处于脱节状态，大大削弱了政策的执行力度。系统的信息公开制度也没有建立。信息不透明与不对称等问题严重阻碍了公众对各项政策的参与。公众对政府政策的认知、认同、接受和参与程度较低，对节能政策的参与处于被动状态。政府既作为政策制定者，同时也是执行者，双重身份很难保持政府的中立地位，从而会损害普通公众的利益。

第四是市场障碍。环境治理过于依赖行政手段。行政命令型政策具有强制性，目标明确，故效果明显且迅速。但行政手段成本高，缺乏激励。国家意愿很难转化为地方和企业的自觉行动。利用市场手段推动节能减排的长效机制还处于初建阶段，价格机制和财税机制尚不完善。石油、煤炭价格还不能完全反映市场供求，可再生能源发电的电价与煤电、天然气电的价格差别不明显，节能产品和非节能产品价格倒挂，这些因素都极大地限制了市场作用的有效发挥。

总之，国际气候融资市场的不确定性、国内金融市场法律政策体系不完善、金融市场结构不平衡、金融创新能力受限等，使得新兴经济体国家内部气候融资任重而道远。尤其新兴经济体已经是迅速工业化国家，存在着如何通过技术进步解决与预防生态环境问题不断扩大的空间。通过技术进步提高资源能源利用效率和能源替代，可以较好地同时实现可持续发展和减缓环境质量恶化。毫不夸张地说，任何一个工业领域和部门都存在着技术革新的可能性，而这都会带来生态方面的受益。比如煤炭在中国能源消费结构中依然占据很高的比重，而这方面技术的革新以及可能带来的环境改善具有巨大的潜能。

三 低碳转型的战略与路径选择

如果用 EKC 曲线来描述金砖国家的低碳发展道路，我们可以把三条 EKC 曲线放到一个坐标系中，从中分析不同经济增长方式下经济与环境的关系。图 6—7 中，EKC_1 是一条比较理想的曲线，这条曲线弯曲幅度最小，到达极点的横轴距离 OA 最短。具有这种形状的 EKC 曲线的国家在发展过程中造成的环境破坏最小，在人均 GDP 不是很高的时候就从经济—环境的两难区间进入协调发展的区间。要实现这样的增长—环境关系，必须在发展过程中注意环境保护，使环境损失的程度减到最低。由于在人均 GDP 不是很高的情况下就达到经济与环境的协调发展，是一种很难实现的理想状态，所以很少有国家能达到这样的状态。EKC_2 是居中的一条，在人均 GDP 相对低的 B 点就达到 EKC 极点。对应的增长方式是选择一种效率型的工业化模式。在这一模式下，尽管增长与环境破坏并存，但是由于经济增长绩效好，有能力逐步增加投入来改善环境质量，在人均 GDP 相对低的时候实现了经济与环境的协调发展，很多新兴工业化国家属于这种类型。EKC_3 是最不理想的情况，环境恶化的速度很快，在没有达到峰值前已经超过环境容量导致生态经济系统的崩溃，一般而言，以粗放增长方式追求高的增长速度必然要付出巨大的环境代价。在这种模式下，环境恶化是不断积累的，最终不仅是增长的极限也是终结（横线为虚拟环境"承载阈值"线）。

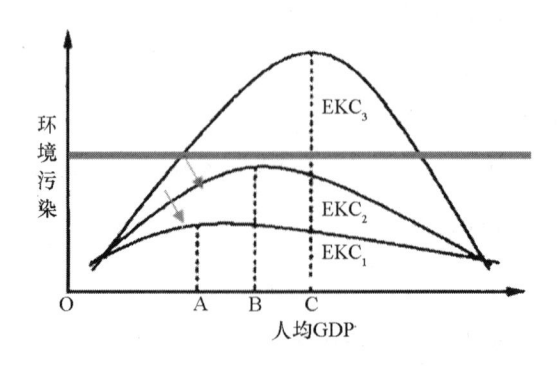

图 6—7　增长模式与环境库兹涅茨曲线（EKC）

就金砖五国的现状而言，应该是处于 EKC_3 的水平，努力的方向不是

一步直接跨越到 EKC_1，而是循序渐进地改变增长模式使曲线发生跃迁，在不超过环境"承载阈值"的低的污染水平下达到峰值，先过渡到 EKC_2，再积极争取达到 EKC_1 的水平。

从新兴经济体低碳转型面临的挑战来看，低碳转型注定是一个漫长的过程。其中战略设计、技术支撑和融资创新，是实现新兴经济体低碳转型的关键。

战略层面，一是从战略高度进行产业结构调整。目前新兴经济体国家高耗能、高排放的重化工业部门在整个经济中居于主导地位。经济增长还主要依赖石油、煤炭等传统能源，因此必然还要经历排放升高的发展阶段。实现可持续发展路径，不能超过物理界限；同时要通过一定的措施实现曲线迁移，由不可持续的增长模式逐步向绿色增长模式的转换，不能操之过急。走新型工业化道路，淘汰现有落后产能，改善能源结构，加快发展先进制造业、高新技术产业和服务业，形成一个有利于资源节约和环境保护的产业体系。制造业的转型升级，必须抓紧发展现代制造技术，通过现代制造技术促使制造业及其产品向技术链高端延伸，以便降低技术链低端产品的比重，相应提高技术链高端产品的比重。二是从战略高度进行区域结构调整，推进可持续城市化。推进城市化时，推进制度创新，实现城乡、大小城镇协同发展。尽量不在城市化过程中制造更多环境问题，而是尝试尽可能在城市化过程中解决环境问题。这需要制定落实生态城市规划、生态经济规划、循环经济规划等考虑了人口、资源、环境等支持系统的可持续发展规划。还需要推动城市产业结构的高度化，将传统的工业型、生产型城市概念转换为居住型、消费型城市概念。

技术进步能实现脏的增长模式向绿色增长模式的转换。通过技术进步提高能源利用效率和能源替代，可以较好地同时实现可持续发展和减缓气候变化。如果能建立国际低碳技术的转让机制，使发展中国家分享能源效率和能源替代关键技术,不但可以减少温室气体排放,还能增加全球社会福利,使发达国家也获得转让技术的回报,即得到全球气候变化缓解的正外部效益。这里的技术包括能效技术、CO_2捕获和封存技术、可再生能源和核电技术等。IEA曾详细列出实现低碳发展的技术清单。这也需要新兴经济体国家结合本国技术发展状况,未雨绸缪。

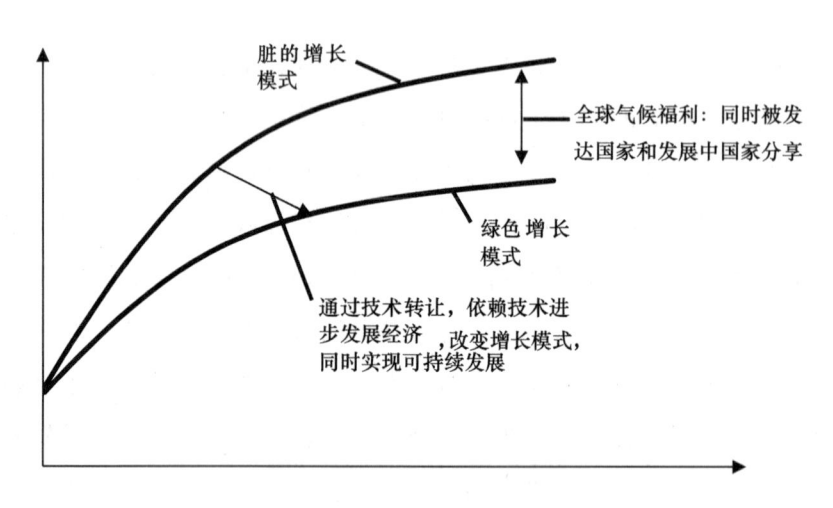

图6—8 技术进步与增长模式的转变

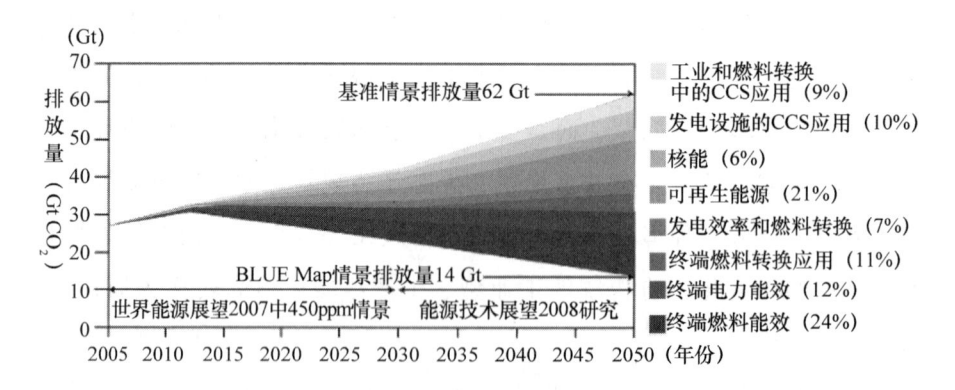

图6—9 IEA的技术情景

资料来源:IEA,2008。

第六章 资源环境、气候变化与新兴经济体的低碳转型

表6—2　　　　　　　　　IEA 识别的 17 项关键低碳技术

供应侧	需求侧
CCS 化石燃料发电	建筑物和电器的能效
核电厂	热泵
向岸风及离岸风能作用	太阳能室内和热水供暖
生物质高度气化发电（BLGCC）和共同燃烧	运输中的能效
光伏系统	电动汽车和插电式汽车
太阳能热电厂	氢（H_2）燃料电池汽车
煤炭—IGCC（整体煤气化联合循环发电）系统	CCS：工业、氢（H_2）与燃料转化
煤炭—USCSC（超临界发电）	工业马达系统
第二代生物燃料	

资料来源：IEA, 2008。

融资机制，就是将现有的融资工具和手段运用到低碳技术的开发与转让中，切实地提高新兴经济体国家开发技术转让项目和吸引项目融资的能力。这种资金机制包括政府资金、银行资金、资本市场资金等，同时也需要一些创新性的融资，比如建立"公私合作伙伴关系"（PPP），吸引更多的公共部门、私营部门（企业、银团等）参与到技术开发与转让中，实现资金来源多样化。

表6—3　　　　　　　　　　低碳融资模式及渠道

资料来源	政策工具	挑战	任务	典型技术	技术层次	障碍	适当性和行为评估	解决方案
公共	财政预算：政府开发援助；气候变化的额外补助；技术转让补助，GEF，免税	能力建设，LDC，小岛，适应性，R&D，market tapping，基础设施等	（1）能力建设；（2）R&D；（3）促进开发与转让，启动市场；（4）原型/引领/示范；（5）适应；（6）政策进步	商业化和竞争性前期的技术，发电，交能，建造（基础设施）	基础研究；基础研究；竞争前期和商业化进程	政治意愿	规模和效力	提高政治家和公众的意识

续表

资料来源	政策工具	挑战	任务	典型技术	技术层次	障碍	适当性和行为评估	解决方案
私营	FDI，知识产权交易，产品和服务，商业银行的基金和贷款，风险投资	大规模的投资	以双赢的方式实现研究的减排	制造部门：终端使用者	竞争前期和商业化进程	(1) 商场驱动；(2) 技术能力；(3) 出口许可；(4) 其他	指导和刺激	
公私合作	结合公共和私营部门的资金来源	PPP机制不完善	引导资金流入目标领域	基础设施	市场驱动	创新	政府主动出击：南北合作	

◇◇ 第四节 渐进式向低碳模式过渡：对中国的启示

气候变化的步伐不会随着全球气候治理进程受阻而放慢，降低碳排放，走低碳之路，是全球的大方向。以金砖五国为代表新兴经济体的崛起及对外部环境高敏感，使得他们已经从全球治理体系的接受者向着体系的改善者甚至改革者变化。中国作为南北合作和南南合作的重要参与者，有必要构建南北合作与南南合作的通道，促成稳定有效的全球经济治理合作，并在坚持"共同但有区别的责任"和公平原则的前提下，积极主动承担责任，通过灵活方式推动国际气候治理进程。同时，立足国情，扶持低碳技术开发和引进低碳技术，创新多元化融资平台，切实稳步推进中国的国内外经济战略。

一　国际层面：积极气候外交，助推国内改革

全球气候治理问题能否达成一致行动，有赖于各国是否有强烈的合作

第六章 资源环境、气候变化与新兴经济体的低碳转型

意愿和是否有有约束力的规则。中国等新兴经济体国家参与全球经济治理的时间不长，长期以来对于全球经济治理更多的是处于接受者的角色。随着新兴经济体国家经济的崛起以及对于外部环境的敏感度增加，需要适应时代潮流，成为全球治理机制变革的重要参与者及推动者和全球治理规则的核心制定者。全球治理既是中国的战略挑战，又是战略资源。作为新兴经济体的重要一员，中国自身经济治理的成功来自具有中国特色的自主性和创新性改革。在全球治理中，作为南北合作G20平台与南南合作金砖平台的核心参与者，中国可以并且能够发挥积极作用，争取在全球治理中从被动参与者成为主动塑造者，从规则接受者成为核心规则制定者，坚持有新兴经济体色彩的全球治理改革，使两个平台相互促进，相互借鉴，为全球经济治理寻找到一条创新型发展道路。在不改变联合国气候谈判主平台基础上，积极利用多边区域谈判和其他的国际活动配合和补充气候谈判。

第一，深化金砖内部的气候合作。金砖国家的气候合作要优先从以下几方面着手：一是建立融入全球治理体系的金砖国家"深度对话机制"，协商在可控领域的公共标准和行动准则，使金砖各个国家可以共同努力达成的实体性共识。二是建立利益共享机制，切实推动金砖国家在科技、资源管理方面的知识共享和项目合作。比如在清洁能源领域，金砖国家各有所长，存在广泛的合作空间，需要各国搭建政府平台、科研平台、企业平台，共同推动清洁技术的共享与传播。三是积极发挥金砖新发展银行的作用，为金砖绿色合作提供新机遇。建议金砖新发展的业务向可持续发展领域倾斜，设立银行绿色基金，用于支持绿色低碳技术的推广和清洁能源领域的项目合作；同时银行本身的经营管理应坚持"绿色、低碳、环保"理念，在投资活动中致力于保护当地生态环境。四是要继续加大农业和林业领域的合作，促进高效、绿色农业生产技术的传播与推广，同时增强农业和林业对气候变化的适应能力。五是努力开拓新兴市场，以绿色技术创

新为核心,实施绿色贸易增长战略。制定相应的鼓励、扶持政策,促使企业提高环保技术、不断开发绿色产品。在绿色技术创新方面,加大人力和资金的投入力度,设立绿色技术创新的专项基金,加快绿色技术创新的技术服务组织建设。

第二,充分发挥 G20 平台的作用。G20 国家的排放量占到了全球排放量的 80% 以上,而金砖四国在 G20 中重要性日益上升,如果将重心转移到要为减排负主要责任的少数大国身上,针对内部主要的谈判方,增强共同合作的政治意愿,有助于共识的达成,同时也可以树立中国富有特殊责任的大国形象。为此,中国需要加强和拓展 G20 框架内的多种利益共同体。正确处理同美国、西方发达国家(包括欧盟和日本)以及新兴市场国家三个层面的关系。在不同 G–N 之间,以及 G–N 和 G20 之间发挥积极主动的中介桥梁作用,增强各国的政治意愿,有效推动国际气候谈判进展。

第三,中国也可以尝试建立一个包含中美欧在内的气候变化三方磋商机制,增强三方共同合作的政治意愿,缩小潜在的冲突和误解,形成中美、中欧、美欧之间的良性互动。在气候谈判多年进展缓慢的大背景下,随着双边对话的深入,中欧之间、中美之间在气候变化问题上的共识和包容正在逐步增加,存在三方开展合作的空间。尤其是中美之间谈判在 2013 年取得重大突破。在中美战略和经济对话(S&ED)框架下成立气候变化工作组,负责确定双方在推进技术、研究节能以及替代能源和可再生能源等领域合作的方式。而且在过去几轮对话中都没有突破降低碳排放量议题在 2014 年的第五轮对话中具体落实到五个重点合作领域,充分表明世界上最大的两个温室气体排放国共同应对气候变化的行动和决心。

第四,在南南合作问题上,加大对一些发展中国家和最不发达国家的官方援助力度。特别通过现有渠道或更多方式,在技术转让、项目管理和资金等多方面,给予南方国家更多行动上的支持,并通过扩大贸易和投资合作，相互开放市场，提升南南合作水平。也可以考虑建立南南气候与发展基金，鼓励发展中大国共同出资，给予较不发达国家更多支持，以身作则督促发达国家兑现向发展中国家提供技术和资金支持的承诺，提升中国的外交形象，巩固发展中国家联盟。

第五，创新国际合作模式，加强在非政府层面和公民社会层面的合作。比如与美欧等国建立规范化的民间对话平台。这个层面较少涉及政治，更多地与科学和专业相关，具有人道主义色彩，是较具合作潜力与可行性的领域。合作主体上，加强与国际、国内NGO的交流合作，建立起固定的NGO与政府交流平台和信息传递通道，让环境非政府组织成为中国气候政策的对外宣传平台和倒逼国内低碳改革的"第三方"力量。

二　国内层面：政府、市场各司其职，推动技术与融资创新

（一）搭建技术转移平台，鼓励自主创新

作为气候有益技术国际合作的主要驱动力，政府理应搭建技术转移的平台。由市场发挥关键作用，政府发挥公共服务职能。

在技术供给层面，锁定和争取跨国企业投资，吸引来自国际组织、国际金融机构等各种资金的投入，通过国际磋商和对话，引导国际气候有益技术向国内转移。

第一，要加强对于FDI中技术含量的要求，弱化利用外资弥补资金缺口的观念，强化择优引资的意识。因此，在利用外资战略上要明确其全面提升中国经济资源优化配置的意识，重视提高利用外资的质量。根据可持续发展的原则选择引资合作伙伴和方向，把外资的技术含量与技术水平作为引进外资质量优劣的评价标准，最终达到通过利用FDI增强中国的整体技术水平、实现引进FDI的真正双赢的目的，促进中国经济增长方式的内涵的发展。

第二，引导FDI增加对技术密集性产业的投资比重，相应减少对一般加工工业的投资。目前外资工业在加工工业中占有较高比重，这部分工业主要来自港澳台商的中小企业投资，其技术层次的内在特性限定了它对中国整体技术水平的推动作用。增加对重加工业的投资，相应地减少对消费品工业的投资，通过对工业的投资更多地转向重加工业尤其是装备工业部门，相应地减少对消费品工业的投资比重，可以在生产经营层面保证FDI中的技术含量水平以及通过它的外溢效应，更好地实现我国整体经济技术水平的提高。

第三，要大力加强人力资本的开发和基础设施建设，吸引高层次的外商直接投资。拥有充足的素质较高的人力资源不仅可以加强吸引外商来华投资的区位优势，而且可以提高吸收外来技术的效果。中国外商直接投资中，跨国公司所占比重较大。目前，世界最大的500家跨国公司中，已有300家在中国落户，其平均投资规模达1000万美元以上。跨国公司对外直接投资，带给东道国的是包括技术、资本在内的一揽子要素，东道国可借此促进本国的技术进步和创新。但如果东道国缺乏高素质的人才，基础设施落后，就难以吸引跨国公司特别是技术先进性的跨国公司到本国投资。因此，我们应加强教育与科技事业的发展，加大人力资源开发的力度，有针对性的培养高素质的人才；加大基础设施建设投入，创造吸引外商直接投资的良好的外部环境。

第四，创造有利于投资的政策环境，多渠道宣传，合理引导外资投向。真正对外资有吸引力的是广阔而富有潜力的国内市场、完善的法律法规和高效的服务，而不是名目繁多且缺乏稳定性的优惠政策。因此，在国际竞争日趋激烈的条件下，吸引外资应主要靠法制建设和改善投资环境。按世界贸易组织的要求，明确规定对外资企业给予国民待遇。对外商实行国民待遇主要包括两方面的内容：一是放宽以至取消对外商进入中国的限制；二是对中外企业实行相同的政策待遇。这意味着所有对国内企业适用的政策将逐步适用于外商企业，而外商过去所享受的特殊政策也将逐步取消或调整。如果一味地给予外国企业以优惠待遇，不仅违背国际原则，给国内企业造成不公平竞争，而且由于优惠政策具有不稳定性特点，仅靠优惠政策不利于吸引外国企业在我国的长线投资。

在技术需求层面，大力扶持低碳技术开发和引进低碳技术，鼓励企业自主创新，扫除企业技术创新障碍。

首先，基础设施部门往往存在较高的准入壁垒和垄断，因此有必要降低使用清洁技术生产者的准入门槛，并制定法规确保部门质量，降低环境的负外部性。对正在迅速发展的城市地区，完全可以直接绕过老技术，从一开始就建设资源和能源利用效率高的基础设施。

其次，政府可以通过明确的政策信号引导私营部门做出有益于气候保护的决策，消除私人部门参与国际技术合作的障碍，包括增强环境规章、立法系统、保护知识产权等，为私人部门技术转移提供便利和帮助。并运用公共财政手段，通过降低交易费用、减少开拓市场和采用新技术的风险、补偿增量成本等方法为企业开发、转让环境有益技术创造优惠条件。支持强化基础和长期研究，为新技术的大范围扩散和迅速推广提供激励措施及机制，使它们适用于具体地区的条件和需求。为了降低成本，在制定政策措施时给企业提供尽可能灵活的选择空间，由企业决定以什么方式和在哪个环节减轻污染。由于与污染排放和资源利用的直接定价方式相比，遵守法规引致的企业成本的能见度较低，因此要对监管措施不断调整。

在这一过程中，要做到政府、市场各司其职，尽量减少政府对市场的干预。政府职能应多放在对投资环境建设、防止垄断现象的发生及提供良好技术开发激励机制上。市场竞争程度越高，企业面临的市场风险就越大，从而进行自我技术开发和更新的动力就越足。此外，市场垄断程度越低，外资先进技术进入的成本就越低，从而有助于先进技术在中国的传播。

（二）完善低碳投融资机制，鼓励融资创新

第一，加大政府资金投入，加强示范效应。中国现有省市的经验表明，加大对节能量在5000吨标准煤以上及年综合能源消费量在2万吨标准煤以上的节能项目的奖励力度（比如高于中央政府240元/标准煤），可以倍增政府减排资金的投入效果。此外可以考虑实施低碳县、区的试点示范工作，优先考虑在试点县（区）探索开展体制机制创新实践，积极协调省市有关部门对低碳试点县（区）给予政策支持，并及时总结推广成功经验和做法。树立典型，发挥龙头企业对低碳产业发展的带头示范效应。

第二，对商业银行发展绿色金融进行政策性倾斜。以能效融资为例，政府相关部门可以建立能效专项基金为银行提供能效融资担保，并对企业提供与其能效改善效果相关联的补贴和贴息；还可以开展能效评估和能效审计，为银行准入能效项目提供依据。银行则可以划出一块信贷规模用于支持能效项目的融资，并创新设计风险防范机制。

第三，发挥资本市场的融资功能。为低碳企业建立公开发行和上市的"绿色通道"，特别是鼓励、扶持低碳技术开发和应用企业进入创业板市场。设立减少碳排放的产业基金和面向节能减排企业的风险投资基金，用于低碳企业生产发展的投入资金风险的防御。

第四，条件适宜时批准某些符合条件的省市企业发行绿色企业债券和市政绿色债券，支持低碳发展。对于一些社会效益较好但需要动用大量资金的低碳项目，可由银行发行绿色金融债券、金融环保债券予以解决。所筹资金可通过优惠贷款提供给低碳企业，支持其技术研发、生产和营销。或者允许具备发债条件的大型优质企业与融资租赁公司合作，分别以承租人和出租人的身份，联合申请发行节能减排设备租赁企业债券。

第五，逐步完善碳交易机制。碳交易制度是市场经济的重要补充，它将改变环境、资源无定价的现状，提供充分、可实现的市场激励，鼓励企业和公众的自主减排意识与行动，是市场配置资源的基础性制度。它与碳税、行政命令相比，具有激励更深入、充分，利益主体多元、监督执行社会网格化的突出优势。中国已经宣布在2030年前温室气体排放达到峰值。这为碳交易市场的全面开展提供了一个时间节点。从目前来看，中国碳市场目前还处于起步阶段，碳交易市场主体分散，议价能力弱，交易平台的整体水平和软硬件配置与国际市场相比差距不小。未来应该形成一个规模化、有流动性、具有金融特征的市场。中国应尽快完善碳交易的市场主体，建立环境中介组织或咨询公司，由专业化机构提供信息服务，发展环境金融事业并规范企业的碳融资行为。加强与碳交易有关的其他配套制度的建设。由政府引导建立包括规则的制定、总量的制定、排放权的分配、排放量的检测和核证等在内的一整套体系。

第六，政府牵头，协助企业寻求更多替代性融资来源，尤其是国际发展低碳经济的资金资源，加快与亚洲开发银行（ADB）、世界银行、全球环境基金（GEF）等国际机构的合作与知识共享。此外，国际VE/PE、全球养老基金等都开始寻找低碳投资机会，尤其盯着清洁能源行业。新能源财经公司已经确定了超过1500个独立的合资企业和私人股本集团。风能是最成熟的清洁能源技术，其吸引的投资比核能或水力发电要多1/3，太阳能也是增长最快的部门。养老基金投资策略在金融危机后也出现调整。2009年4月3日，挪威财政部在呈交给议会的一份报告中称，作为世界最大的主权养老基金，"挪威政府全球养老基金"在未来5年将在新兴市场国家投资环保业330亿美元，以此作为可持续增长的资产品种。

第七，鼓励融资创新。对于一些大的效益有可靠保障的大型节能项目如风力发电、余热发电等可以开展委托杠杆经营租赁。比如由投资机构出资项目金额的20%—30%，委托融资租赁公司向银行或信托筹措其余资金，并鼓励更多的机构参与委托杠杆经营租赁业务，如保险、社保、产业基金等投资机构；大型电力、电信、石化等产业集团；广电、报业、网络传媒、保健饮料等有较高经营利润，较少固定资产的大型企业集团；产业集团财务公司，大型融资租赁公司，节能设备厂商成立的专业化节能设备融资租赁公司等。

再比如在太阳能融资方面，印度 SELCO 和美国 Sun Edison 的成功经验值得借鉴。印度 SELCO 的商业模式是通过与小额信贷组织合作，向农村用户提供贷款安装太阳能系统。并研制和提供多种适应农村和小生意需要的太阳能产品，租赁给农户和小商贩使用。美国 Sun Edison 则通过估计用户的还款风险向其提供灵活的融资机制，安装太阳能光伏系统后，把系统产生的电能以固定价格（通常低于当前电价）卖给用户。这种商业模式的成功依赖于与用户签订长期合同以及地方减退税款的政策，它能有效解决初始成本过高的问题（EAI, 2010）。另外，某些新的基础设施建设可以直接走低碳模式，比如未来的地下铁路建设可以借鉴纽约、东京、上海、北京等地经验，直接采用"地下铁路网＋购物中心"模式运营，在地铁关键站点上下设置购物中心、超市、影院、餐饮、LOFT 办公等。香港的购物中心 60% 都属于地铁上盖物业，地上、地下部分的商业开发都是由地铁公司来运作，结合其国际旅游购物中心的城市定位，物业和地下商城、通道之间形成了无缝链接，使地铁上盖物业的商业价值得以最大化，并带动了周边商业的发展。地下商城和地下商业街店铺出租成为重要的收入来源，有效缓解了低碳运营的资金压力。

第八，吸引社会资本进入低碳领域。政府可以为中小企业提供风险评估、融资担保等服务，比如成立相应的评估机构，建立起企业生存投资的评估体系，对企业生产、设备更新、技术改造等进行可行性、风险性评估，以此作为金融机构是否可以进行资金投入的评价依据和认证，切实降低投资风险并提高融资收益，最大限度地规避低碳产业发展的融资风险。此外，借鉴国际、国内信用担保机构的成功经验，建立融资性担保机构的准入、日常监管和退出机制,逐步规范行业监管制度,完善信用担保服务。担保机构可以由政府出资建立,也可鼓励其他主体参与,包括政府全资拥有或控制的公司、中央银行、各部委或其他政府部门、跨国公司或多边出口信贷机构、私营部门的担保人或保险公司。

(三)体制创新

"二战"后的美国也曾经出现过震惊世界的"诺拉烟雾事件"和"洛杉矶光化学烟雾事件",但美国环保局采用强有力的国家法律控制污染,取得了良好的效果,其杀手锏就是区域环境管理机制,即在区域范围内建立统一的管理结构,对区域内环境问题进行全盘整合,采取区域环境自助管理和区域合作方式,将空气污染治理提升到城市群层面,并借助排污许可、检查、监测、信息公开与公众参与等方式实现了减排目标和空气质量达标。中国的环境管理一直是以省级进行划分,导致地方政府各自为政,地方保护主义盛行。因此要转换思路,加强区域协调,建立区域联防联控机制,建立健全联合监测和联合预报机制。进一步明确各级政府主要领导对环境保护的权力和责任,健全环境评价、监管和考核制度,并列入各级地方人民政府及环保部门的目标;强化环保行政问责制和一票否决制。政府大搞环境评优、生态文明城市创建,原来是"拿大棒",现在是"拿胡萝卜"。但从国外经验来看,环保部门主要是"拿大棒"。这个功能要强化,不能弱化。而且不能单就治理而治理,还需要创造治理手段使用的条件,如除了在源头治理、采用新技术外,还可以提高政府的行政效率,进行机构改革,增加市场开放度,建立合理、公平、竞争的市场机制等,这些同样可以降低治污的边际成本。此外,日本的经验也表明,在污染控制条例制定、排污总量控制、监测技术、控制对策等的研发方面,可以发挥各级地方政府的作用。加大信息公开制度的执行力度,发布空气质量监测实时数据,扩展社会监督途径,引导治理行为。

本章主要参考文献：

1. 安飞：《碳关税的深层逻辑》，《中国船检》2009年第7期，第70—73页。

2. 杜悦新：《世界贸易组织与环境治理》，《环境保护》2002年第9期。

3. 戴维·赫尔德、安格斯·赫维、谢来辉：《民主、气候变化与全球治理》，《国外理论动态》2012年第2期。

4. 国际能源署：《能源技术展望2010》，http://www.iea.org/techno/etp/etp10/Chinese_Executive_Summary.pdf，2010。

5. 何代欣：《碳关税：机制困境、政治纠葛与经济悖论》，《中国行政管理》2010年第10期（总第304期），第68—72页。

6. 黄文旭：《碳关税的合法性分析——以WTO为视角》，《时代法学》2010年第6期，第108—114页。

7. 黄志雄：《国际贸易新课题：边境碳调节措施与中国的对策》，《中国软科学》2010年第1期，第1—9、101页。

8. 李平、李淑云、沈得芳：《碳关税问题研究：背景、征收标准及应对措施》，《国际金融研究》2010年第9期，第71—78页。

9. 李晓玲、陈雨松：《"碳关税"与WTO规则相符性研究》，《国际经济合作》2010年第3期，第77—81页。

10. 刘勇、朱瑜：《碳关税与全球性碳排放交易体制》，《现代国际关系》2010年第11期，第25—32页。

11. 姜彤、李修仓、巢清尘等：《〈气候变化2014：影响、适应和脆弱性〉的主要结论和新认知》，《气候变化研究进展》2014年第10期。

12. 皮尤慈善信托基金会：《美国占据有利地位：2011年美中清洁能源贸易关系》，2013年。

13. 王凯：《新兴国家与全球治理：一种国际机制变迁的视角》，硕士学位论文，山东大学，2012年。

14. 于宏源：《析全球气候变化谈判格局的新变化》，《现代国际关系》2012年第6期。

15. 清华大学气候政策研究中心：《低碳发展蓝皮书——中国低碳发展报告

(2013)》,社会科学文献出版社 2013 年版。

16. 王克、邹骥、崔学勤、刘俊伶:《国际气候谈判技术转让议题进展评述》,《国际展望》2013 年第 4 期。

17. 气候组织和中央财经大学: 《中国应对气候变化融资策略》, http://news.xinhuanet.com/energy/2013-04/01/c_124525232.htm, 2013。

18. 潘家华、王谋:《国际气候谈判新格局与中国的定位问题探讨》,《中国人口、资源与环境》2014 年第 4 期。

19. 张友国:《碳强度与总量约束的绩效比较:基于 CGE 模型的分析》,《世界经济》2013 年第 7 期。

20. 彭水军等:《中国居民消费的碳排放趋势及其影响因素的经验分析》,《世界经济》2013 年第 3 期。

21. 刘昌义:《各国参与国际气候合作影响因素的实证分析》,《世界经济与政治》2012 年第 4 期。

22. 潘家华、陈迎:《碳预算方案:一个公平、可持续的国际气候制度构架》,《中国社会科学》20091 年第 5 期。

23. 樊纲等:《最终消费与碳减排责任的经济学分析》,《经济研究》2010 年第 1 期。

24. 晓华:《未来 30 年全球能源需求增长 49% 美国能源情报署网站》,《中国石油石化》2010 年第 12 期。

25. Tian Huifang & John Whalley, "Cross Country Fairness Considerations and Country Implications of Alternative Approaches to a Global Emission Reduction Regime", NBER Working Paper18443, 2012.

26. Huifang Tian etc: "China and India's participation in global climate negotiations", *International Environmental Agreements: Politics and Int Environ Agreements*, ISSN 1567-9764, Volume 11, Number 3, 2011.

27. Riahi K., F. Dentener, D. Gielen, A. Grubler, J. Jewell, Z. Klimont, V. Krey, D. McCallum, S. Pachauri, S. Rao, B. van Ruijven, D. P Van Vuuren, and C. Wilson, "Energy Pathways for Sustainable Development", In: *Global Energy Assessment: Toward a Sustainable Future*, Cambridge University Press, Cambridge, United Kingdom, 2012.

28. McDermott C. L., K. Levin, and B. Cashore, "Building the Forest-Climate Bandwagon: REDD + and the Logic of Problem Amelioration", *Global Environmental Politics*, 11, pp. 85 – 103.

29. Lawlor K., E. Weinthal, and L. Olander, "Institutions and Policies to Protect Rural Livelihoods in REDD + Regimes", *Global Environmental Politics*, 10, pp. 1 – 11.

30. Jinnah S., "Marketing Linkages: Secretariat Governance of the Climate-Biodiversity Interface", *Global Environmental Politics*, 11, pp. 23 – 43.

31. Conliffe A., "Combating Ineffectiveness: Climate Change Bandwagoning and the UN Convention to Combat Desertification", *Global Environmental Politics*, pp. 44 – 63.

32. Harris, P. G. / J. Symons, "Norm Conflict in Climate Governance: Greenhouse Gas Accounting and the Problem of Consumption", *Global Environmental Politics*, 13 (1), pp. 9 – 29.

33. Ciplet, D. J. / T. Roberts / M. Khan, "The Politics of International Climate Adaptation Funding: Justice and Divisions in the Greenhouse", *Global Environmental Politics*, 13 (1), pp. 49 – 68.

34. Fisher-Vanden, K, G. Jefferson, H Liu, and Q. Tao, 2004, "When is Driving China's Dedine in Energy Intensity?" *Resouice and Energy Economics*, 26 (1), pp. 77 – 97.

35. Huifang Tian and John Whalley, 2010, "Trade · Snactions, Financial Transfers and BRIC's Participation in Global Clinate Change Negotiations", *Journal of Policy Modeling*, Vol. 32, No. 1, Jan-Feb. 2010.

（本章由田慧芳执笔）

第七章

中国与新兴经济体国家的金融合作

在经济全球化的条件下,中国等新兴经济体结构性问题的解决及其经济转型的完成,并不仅仅是一国内部的事情,其制造业结构的升级、就业市场的配置和资源环境问题的解决显然离不开外部的市场和资源,中国企业的走出去就是一个例证,也是一个趋势。同时由于现行的国际经济秩序对发展中国家经济发展的诸多制约性,需要新兴经济体国家间合作应对。本章将以中国与新兴经济体的金融合作研究为对象,来探讨这种合作的意义与途径。

长期以来,国际经济格局的秩序并不具有广泛的包容性,尤其是广大发展中国家、新兴经济体一直被置于国际经济格局的核心之外。20世纪70年代初,第一次石油危机重创全球经济,1975年11月,美、日、英、法、德、意六大工业国成立了"六国集团",以协调全球经济。此后,加拿大又在次年加入,这就是后来左右世界经济政策大势数十年的"七国集团"。长期以来,七国集团主导了国际经济格局最重要的规则和话语权。

当时这些国家肯定不会想到,在37年后,意大利、加拿大会被无情地踢出世界七大经济体,其经济总量排名分列第9位、第11位。而同时,中国、巴西、俄罗斯、印度,则分别居第2位、第7位、第8位和第10位。

几个新兴的大国正在与老牌发达国家在世界经济舞台上角逐话语权和

影响力。2008年金融危机之后，二十国集团成为讨论国际经济秩序的新平台。这个平台，囊括了七国集团和主要的新兴经济体国家、发展中国家。未来这一趋势还将继续，2001年高盛公司经济学家吉姆·奥尼尔在一份报告中就指出：到2050年，世界经济格局将会经历重大洗牌，全球新的六大经济体将变成中国、美国、印度、日本、巴西、俄罗斯。届时，欧盟国家中最资深的发达国家——英国、德国、法国，也都将被踢出世界七大经济体。上述六个国家中的四个新兴大国，连同后来的南非，一起被市场称为"金砖国家"。

世界经济格局的重大变化，正在悄然酝酿、推进之中。中国正在积极推进企业的"走出去"战略。在我们的"走出去"战略当中，国与国之间的金融合作机制与我国国内经济结构调整布局密切相关，是整个大战略的重中之重。因此，中国参与、推进国与国之间金融业的合作机制，也需要根据世界经济格局的变化而进行调整。而从金融业本身来看，其最终是服务于实体经济的，因此中国金融业走出去也需要服务于中国实体经济的走出去。

目前，中国参与全球化的主要方式，已经从吸引外资和出口商品，开始向产业资本输出的形态转变。根据已有的研究，中国的产业资本输出，既不同于市场需求驱动的美国模式，也不同于供给成本驱动的日本模式，而是以资源、技术等要素瓶颈为驱动的中国模式。

在此背景下，金融业在走出去的过程中将面临以下新的机遇和挑战：（1）金砖国家将成为中国产业资本输出的重要目的地。目前中国对其他金砖国家的直接投资占比已经超过10%。（2）资源类投资、基础设施投资，将是中国向金砖国家投资的重要内容。此类投资项目的资本规模巨大、投资周期长。（3）金砖国家的投资环境，除了一般的商业风险，还可能存在政治风险。（4）资源类、基础设施类投资通常是大项目，为了争夺大项目和优质客户，中国金融业在走出去的过程中可能出现局部的恶性竞争。为了使中国金融业走出去更好地服务于产业资本的输出，同时利用金砖国家的金融合作改善中国金融业走出去的宏观、微观环境，我们具体分析：世界银行改革中金砖国家的具体合作方式，以及以中国为主导、以金砖国家合作为基础的国际银团贷款业务合作，并且分别提出了具体政策建议。

◇ 第一节　与金砖国家的金融合作：中国对外金融战略视角

一　中国对外金融战略的挑战

尽管如此，中国的对外金融战略仍然面临以下问题或挑战。

其一，缺乏中国主导的，与中国国家利益能够实现一致的金融合作及其协调机构。例如，亚洲开发银行是美日作为主要股东的机构，中国在其中缺乏主导权。即使在上海合作组织中，中国国家利益的实现机制也面临着不甚通畅的困境。2012 年 6 月在北京的上合峰会上，出于俄罗斯对中国主导权的担忧，中国的多项经济、金融提议均遭遇挫折。可见，中国需要推动金融合作秩序的重塑，并使其能够服务于中国的国际贸易与对外投资，为中国经济、金融的发展，以及政治利益的实现提供良好的外部环境。尽管金砖发展银行、亚投行等机构正在积极筹建当中，但是其如何融入现有的国际金融体系，走稳走好自己的起步阶段也是我们面临的重要问题。

其二，目前中国内部的金融体系正处于改革的进程中，这种从不完善走向成熟的过程，决定了中国的对外金融战略会面临诸多新问题。例如，中国的汇率制度改革尚未完成，人民币汇率仍然缺乏弹性，官方对汇率的干预仍然较多，交易规则仍然面临诸多限制；中国的资本与金融项目仍未完全放开，企业对外投资、贸易也面临着一些资金使用的便利性问题；而且由于上述原因，中国在对外金融合作过程中，在获得市场经济地位的承认等方面遇到了阻力。而且，由于利率市场化尚未完成，利率作为资金价格的扭曲，也使得国内企业的投资行为存在扭曲，进而影响着国际资本流动，以及对外投资、对外金融战略正常开展。因此，中国对外金融的战略推进，要求我们加速推进内部金融体系的改革。

二 金砖国家与中国金融业走出去

（一）中国金融业走出去：服务于要素驱动模式的产业资本输出

首先，中国金融业走出去，应服务于产业资本输出。凭借全球第二大经济体和第一大出口国的地位，中国已经当之无愧地成为世界工厂。在此过程中，中国积累了对发展中国家和转型经济体都有借鉴意义的发展、建设经验，同时依靠自身发展初步实现了资本积累，生产能力不断扩张，在全球分工网络中的地位不断提高，经济版图不断扩大。过去三十多年的改革开放，尤其是中国加入WTO以来，中国参与全球化的主要表现，体现为输入资本和技术、输出贸易产品，获取外国市场的需求，不断融入全球贸易体系中，并逐渐参与规则的制定与调整；在接下来的阶段，中国参与全球化的潮流，将更多地体现为资本输出，其主体将是中国的跨国公司和跨国金融机构。两个主体背景实际上对应的是产业资本和金融资本。

金融最终是服务于实体经济的，中国金融业走出去的道路也是如此。中国金融业走出去的渠道有两种：一是通过自身的改革直接走出去，例如银行业、证券业、保险业在机构设置、管理模式上的国际化；二是通过支持产业资本的输出，而在业务上走向国际化。两种渠道互相促进、相辅相成。

第七章 中国与新兴经济体国家的金融合作

其次,中国产业资本输出是要素驱动模式。与现有的国际经验、模式不完全相同,中国产业资本输出具有自己的独特性,这种独特性可以概括为"要素驱动模式",这决定了中国金融业走出去也具有其相应的特殊性。从国际经验来看,以"二战"后美国、日本的产业资本输出为代表,国际直接投资主要可以分为需求驱动型、供给驱动型。

一是需求驱动型的产业资本输出。这种类型的直接投资,一种情况是由于本国企业面临其他国家的贸易壁垒,另一种情况是由于空间距离远、运输成本过高,因此,其投资的目的地往往是需求市场的所在地,即市场在哪里,投资就去向哪里。这正是美国在早期输出产业资本的特点。研究者通常将其叫做美国模式①。

二是供给驱动型的产业资本输出。这种类型的直接投资,主要是由于本国企业在本国面临的生产成本越来越高,如土地价格上升、劳动力工资上涨等,因而供给方面的比较优势发生了变化,所以企业也会向国外转移产业。而且在这种情况下,资本输出对目的地的选择依据并不是需求市场所在地,而是生产成本是否低廉、生产配套网络是否完善。这也被称为日本模式。② 显然,与美国模式相比,日本模式的驱动原因、目的地选择依据均有不同。

中国的情况比较特别,研究者对历年的中国对外直接投资企业数据进行整理,结果发现:中国企业对外投资的分布中,投向资源类的占41%,投向技术类的占27%,两者之和为68%。如果单看制造业,资源类和技术类分别占比34%、35%③,两者之和为69%。可见,现阶段中国产业资本走出去的模式,与前面两种模式不同。

---

① 美国的对外投资特点后来也发生了变化。
② 后来日本的投资模式也发生了一些变化。
③ Wang Bijun and Yiping Huang, "Investing Overseas without Moving Factories Abroad: The Case of Chinese Outward Direct Investment", *Asian Development Review*, forthcoming, 2012.

究其原因，现阶段中国企业面临的主要压力，不是来自市场需求、也不是来自国内生产成本的上升，而是资源和技术等要素的瓶颈。因此，目前中国的产业资本输出可以概括为要素导向型，而且主要集中于资源、技术这两种要素。因此，投资的目的地主要是资源禀赋充裕的经济体，或者拥有技术优势的发达经济体。

从中短期角度来看，由于中国企业发展的主要瓶颈仍将是资源、技术，而且由于中国本土生产配套网络的固有优势，中短期内难以发生大规模的产业外移；所以，在此期间中国的产业资本输出难以转向美国模式或日本模式。相反，中国以要素驱动为主导的产业资本输出将会持续较长时间。但是，随着时间的推移和中国产业结构的升级，中国的低端产业必将向外转移（供给驱动模式）。

（二）产业资本输出对金融业走出去的要求及出现的问题

首先，金砖国家将成为中国产业资本输出的重要目的地。从中短期来看，中国的产业资本输出，将主要表现为要素驱动主导，尤其是以资源、技术的投资为主，从这个角度来看，金砖国家中的南非、俄罗斯、巴西，都将是中国产业资本输出的重要目的地，事实上也是如此：截至 2010 年，中国的对外直接投资存量中，上述三国分别占比 5.35%、3.59%、1.19%，合计超过 10%。[①] 从更长期来看，如前文所分析，随着时间的推移、人口老龄化和产业结构的不断升级，中国的低端产业必将向外转移（供给驱动模式），从目前发展中经济体的人口规模、经济体量来看，只有印度这样的经济体具有相应的承接能力。因此，虽然目前对印度投资存量仅占全部的 0.62%，但潜力很大。从这个意义上来说，金砖国家的金融合作，为中国产业资本输出，进而金融业走出去都提供了重要的机会。

其次，资源类投资需要先期开发的支持。中国对南非、俄罗斯、巴西

---

① 这一计算剔除了中国香港特别行政区、英属维京群岛、开曼群岛。

的产业资本输出,主要集中于资源类行业,而资源产品的开发、生产通常对基础设施要求较高,如海、陆运输,通信,供水,能源的生产和供给等。这些基础设施具有网络性的特征,其一旦建成,对于资源企业之外的经济个体也具有正的外部性。因此,如果完全靠企业自身来提供基础设施的产品,则产量将是不足的。但问题是,上述国家的基础设施往往是不足的,这就涉及开发性金融的支持。不仅如此,由于资源类投资通常是资本密集型行业,因此对于资本规模的要求巨大,投资周期也较长。在东道国本身缺乏资金支持的情况下,这就对中国的金融业走出去提出了要求。除了上述三国,对于印度的资本输出也存在这个问题。印度以基础设施投资匮乏而闻名,中国对印度的产业资本输出也将面临不可逾越的基础设施问题。

再次,金砖国家存在两类重要的投资风险。与成熟的发达经济体不同,金砖国家的投资面临两类重要风险:其一,商业风险。由于对当地人文、经济环境不熟悉,以及对国际经济环境不了解,对投资经营可能带来的风险,通常是直接对利润收益产生影响。其二,政治风险,由于东道国政局变化,或国内其他政治因素的影响带来的经营风险,通常是直接对投资本金产生影响。后者例如,近年来在俄罗斯发生的浙商价值上百亿元的森林被俄官方没收,华人市场被强制关闭等;再如2012年年初以来南非愈演愈烈的罢工运动等。这不但是对产业资本输出的挑战,同时也对金融业走出去提出了要求。

最后,金融业走出去的过程中出现了局部的恶性竞争。这主要有两个原因:(1)在要素驱动模式下,中国走出去的产业资本所对应的,往往是大型企业。因为只有大型企业拥有资金、国际网络的优势,并能够承受一定的投资风险。而相反,中小企业即使能够走出去,其对风险的承受能力也较弱,因此对金融行业来说并不是优质客户。在此情况下,金融业在支持中国产业资本走出去的过程中,容易出现互相争抢客户,甚至恶性竞争的情况。(2) 由于中国对外直接投资主要集中于基础设施、资源开发、技术类企业的并购等项目，这些项目规模庞大而国内资金相对充裕，因此国内金融机构在走出去的过程中也容易出现恶性竞争的情况。

（三）金砖国家金融合作为金融业走出去提供了历史机遇

中国金融业走出去的路径，可以概括为"两个阵地"和"三条战线"。两个阵地即上海国际金融中心、香港国际金融中心。三条战线分别是指：（1）国际货币金融体系改革，这将为中国金融业走出去提供宏观环境的保障。（2）商业金融层面。（3）开发性金融。金砖国家的金融合作，包括官方层面的合作，也将包括商业机构之间的合作，因此上述三条战线均为中国金融业走出去提供了机遇。

如何利用好这一机遇，可以采取的措施有：（1）金砖国家的合作将有利于推进国际货币金融体系改革，改变只有美国一家独大的格局，改善中国金融业走出去的宏观环境。我们将以世界银行的改革为例，具体可参见本章第三部分。（2）在商业金融领域，发展国际银团贷款业务（实际上也适用于开发性金融领域），在商业机制上推动中国金融资本、东道国资本的利益一致性，在一定程度上分散投资风险，同时也有利于减少国内金融机构的恶性竞争。事实上这也同样适用于开发性金融领域。（3）在开发性金融领域，增加基于多边平台的项目合作，例如区域性开发性金融机构的平台，这个平台可以是参与现有的，也可以是新创建的、中国具有所有权的多边平台；同时，也可尝试有针对性地将特区模式和工业园模式运用于其他金砖国家。

三 国际货币金融体系改革与金砖国家金融合作

以美国为代表的发达经济体处于国际金融体系的核心地位，而金砖国家均处于外围。在现行的国际货币金融体系中，核心经济体对全球金融系统具有负面的溢出效应，例如多轮货币数量宽松政策（QE）导致国际流动性泛滥，国际热钱流动频繁。此外，核心经济体的价值观也主导着主要国际金融机构的经营理念，例如"华盛顿共识"就深刻地影响了国际货币基金组织（IMF）和世界银行（WB）等机构的运作模式和行为准则。2009年年初，中国人民银行行长周小川提出创建超主权储备货币、改革国际金融体系的呼吁，很快就得到了俄罗斯、巴西等国的积极响应。可以预见，金砖国家的金融合作，将在国际货币金融体系改革中起到重要作用，并为中国金融业走出去创造更为有利的宏观环境。

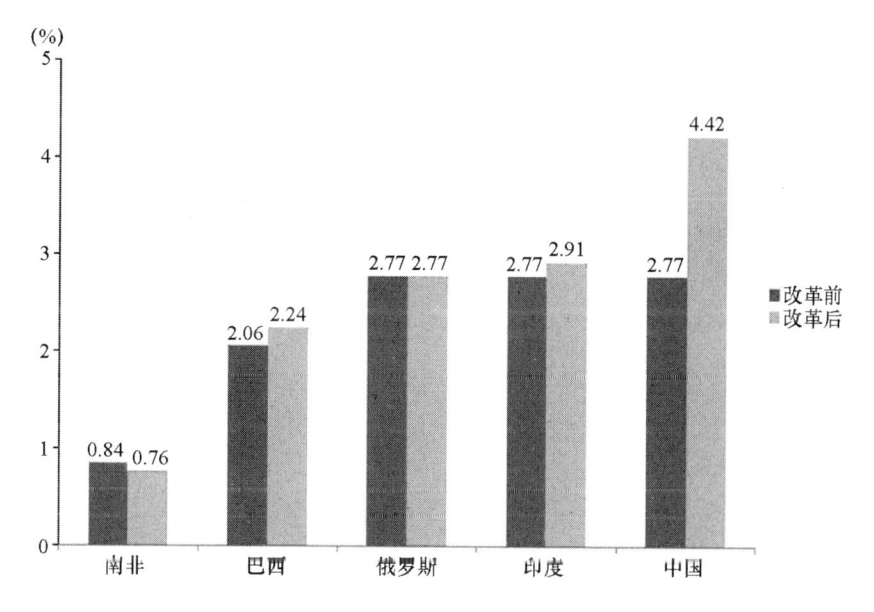

图7—1　世界银行投票权改革后金砖国家份额总体上升

资料来源：世界银行。

2008年全球性金融危机之后，G20峰会成为全球经济治理的最重要多边机制。根据G20组织在2009年匹兹堡峰会的承诺，2010年年初，世界银行发展委员会最终通过了投票权改革方案。这次改革促成了世行的投票权重组——由发达国家向发展中国家转移3.13个百分点，发展中国家的整体投票权由 44.06% 提升至 47.19%。其中,中国的投票权,也由 2.77% 上升至 4.42%,一跃成为仅次于美国和日本的第三大股东国。与此同时,日、英、法、德投票权均有不同程度的削减。而金砖国家中除了中国的份额大幅提升外,南非份额略有下降(下降 0.08 个百分点),俄罗斯份额持平,巴西和印度的份额分别略有上升(分别上升 0.18 个、0.14 个百分点)。总体来看,金砖国家的份额由 11.21% 上升到 13.1%,上升了 1.69 个百分点。

(一)美国一家独大的现状未得到根本改变

在目前的世界银行游戏规则中,重大决定需要有 85% 的绝对多数投票权同意,才能获得通过。而美国仍然维持着 15.85% 的投票权,对重大决议仍然具有最终的否决权。这意味着,任何改变世界银行现状的决议,都需要有美国的同意方能实现,因此美国能够通过这一机制有效地维护其既得利益。

回顾世行否决权变化的历史,在 1945 年世界银行成立之初,美国占有世界银行 35% 的投票权份额。当其时,重大决议的通过只需要 80% 的多数投票权就能通过,由于美国 35% 的投票权一家独大,在此条件下美国拥有对任何决议的否决权。而在此后,由于国际经济格局的发展和变化,美国在世界银行中的投票权份额逐渐被其他国家取代,其投票权降至不足 20% 的水平。在此情况下,美国已经无法保证其绝对否决权;因此,美国推动世界银行在 1989 年通过了一项修正决议,该决议规定世界银行通过重大决议的多数票比例提升至 85%。这样,通过修改游戏规则,美国仍然保持着独有的否决权。而中国等发展中国家的投票权增加,在目前阶段而言仍然处于量变的阶段,尚难言对美国的绝对控制权产生有效的挑战。

而且与美国 15.85% 的投票权相比,中国所占权重仍然有着重大差距。这就决定了,中国应该争取在两方面有所作为:其一,直接提高自身的投票权；其二，通过提高可控制的投票权份额，来增强自身对总体投票权的实际驾驭能力。

（二）美国对重大决议的促成能力受到削弱

如前所述，虽然美国对重大决议的否决权没有任何动摇，但是美国对重大决议的促成能力正在相对受到削弱。在1989年，虽然重大决议的投票通过率由80%提高到了85%，美国就此保住了否决权；但是，美国促成重大决议的能力也受到了限制。以美国的投票权为15.85%为例，在80%的通过率下，美国只需要额外争取到64.15%的投票权；而在通过率为85%的情况下，美国则需要额外争取到69.15%的投票权。可见，投票权机制的改革，虽然有利于美国保留其否决权，但是并不利于美国在世界银行促成新的重大决议。在此，否决权可以看作维持现状的能力；而促成新的重大决议，则可以看作改变现状的能力。

与此同时，中国及金砖国家的投票权份额，已经从11.21%上升到13.1%，只要再额外联合一定的份额即可同样对重大决议形成否决权。例如，法国的份额是3.75%，金砖国家加上法国的份额将明显超过15%，这一格局，将对美国企图为自己量身定做新的游戏规则产生较大约束。

（三）中国需提高份额并通过合作推动世界银行改革

中国与美国的投票权分别是：4.22%和15.85%，两者仍存在较大悬殊，这就决定了我们的策略要从两个方面着手：一方面，中国要继续争取提高自身的投票权；另一方面，中国应通过与其他国家合作，尤其是与金砖国家的合作，来增强中国对总体投票率的实际影响力。具体而言，可以采取以下几个方面的措施。

其一，对世界银行股权调整的细则，提出修改的动议。如前文所述，目前股权调整细则基于三个方面的考虑：该国在全球经济中的权重、该国对世界银行的融资贡献、该国对世界银行的直接发展贡献。这三者权重依次为75%、20%和5%。

一方面，对于中国和其他金砖国家而言，经济总量的持续上升以及对美国的超越是一种长期趋势；但是，就中短期而言，各个金砖国家的经济总量还是显著低于美国。另一方面，金砖国家的外汇储备占到全球40%以上，融资来源方面的重要性迅速增强；而美国的财政却捉襟见肘，时常受到财政悬崖的困扰。因此，在世界银行新的增资计划提出时，金砖国家应当有条件地响应，而具体的条件就是：在世行股权调整的细则中，适当削减"该国经济在全球经济中的权重"这一项的比重；同时，要求提高"该国对世行的融资贡献"之权重。当然，这必将影响到美国在世界银行的股权比重，料美国必将反对此项动议。但金砖国家可以此作为增资条件，经过权衡获取些许的改变，从而使制度设计更有利于金砖国家投票权的提升。

其二，美国可能试图再次降低15%的否决权标准，对此金砖国家要有所准备。在可预见的未来，由于金砖四国经济的强劲发展，美国在全球经济中的地位，以及对世界银行的融资贡献都将相对下降。按照现有的股权调整方案，美国的投票权将进一步下调，其否决权将面临现实的威胁。届时，美国很可能会再次要求降低否决权的标准（例如，降至13%）。

对此需要注意到：在短期内，这种提议在维持美国否决权地位的同时，也会增加中国等大国的否决能力；但是，从长期来看，则会延缓美国否决权的退出，并且导致否决权面临贬值；再者，随着中国经济、金融地位的提高，获得否决权是必然的。所以，中国应联合金砖国家，力争15%的否决权不被再次降低，或至少延缓这一过程。

其三，按照否决权（15%）的目标，建立起相对稳定的可以联合行使否决权的国家合作机制。例如金砖国家加上法国，投票权份额就达到16.65%，甚至超过了美国。这就意味着：美国要通过一项新的决议将比以前困难得多，比如"一个调低否决权门槛的新方案"。这样，随着美国实体经济地位以及融资贡献的相对下降，则美国丧失独有否决权将成为必然。为了掌握否决权,这些联合行使否决权的国家,需要具有相对稳定性,甚至成为一种机制。从理念上来说,这些国家对于改变现行国际货币体系应该具有较强的认同感——这种认同感可能仅仅来源于经济原因,也可能来自政治考虑。从保守的角度来看,如果这些国家能够稳定地联合行使投票权,从而保证现行规则不变,则随着中美实体经济地位和融资贡献的相对变化,美国失去独有的否决权地位将只是时间问题。

四 金砖国家的褪色和中国的机遇

(一) 金砖国家面临的问题

世界经济格局的重大变化,正在悄然酝酿、推进之中。但是,从2013 年开始,伴随着这些新兴市场国家结构性问题的日益突出以及外部环境风向的转变,其经济增长动力遭到质疑。从 2013 年美联储考虑缩减量宽的货币政策以来,金砖国家的表现开始出现分化,除中国以外的金砖国家普遍出现货币表现不佳、股市低迷、资金面临外逃之势,越来越多的人认为,金砖国家正在经历"褪色"。

金砖国家目前正在遭遇的危机,从外部原因来看:主要是美联储货币政策从 2013 年下半年以来的转向,以及此前对这种转向的预期,这导致了国际资本普遍从新兴经济体流出,尤其是从金砖国家。在此背景下,有一些新兴经济体在危机以来对资金流入过于依赖,这时候它们的货币汇率、金融市场就不可避免地受到了冲击。

例如,2008 年金融危机以来,大量的国际热钱流入南非、印度、巴西,在美国货币政策转向的背景下,如果这些年来积累的热钱也出现逆流,则南非的全部外汇储备将几乎消耗殆尽,印度的外汇储备将剩下不到 1/3,巴西情况稍好,但也有一小半的外汇储备缩减。

此外,俄罗斯在这方面的压力虽然较小,但是俄罗斯经济非常依赖于石油、天然气的出口。而在美国货币政策由超级宽松,向审慎从紧的转向过程中,美元将在相当长一段时间面临升值趋势。在此背景下,以美元计价的石油、天然气价格将震荡处于弱势之中。实际上,自2013年以来,全球主要大宗商品价格就一直面临疲软之势。因此,俄罗斯经济也面临重重困难。

由此可见,新兴经济体遭遇的这种危机,与美联储货币政策的周期性有关,并不是一个长期趋势。从长期角度来看,市场投资者们仍然看好金砖国家在未来的投资机会。例如,最早提出金砖国家概念的吉姆·奥尼尔,在2014年2月为一家欧洲智库完成的一份研究报告中再次指出:到2020年,德国、意大利的最大出口目标市场,将是以金砖国家为代表的新兴经济体,而不是他们现在的欧元区贸易伙伴。

但是,金砖国家目前所面临的褪色危机,不仅仅与外部环境的变化有关,实际上也同国内经济、金融结构问题相联系。要改变这种情况,新兴经济体一方面需要致力于重建国际货币体系,另一方面也需要注重自身的经济体制改革。

具体来看,印度始终困扰于低效率的民主制度之中,基础设施建设过于滞后,经济的区域分割、产业分割严重;与此同时,支持经济增长的人口红利,却因教育瓶颈、产业结构问题的限制而难以释放。对于巴西来说,其结构性问题也非常突出:庞大的社保体系、沉重的赋税、日益萎缩的制造业、严重落后的基础设施,都成为经济增长的制约因素。俄罗斯经济的问题是,一直过于倚重能源、资源出口,产业结构不合理,腐败问题严重,市场运行效率较低。南非也一直困扰于劳动力市场的供求不匹配、产业结构不合理、收入差距过大等问题,尤其是不合理的产业结构,也使其很容易受到欧洲、中国经济放缓的影响,尤其是在大宗商品价格走软的时候。

金砖国家,最早作为一个投资概念被高盛公司提出来。而投资概念本来就有周期性，不可能所有的金融产品、金融市场永远都具有绝对的投资价值。从这个意义上来说，金砖国家的确褪色了。但从长期的经济增长前景来看，这些国家都具有巨大的国内市场、丰富的自然资源、庞大的人口基数，成长空间相对较大，发展潜力非常可观。因此，只要金砖国家能够锐意改革、克服目前的发展瓶颈，就仍然是国际投资最值得关注的市场之一。

（二）中国的机遇

金砖国家的褪色，对中国来说可能是一个机遇，可以借此推进改革、营造有利的国际经济环境。

首先，继续推动中国主导的多边金融合作，推进国际金融体系改革。金砖国家已经建成金砖国家开发银行，而目前在金砖国家的金融、经济领域，在一定程度上都面临内外交困的处境，因此，巴西、印度、俄罗斯、南非，对于金砖国家开发银行的金融合作的潜在需求、动机都更加强烈了。中国应利用这一有利时机，推动金砖国家新开发银行（以下简称"金砖银行"）朝着有利于中国的方向发展。

其次，在其他金砖国家面临经济减速、资本外逃的情况下，中国应继续鼓励对外直接投资，为国内企业投资、并购有价值项目积极创造条件，这在一定程度上也可以转移国内的过剩产能，推动国内的产业升级，促进中国在国际范围内的生产网络布局。至于辅助的措施，除了行政审批程序上需要进一步简化之外，国内金融体系改革也需要跟进。例如，由于人民币汇率多年来的持续升值，对外直接投资在资金成本方面，就面临很大的汇率风险。

最后，中国还可以有条件地与其他金砖国家开展双边金融合作，提高中国在国际金融体系中的实际地位、影响力。对于其他金砖国家可能发生的金融风险，中国可以进行跟踪分析，研究其发生危机的可能性，并为之做好相应的金融救助预案。例如：以合适的条件，通过双边货币互换，直接向对方提供流动性；或者通过商业银行渠道，向对方贸易企业提供贸易融资便利；或以此为契机，推动双边贸易以人民币结算；等等。

总之，以金砖国家褪色为契机，中国可以顺势而为，基于互助共赢的原则，实现金砖国家的集体崛起。

◇◇ 第二节　中国与金砖国家在开发性金融领域的合作

金砖国家在全球经济中的地位极为重要，发展前景广阔。按照目前的发展势头，到2050年，世界经济格局将会大洗牌，全球新的六大经济体将变成中国、美国、印度、日本、巴西和俄罗斯。但是，金砖国家目前的发展在开发性金融方面面临着瓶颈制约：一方面，金砖国家有巨大的基础设施投资需求；另一方面，金砖国家的融资需求尚难以得到满足。因此，开发性金融成为金砖国家金融合作的最重要议题。

但是，目前金砖国家开发性金融合作中存在的问题却制约了这方面的合作进程：（1）对于中国而言，其他金砖国家的投资大环境存在各种不利因素，如官僚腐败、体制低效、税负重、基础设施欠缺等。（2）国际舆论存在对新殖民主义的批评和担忧。（3）不同的金砖国家在参与合作过程中，有不同的侧重点和利益考虑。例如俄罗斯在参与合作中更多地考虑主导权和其他政治因素。（4）通过新的多边合作平台来推动中国金融走出去，如金砖银行等平台，也存在一定的风险。

一　金砖国家之间的开发性金融合作前景广阔

金砖国家在全球GDP中的占比大幅提升。1995年，金砖国家在全球

GDP中的占比为15.7%，到2011年，这一比例提高到了26.5%，甚至超过了美国（见图7—2）。进一步从增量贡献来看，1995年，金砖国家对全球经济增长的增量贡献为26.2%，而2011年这一贡献比例达到49.4%。这近一半的增量贡献比例意味着，金砖国家对全球经济增长的增量贡献，与全球其他所有经济体的增量贡献几乎相当。

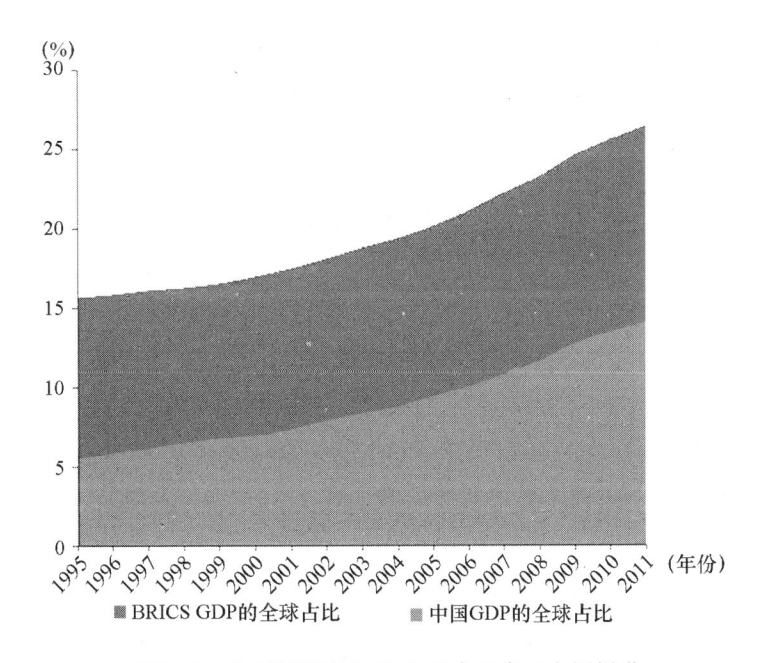

图7—2　金砖国家在全球GDP中的占比大幅提升

资料来源：根据世界银行的购买力平价（PPP）数据进行计算得到。

从金砖国家的内部因素来看，金砖国家依然具备可持续发展的基础和潜力。

首先，从供给面的要素来看，金砖国家在自然资源和劳动力等要素禀赋方面的比较优势非常明显，这将为后续发展奠定坚实的要素基础。此外，金砖国家的人口结构也具备后发比较优势。比如，印度目前的儿童赡养率接近48%，而老人赡养率不足8%，这意味着印度继中国之后，将处于年轻劳动力充裕的阶段，有机会享受"人口红利"所带来的发展机遇。

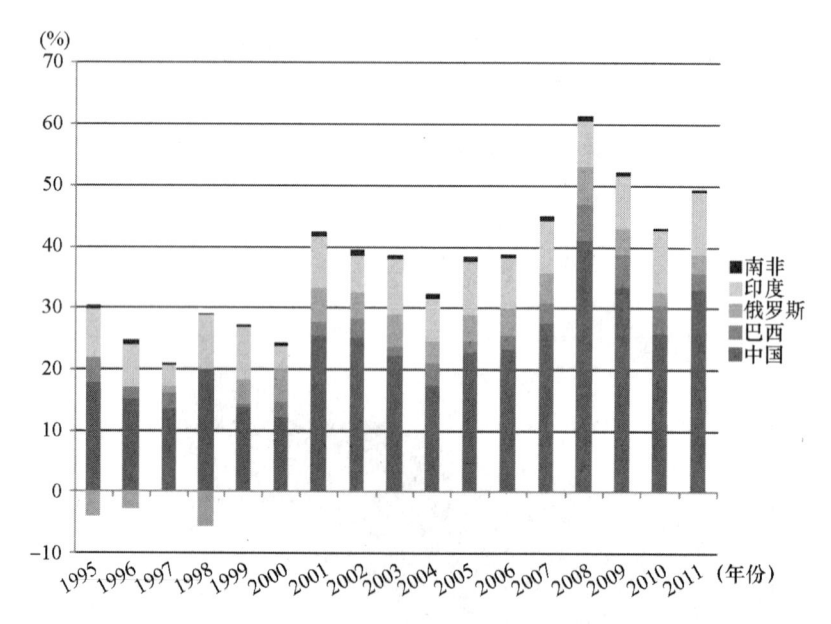

图 7—3　金砖国家对全球经济增长的增量贡献也有大幅提升

资料来源：根据世界银行的 PPP 数据计算。

其次，从供给面的产业升级潜力来看，产业升级和经济结构调整也可能带来持续的经济增长动力。在金砖国家中，除中国的制造业比较发达，已进入工业化较高阶段之外，巴西和南非都是农业大国，印度主要依靠服务业，制造业并不发达，而俄罗斯经济较为依赖于资源类行业和重工业，产业结构较为单一。依据经济发展规律，从传统的农业国过渡到现代工业化国家将是必然趋势，这意味着巴西和南非依然面临工业化所带来的巨大潜在机遇。而中国、印度和俄罗斯也可以在现有经济机构的基础上，通过产业优化升级，进一步实现均衡发展。此外，从城市化率看，中国、印度和南非的城市化率都远低于70%，这意味着在今后相当长的时间内，由城市化进程所带来的经济增长动力可以持续发挥作用。

最后，从需求面来看，金砖国家的国内消费市场日益扩大。随着经济快速发展，人均收入等指标快速增长，金砖国家的消费需求和消费结构都将大大提升。随着富裕阶层的不断扩大，对高档商品和各种金融商品的需求将进一步增加。到2050年，金砖国家将拥有超过8亿中产阶级人口，超过美国、西欧与日本中产阶层的总和；他们利用富余资金投资股市的现象非常普遍，由于各国股价上升，金融资产将迅速积累，股市市值到2050年预计将增长66倍；金砖国家将在能源、天然资源、资本三大市场扮演主角，成为全世界最重要的消费市场。

二　金砖国家开发性金融合作现状与问题

在开发性金融领域，金砖国家具有很强的合作意愿。而且，俄罗斯和南非的资源、巴西的资源以及农林业、印度的劳动力和服务业、中国的制造业和资金优势，在很大程度上形成互补，也为金砖国家的开发性金融合作开辟了巨大的空间。但是目前来看，由于以下原因，金砖国家的开发性金融合作受到了一定的制约。

其一，东道国的投资大环境存在不利因素。相对于中国而言，其他金砖国家的投资大环境存在各种情况的不利因素。例如，南非和巴西的贫富差距问题严重，犯罪率较高；俄罗斯和印度的政府官员腐败问题较为严重；尤其是印度的基础设施还十分欠缺，而且对于国外资本进入很多行业还保留着较多的限制措施。此外，俄罗斯经营环境恶劣，官僚腐败，体制低效，国家对经济干预程度过高，税负重。因此，金砖国家之间进行开发性金融合作，虽然有较强的合作意愿，但是受到以上不利因素的影响，相关合作发展明显受到了制约。

其二，国际舆论对新殖民主义的误解。在开发金融的合作领域，中国是资金的主要提供者。从中国对外直接投资的存量来看，中国投向亚洲、非洲和拉丁美洲的比例分别为38%、17%和4%，合计近六成。① 由于中国的对外直接投资大部分投向发展中国家，而且约有41%是投向资源类的，因此引发了西方社会对国际格局变化及其自身利益的担忧，并将中国的这种动向视为新殖民主义。英国前外交大臣杰克·斯特劳就曾经声称，"中国今天在非洲所做的，多数是150年前我们在非洲做的"。不仅如此，很多西方媒体也大肆炒作中国在非洲搞所谓"新殖民主义"。这些舆论对非洲学者和官员产生了一定影响，并对中国在金砖国家的开发性金融合作中发挥更大作用产生了一定的消极影响。

其三，金砖国家合作拥有不同利益考虑。在金砖国家中，俄罗斯地位特殊。它是唯一的前超级大国，又是唯一身兼发达国家（八国集团成员）和新兴经济体双重身份的国家。俄参与金砖国家机制，更多的出发点在于，把国内经济潜力转化为国际政治实力，增强其在国际政治格局中的分量，加重同发达国家打交道的筹码，充当发达经济体和新兴经济体之间的纽带和桥梁。在参与国际多边组织中，俄罗斯的这种意图已经表现得很明显，以俄罗斯参与上海合作组织的过程为例：2012年6月在北京的上合组织峰会，中方提议成立上合组织开发银行（资金将主要来自中国）；打造上合组织框架内的自由贸易区，成员国通过降低关税逐渐与世界标准接轨。但是由于俄罗斯的掣肘，上述提议未能通过：俄方虽然表示不反对建立上合组织开发银行，但希望在俄、哈已建成的，而且俄方处于控股地位的欧亚开发银行基础上成立上合组织开发银行；对于自贸区的提议，俄也认为时机尚未成熟。从中可见，俄罗斯与中国争夺上合组织主导权的意图明显。在金砖国家的开发性金融合作中，这种主导权之争也将难以避免，并将影响到这一合作的顺利开展。

其四，金砖银行等新的多边合作平台存在一定风险。首先，现有的多

---

① 已剔除中国香港特区、开曼群岛和英属维京群岛。

边平台，例如世界银行、亚洲开发银行等，其运行机制是较为成熟的。但中国对于如何领导和运转一个国际开发性多边机构并不熟悉。而且，目前金砖国家的合作形式较为松散，各国在开发性金融领域的合作，容易受到政治等其他因素的影响。再者，世界银行、亚洲开发银行以及其他区域性的国际开发性金融机构，已经吸收了现存较为优质的项目或客户，在此背景下，新的机构如金砖银行如何获得自己的竞争优势也是一个很大的问题。

其五，现有国际开发性金融机构的收效甚微。即使是现有的成熟机构，其开发性金融业务的发展过程中也出现了很多问题。以世界银行为例子，其发展经历了三个阶段：（1）从"二战"后到20世纪60年代，世界银行的贷款支持发展中经济体提高储蓄率，以促进经济增长，但这种开发性金融的援助方式，往往由于发展中国家的体制问题、腐败侵蚀而事倍功半。（2）此后一直到20世纪80年代世界银行的关注点才从增长转向分配问题，注重将开发性金融直接面向穷人，从而直接解决贫困问题。但是这种微观的、"头痛医头"的做法实施成本较高，收效也不具有持续性。（3）由于前述问题以东欧国家转型为背景，此后世界银行的开发性金融重点转向帮助发展中国家树立市场经济的运行体系，例如针对发展中国家的政策、市场体系调整提供改革贷款。同时，世界银行也更加重视清洁的水源、粮食安全等微观问题。但是长期以来，由于欧美在事实上控制着世界银行，因此世界银行并不真正了解发展中国家面临的问题和约束条件，甚至在很大程度上沦为美国外交政策的工具。因此，世界银行的开发性金融对发展中国家的适用性和现实效果就相当有限。此外，世界银行的开发性金融政策，还引起了一些发展中国家民众的反感。

金砖国家在开发性金融领域的合作过程中，出现了前述难题。这些问题无疑也阻碍了中国在此过程中可能发挥的重要作用，使得金砖国家之间的开发性金融合作滞后于五国多边关系的发展。当然，中国在推进金砖国家的开发性金融合作中，也有其特殊的优势：（1）中国作为最大的发展中经济体，其经济在多年来实现了持续强劲增长，因此对其他发展中国家具有一定的示范作用。（2）当前中国经济改革正面临经济结构调整、产业结构升级的考验。通过对周边国家的开发、建设，中国也可以在更广阔的空间实现产业转移，拓宽中国的经济腹地，并有机会将其他金砖国家纳入以中国为核心的国际分工体系当中。

三 中国的可选策略之一：以输出工业园区、经济特区模式为主导的1+1双边合作

在东道国大环境不利于吸引投资的情况下，通过输出工业园区、经济特区的模式，在东道国创造有利于开发性金融合作的小环境。新加坡在中国多处经营的"主题园区模式"和中国曾经采用的经济特区模式两种模式实际上是构建中国在海外的准经济飞地。

其中，经济特区模式适合于经济的较低发展阶段，在一国经济发展缺乏大环境的情况下，先行开辟出一个宽松的、具有制度弹性的小环境，然后以之为中心点辐射、带动周边地区的发展。而"主题园区模式"的针对性更强，适合经济体在更高发展阶段面临的一些特定问题，例如：新加坡设立的苏州工业园区，以当时中国经济工业化时代主题为背景；其后新加坡在天津建设的生态城，则是以环渤海地区的环境污染治理、中国的可持续发展为背景；近些年，新加坡在广州的知识城项目，则以增强珠三角的知识和创新能力、促进产业结构升级，并以此抗衡长三角为背景。

（一）经济特区模式的可行性及其具体推进

从金砖国家情况来看，如本章第二部分所分析：印度的经济发展水平相对滞后，腐败、寻租现象较为严重，交易成本非常高，而且基础设施极为欠缺，国家政策对于外资的准入限制较多。因此，对于印度的情况，可

以考虑在双边的背景下,选择合适的地理区域,进行经济特区模式的建设。

在此模式下,双方的利益点不同。中国方面:(1)开发性金融将不再简单地以某个项目、某个工程为依托,而是以整个经济特区的长期发展为依托;(2)在很大程度上,能够排除当地大环境的不利因素干扰,充分发挥中国投资者的主动性,创造出较好的小环境;(3)有利于以此为平台,吸引更多中国企业的投资,更有利于促进中国本土的产业结构升级和转移,并将该国纳入中国的国际分工体系当中;(4)如果该模式成功,将成为开发金融双边合作的典型,具有较强的示范作用。

而对于印度方面:(1)经济特区的发展将直接推动该国的经济发展,劳动力就业增加;(2)在经济特区这样一个特定的区域放宽外资准入的限制,以及提供其他优惠政策,所面临的阻力将是较小的,因此较容易实现;(3)进一步看,还将有利于该国政治的长期稳定,这符合该国各个阶层的利益,也将进一步推动外国投资者到该国投资。

在具体推进经济特区模式的过程中,我们应遵循以下原则:第一,由于此举的开端是否顺利,关乎后续战略的跟进;因此,特区模式不宜同时在多个国家或多个地区全面铺开,而应慎重选择、准确定位,对方案进行周密的论证,以确保首战告捷,从而起到良好的示范效果,然后再逐步、渐次推开。第二,经济特区的谋篇布局,既要考虑到当地的要素禀赋优势,又要考虑到与中国国内经济产业升级、转型有一定的承接性。第三,在经济特区模式的双边合作中,中方一定要把握好主动权,力争成为平台建设的最重要外方参与者。第四,在经济特区模式建设的起步阶段,要为中国经济、金融力量渗透到其中奠定好制度基础,通过经济特区的自然发展,相应地带动中国的企业和商业金融机构融入其中。

(二)主题园区模式的可行性及其具体推进

巴西、俄罗斯、南非三国,经济发展程度相对较高,这些国家的投资环境也要好于印度的情况,外交政策也相当务实。但如前文所述,也在多个方面不同程度地存在问题。除了创造更好的微观投资环境之外,开发性金融的切入点还在于:这些国家的发展阶段比中国稍高一些,但也同中国一样,面临着新兴经济体发展过程中所特有的专门性问题,如环境问题、产业结构升级等。中国可以借鉴新加坡在内地的"主题园区模式",与上述国家的当地情况、发展阶段相结合,在双边合作的框架下进行园区建设。

在此模式下,双边合作的利益点与特区模式相似。不过在园区的建设过程中,应注意以下几点:(1)园区的主题产业设计不仅要符合当地的实际情况,特别要注意与中国的优势产业相结合;(2)中国的开发金融除了直接参与园区的建设之外,还可参股到园区当中,分享其长期成长带来的红利;(3)园区的外资企业,将主要是中国的优势企业,并基于此进一步带动中国金融机构的国际化、人民币使用的国际化以及金融网络化的建设。

四 中国的可选策略之二:通过东道国所在的多边平台进行合作的 1+N 模式

这里的 N,即为东道国所在的多边合作平台,1 即为中国。但这里的多边合作平台可以是现有的,也可以是中国力推之下新创建的。具体来说可以是以下两种情况。

第一种情况是中国加强与现有地区开发性金融机构的合作。例如,通过加强与非洲开发银行、南部非洲发展银行的合作,实现与南非在开发性金融领域的合作;通过与泛美开发银行的合作,实现与巴西在开发性金融领域的合作。合作的形式可以是:通过中国政府的官方名义进行参股、注资,参与这些机构的日常管理、决策;同时也可以通过国家开发银行等中国的开发性金融机构直接参与其业务活动。然后，基于这些多边的平台，推动中国的企业和资本参与南非、巴西的开发性金融合作。

第二种情况是中国推动设立新的区域开发性金融机构。除了现有的中国—非洲发展基金，还可考虑设立中国—拉美发展基金、中国—南亚发展基金等1+N的合作机制。这些一对多的开发金融合作平台，在当前欧美支持乏力的情况下，有助于加强中国与其他金砖国家的共赢合作。这些1+N的平台，可以在中非发展基金的基础上进一步扩展：一是为中小企业"走出去"提供开发性金融支持，二是为中国企业"走出去"在东道国承包项目提供融资支持，三是为各个东道国的经济社会发展（尤其是基础设施建设、公共服务等领域）提供国际援助。

目前中非发展基金几乎完全是由中国出资设立的，而新设的1+N合作机制，应争取多边机制下的东道国金融机构出资，中国的开发性金融机构可以在出资中占主导地位，但仍应争取其他成员金融机构的出资。这样做一是防止落下"经济殖民"的口实，避免因为开发性金融的投资引起东道国民众的不满情绪。二是因为东道国家金融机构的参与，也可以分散、降低开发性金融在该地区的经营风险。在条件成熟的时候，再成立中小企业海外投资局（司），将这些1+N机制下支持中小企业"走出去"的功能进行归口管理。

五 中国的可选策略之三：以积极姿态参与现有的多边机制并增强领导权

首先，力推金砖银行有其必要性，中国能够相对容易地在其中快速获得合法的领导地位，但是如前文所述，这也不可避免地将面临一些风险。如果金砖银行的发展受挫，还可能影响到中国在全球经济事务中的话语权。因此，对中国来说，中国宜采取双管齐下的措施，一方面继续稳步发展、完善金砖银行的结构和功能；另一方面，也应以积极的姿态参与到现有的多边合作机制当中。在已有的成熟框架下，通过自己的贡献和决策能力，不断施加影响，进而提高地位并获得主导权，这一过程相对漫长，但风险也会较小。

在中国参与的多边开发性金融机构中，世界银行（WB）和亚洲开发银行（ADB）是两个最重要的机构。关于中国参与世界银行的改革，我们已经在第五章进行了具体分析，这里我们再对中国参与亚洲开发银行的策略进行讨论。事实上，亚洲开发银行也是一个非常好的实验场所，因为中国已经具有较强的主导能力，通过资金和领导能力方面的贡献，在可预见的未来即可对亚洲开发银行有相当大的支配和领导能力。而在亚洲开发银行领导地位的上升，将会极大增强中国在全球经济事务中的合法性和话语权，并推动中国与其他经济体的开发性金融合作。

目前，日本和美国是亚洲开发银行的最大股东，各占14.2%，中国和巴基斯坦其次，各占5.9%。中国的股份还有很大的上升空间，可通过国家开发银行融资并注入亚洲开发银行，增加中国在亚洲开发银行的股份，也增强中国在亚洲开发银行的话语权。进而，通过亚洲开发银行间接推动中国与亚洲国家的开发性金融合作，尤其是中国与印度的合作，此外中国与中亚国家的开发性金融合作对于中俄合作也会有间接的意义。利用亚洲开发银行的现有多边机制，同样也可以避免一些不必要的阻力，从长远看，对中国开发性金融的发展以及加强中国在区域和国际的影响力，都非常有意义。

◇◇ 第三节　推动亚投行建设、增强多边发展融资体系的包容性

中国正在努力推动建立亚洲基础设施投资银行，这是一个新型的国际

多边发展机构，与此同时，金砖银行也建立起来。如何处理好这些机构与现有多边机构的关系，这是一个微妙的问题。

德国学者海尔曼（Heilmann）等人认为，亚洲基础设施投资银行、金砖国家开发银行以及中国正在推动的其他12个国际合作平台，都是对现有国际秩序的挑战。其中，亚洲基础设施投资银行是对亚洲开发银行的挑战，金砖银行则是对世界银行的挑战。

这种研究一方面凸显了西方学者对中国挑战现行国际秩序的焦虑和担忧；另一方面也表明，中国在努力推动亚投行等多边发展机构的同时，对国际社会所传递的定位信息不够清晰，甚至引发了外界的猜疑。为了使亚投行这样的新兴多边发展机构更好地发挥作用，中国需要做足以下四个方面的功课。

一　树立清晰的指导理念

亚投行对世界各国的吸引力有两个方面：第一个方面，是"利"，即其中的投资机会和潜在的经济利益。但真正能够改变现有国际秩序的则是第二个方面，即"义"，这是一套在经济金融硬实力背后关于发展和援助的系统意识形态和哲学理念。

现有国际多边发展机构的施政理念，是在"华盛顿共识"框架下发展起来的，例如世界银行和亚洲开发银行。在这类传统多边发展机构中，援助国一般是以美国为首的发达国家，合作格局也基本是南北合作。

基于此，现有国际多边发展机构的政策理念、施政方针，一定程度上都是"华盛顿共识"在国际发展领域的延伸和外化。其中一些发展支持政策，不可避免地涉及政府干预，这虽然在一定程度上超越了"华盛顿共识"，但是仍属于消极干预，干预的是医疗、食物等最终需求，并没有对生产能力本身进行干预，从而援助本身无法转变成内生的发展动力，援助的有效性也大打折扣。因此现有国际多边发展机构的理念也受到了一些批评和质疑。

另外，一直以来中国关于国际发展议程的理念，已经难以继续服务于亚投行等新机制的建设。在参与国际发展议程的制定和执行过程中，中国坚持平等互信的协商原则、议程内容的科学性原则、可操作性原则，以及议程的包容性原则。这些原则虽然具有其合理性，但是都较为抽象，无法形成具体的倡议，无法基于此提出鲜明的发展理念和实施规范。

例如，基于包容性原则，中国认为：各国的发展模式以及各国承担的国际责任，都需要充分考虑各国的实际情况来进行理解；而且发展议程也要充分考虑各国的实际情况、实际所处的发展阶段。但这并不等同于说，各国之间的发展模式毫无共性、不存在一般规律。相反，中国可以对自己的发展经验进行提炼，使中国所持有的发展理念外延进一步明确，并使用国际社会所能接受的语境进行阐述。同时，使用这种发展理念作为亚投行等新型多边发展机构的指导思想。

基于对中国改革开放实践的理解和诠释，林毅夫教授提出了新结构主义理论。新结构主义对"华盛顿共识"，以及现行国际开发机构的理念提出了质疑，并给出了替代性的理论和政策框架。在这个分析框架当中，除了自然资源、劳动力、资本等要素禀赋之外，该理论还引入了一种新的禀赋——基础设置。具体来说包括：能源、交通和通信等硬性的基础设置，以及金融体系、教育及司法体系、价值体系等无形的基础设置。由于这些基础设置具有显著的网络性、外部性特征，如果缺乏政府的必要参与，基础设置将面临短缺，并严重影响其他要素禀赋发挥作用，从而使发展中经济体的产业升级面临障碍。

这一理论回归到了亚当·斯密的传统，并对传统的比较优势理论做了进一步拓展，并且为政府在经济发展的过程中所应起到的动态作用提供了更广阔的理论视野。在目前较成体系的理论中，新结构主义可能比较适合作为中国建设国际多边发展机构的指导思想。当然，这也不排除其他具有包容性增长内涵的理念，本章第四节就将从全球价值链的角度，以尼泊尔的生姜产业为例，来对亚投行的发展融资理念给出一些分析和建议。

二 亚投行应定位于拓宽融资渠道、提高融资有效性和包容性

设立国际多边发展机构的初衷，是为受援国的发展提供帮助，但实际上，援助未必导致发展，甚至还会恶化发展状态。已有研究中不乏观点认为：援助导致了增长变缓、使穷人更穷，援助对大部分发展中国家而言，是一场彻底的政治、经济和人道主义灾难。

实际上，目前不仅仅面临着发展援助有效性的问题，而且还面临着严重的发展资金短缺问题。一方面，虽然2002年的《蒙特雷共识》已经向发达国家提出了量化的发展援助目标：将其提供的官方发展援助增加到占其国民总收入的0.7%；但是事实上，千年发展目标的援助承诺就有一半发达国家没有履行。

而另一方面，2008年金融危机以来，美国、日本和欧洲均面临财政赤字高启、国债余额迅速积累的问题，主要发达国家几乎没有可能根据新的发展资金需求提供帮助。此外，2010年世界银行为了维持其贷款融资渠道发挥作用而推出的增资计划，也一度因为美国国会的阻挠而面临困境。

在当前的发展议程中，援助和发展资金方面不仅面临着使用有效性问题，还面临着需求日益上升而供给愈加不足的矛盾。而中国在以上两个方面，正好有能力发挥更重要的作用，同时，这与中国在世界经济中的地位上升所对应的国际责任也是匹配的。这也应当作为亚投行等新型多边发展机构的核心定位。

在亚投行平台上，中国可以为援助和发展资金提供多种形式的、有效率的融资和资金使用模式。这是因为，中国坚持包容性发展的原则，在充

分考虑各国实际情况、发展阶段的基础上理解各国的发展模式。更重要的是,在过去三十多年中,中国的发展取得了巨大成就,许多发展经验直接可供其他发展中国家参考。同时,作为初步取得发展成效的经济体,中国的理论研究者、政策决策者也最了解发展中国家所面临的共同问题和挑战。

中国已经摸索出了一套新的发展融资和资金使用模式,可以通过亚投行在更广阔的国际范围进行实践尝试。例如,在借款国家的大环境不利于吸引投资,从而导致援助有效性很可能存在问题的情况下,可以通过引进工业园区、经济特区的模式,使借款国在小范围内创造有利于经济发展的外部环境。对于借款方而言,这种项目投资本身有望获得较高收益,因此可以保证资金来源的连续性和稳定性。借款国方面:(1)经济特区发展将直接推动该国经济发展、就业增加;(2)在小范围内进行经济改革尝试,难度较低;(3)改革失败的风险可控,成功则在更大范围内产生示范效应。

三 明确亚投行在现阶段国际格局中的平衡与补充地位

明确现有国际发展机构的基础性地位,同时对于新的多边发展机构的地位与作用进行科学定位。

从联合国角度来看,国际发展议程的推进,是以经济和社会理事会为中心,以世界银行、世界贸易组织、国际货币基金组织等作为专门机构,再加上公民团队和私人机构参与形成的巨大网络。从参与者的广泛性、国际规则的权威性、提出议程的国际影响力等方面来看,联合国机构在发展议程中都起到了核心的、基础性的作用,是无可替代的。自1972年以来,中国也一直是联合国常任理事国、经济和社会理事会成员;随着国家实力的提升,中国在世界银行等各个专门组织中的地位也逐步在得到提高。因此,中国有能力,而且也应该在现行的联合国体系、多边发展机构中发挥更重要的作用，直接参与和推动联合国发展议程的实施。

而新设的多边发展机构，如亚洲基础设施投资银行，在目前阶段的参与主体，主要还是新兴经济体和发展中国家。即使已有部分发达经济体加入，亚投行作为中国主导的南南合作平台的性质也没有发生改变。虽然国际上也已经存在其他地区性的多边发展机构，并且也属于南南合作性质；但是，包括亚投行在内，这些机构提供融资的能力、对国际发展议程的实际影响力都非常有限。而现有的主流多边发展机构，包括美国和日本主导的亚洲开发银行在内，都是南北合作的具体表现形式。因此，新设的多边发展机构，其南南合作的形式，对现有多边发展机构的国际格局起到了有益的平衡和补充作用。

四 理顺亚投行与现有多边发展机构的关系

首先，应积极发展亚投行与现有多边机构之间的合作关系。现有多边发展机构在全球范围内运营了几十年，具有广泛的国际网络、成熟的人才使用和管理机制，并且拥有相对优质的项目资源。亚投行应在上述方面与现有机构建立密切的合作关系，借鉴其管理经验、吸取其经营中的教训。

由于亚投行等新型多边机构尚处于筹备之中，缺乏援助项目的开发、管理和维护经验，因此可以通过与现有机构之间进行具体的项目合作，从而积累管理经验。另外，这种合作还可以弥补现有机构，如世界银行的信用规模不足；更重要的是，这种合作将加强新设多边机构与现有机构之间的沟通与了解，促进新设机构以国际秩序的完善者而非挑战者的角色融入联合国的发展议程框架当中。

其次，新旧机构之间不可避免地存在竞争，要正确看待这种关系，需要对《巴黎宣言》有新的阐释和发展。2005年《巴黎宣言》的产生，为国际多边发展机构提供了一套行为规则。不过，由于在当时的时代背景下，借款国一般对应于发展中国家，而出资方对应于发达国家。因此2005年《巴黎宣言》是对南北合作框架下发展议程实施的一种主张。

具体而言，《巴黎宣言》主张：在尊重借款国主权选择的基础上，不同的出资方应该共同遵循统一的规则，并按照一致的流程进行操作。《巴黎宣言》实际上为出资方的行为提出了同盟原则、协调原则两个规范。

然而如前所述，虽然有部分发达国家加入，但以中国等新兴经济体为主导的亚投行，实质上仍然是南南合作的形式。而南南合作的指导理念、援助条件和标准，都不可避免会与南北合作下的旧有理念产生冲突。

例如，中国和其他发展中国家更强调发展模式的多样化原则、"共同但有区别的责任"原则；在发展与人权两者的关系中，更强调生存权和发展权是首要的人权；在可持续发展的经济、社会、环保三者之间，又更强调经济发展。因此，南南合作形式下的新设多边发展机构，其价值理念在一定程度上会与现有机构产生不一致。为此需要根据新形势，在协商的基础上，对《巴黎宣言》做进一步的发展性阐释，为不同模式的多边发展机构并行运转提供制度空间。

不过一个潜在的问题是，包括《巴黎宣言》在内的国际发展援助体系，均以经合组织（OECD）为基础。而由于国家战略定位的原因，中国尚未成为OECD的正式成员，如何以这一身份对国际发展援助的主流共识产生有效影响，这也是需要考虑的问题。

◇◇ 第四节 亚投行的发展融资理念的一个案例分析：尼泊尔的生姜产业发展

亚投行与现有多边发展融资机构有何不同？

一种观点认为，与世界银行、亚洲开发银行致力于减贫不同，亚投行专注于投资基础设施，为亚洲经济社会发展提供支持。但实际上，几乎所有的多边发展融资机构，尤其是针对发展中国家的机构，基础设施都是一项非常重要的业务内容。比如，亚洲开发银行，就有60%的贷款集中于交通、通信、能源、水利等基础设施领域，世界银行这一比例也接近50%。如果考虑到这些机构拥有更为雄厚的资本，则亚投行的功能与定位并没有什么特别之处。

相反，亚投行及"一带一路"战略的实施，引发了国际社会对中国输出落后产能、输出环境污染的担忧。类似"China's Plan to Export Pollution"（Bloomberg）这样的标题，不时见诸国外媒体。

与此同时，日本首相安倍在2015年5月下旬宣布了今后5年大约1100亿美元的亚洲基础设施建设投资计划。而且日本方面强调了"高质量基础设施"的理念，并提出推动"高质量基础设施投资"的国际标准。

对于上述各种挑战，亚投行及"一带一路"，应采用什么样的发展理念来进行应对？这实际上也关系到亚投行对自身业务的定位问题。

事实上，质量问题是所有商品都面临的一个基本问题，而不是基础设施所特有的。基础设施投资的特点在于其网络性、外部性，以及在全球价值链当中的基础性地位。在此基础上，我们的发展融资理念，应向何处去呢？

为了找到解决方案，我们不妨重新回顾一下尼泊尔生姜的案例：2013年，尼泊尔的生姜产量占到全球的12%，在印度和中国之后，居世界第3位。同时，尼泊尔的生姜出口数量，也位列世界第3。

但是尼泊尔的生姜却卖不起价钱。根据联合国粮农组织的数据：2009年，中国出口的生姜产品折合单价，为每吨833美元，印度是1173美元，荷兰是1407美元，而尼泊尔只有195美元！这个单价，只有中国的23%，不到荷兰的14%。如此低的价格，导致尼泊尔难以从生姜行业得到实惠。

一 尼泊尔出口的生姜，为什么卖不出好价钱？

其一，品质。在尼泊尔的很多主产区，生姜品种尚未改良，纤维多、质地老。收获的时候，当地的农户从家里找到最大的袋子，装上几十斤，扛到几十里外的农贸市场卖掉。实际上，因为缺少自动化的清洗、分等设备，尼泊尔的生姜大都没有处理过就出口了。

其二，缺乏下游高附加值产业。中国人有句话，叫冬吃萝卜夏吃姜。生姜确实具有很多高附加值的用途。例如，生姜有抑制肿瘤、偏头痛等药用价值；同时也可用于防晕车、醒酒，甚至也可以用来生产化妆品治疗面部暗疮；此外，生姜也可以做成红糖或糖果。这些深加工的生姜产品，不但具有较高的附加值，而且单位重量价值高，更适合以较高的运输成本出口。

但是，上述行业在尼泊尔却没有生存空间，这不是因为没有市场需求，而是因为基础设施跟不上，这正是我们要讲的第三点原因。

尼泊尔的生姜产业，在基础设施、转运贸易等环节面临着严重的制约。与尼泊尔比邻的印度，以基础设施的匮乏而著称。实际上，尼泊尔的基础设施情况，比印度还要不堪。根据世界银行在2012年的世界发展指标，可以看出，印度每百平方公里的公路长度为2226公里，而尼泊尔仅为121公里，不到印度的1/10。而且仅就这些公路而言，还有一半是没有铺沥青的土路。此外，尼泊尔现有的铁路里程，也几乎可以忽略不计。和基础设施紧密相关，尼泊尔的能源短缺问题也十分严重，在进口大量能源的情况下，尼泊尔使用电力的电气化程度，也只有印度的60%。

尼泊尔的水利、能源、交通等基础设施建设严重滞后，导致高附加值的下游行业无法生存。根据达沃斯世界经济论坛的国际竞争力报告，在148个经济体中，尼泊尔的基础设施质量排名第132位，该指标分值仅为2.1分（满分7分）。要知道，以基础设施匮乏著称的印度，该项指标也有 3.6 分。

基础设施的短缺，从电价上也可见一斑。即使在南亚地区，尼泊尔的电价也几乎是最高的，例如，尼泊尔的电价比斯里兰卡高 18%，比巴基斯坦高 43%，比印度和孟加拉国高 115%。

基础设施的发展滞后，不仅导致生姜的深加工遇到了瓶颈，而且也使生姜的种植灌溉、储存运输难以使用现代化生产方式。结果是产品品质、生产效率都大受影响。例如完成一单商品的出口，平均而言，尼泊尔需要一个半月；印度等南亚国家平均只需要一个月；而东盟国家只需半个月。

二 尼泊尔的陆锁国状态

除了上述三大原因之外，导致尼泊尔生姜的低价，其实还有一个更为致命的原因——尼泊尔的大部分生姜，只能卖给印度。因为尼泊尔是一个陆锁国（land lock country），夹在中印之间的尼泊尔，北面是险峻的喜马拉雅山脉，只有南面与印度的物流相对畅通。

因此，尼泊尔的对外贸易严重依赖于印度。尼泊尔的生姜出口，60%以上都只能卖给印度。如果考虑转口贸易，那么几乎所有的生姜出口都要经由印度。由于缺乏其他的竞争性出口渠道，尼泊尔的生姜很容易被压价。

有时候这方面因素就容易被利用。1989 年，印度曾对尼泊尔进行贸易封锁。虽然此后印度与尼泊尔的贸易正常化，但是这种制裁的可能性，仍然使尼泊尔贸易面临着潜在的不确定性。即使在平时，尼泊尔要取道印度做转口贸易也面临诸多问题。例如，印度与尼泊尔相邻的三个邦，对尼泊尔的货运费率都规定了最低标准以达成默契；以某些商品的敏感性为理由，印度官方机构还垄断着尼泊尔商品对外贸易的一些保险业务；而且对尼泊尔贸易商来说，通过印度转出口到第三国，等于要办两次通关手续，而印度方面的拖沓也经常导致商品发生滞留。

三 尼泊尔怎样融入全球价值链当中

在目前这样的条件下，尼泊尔和最重要贸易伙伴印度之间，以出口初级品、进口最终品的贸易结构为主。这种贸易结构，意味着尼泊尔处于全球价值链中的边缘化地位。如果要对尼泊尔这样的经济体进行投资，那么针对上述问题有如下几点启发。

如果仅仅投资生姜的高附加值下游产业，例如医药、化妆品、糖果等行业，会因为水利、电力、交通基础设施的缺乏，而变得缺乏可行性。但是，如果直接投资于基础设施，可能也有问题。虽然基础设施具有正外部性，肯定会惠及下游的高附加值行业；但是基础设施的投资方利益在哪里？而且基础设施投资通常需要大量的资金、建设周期也长。所以，不管从哪个角度来看，基础设施投资和其他高附加值的下游产业投资，看来是不可分割的，应该作为一个整体进行规划。

最后，即使尼泊尔境内的基础设施得到了完善，生姜的国内价值链得到了延伸，但是在目前的陆锁状态下，尼泊尔的生姜也难以顺畅地融入全球价值链当中。

因此，与尼泊尔的投资合作，应强调两点：一方面是其国内产业链的延伸，通过基础设施、高附加值下游产业的一揽子投资规划，将尼泊尔的国内生姜产业价值链进行延伸；另一方面是和国际产业链的对接，通过国际尤其是中尼之间的交通基础设施建设，推动尼泊尔的生姜产业链融入全球价值链当中。

尼泊尔的情况具有一定的代表性，例如在印度尼西亚，其海洋渔业本身也面临国内价值链短、附加值不高、对经济发展带动效果微弱等问题。因此，印度尼西亚的海洋渔业价值链延伸及其与国际对接，也是一个可行的方案。

在全球价值链日益整合的时代,国际多边融资机构的发展理念,也需要从单一项目、单一工程,向统合上下游产业的一揽子投资模式发展。由点及面,我们也可以用全球价值链合作的思路,来推动一带一路的全面建设。

本章主要参考文献:

1. 林毅夫:《新结构经济学——重构发展经济学的框架》,《经济学季刊》2011 年第 1 期。

2. Economic and Social Commission for Asia and the Pacific, Enabling Environment for the Successful Integration of Small and Medium Sized Enterprises in Global Value Chains, Studies in Trade and Investment, United Nations, 2011.

3. Ha-Joon Chang, Hamlet without the Prince of Denmark, How development has disappeared from today's development discourse, in Shahrukh Rafi Khan and Jens Christiansen (eds) Towards New Developmentalism: Market as Means rather than Master, Abingdon: Routledge, 2010. And Charles Gore, "The MDG paradigm, productive capacities and the future of poverty reduction", IDS Bulletin, Volume 41, Issue 1, January 2010, pp. 70 – 79.

4. Sebastian Heilmann, Moritz Rudolf, Mikko Huotari, and Johannes Buckow, China's Shadow Foreign Policy: Parallel Structures Challenge the Established International Order, China Monitor, Mercator Institute for China Studies, Berlin, Nov. 18, 2014. pp. 2 – 4.

5. Wang Bijun and Yiping Huang, 2012, "Investing Overseas without Moving Factories Abroad: The Case of Chinese Outward Direct Investment", Asian Development Review, forthcoming.

6. Yurendra Basnett and Posh Raj Pandey, Industrialization and Global Value Chain Participation: an examination of Constraints faced by the Private Sector in Nepal, ADB Economics Working Paper Series, No. 410, ADB, October 2014.

(本章由徐奇渊执笔)

第八章

解决结构转型问题的发展经济学意义及其政策选择

◇◇ 第一节 新兴经济体国家解决结构转型问题的发展经济学意义

发展经济学是研究发展中国家经济社会结构转型过程、经济发展趋势和内在规律的科学。第二次世界大战结束后，和平与发展成为世界的主流趋势，众多发展中国家纷纷独立，发展中国家都开始积极探索实现本国现代化的发展道路，但是"二战"结束后的70多年时间里，只有韩国和中国台湾从低收入水平迈入了高收入经济体行列，只有日本、亚洲四小龙和西欧周边的8个国家从中等收入水平升级到高收入水平（林毅夫，2014），全球200多个发展经济体经过70多年的发展，大多数仍然处于低收入阶段，或者长期徘徊在中等收入阶段无法迈入现代化发达国家行列。从"二战"结束后，众多发展中国家的经济结构转型过程、发展道路选择对比来看，其依据的经济发展理论主要有以下两种：一是以拉美国家为代表，认为发展中国家要达到发达国家的收入水平首先需要具备和发达国家同样的生产率水平和产业资本技术密集度，由于依靠市场自身的力量短时间内不可能快速实现资本的迅速积累和技术水平的显著进步，因此强调通过政府的力量推动资本积累和资源的配置，推行"进口替代"发展战略，优先发展先进的资本技术密集型产业，希望通过快速的工业化来实现国家的现代化，在这种发展战略的引导下，虽然在短期内一些先进的资本技术密集型产业部门得到了快速发展，但由于缺乏市场机制作用，资源配置效率低下，腐败和寻租现象突出、收入差距迅速拉大，在进入中等收入发展阶段之后经济社会发展失去了可持续性，与发达国家差距开始逐步拉大。二是以韩国、中国台湾等东南亚新兴经济体为代表，主要奉行"出口导向"战略，通过引入外部竞争的方式，发挥本国的比较优势，首先依靠发展劳动密集型产业，通过出口赚取外汇，逐步积累资本，实现产业发展的逐步升级，最后再完成工业化，进入高收入国家行列。

中国经济从20世纪50年代到改革开放之前的计划经济时代，主要是学习苏联的经验，优先发展重工业的战略，实质上类似于拉美国家推行的"进口替代"战略；从20世纪70年代末中国推行改革开放基本国策以来，从人均国民收入、经济社会结构、对外开放水平、产业竞争力、科技创新实力、贫困率、社会保障、医疗卫生等各项经济社会发展指标来看，中国都取得了极为显著的改善和进步，显然中国和东南亚新兴经济的发展经验都表明基于市场竞争配置资源、奉行"出口导向"发展战略明显优于"进口替代"发展战略。

发展中国家能否顺利实现结构转型成功不仅与选择的发展战略存在显著关系，同样与选择不同的发展转型路径存在密切关系。尽管市场相对于政府能够更为合理有效地配置资源，但市场同样存在失灵的问题，特别是在众多发展中国家中，由于市场发育时间短，市场机制不完善，政府的适当干预同样十分必要。20世纪七八十年代兴起的西方新自由经济学派强调，发展中国家经济转型应该推行完全的"私有化""市场化""自由化"，希望通过一次性的"休克疗法"彻底扭转资源配置的扭曲，实现经济发展的快速转型。俄罗斯和一些东欧转型国家在转型过程的经验表明，这种激进式的转型过程不仅无助于解决问题，而且产生了经济严重衰退、通货膨胀加剧、失业等一系列严重的负面后果。基于"华盛顿共识"的西方新自由学派理论并不能解决众多发展中国家存在的结构转型问题。与俄罗斯截然不同的是，中国从计划经济向市场经济的转型采取的是渐进式的双轨制改革路径，在政府主导的模式下，逐步引入市场竞争，实现了经济转型的平稳过渡，并且保持了经济持续的高速增长，从改革开放之初的低收入国家顺利进入中等收入国家行列。尽管中国的经济改革和转型在过去的30多年取得了令人赞叹的成就，但在经济高速增长的同时也逐渐暴露出了收入分配和贫富差距逐步扩大、生态环境恶化、自主创新能力不强、投资和消费比重失衡导致内需不足等一系列发展问题。特别是在人口红利逐步消失，原有的要素禀赋优势开始逐渐丧失的情况下中国的经济发展路径和模式是否具有可持续性？在政府和市场同时发挥重要作用的混合经济模式能够顺利带领中国成功跨越中等收入陷阱，进入高收入国家行业？中国能否走出一条可供其他发展中国家借鉴的现代化道路？显然，中国的经济结构转型的经验和教训不仅对于未来中国的经济发展至关重要，同样会对其他发展中国家的经济转型产生显著的示范效应；中国经济结构的成功转型将是对原有的发展经济学理论的重要突破和贡献。

◇◇ 第二节 中国经济结构转型的政策选择

中国经济结构的转型的动力来自不断深化改革，消除原有经济发展模式的弊端，并且在实践中不断完善。从目前来看，中国经济实现可持续发展，转变经济发展道路的基本思路是：由"两个过度依赖"转变为"两个依靠"。所谓两个依靠就是经济增长主要依靠扩大内需，内需的扩大和升级主要依赖于扩大消费需求，同时主要依靠自主创新能力而不是资源、资本的过度投入。这一增长动力转变，需要对原来的分配格局、激励机制进行重大调整，建立新的分配格局和新的激励机制，同时加快对制约产业升级、内需扩大重要经济体制的改革。

中国正处于向现代化转型的关键时期，未来经济增长面临诸多挑战。美国等主要经济体的发展道路对中国未来经济增长和结构调整的启示主要在于：建立鼓励创新与知识产权保护的宽松环境，提升科技进步和人力资本对经济增长的拉动作用；为各类型企业的发展营造一个公平公正的竞争机制；通过产业结构的动态调整为城市化提供持久动力；根据本国经济特征适时调整对外贸易政策，以适当方式适度推进世界自由贸易进程；采取有针对性的措施有效缓解未来人均收入差距进一步拉大的压力。

一 深化经济体制改革，转变政府职能

党的十八大报告明确指出：深化经济体制改革是加快转变经济发展方式的关键。经济体制改革的核心问题是处理好政府和市场的关系，必须更加尊重市场规律，更好地发挥政府的作用。广义地说，任何发展方式都是一种制度安排，即动力机制的塑造和利益分配体系的安排。有好的体制机制，就会有好的发展方式，机制体制不顺，发展方式也很难合理。体制状况影响利益分配格局，利益分配格局引导人们的行为，人们的行为决定发展方式的取舍。如果没有机制体制上的重大突破，就不可能有发展方式的根本性转变。因此，中国经济的进一步发展，需要进一步深化改革，着力释放改革红利，积极促进结构优化，充分发挥市场机制的作用。党的十八大报告主要提出在以下重点领域和关键环节深化经济体制方面的改革。

首先，需要加快转变政府职能。处理好政府和市场关系是经济体制改革的核心问题，十八大报告强调必须更加尊重市场规律。需要深入推进政企分开、政资分开、政事分开、政社分开，从制度上更好地发挥市场在资

源配置中的基础性作用，更好地发挥公民和社会组织在公共事务管理中的作用。加强政府公共服务和社会管理职能，强化政府促进就业和调节收入分配的职能。改善经济调节和市场监管职能，减少行政审批事项，减少政府对微观经济活动的干预。规范、成熟的市场经济中政府的作用主要体现在以下几个方面：（1）调节收入分配；（2）纠正市场失灵；（3）维护司法公正；（4）制约垄断、鼓励竞争；（5）提供公共产品和服务；（6）进行宏观调控。从目前来看，要建成高效、规范的政府管理体系，中国需要进一步解决政府缺位和越位的问题。政府的缺位和越位主要表现在：对收入分配的调节还不到位；对市场失败的监控力度需要提高；对公共物品和公共服务的提供需要加强；服务型政府的文化有待建立；市场规范和游戏规则须得到更好的维护；对没有自然垄断属性，也不涉及国家安全的产业和资源的垄断应该停止；独立于行政干预的更加高效、公正的司法体系亟待建立；等等。

其次，完善基本经济制度，进一步推动国有垄断企业的改革。巩固和完善公有制经济是社会主义市场经济的根基，全面推进国有经济战略性调整，加快国有大型企业改革，充分发挥国有企业在促进产业升级、参与国际竞争、提升综合国力等方面的重要作用。中国的国有企业垄断（电力、电信、铁路运输等），实质上是一种行政性垄断和自然资源垄断相结合的体制安排，政府担当着所有者、政策制定者、市场管理者等角色，企业可以凭借行政赋予的权力、资源的稀缺性等制定垄断价格。这种制度安排严重阻碍了统一、开放、有序竞争的现代市场体系的形成，必须对其进行有针对性的改革。（1）明确企业与政府的关系。企业和政府的关系及其权力的边界界定是需要着力解决的核心问题，政府要改变过去那种身兼多职的角色定位，应该作为社会服务的提供者，维护公平游戏规则的顺畅运转。（2）降低市场准入的门槛，引进投资主体。投资主体多元化是形成竞争性市场体系的关键。有步骤地引进民间资本和外资资本，逐步降低市场准入的门槛。(3) 建立明确的法律法规。深化垄断行业改革涉及经济、政治和社会发展领域的利益关系的调整，必须建立适合的法律法规作为指导，否则会引起混乱。

二 缩小收入、城乡、地区三大差距

贫穷不是社会主义，社会主义的本质是共同富裕。收入、城乡、地区三大差距的持续扩大，已经严重影响和制约中国经济的可持续发展，严重影响整个社会的和谐稳定。三大差距的持续扩大已经成为转变经济发展方式迫切需要解决的问题。差距扩大会压制社会生产力，缩小差距就是解放生产力。经过30年的经济建设，中国极大地缩小了与发达国家总体上的差距，但没有缩小国内的收入、城乡和区域三大内部差距。

改革开放以来，经济高速增长虽然在一定程度上掩盖了三大差距对社会发展的巨大负面影响，但可以相信，在下一阶段（"十二五"时期开始），随着中国进入中速发展阶段，这些差距将会成为经济持续增长的一个重大障碍。中国进入人均收入水平达到中等国家水平后的增长的主要动力是技术进步和居民消费，在这个阶段即经济增长将改变过度依赖于投资增长的老方式，转为主要依赖消费需求的释放。而收入、城乡、地区差距的扩大及长期得不到改善，将对扩大消费形成明显的约束，因此，缩小差距在新阶段具有明显的帕累托改进效应。缩小一个点的差距可能比增加许多点的投资的效率还要大。目前，中国主要是需要根据公平原则缩小三大差距，建立经济增长的分享机制，政府的发展目标由单一地追求GDP的高增长转为共享型的稳定增长。

首先，可以采取以下政策措施来缩小居民收入和城乡差距。第一，要消除机会的严重不公平问题，主要是加快实现基本教育、医疗服务等的均等化，同时增加政府对国民在岗和离岗的培训投入，建立城乡平等的社会保障、社会医疗和失业保险制度。第二，扩大就业是缩小收入差距、建立分享型增长机制的最有效途径，要加大对企业扩大就业的刺激，同时，要建立支持中小企业发展的政府金融服务机构，鼓励非政府的社会中介服务组织的发展。第三，促进劳动力市场充分发育，严格执行新劳动法，提高职工工资，规范收入分配秩序，取缔、打击非法和灰色收入，完善公务员工资正常增长机制。第四，提高垄断行业和一些非创新型暴利行业的税收，加大收入的再分配调节。第五，降低高收入者个人所得税的税率，扩大征税面（减弱逃税的动机），最终起到扩大税源的目的。第六，提高农民收入，完善土地制度和土地流转制度的改革，加大对农业的补贴。

其次，缩小地区发展不平衡。扩大内需、缩小区域差距要培育新的区域增长点，在新阶段大力促进中部地区崛起具有十分重要的战略意义，应将中部崛起战略上升为新时期的国家发展战略。中部地区资源丰富、交通便利、产业基础较好、市场潜力巨大，已经具有加快发展的有利条件。中国要保持劳动密集型产业的竞争力，有效的出路就是将劳动密集型产业加快向中西部地区转移，特别是向邻近的中部地区转移，利用其丰富的自然资源优势和劳动力优势，让其复制沿海地区20世纪八九十年代的发展过程，与此同时，促进沿海地区产业升级，再过20多年中国便能实现地区全面振兴和均衡发展。促进中部地区经济崛起，不仅能显著地扩大内需，而且也是有效地解决"三农"问题、缩小地区差异的最有效途径。要尽快制定支持中部地区崛起的政策：一是制定大力促进沿海地区劳动密集型产业向中部地区（包括部分重点西部地区）转移的优惠政策；二是加快中西部地区（特别是其农村地区）的基础设施建设；三是加快推进中部地区城镇化进程，加快服务业发展，增加就业。

三 鼓励科技创新，提高产业竞争力，走创新驱动的发展道路

通过多年的艰苦努力，中国经济总量已跃居世界第二位，各项事业发

展取得历史性成就，但社会生产力水平总体上还不高，发展中不平衡、不协调、不可持续的问题很突出，经济结构问题已经成为一个带有根本性、全局性的问题，转方式、调结构的要求十分迫切。经济的结构问题与科技创新的能力和结构、人才队伍的水平和结构密切相关。中国以较少的人均资源占有量和脆弱的生态环境，承载着巨大的人口规模和实现可持续发展的压力，面临着节能减排、应对气候变化等严峻的挑战。发达国家曾经拥有的资源环境等有利条件，是目前中国所不具备的。中国的根本出路在于科技创新、产品创新、产业创新、商业模式创新和品牌创新。科技创新处于核心地位，负有自身发展和带动其他方面创新的使命。没有创新能力特别是科技创新能力的大幅提升，就难以完成经济结构的调整和发展方式的转变。

中国进入中等收入阶段后，经济的低成本优势将会逐步丧失，必须提高研发能力和重视人力资本，进行产业升级，培育新的竞争优势。20世纪80年代巴西和韩国的差距并不大。1978年爆发的能源危机同样对韩国造成较大冲击，使韩国劳动密集型产业的比较优势丧失。但韩国主动求变，通过实施"科技立国"战略，推动产业升级，最终完成了从轻工业向技术密集型的重工业的转型，实现了从"技术模仿"到自主创新的转换。科研投入保持了持续高速增长态势，并于2007年占到GDP的3.47%，超过美国、日本等国家。科学技术创新对韩国经济增长的贡献率高达70%。

尽管改革开放以来，中国在科技进步和人才教育方面取得了巨大的成就，但经济增长方式没有得到根本性转变，仍是主要依赖廉价的生产要素和大规模投资，经济发展带有明显的高投入、高能耗和高排放的特征，科技进步和创新对经济的增长贡献与发达国家和一些新兴经济体相比仍然有明显的差距，这与苏联和俄罗斯的发展道路很类似。产生这一现象的主要原因：一是现实原因，即资源和劳动力的比较优势；二是在选择发展道路的决策层面,过度追求经济增长的速度,注重数量的快速扩张而忽视经济效益和质量的提升;三是长期发展道路的路径依赖问题比较严重,经济发展方式短期内很难扭转。

依靠科技进步,通过提升科技创新能力来转变经济发展方式,需要从以下两个方面入手:一是加强教育和科研的投入力度,提升教育质量,培养优秀的科技创新人才和队伍,积累雄厚的科研创新基础。二是需要改革教育和科学管理体制,创新科研的激励方式和方法。一方面,为科研人员提供良好宽松的科研环境;另一方面,由政府主导型的科研管理体制向市场驱动的企业自发创新机制转变,基于市场需求大力发展高等职业技术教育,加强高等院校、科研院所和企业间研发的沟通互动,提升科研成果的推广效率。

鼓励自主科技创新,主要是减少对非自主创新方面或领域的过强激励,因为只要存在比对自主创新更多的激励(如对外资的过度激励、对房地产的过度激励),那么,自主创新投入就不可能增加,相反会减少。这里也包括威廉·鲍莫尔提出的政府要严厉打击非生产性的"企业家行为"("寻租活动")。所以,政府应该大力改善总激励环境或方向,改变自主创新刺激政策。

第一,要改变把房地产作为支柱产业的政策导向,减少对房地产的过度激励,消除房地产市场暴利,阻止社会资金过度流入房地产市场。逐步开始征收房地产税,鼓励一个家庭拥有一套住房,对一套以上的住房采取严格的抑制政策(附加征税和严重贷款条件等)。对外资的激励要严格限定,取消一般性的优惠,对内资实行同等国民待遇。

第二,降低战略竞争力行业的国有资本比重,发挥民营资本对产业升级的重要作用。促进民营资本的充分发展和国际化,将使中国企业在参与全球竞争中处于更为有利的地位,因此,战略产业的发展一定要把民营资本纳入。

第三，利用资本市场推进自主创新。将大量过剩的社会资金导入股市，使其与产业升级相结合，促进重化工业竞争力的提高。如制定产业差别化的上市融资和再融资政策，主要是明显放宽对升级型的重化工业企业上市融资和再融资的条件，促进重化工业的资本扩张和竞争力的提高；成立一批支持升级型重化工业发展的产业投资基金（股权型、债权型）；制定针对性强的优惠政策支持升级型重化工业兼并重组。

第四，确定激励自主创新的正确导向。主要是要鼓励企业围绕节能节资搞自主创新，产品的自主创新要坚持"紧凑化"的取向，产业政策重点是鼓励紧凑型的产品创新，如鼓励经济型汽车的消费和生产，鼓励紧凑型的住房（90平方米以下）消费和生产，鼓励建设紧凑型的城市，等等。

四　走城乡一体化道路，提高城镇化率

城镇化是经济社会发展的必然趋势，也是工业化、现代化的重要标志。积极稳妥地推进中国城镇化，是全面建设小康社会、解决中国特有的"三农"问题、发展中国特色社会主义事业的基本途径和主要战略之一。推进农村富余劳动力转移就业是发展中国家在城镇化进程中共同面临的一大难题。

中国城镇化发展核心是如何在比较短的时间内，推动农村传统的经济社会结构向现代化转型。这就要求重视大中小城市、小城镇和农村之间的人力、物力和财力的高度关联，在不断强化城镇化结构互利效应的同时，形成以中心城市为"龙头"、以中等城市为主体、以小城市和中心城镇为基础的城镇体系，不断提高城镇化的聚集效应。

城镇化聚集效应的提高应该包括两个层次的含义：一是产业聚集，形成"龙头"城市和中心镇。城镇化应该以产业发展为基础，没有产业，没有就业，城镇是发展不起来的。一个区域没有"龙头"城市和中心镇

的发展，就不可能形成能带动区域内的城乡经济和社会发展的推动力和辐射力。二是城市的聚集和城镇的聚集相结合。城市和城镇的聚集发展是城镇化的保证和基础，只有在一定区域内实现大中小城市、中心城镇和小城镇的聚集发展，才能使大中小城市与小城镇之间产业高度融合，充分发挥城市和中心镇对农村的辐射力和影响力，才能促使中国广大农村的经济社会结构向现代城市转型。

由此可见，择优发展中心城市和中心镇，以中心城市发展为"龙头"，大力发展中型城市，着力打造以县城为中心的县域城镇增长核，繁荣县城经济，把县城发展为城区人口达10万—20万的小城市，形成以中型城市和县级小城市为区域中心的大城市的卫星城市，以中心城镇为依托的城镇网络体系，不断提高城镇体系对农村的辐射作用和扩散作用，从而推动农村经济社会结构的现代化转型。

城镇化发展不仅是城镇规模的简单扩张，而且应该包含城镇化素质的提高。只有城镇规模简单空间上的扩张，没有城镇产业素质的提高和城镇对农村影响力的强化不是真正的城镇化。"摊大饼"式的粗放式城镇规模简单扩张，是与城镇化发展的内在要求相违背的。要实现城镇化发展的短期、中期和远期目标，在重视提高城镇化结构的互利效应、开放效应和聚集效应的基础上，还要高度重视城乡产业的技术创新和生态环境保护，提高城镇化的结构升级效应。

城镇化素质提高主要体现在以下几个方面：一是城镇产业技术创新力增强，技术升级换代速度加快；二是城市先进技术产业对农村产业改造和融合的速度加快，农村产业技术水平提高，农村产业和城市产业技术创新的合作关联性不断强化；三是伴随着城乡产业的融合，城乡的教育、就业社会保障、户籍等制度性壁垒逐渐消除，最终实现城乡制度资源共享；四是城乡生活方式逐渐融合，随着城乡经济文化的融合，农民"去农村化"现象更趋强化，传统农民向现代化农民转变，农民真正成为产业工人的一部分；五是城市和农村生态环境不断改进，人与自然和谐发展。

目前中国有2亿左右的半城镇化居民（农民工），就消费来讲，这是一个潜力极大的资源，加快农民工向完全市民的转化，也将会大大地促进消费需求的增长。加快农民转为市民的进程，应从以下几个方面入手：一是促进城市房价的合理化，高房价之下无城镇化，中国目前的房价水平与收入水平相比，严重偏高，降低房价将会释放出巨大的购房需求，也会相应地加快城镇化进程。二是实施大规模的农民工安居工程。主要是利用政府力量，建立农民工保障性住房。三是鼓励沿海劳动密集型产业向中西部转移，促进中西部地区的城镇化。

保持农民土地承包经营权的稳定，使农民在城乡之间能够"双向"流动，对城市化的健康发展至关重要。印度和巴西的经验教训提醒我们，城市化能否健康发展，与农村的土地制度关系很大。中国的基本国情决定了在相当长的时期内，土地仍然是农民最基本的生活保障。外出打工的农民，大多处于不稳定状态，在家乡有一块地，仍然是农民维持生计的最后一道防线。在农民到城镇落户未取得稳定的就业、收入保障以前，保留这部分农民的土地承包权，让农民在城乡之间"双向"流动，有助于防止大量的无地农民集中于城市，形成贫民窟。扩大农村土地规模，推动农业产业化经营，都不能拔苗助长，不能剥夺农民的土地承包经营权，不能制造无地农民。调整城市建设的思路，在城镇规划、住房建设、公共服务、社区管理上考虑进城就业农民工的需要。印度和巴西的情况表明，农村人口进城，除了就业之外，较大的问题是安居问题。中国农民进城就业与印度和巴西无地农民进城有很大区别，一些人没有工作干还可回去，但相当一部分人，将长期拖家带口在城镇就业和生活，城市应把他们视同常住人口，把外来人口对住房、就学、医疗等设施的需求纳入城市建设规划。城市的财政支出和各种公共服务不能仅考虑城市户籍人口的需要，应该有效服务于全社会。

五 全面提升外向型经济发展水平

中国已进入全面建成小康社会的决定性阶段，内部和外部经济环境正发生深刻变化，机遇和挑战并存。要实现全面建成小康社会的宏伟目标，需要进一步扩大对外开放，不断完善开放型经济体系，充分发挥对外开放的强大动力。

从国际上看，今后一个时期，世界经济可能陷入长期低迷，外需疲弱很可能常态化，各种形式的保护主义上升，经贸摩擦将进入高峰期。各国围绕市场、资源、人才、技术、规则、标准等方面的竞争更加激烈，中国传统优势产业与发展中国家竞争加剧，在中高端产业与发达国家竞争也在增多，中国发展面临的外部环境更加复杂。

从国内看，经过加入世界贸易组织十余年的发展，中国的社会生产力、综合国力、人民生活水平大幅度提升，形成了相对完备的产业体系，参与国际竞争与合作的能力增强，已经具备了进一步扩大开放、提升开放水平的基础和条件，国际社会对中国承担更大国际责任也寄予更高期望。同时，中国现有的经济发展方式粗放，资源环境约束强化，传统优势被削弱，新优势尚未建立，转变发展方式和优化结构的任务艰巨，制约开放型经济发展的体制机制障碍仍然较多，对外开放面临的风险增大，开放的层次、水平和效益亟待提高。

未来全面提升中国对外开放水平，重点需要做好以下三方面突破。

一是努力转变对外贸易增长的方式。第一，改变出口主要依靠低成本和拼数量的方式，改变粗放型和数量型的发展模式，使出口主体形式多样化和贸易形式多样化。努力创造具有自己知识产权、自己品牌的商品和服务出口，控制资源性、高耗性、高污染产品的生产和出口，扩大新技术产品和高附加值产品的出口。提高加工贸易的层次，改变产品贸易量增加而贸易增加值低的现状，加快产品的升级换代，使出口贸易从数量上的扩张，向提升质量方面转变。第二，调整进口产品结构和市场结构，优先进口国内发展必需的、重要的、紧缺的高新产品、高新设备、高新技术和具有战略性的资源，实现战略物质进口来源的多元化、方式的多样化和渠道的稳定化。第三，发展绿色产品贸易，适应国际环境保护的潮流，严格控制高耗能和高污染产品的贸易，形成有利于节约资源和保护环境的贸易结构。

二是努力提高利用外资的质量和水平。第一，引进外资同提升国内产业结构和技术水平相结合，同促进区域协调发展和提高企业自主创新能力相结合。通过引进外资，对现有企业进行改造、充实和提高，依靠技术的优化升级实现规模经营，努力提高结构优化效益、规模经济效益和区域分工效益。从主要依靠增加大量资金投入，转变到主要依靠提高生产要素的质量上来，提高综合要素生产率对经济增长贡献的份额。第二，合理利用外资，发展开放型经济，改变经济中的结构不合理、产品质量差、附加值低的状况，通过引进一批高附加值、高技术的产品，加速中国产业结构的进步，做好引进技术的转化、吸收和创新。第三，提高利用外资的质量，加强对外资产业和区域投向的引导，抓住国际产业转移的机遇，扩大外资直接投资规模，引导外商参与国家鼓励的基本建设项目，包括农业综合开发和能源、交通、重要原材料的建设项目，拥有先进技术、能改进产品性能、节能降耗和提高企业经济效益的技能项目，能综合利用能源防止环境污染的技术项目等。

三是努力实施中国企业"走出去"战略。实施走出去的发展战略，是新阶段对外开放的重要举措，是实施可持续发展战略的必然要求。要鼓励和支持有比较优势的各种所有制企业对外投资，带动商品和劳务出口，形成一批有实力的跨国企业和著名品牌。第一，更好地在全球范围内优化资源配置，在国际市场中求生存谋发展，充分利用国外自然资源、科技资源和人才资源，实施战略性的海外投资，创立中国自己的世界级名牌产品。第二，把技术设备、产品带出去，发挥比较优势，积极开展对外经济合作，在互利互惠的双赢中促进国家经济的发展，带动商品、技术和服务出口，提高商品在国际市场的占有率，在国际分工与合作中提高占领国际市场的能力。第三，参与国际经济竞争与合作，开展跨国经营和跨国投资，培育我国的跨国公司，在对外投资中做到以企业为主，以市场为导向，以提高经济效益和增强国际竞争力为目的。投资的重点要放在能源、原材料、高技术等领域。

（本章由毛日昇执笔）

后　　记

　　本书为中国社会科学院创新工程项目——"包容性增长与经济结构转型：新兴经济体的政策选择"的最终成果。鉴于项目的组织和研究方式以及研究人员的构成情况，它是一项以世界经济与政治研究所发展研究室为主要依托的集体研究成果。本书的第一章由李毅研究员、宋锦副研究员执笔，第二章由于换军博士执笔，第三章由徐奇渊副研究员、杨盼盼助理研究员执笔，第四章由毛日昇副研究员执笔，第五章由毛日昇、宋锦副研究员执笔，第六章由田慧芳副研究员执笔，第七章由徐奇渊副研究员执笔，第八章由毛日昇副研究员执笔，全书由李毅研究员统稿和编辑。原发展研究室主任图勤研究员、蒋尉博士分别参与了最初组织、项目设计和重要的研究工作。

　　当前的经济结构转型，是新的技术经济条件下世界各国所面临的共同课题，尤其是正在进行工业化的新兴经济体国家，它们一方面要尽可能适应可能到来的新的工业革命的发展趋势，以跟上世界经济的发展潮流；另一方面，要解决因长时间的粗放式发展所积存的严重的内部结构性问题。因此，立足于推进包括中国在内的新兴经济体国家经济结构转型得以顺利进行，我们设计了本项目的研究框架。即从世界经济发展与变动的整体视角入手，也就是将新兴经济体国家的经济结构转型置于世界经济调整与发展的整体环境中，加以探讨与研究。以此为前提，我们重点关注了发达经济体与发展中经济体间的关系尤其是近期的变化趋势，因为，这对中国目前的经济结构调整及其在当前国际经济发展中的定位至关重要。围绕中国等新兴经济体国家存在的主要结构性问题，我们集中深入地研究了贸易结构与制造业产业升级、教育与劳动力的市场结构变动，资源、环境与低碳转型，以及中国与金砖国家的金融合作几个问题。这些内容既是新兴经济体国家经济结构转型的难点，同时也是学者们在工作中拥有丰富的研究积累之所在。解决结构转型问题的发展经济学意义及其政策选择，是我们进行项目研究的一个简要的结论，也代表了现阶段我们对经济结构转型问题的主要思考与认识（这种思考与认识也包括在各章的分析结论中）。

面对"包容性增长与结构转型：新兴经济体的政策选择"这一重大而复杂的研究课题，从中国经济结构转型的问题意识出发，以探讨和解决新兴经济体主要的结构性问题为目的，形成和构建了一个"新兴经济体与发达经济体间关系剖析—以中国为代表的新兴经济体自身的结构性问题及其解决—新兴经济体国家相互合作应对结构转型"，这样一个三位一体有机联系的多层次分析框架，即为本项目的创新性尝试。除了上述研究框架的设定，这项集体研究成果还有如下几个特点：第一，面对新兴经济体实现包容性增长遇到的诸多结构性问题，我们选取了主要国家的共性问题和实现可持续发展亟待解决的主要问题，譬如与经济发展方式紧密相连的产业结构转型升级问题，与就业市场配置效应密切相关的教育、劳动力迁移和收入分配问题，与经济、社会可持续发展密不可分的环境、资源问题等，将其作为主要的研究对象。立足于中国经济转型的实际，即以中国为重点进行国际比较研究。第二，从后起的发展中大国视角观察问题，打破主要来自西方的、传统的发展经济学理论的束缚，重视供给结构的研究。项目把尚未完成工业化的新兴经济体国家的制造业转型升级，作为其解决结构性问题的基础和经济发展的支点。着眼于其新型的创新母体对产业和经济可持续发展的驱动作用，以及供给结构的调整和供给能力的增强对人力资本和物质资源的创造，以改善乃至解决目前经济与社会领域存在的

"不平衡、不协调"问题，实现包容性增长。第三，为了深入进行结构转型课题的研究，细致剖析新兴经济体国家发展中所遇到的瓶颈问题，项目在有计划和有针对性地进行系统调研的基础上，采用了历史的过程研究和依据对广泛采集的数据进行处理的计量分析方法，来透视现象、探究本质。并且把这些方法贯穿于各项问题的宏观与微观内容的研究中去。第四，我们在本项目的研究中，始终坚持把握探讨理论与学习借鉴有机融合的二维目标。即通过探讨问题来认识事物发展的内在规律，力图借助研究对新兴经济体和发展中大国的结构转型有新的发展经济学的理论认知，同时探讨在解决实际的结构性问题上的可操作性借鉴。这符合我们国家在国际经济发展中的定位，也是我们的研究目的所在。

由于包容性增长与经济结构转型是一个涉及多个领域的复杂课题，受参加研究学者专业领域以及研究时间的限制，我们在一些重要问题的研究上仍有缺失，这些问题包括涉及譬如增长共享的收入分配体制的系统研究，新兴经济体内部存在的金融抑制问题的分析等。同时，为在国际比较中探讨中国经济转型的可行路径，中国以外的主要新兴经济体国家结构转型的案例研究，本应该是在研究和撰写之列的。作为研究的前提，对新兴经济体国家近年的结构转型的进程尚缺乏较为清晰的描述。这都对项目研究上的国际比较，存在一定程度的影响。

由于世界各国，尤其是新兴经济体国家的经济结构转型还是一个正在进行的过程，许多事情还有待观察与探讨，加上我们在一些问题的认识上还存在不同程度的局限性，因此，本项目还留有许多值得深入探讨的课题，存在进一步研究的必要性。例如，首先，需要对包容性增长与结构转型的发展经济学理论认识进一步深化。在这方面的深入研究，有可能使我们依据对新兴经济体和发展中国家结构转型实践的分析，得到新的规律性认识，以打破以往的经济学的传统认识。其次，根据对各领域结构转型所提出的政策建议，进行必要的理论与实际整合，在有针对性的国际比较中，形成具有中国特色的转型治理架构。这些都将是项目今后进一步研究的重要课题。

最后，我们要感谢在项目研究中，为我们的国情和专题调研提供大力支持和帮助的地方政府、企事业单位，即新松机器人自动化股份有限公司、远大集团公司、沈阳机床集团、沈阳鼓风机有限公司、华晨集团公司、义乌真爱集团有限公司、贝克曼股份公司，上海帆声图像科技有限公司，深圳市思达仪表有限公司、麦克维尔空调有限公司、慧明眼镜有限公司和深圳市龙岗区技术转移促进中心等，以及上海市浦东新区经信委工业与技术进步处、上海金桥经济技术开发区管委会，浙江省义务市中国银行分行、萧山市人民银行分行，沈阳市财政局工业处，深圳市龙岗区政府和广东省东莞市驻京办事处等。同时衷心感谢中国社会科学出版社的鼎力支持和编辑们的辛勤工作。感谢中国社会科学院创新工程项目的资金资助。

中国社会科学院世界经济与政治研究所

"包容性增长与结构转型：新兴经济体的政策选择"项目组

2015 年 11 月 7 日